HINTER DEN BERGEN
EINE ANDERE WELT
ÖSTERREICHISCHE LITERATUR DES
20. JAHRHUNDERTS

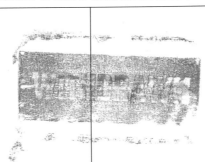

DUITSE KRONIEK 53

HINTER DEN BERGEN
EINE ANDERE WELT

ÖSTERREICHISCHE LITERATUR DES 20. JAHRHUNDERTS

Herausgegeben von
Anke Bosse und Leopold Decloedt

Amsterdam - New York, NY 2004

Cover Design: Studio Pollmann

The paper on which this book is printed meets the requirements of "ISO 9706:1994, Information and documentation - Paper for documents - Requirements for permanence".

ISBN: 90-420-1010-X
©Editions Rodopi B.V., Amsterdam - New York, NY 2004
Printed in the Netherlands

INHALTSÜBERSICHT

6

ZUM GELEIT

Für die meisten Niederländer und Flamen ist Österreich in erster Linie ein beliebtes Urlaubsland, dessen Bild von den Bergen Tirols, den Wiener Lipizzanern und den vielen, vielen Heurigen geprägt ist. Dass sich *hinter den Bergen eine andere Welt* findet, eine überaus vielfältige und in so manchem eigenständige Literatur, ist den wenigsten bewusst. Während sich die österreichische Herkunft Thomas Bernhards und Peter Handkes schon herumgesprochen haben dürfte, verbinden – abgesehen von einem Kreise der Eingeweihten – nur die wenigsten Niederländer und Flamen Franz Werfel, Stefan Zweig, Theodor Kramer, Christoph Ransmayr und viele andere mit der 1918 aus der Donaumonarchie hervorgegangenen, 1945 ein zweites Mal gegründeten Republik. Dass die Frage nach dem spezifischen Charakter der deutschsprachigen Literatur aus Österreich im Land ihres Entstehens sehr wohl ein Thema war und ist, ist nur eines der vielen Leitmotive im vorliegenden Band über die österreichische Literatur des 20. Jahrhunderts: Es wird angerissen und historisch verortet in den einleitenden Beiträgen von Peter Delvaux und Jattie Enklaar; besonders intensiv bearbeitet und in den heute aktuellen Kontext gestellt wird es in Guillaume van Gemerts Artikel über den sehr oft in den Niederlanden weilenden Schriftsteller und Germanisten Robert Menasse, weshalb dieser Beitrag, den Rahmen schließend, ans Ende des vorliegenden Bands gesetzt wurde.

In den Niederlanden und in Flandern wird die deutschsprachige Literatur aus Österreich in erster Linie als deutsche, in einigen Fällen sogar als westdeutsche Literatur rezipiert. Kritiker und Germanisten sahen und sehen kaum Anlass, zwischen der deutschsprachigen Literatur aus Österreich und der aus Deutschland zu unterscheiden. Am deutlichsten geht das aus dem Rezeptionsverhalten in den ersten Jahren nach dem Zweiten Weltkrieg hervor. Im Mittelpunkt der Überlegungen zu deutschsprachiger Literatur stand damals die Haltung der Schriftsteller zu den nationalsozialistischen Machthabern. Eine positive Haltung nahm man lediglich jenen Autoren gegenüber ein, die dem Nazi-Regime zum Opfer gefallen waren, sich gegen Hitler gewehrt hatten, emigriert waren oder erst nach dem Krieg zu schreiben angefangen hatten und der sozial-politischen Entwicklung im eigenen Land kritisch gegenüber standen. Wie die Eröffnung des Amsterdamer Centraaltheaters am 21. Februar 1946 mit der Aufführung von Franz Werfels Stück *Jacobowsky und der Oberst* (1944) in einer Übersetzung van Cees Laseur (*Jacobowsky en de Overste*) zeigt, wurden auch Schriftsteller aus Österreich zu den Vertretern eines „guten", „anderen" Deutschlands gezählt. Nicht der Geburtsort an sich war wichtig, sondern das Eintreten für Universalität, Europäertum und Toleranz.

Erst in den 1980er Jahren, als Österreich in den niederländischen und flämischen Medien im Rahmen der heftigen Debatten um die Präsidentschaft Kurt Waldheims von einem Land der lieben Dirndln, der gemütlichen, jodelnden Tiroler, der Salzburger Mozartkugeln und der tanzenden Lipizzaner zu einem Land wurde, dessen Einwohner „unter ihrer normalen Kleidung [...] ein braunes Hemd"[1] trugen, änderte sich im niederländischen Sprachraum auch der Rezeptionsverlauf literarischer Werke aus Österreich. Während sich die Rezeption österreichischer Schriftsteller – insoweit sie als solche betrachtet und erfahren wurden – bis dahin weitgehend auf ihren eigensinnigen Umgang mit der Sprache konzentrierte, kam nun ein neuer Aspekt dazu. Die kritischen Auseinandersetzungen mit den Gespenstern der Vergangenheit, wie wir sie von Thomas Bernhard, Elfriede Jelinek, Gerhard Roth, Peter Handke oder Peter Turrini kennen, werden ab jetzt als „Zeugen der Anklage", als Bestätigung bestehender Vorurteile über Österreichs Umgang mit seiner ‚braunen' Vergangenheit gelesen und interpretiert. Genau jene Autoren, die von manchen Österreichern als ‚Nestbeschmutzer' beschimpft werden (und dies im Sinne der Definition von Helmut Qualtinger, nach der man in Österreich nicht denjenigen, der ins Nest ‚hineinmacht', ‚Nestbeschmutzer' nennt, sondern den, der dann kommt und sagt: ‚Da stinkt's'), dienen den niederländischen und flämischen Kritikern „nicht als Vorbilder [...], von denen man einen kritischen Umgang mit der eigenen Gesellschaft lernen könnte, sondern ausschließlich als Lieferanten von Gegenbildern."[2] Mag die Kritik also endlich ihren Fokus auf die Suche nach dem spezifisch Österreichischen richten, unterläuft ihr auf diese Weise doch wieder eine Verengung und Vereinseitigung.

Um Verengung und Vereinseitigung entgegenzuwirken, haben wir neben Beiträgen über im niederländischen Sprachraum bekannte Autoren vor allem Aufsätze über weniger bekannte aufgenommen, die für den Werdegang der österreichischen Literatur genauso bedeutend

---

1   Vgl. Estrik 1989: 6.
2   Jušek 1997: 30.

waren. Wir hoffen, dadurch zur längst überfälligen Öffnung der Perspektiven beitragen zu können.

Am Anfang des Bandes stehen Peter Delvaux' ausführliche historische Darstellung über u.a. das Problem des Begriffs ‚Österreich' und Jattie Enklaars Essay, der zur österreichischen Literatur hinüberleitet, vor allem zum Werk von Robert Musil und Adalbert Stifter; die Frage nach der Eigenständigkeit der österreichischen Literatur erörtert sie anhand von Texten H.C. Artmanns, Peter Roseis, Hermann Brochs, Rainer Marika Rilkes, Georg Trakls und Alexander Lernet-Holenias. Es folgt dann ein breit gefächertes Feld von Aufsätzen, die sich je auf einen Autor, eine Autorin konzentrieren und die wir so weit möglich chronologisch und mit Rücksicht auf den jeweiligen kultur- und soziohistorischen Kontext in Österreich geordnet haben. Dieser nämlich erweist sich immer wieder als wichtiger Bezugsrahmen für alle Autoren und Autorinnen.

Dementsprechend konzentrieren sich die ersten Beiträge auf die Auseinandersetzung der Autoren mit dem Untergang der Donaumonarchie. Clemens Ruthner unterzieht Alfred Kubins Roman *Die andere Seite* einer ‚postkolonialen' Lektüre, die über die übliche Zuordnung dieses Romans zur Jahrhundertwende-Fantastik hinausgeht: Die untrüglichen Spuren ‚Kakaniens' in Kubins Traumreich weisen es aus als grotesken Abgesang auf die Doppelmonarchie und den habsburgischen Mythos. Auf beide bezog sich auch Franz Werfel, allerdings um genau umgekehrt und emphatisch das untergegangene ‚alte' Österreich– in idealisierter Form – gegen die zeitgenössischen Totalitarismen des Kommunismus und des Nationalsozialismus ins Feld zu führen; u.a. deshalb plädiert Hans Ester in seinem Beitrag dafür, in Werfels Werk kritisch-interessiert jenen Spuren nachzugehen, die die aktuelle Diskussion über eine geistige Substanz Europas alimentieren könnten. Totalitarismus als Modernespezifisches Phänomen, genauer: die Auslieferung des Individuums an eine undurchschaubare totalitäre Bürokratie und seine grotesk heteronome Existenz werden gern mit dem Adjektiv ‚kafkaesk' belegt; den dahinter liegenden, fatalen Prozess, die gegenseitige Durchdringung von privater und öffentlicher Sphäre, erläutert Anastasia Hacopian am bei Kafka typischen Kreuzungspunkt dieser Sphären, dem Bett.

Widerständigkeit gegen den Mainstream der je eigenen Zeit, gegen die bequeme Beschränktheit der Zeitgenossen kann als gemeinsamer Nenner von so unterschiedlichen Autoren wie Ödön von Horváth, Theodor Kramer, Christine Lavant und Thomas Bernhard gelten. Ihre Lebensdaten – 1897 (Kramers Geburt) bis 1989 (Bernhards Tod) – lassen diese Widerständigkeit geradezu als eine Tradition erkennen, als kritische Auseinandersetzung erst mit der Doppelmonarchie, dann mit der Ersten Republik Österreich, dann mit dem an Hitler-Deutschland ‚angeschlossenen‘ Österreich und schließlich mit der 1945 gegründeten Zweiten Republik. Dass diese Widerständigkeit in der österreichischen Literaturgeschichte zeitlich noch weiter zurückreicht, zeigt Henk J. Koning an Horváths produktiver Rezeption der Dramen Johann Nepomuk Nestroys (1801-1862). Nestroys klinische, unbarmherzige Beobachtungsgabe, sein Sprachwitz und seine Sprachvirtuosität sowie sein tief greifender Skeptizismus waren Horváth Vorbild für die Neukonzeption eines Volksstücks, das jenseits ideologischer Vereinnahmung und probater Lösungen Leser und Zuschauer zur eigenständigen Stellungnahme bewegt. Widerständigkeit kann auch entstehen, wenn ein Autor wie Theodor Kramer in den 1920er und 1930er Jahren gleichzeitig „Heimatdichter, Jude und Sozialist" ist. Daniela Strigl legt dar, inwiefern Kramer immer wieder zwischen die politischen und literarischen Fronten geriet: Sowohl die Widersprüchlichkeit seines poetischen Werks – das Spektrum reicht von anarchischen Vagabund-Gedichten über realistische, empathisch-kritische Beschreibungen der Natur und des einfachen Landlebens bis zur schmerzlichen Auseinandersetzung mit Krieg, Nationalsozialismus und Exil – als auch die kontroversen Reaktionen der Zeitgenossen spiegeln die Widersprüchlichkeit der Ersten Republik Österreich wider. Die von Strigl ausgewählten Gedichte zeigen, dass Kramer, der heimatlos und heimatkrank im englischen Exil verstummte, zu Unrecht weitgehend vergessen und zu entdecken ist. Dies gilt auch für Christine Lavant (1915-1973), die Arno Rußegger in seinem Artikel porträtiert und über Österreich hinaus als eine der wichtigsten Autorinnen der deutschsprachigen Nachkriegsliteratur bekannt machen möchte. Leben und Werk dieser zeitlebens in äußerst ärmlichen und beengten Verhältnissen lebenden, schwerkranken Autodidaktin sind komplex: Phasen exzessiver literarischer Produktion wechselten mit völligem Verstummen, und das in Inhalt und Form oft ‚widersetzliche‘ Werk – Poesie und Prosa – kennzeichnet ein eigenwilliges, faszinierendes ‚Dazwischen‘ zwischen Traditionsverbundenheit und Konventionsbruch. Christine Lavant war aber auch Förderin des jungen Thomas Bernhard, der sie bewunderte. Über mangelnde Bekanntheit dieses Autors ist nicht zu klagen, und bezeichnenderweise ist er der einzige, zu dem wir zwei Beiträge vorlegen. Bestens bekannt ist Bernhard als

Übertreibungskünstler: sein Furor für und gegen Österreich, seine spezifische Hassliebe, die seine Dramen und Erzählungen antreibt. Bernhard inkarniert geradezu Widerständigkeit. Jerker Spits nun unternimmt es, die Stationen der Bernhard-Rezeption in Österreich und in den Niederlanden nachzuzeichnen und dabei anhand der Kontroversen um Bernhard – speziell um sein umstrittenstes Stück *Heldenplatz* – den politisch-kulturellen Kontext in Österreich aufzuarbeiten, vom Waldheim-Skandal über den alarmierenden Aufstieg Jörg Haiders und die nur mühsam einsetzende kritische Bewältigung der österreichischen NS-Vergangenheit. Bernhards Popularität im Ausland, u.a. in den Niederlanden, standen dabei die österreichischen Anfeindungen gegenüber, die allzu leichtfertig die Bernhardsche Fiktion mit der Realität kurzschlossen. Nach Bernhards Tod, so erläutert Spits, scheint sich dieses Verhältnis genau umzukehren: Die Niederländer lesen Bernhards Werk als 1:1-Kritik am realen Österreich, während in Österreich eine breite Bernhard-Nostalgie eingesetzt hat. Martin A. Hainz wiederum konzentriert sich auf einen bisher kaum rezipierten Bereich in Bernhards Werk, seine Lyrik. Erläutert wird, wie Bernhard hier gerade im Regelverstoß insofern Traditionalist ist, als er Georg Trakls moribunden Nonkonformismus, Gottfried Benns Transgression des Ich und Stefan Georges demiurgische Sprachkunst zu Ureigenem umformt und in seiner Lyrik der rigorosen Wahrheitssuche die Unmöglichkeit, Wahrheit zu sagen, gegenüberstellt.

Auch Peter Handke, neben Bernhard wohl außerhalb Österreichs der bekannteste Autor dieses Landes, ist ein Wahrheitssucher – allerdings im Vertrauen, an Wahrheit in der Authentizität dichterischen Sprechens rühren zu können. Dieter Hensing fokussiert in seinem Beitrag auf Handkes Konzept des ,neuen Sehens' in der *Lehre der Sainte Victoire* und seine Weiterentwicklung zum absichtslosen Anschauen in *Mein Jahr in der Niemandsbucht* und *Der Bildverlust*: ein Anschauen, das die Dinge ,sein' lässt, ein offener Vorgang. Dies spiegelt sich im Fragmentarischen dieser Werke und in der genauen, aufs Einzelne gerichteten, eindringlichen Sprache.

Ganz offensichtlich ist der Heimatbegriff ein wichtiger, je individuell variierter Aspekt der österreichischen Literatur – so nicht nur bei den hier vorgestellten Werfel, Horváth, Kramer, Lavant und Bernhard, sondern, wie Yvonne Delhey ausführt, auch bei Marlene Streeruwitz. Ihre Texte kreisen um die Subjektkonstitution der in die Opferrolle gedrängten Frau und erkennten ihr nur in der (heimatlichen) Natur jene ,idealen Orte' zu, an dem die Einheit zwischen innerer und äußerer Welt möglich ist. Trotz ironischer oder zynischer Relativierungen zeigten Streeruwitz' Texte daher, dass ihre wesentliche Antriebskraft das Verlangen nach ‚Heimat' als einem „identitätsgewährenden Lebensraum" ist.

Von den letzten beiden Beiträgen lässt sich ein Bogen zurückschlagen zu den ersten. Christoph Ransmayrs Romane etwa bieten Untergangsszenarien, die auf den ersten Blick wie ein Echo auf z.b. Kubins *Die andere* Seite wirken; Henk Harbers aber betont, dies sei nicht sogleich als Spezifikum österreichischer Literatur aufzufassen, sondern – in Bezug auf Ransmayr – als eine Tendenz der deutschsprachigen Literatur der 1980er Jahre. Sie grundiert Harbers' Querschnitt durch Ransmayrs Werk, der vorrangig dessen virtuoses Spiel mit verschiedenen Wirklichkeits- und Fiktionsebenen und die Verfältigung der (Be-) Deutungsmöglichkeiten herausarbeitet.

Der bereits erwähnte Beitrag Guillaume van Gemerts hingegen widmet sich noch einmal ausgiebig der bei Robert Menasse zentralen Frage nach der Spezifizität österreichischer Literatur und Kultur sowie ihren soziopolitischen Kontexten quer durch die österreichische Geschichte von der Habsburger Monarchie bis heute. Das von Peter Delvaux zu Beginn des Bandes erläuterte A.E.I.O.U. in seiner am Habsburgischen Weltanspruch schon resignierenden Variante „Austria Erit In Orbe Ultima" („Österreich wird bleiben bis ans Ende der Welt") konvertiert Menasse ins doppeldeutige „Österreich wird in der Welt das Letzte sein". Laut van Gemert ist ihm Österreich eine Chiffre postmoderner Unverbindlichkeit: Gegensätze, die im dialektischen Prozess Geschichte vorantreiben, seien immer entschärft und in eine zweifelhafte Harmonie überführt worden; Österreich verkörpere den Ausgleich, die Mitte, die Neutralität. Bleibt hinzuzufügen, dass gerade das Inszenatorische dieses Phänomens österreichische Autoren und Autorinnen immer wieder dazu reizte, es aufzubrechen.

Diesem Beitrag folgt noch ein Interview von Leopold Decloedt mit Alois Hotschnig, von dem u.a. der Roman *Leonardos Hände* schon in verschiedenen Sprachen – wenn auch nicht auf Niederländisch – vorliegt. Der abwechselnd in Kärnten und Tirol lebende Autor repräsentiert jene Gruppe von österreichischen Gegenwartsautoren, die es verdienen würde, auch in den Niederlanden und in Flandern bekannt zu sein, deren Werke aber den undurchsichtigen Auswahlkriterien der Verleger oder anderen ‚Gesetzen' des Literaturbetriebs anscheinend nicht genügen. Es lohnt sich, jenseits der Mechanismen des Literaturmarkts auch diese Autoren wahrzunehmen.

Zuletzt sei noch auf den praktischen Anhang hingewiesen, der nützliche Informationen zu österreichischen Institutionen, Buchreihen, Anlaufstellen in den Benelux-Ländern und vieles mehr bietet. Wer sich von den ‚anderen Welten' der hier vorgestellten Autorinnen und Autoren faszinieren ließ, findet hier vielfältige Möglichkeiten, noch tiefer einzutauchen.

Namur und Wien, Herbst 2003

Anke Bosse
Leopold Decloedt

Literaturverzeichnis

Estrik, Chris van. 1989. *Oostenrijk na Waldheim*. Lelystad (= Actuele Onderwerpen, Nr. 2252, 3.2.1989).
Jušek, Karin. 1997. *Een broeierige idylle? Beelden van het moderne Oostenrijk*. Amsterdam: Het Spinhuis.

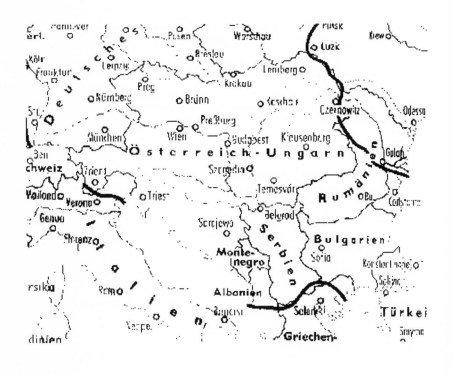

Peter Delvaux

A.E.I.O.U.

Indem die seit alters gebräuchliche Folge der deutschen Monophthonge[1] A – E – I – O – U mit Punkten versehen wird, stellt sie die Abkürzung eines Spruches dar, der wie folgt lautet: „Austriae Est Imperare Orbi Universo". Um seine Bedeutung aber auch Untertanen eindrücklich vorzuführen, die des Lateinischen nicht mächtig waren, wurde alsbald die deutsche Entsprechung dazugegeben: „Alles Erdreich Ist Oesterreich Untertan". Gerade die Deutung der vorgegebenen, gleichsam naturhaften und jedem Hörer oder Leser vertrauten Sequenz von Vokalen gab dem Spruch etwas Mythisches und Unanfechtbares,[2] obwohl zumindest seine lateinische Fassung auch auf Anglia hätte bezogen werden können; aber dort redete man von Britannia und meldete den Herrschaftsanspruch gleich auf Englisch an. Die späteren Herrscher von Aragon und Aquitanien hatten keinen Anlass, diesen Gebieten besondere Aufmerksamkeit zuzuwenden, noch weniger die von Armenien, in Algerien und Albanien gab es ganz andere Sorgen, und wer dächte an Andorra! So steht denn auch im Postwesen A seit langem für Austria und dieses im Englischen wie international für Österreich. Das O der deutschen Übertragung war, kaum anders als heute das in Schwang gekommene Ö – etwa in den Namen österreichischer Parteien – so gut wie konkurrenzlos, denn wer hätte an Oman gedacht!

Der den in diesen Initialen enthaltenen Spruch zur Devise nahm, war ein weltfremder, uneinsichtiger Fürst und glückloser Herrscher: der römisch-deutsche Kaiser Friedrich III.[3] aus dem Hause

---

1   Dabei gelten die umgelauteten Vokale ä, ö, ü als Varianten, wie sie ja auch üblicherweise keinen eigenen Platz im Alphabet haben. Literarisch taucht die Reihe in Goethes *Egmont*, IV 1, auf.

2   So auch in der weniger bekannten und an der Weltherrschaft resignierenden Auslegung „Austria Erit In Orbe Ultima", die zu übersetzen ist etwa mit: „Österreich wird alles überdauern und bleiben bis an der Welt Ende". – Vgl. zur heutigen Konterkarierung dieses Spruchs durch Robert Menasse das Ende von Guillaume van Gemerts Beitrag im vorliegenden Band.

3   In österreichischer Geschichtsschreibung wurde er auch wohl als Friedrich IV. bezeichnet und wurde Friedrich der Schöne (1286-1330), ebenfalls Habsburger, der sich mit seinem wittelsbachischen Vetter Ludwig dem

Habsburg, als Herzog von Österreich Friedrich V., der von 1415 bis 1493 lebte. Im Wiener Konkordat von 1448 mit Papst Nikolaus V., das bis 1806 in Geltung blieb, zog er den Kürzeren, das Reich überließ er schlimmen inneren Fehden, an denen er selber ebenso lebhaften wie unglücklichen Anteil hatte, der wachsenden Bedrohung durch die Türken vermochte er nichts entgegenzusetzen und in den eigenen Erblanden hatte er schwere Auseinandersetzungen zu bestehen. Einlenken konnte er nicht und zu Konzessionen fand er nicht. Böhmen und Ungarn gingen einstweilen an dort gewählte Könige verloren, Friedrich musste zeitweise aus Wien, ja aus Österreich fliehen. 1440 zum Deutschen König gewählt, hatte er sich 1452 in Rom vom Papst zum Römischen Kaiser krönen lassen können. Es war die erste Kaiserkrönung eines Habsburgers und die letzte eines Deutschen Königs durch den Papst in Rom; danach gab es nur noch Krönungen mit geringerem Zeremoniell. So war er nun in faktischer Ohnmacht der höchste Fürst des Abendlandes und schöpfte unverdrossen Mut aus der Aufschrift A.E.I.O.U., die er auf Büchern, Möbeln, Steingut und Bauten anbringen ließ und nunmehr unentwegt anblickte. Er legte für die Herzöge von Österreich den Titel Erzherzog fest, um sie mit dem Zusatz, der sonst nur den Erzbischöfen zukam, den Kurfürsten und ihren Erzämtern anzunähern und so vor anderen Herzögen hervorzuheben.[4] Denn Österreich hatte keine Kurstimme, die Habsburger erhielten eine solche erst mit der Herrschaft in Böhmen. Durch den Tod seines Bruders Albrecht und den Verzicht seines Vetters Siegmund gelangte Friedrich in den Besitz des ungeteilten habsburgischen Erbes diesseits der March, während es auf lange Frist auch wieder Aussichten auf den Erwerb von Böhmen und Ungarn gab. Überdies arrangierte er die Ehe seines einzigen Sohnes Maximillian mit der Erbin Maria von Burgund. Aus dieser Zeit stammt der Hexameter: „Bella gerant alii, tu felix Austria nube!" („Kriege mögen andere führen, du, glückliches Österreich, schließe Ehen!"). Wenn dieser Spruch, wie angenommen werden darf, von dem gewählten Ungarnkönig Matthias Corvinus stammt, so ist ‚felix' wohl als ‚glücklich' im Sinne von ‚erfolgreich' aufzufassen. Österreich ist nicht friedlicher verfahren als andere – man denke für die Folgezeit

---

Bayern (1287-1347) erfolglos um die deutsche Königswürde stritt, als Friedrich III. angedeutet, was einiges für sich hatte. Ein ganz anderer war der Deutsche Kaiser Friedrich aus dem Hause der Hohenzollern (1831-1888), der Kaiser der 99 Tage, als König von Preußen Friedrich III.

4   Den Titel ‚Großherzog' gab es erst später.

nur an den Dreißigjährigen Krieg zumindest bis 1635, an den Spanischen Erbfolgekrieg und den Siebenjährigen Krieg; auch der aufgeklärte Kaiser Joseph II. führte den bayrischen Erbfolgekrieg, der allerdings glimpflich verlief. Die Bezeichnung ‚Erbfolgekrieg‘ – es hat auch noch den pfälzischen und den österreichischen Erbfolgekrieg gegeben, die von Frankreich bzw. Bayern begonnen wurden – lässt bereits vermuten, dass dynastische Heiratspolitik auch in Konflikte hineinführen kann; ein schlimmes früheres Beispiel ist der Anspruch der Hohenstaufen auf Sizilien. Durch die Eheschließung von Maximilians Sohn Philipp mit der spanischen Erbtochter Johanna, der nachmals Wahnsinnigen, wurde dieses Reich mit seinen überseeischen Besitzungen alsbald unüberschaubar, so dass Philipps Sohn Kaiser Karl V. – als Erzherzog und als König von Spanien Karl I., als Herzog von Burgund Karl II. – die Stammlande bald an seinen Bruder Ferdinand abtrat, später eine Reichsteilung vornahm, welche die Niederlande der spanischen Herrschaft von Karls Nachkommen zuführte, und dann auch die Kaiserwürde seinem Bruder überließ. Außerdem konnte das Erbrecht mit dem Wahlrecht in Konflikt geraten, was sich in verhängnisvoller Weise in Böhmen zeigte und den Ausbruch des Dreißigjährigen Krieges veranlasste. Auch sonst waren die Folgen nicht immer gedeihlich; die Kaisertochter Marie Antoinette verlor in den Wirren der Französischen Revolution ihr Leben. Unbestreitbar aber ist, dass die Ausdehnung des Habsburgerreiches und die Machtstellung Österreichs zu wesentlichen Teilen der singulären Familienpolitik zu verdanken ist. So ist der Mythos eines Reiches von Eintracht und Frieden entstanden; dass Wien zu einem Kulturzentrum wurde, kam hinzu, obwohl niemand auf den Gedanken käme, das Frankreich der Bourbonen und Bonapartes mit der blühenden Hauptstadt Paris als auffallend friedfertig zu betrachten, und Rom blieb trotz der Katastrophe des *Sacco di Roma* 1527 – für den die habsburgischen Brüder Karl und Ferdinand verantwortlich waren – die Metropole Europas in einem nach wie vor jammervoll zerrissenen Italien; aber da mag man einwenden, der Erhalt einer solchen Stellung sei eben doch etwas anderes als deren Erringung.

Bei alledem ist davon auszugehen, dass Österreich als selbstverständlicher Bestandteil des römisch-deutschen Reiches angesehen wurde. Auch Böhmen gehörte hierzu, mit Mähren; Ungarn nicht. In den letzten anderthalb Jahrhunderten ist ja aber Österreichs Verhältnis zu Deutschland in zunehmendem Maße problematisch geworden. Natürlich können alte Bindungen aufgegeben werden; das haben die Niederlande und die Schweiz getan – formell im

Westfälischen Frieden 1648 –, und die Elsässer sind nach 1681 gute Franzosen geworden, weil sie trotz der Diskriminierung ihrer Sprache in Frankreich besser gestellt waren als in Deutschland. Man kann also ruhig darüber reden. Die uns hier beschäftigende Trennung datiert von 1866, dem (dritten) Frieden von Prag, doch eigentlich erst von 1919, dem Frieden von Saint-Germain. Gehen wir etwas weiter zurück.

Die Gebiete des heutigen Österreich, zur Römerzeit in der Hauptsache von Kelten und Slowenen besiedelt, gehörten zeitweise zum alten Stammesherzogtum Bayern, aber diese Herrschaft ließ sich nicht aufrechterhalten. Kärnten, wesentlich größer als heute, wurde 976 wieder von Bayern gelöst und zum selbständigen, übrigens sehr unübersichtlich gegliederten, Herzogtum erhoben. In Tirol ging es langsamer, aber doch unaufhaltsam, es wurde gefürstete Grafschaft, was besagt, dass die Grafen von Tirol reichsunabhängig, den Land- und Markgrafen gleichgestellt und somit dem Hochadel ebenbürtig waren. In ähnlicher Weise löste Vorarlberg sich von Schwaben. Das Burgenland war anfangs zwar eine Grenzmark des Reiches, gehörte aber danach über tausend Jahre zu Ungarn und kam erst 1922 zur Republik Österreich. Neben den außerhalb des heutigen Österreich gelegenen Kärntner Grenzmarken (Verona, Istrien, Friaul und Krain) wurde eine solche im Südosten errichtet, gleichfalls mit anderen Grenzen als heute: die Steiermark. Sie geriet zeitweise in neue lehnsrechtliche Abhängigkeit von Bayern, wurde aber 1180 ebenfalls selbständiges Herzogtum, wenngleich der Name noch an die alte Funktion erinnert. Diese erlosch übrigens nicht mit der Bedrohung durch die Ungarn, und die Steiermark hatte denn auch in besonderem Maße unter den Einfällen der Türken zu leiden.

Nach dem von Otto I. – dem Deutschen König und späteren Römischen Kaiser – 955 auf dem Lechfeld errungenen Sieg über die Ungarn wurden die ihnen wieder entrissenen, beiderseits der Donau zwischen den Mündungen von Enns und March gelegenen Landstriche als Ostmark organisiert, für die bald der Name ‚Österreich' aufkam. Im Zuge einer Einigung mit dem Bayernherzog Heinrich dem Löwen erhielt Markgraf Heinrich Jasomirgott 1156 das Land westlich der Enns bis zum Hausruck; nicht lange danach kam das gegenüberliegende Donauufer hinzu.[5] Daher rührt die Unterscheidung von Österreich nid der Enns und Österreich ob der Enns, und so geben die Bundesländer Nieder- und Oberösterreich heute noch an,

---

5   Erst 1779 wurde das ebenfalls vordem bayrische Innviertel an Oberösterreich angefügt.

welches die alte und damals noch auf Jahrhunderte, ja formell bis 1806 gültige territoriale Bedeutung des Namens Österreich ist.[6] Zugleich wurde die derart erweiterte Markgrafschaft zum Herzogtum erhoben, und nur für dieses galt später die Bezeichnung Erzherzogtum.[7] Allerdings wurde schon vor 1806 ‚Erzherzog' zum Titel für Prinzen des kaiserlichen Hauses und in den südlichen Niederlanden zur Andeutung für die Statthalter.

Das Babenberger Herzogshaus erwarb auch die Herrschaft über die Steiermark, starb aber 1246 mit Friedrich dem Streitbaren aus. Nach wirren Jahren wusste der böhmische Thronerbe Ottokar 1251 Österreich, 1260 – mittlerweile als Ottokar II. König von Böhmen geworden – die Steiermark und 1269 Kärnten an sich zu bringen. Seine Regierung war in mancher, wenn auch nicht in jeder Hinsicht eine segensreiche. 1273 geriet er bei der zum Abschluss des Interregnums veranstalteten deutschen Königswahl, für die er sich Hoffnungen machte, in Konflikt mit dem wegen nicht gar so großer Macht weniger gefürchteten Grafen Rudolf von Habsburg. Nach dessen Wahl verschärfte sich der Konflikt, da Rudolf dem Böhmenkönig nicht den Erwerb dieser Besitztümer bestätigen wollte, Ottokar gerade dies aber zur Bedingung für seine Huldigung machte. Er fiel 1278 bei der entscheidenden Niederlage auf dem Marchfeld. In Böhmen folgte ihm sein Sohn Wenzel II. Grillparzer hat diese Vorgänge in seinem Schauspiel *König Ottokars Glück und Ende* dramatisiert. König Rudolf belehnte einige Jahre danach seinen Sohn Albrecht mit Österreich und der Steiermark, und so begann dort die habsburgische Herrschaft.[8] Kärnten kam zunächst an die Grafen von

---

6   Ähnliches ist bei Nieder- und Oberbayern, Nord- und Südholland, Ost- und Westpreußen zu beobachten.

7   Im Kaiserreich des 19. Jahrhunderts waren Nieder- und Oberösterreich voneinander wie von den anderen Kronländern gesondert und galten beide als Erzherzogtum.

8   Noch in anderem Sinne als dem soeben angedeuteten erwies sich dieser Beginn als ein gewaltsamer. König Rudolf hatte zunächst seine Söhne Albrecht und Rudolf gemeinsam belehnt, jedoch wurde der noch minderjährige Rudolf bald zum Verzicht gedrängt mit der Zusage späterer Abfindungen, wobei insbesondere an die Wiederherstellung des heimatlichen Herzogtums Schwaben gedacht war. Dieses Vorhaben zerschlug sich aber, der junge Rudolf starb noch vor seinem Vater, hinterließ aber einen Sohn Johann. Als nun Herzog Albrecht nach dem tragischen Zwischenspiel Adolfs von Nassau die indirekte Nachfolge seines Vaters im deutschen Königtum antrat, nahm er diesen Plan nicht wieder auf und traf auch sonst keine Anstalten zur Erfüllung jener Zusagen, so dass Johann, des vergeblichen Wartens

Tirol und erst 1335 an die Habsburger. So wurde der Name
‚Österreich' für den gesamten habsburgischen Besitz in den Donau-
und Alpenländern üblich. Ja, man sprach zwischen 1714 und 1797
sogar von den südlichen Niederlanden – in etwa dem heutigen
Belgien, aber ohne das Fürstbistum Lüttich – als von den österreichischen Niederlanden.[9]

Stadt und Land Salzburg blieben von alledem unberührt.
Salzburg war Erzstift, fast so vornehm wie die Erzstifte Köln, Trier
und Mainz, jedoch ohne Kurstimme. Es grenzte außer an Bayern an
habsburgische Länder, und so ergaben sich zwanglos intensive
Beziehungen. Erzbischof Leopold Graf Firmian trieb eine sehr
selbständige Politik, als er 1732 ohne Billigung anderer Fürsten
20.000 evangelische Untertanen, alsbald Salzburger Exulanten
geheißen, zur Auswanderung zwang.[10] Mozart wechselte bei seinem
Umzug nach Wien im Jahre 1781 den Landesherrn nicht anders, als
wenn er sich in München oder Dresden oder sonstwo im Reich
niedergelassen hätte oder nach Augsburg, der Stadt seiner Vorfahren
und Verwandten, zurückgekehrt wäre. Beim Reichsdeputationshauptschluss im Jahre 1803 wurde das Erzstift mediatisiert, das Land
wechselte in den Wirren der napoleonischen Zeit mehrfach den

überdrüssig, sich 1308 zum Morde an seinem Oheim entschloss. Schiller
verwendet diese Vorgänge im V. Akt seines *Wilhelm Tell*. Das Drama,
wiewohl weitgehend unhistorisch und sagenhaft, lässt übrigens gut Albrechts
Regierungsweise erkennen, insbesondere in Gesslers Antwort an Rösselmann
über die Ungültigkeit verbriefter Freiheitsrechte (III 3). (Albrecht wird dort
als Kaiser angedeutet, was er aber ebenso wenig war wie sein Vater, da zur
Erlangung dieser Würde noch die Krönung in Rom erforderlich war, die nicht
erfolgt ist.)

9   Die Republik der Vereinigten Niederlande hatte sich dort durchaus einigen
Einfluss gesichert. Seit 1648 galt die Scheldesperre, die nicht nur den
Seehandel Antwerpens zugunsten Hollands unterband, sondern hiermit auch
dem gesamten Hinterlande schadete. 1715 musste Kaiser Karl VI. sich zum
Barriere-Vertrag (oder -Traktat) verstehen, der den Generalstaaten zum
Schutz gegen Frankreich Garnisonsrechte in einigen Festungen sowie
finanzielle Vergütungen hierfür gewährte. Die Barriere erwies sich als unnütz,
und Kaiser Joseph II. konnte den Vertrag 1781 ohne Schwierigkeiten
kündigen. Karls VI. 1723 unternommener Versuch, den Außenhandel durch
die Errichtung einer Ostindischen Compagnie in Ostende zu fördern,
scheiterte 1731 an holländischen und englischen Widerständen.

10 Noch 1837 allerdings wurden einige Hunderte Protestanten im Zillertal auf
Drängen der Tiroler Landstände ausgewiesen; die meisten zogen ins
preußische Schlesien.

Besitzer und wurde als Herzogtum auf dem Wiener Kongress Österreich zugesprochen.

Die im Aargau gelegene Habsburg ist der Stammsitz des berühmten Geschlechts, insofern als es sich seit 1090 nach ihr nannte; es stammt aber aus dem Elsass und trachtete zielstrebig, seinen Streubesitz auf beiden Seiten des Oberrheins zusammenzuschließen und zu erweitern. Das führte zwar nicht zur angestrebten Wiederherstellung des Herzogtums Schwaben, wohl aber zu einem Gebietskomplex, der, zeitweise zusammen mit Vorarlberg, eine Zeit lang als Vorderösterreich angedeutet wurde. Der linksrheinische Besitz kam 1697 im Frieden von Rijswijk an Frankreich, der rechtsrheinische wurde 1815 auf dem Wiener Kongress zugunsten von Erwerbungen im Süden und Südosten aufgegeben. Die in der Schweiz gelegenen Besitzungen einschließlich der namengebenden Burg gingen dagegen im 15. Jahrhundert an die Eidgenossenschaft verloren.

Im Reich konnte Albrechts I. Sohn, Friedrich der Schöne,[11] sich nicht durchsetzen, und es kamen, mit Unterbrechungen durch den bayrischen Wittelsbacher Ludwig IV. und den pfälzischen Wittelsbacher Ruprecht, die Luxemburger an die Macht. Es dauerte 130 Jahre, bis mit Albrecht II. wieder ein Habsburger die Würde des Deutschen Königs erlangte; diese blieb, von seinem Nachfolger Friedrich III. an mit der Würde des Römischen Kaisers verbunden, im Hause Habsburg bis 1740, als es mit Karl VI. im Mannesstamm erlosch. Es folgte zunächst ein Schwiegersohn Kaiser Josephs I., des älteren Bruders Karls VI., der bayrische Wittelsbacher Karl Albrecht als Kaiser Karl VII. (1742-1745),[12] dann aber der Schwiegersohn Karls VI., der mit der Erbtochter Maria Theresia vermählte Herzog Franz Stephan von Lothringen als Kaiser Franz I. (1745-1765). Von da an herrschte das Haus Habsburg-Lothringen im Römischen Reich bis zu dessen Ende im Jahre 1806 und in der Donaumonarchie während deren Bestehens von 1804 bis 1918.

Aber wie kamen Böhmen und Ungarn an die Habsburger? Nachdem schon im Jahre 929 der Böhmenherzog Wenzel, der nachmals Heilige, die Oberhoheit des Deutschen Königs, nämlich Heinrichs I., anerkannt hatte, leistete sein Bruder, Mörder

---

11 Vgl. Anm. 3.
12 Sein Sohn Maximillian Joseph verzichtete im Frieden von Füssen, der 1745 den Österreichischen Erbfolgekrieg beendete, auf die von seinem Vater erhobenen Ansprüche und starb 1727 kinderlos, wodurch Bayern an die pfälzischen Wittelsbacher kam.

und Nachfolger Boleslaw I. im Jahre 950 dem Deutschen König, nämlich dem schon erwähnten nachmaligen Römischen Kaiser Otto dem Großen, von neuem den Huldigungseid, und obwohl es danach noch zu Auseinandersetzungen kam, begann damit doch die Zugehörigkeit Böhmens zum Deutschen Königreich, später zum Heiligen Römischen Reich Deutscher Nation, die nach dem Wiener Kongress bis 1866 ihre Fortsetzung in der Zugehörigkeit zum Deutschen Bunde fand. Nachdem schon Kaiser Heinrich IV. dem Herzog Wratislaw II. die persönliche Königswürde verliehen hatte, erlangten dessen Nachfolger unter den Hohenstaufen und endgültig 1212 von Kaiser Friedrich II. die erbliche Königswürde, und somit wurde Böhmen Königreich. Die Schicksale der Markgrafschaft Mähren waren seit 1030 mit denen Böhmens eng verbunden. Als das Herrschergeschlecht der Přemysliden mit dem Tode Wenzels III. im Mannesstamm erlosch, nahmen die Stände das Wahlrecht in Anspruch und wurde 1310 Graf Johann von Luxemburg, der sich mit Wenzels Schwester Elisabeth verehelichte, König von Böhmen. Sein Sohn Kaiser Karl IV. machte Prag zu seiner Residenz, entfernte so das Machtzentrum des Reiches vom Rhein und verschob es in den Südosten. Prag war damals die vornehmste Stadt des Reiches. Als 1356 in der Goldenen Bulle das Wahlrecht der – damals – sieben Kurfürsten festgesetzt wurde, war einer von ihnen der König von Böhmen mit dem Erzamt des Schenken. Nach Karl IV. regierte sein Sohn Wenzel und sodann dessen Halbbruder Siegmund, der sich aber in den Wirren der Hussitenkriege kaum zu behaupten vermochte. Das auf seinen Tod 1437 folgende sehr unruhige knappe Jahrhundert wurde 1526 mit der Wahl Erzherzog Ferdinands, des Bruders Kaiser Karls V., abgeschlossen, der 1558 selber Kaiser wurde, in allen seinen Würden der I. seines Namens. Er setzte rücksichtslos die habsburgische Erbfolge durch, indem er das Wahlrecht an diese band. So konnten die böhmischen Edlen – die Rechte der anderen Stände waren schon lange zurück-gedrängt – bei den internen habsburgischen Zwisten doch noch Einfluss ausüben. 1617 wurde Ferdinand II. gewählt, aber schon 1618 führte seine wortbrüchige Konfessionspolitik zum Böhmischen Aufstand, in dessen Folge 1619 der protestantische Wittelsbacher Kurfürst Friedrich V. von der Pfalz – ein Enkel Wilhelms des Schweigers – zum König gewählt wurde, der aber 1620 die entscheidende Schlacht am Weißen Berge in der Nähe von Prag verlor. Diese Vorgänge waren der Beginn des Dreißigjährigen Krieges. Böhmen versank für anderthalb Jahrhunderte in eine drückende, mit dem Namen Österreich und der deutschen Amtssprache verbundene Fremdherrschaft und war in dieser Zeit mehrfach Kriegsschauplatz.

Im Jahre 1526 fand König Ludwig II. von Ungarn und Böhmen den Schlachtentod gegen die Türken. Mit ihm erlosch das Haus der Jagellonen in diesen Ländern. Infolge der zwischen seinem Vater Wladislaw und Kaiser Maximillian I. vertraglich vereinbarten Erbverbrüderung fielen diese Länder nunmehr nicht an die polnischen Jagellonen, sondern an die Habsburger, zuerst an Ferdinand; jedoch war deren Herrschaft während der folgenden anderthalb Jahrhunderte in Ungarn heftig umstritten.[13] Wiederholte Aufstände wurden blutig niedergeschlagen, ihre Anführer öffentlich hingerichtet, wie auch später noch und in Böhmen schon zuvor. Gewiss hatte Europa 1683 allen Grund zu dankbarer Freude darüber, dass die Drohung der Eroberung Wiens durch die Türken abgewendet und die Aufhebung der Belagerung erzwungen sowie der anschließende Rückzug der türkischen Heeresmacht erreicht werden konnte. Zweifellos hat Österreich damals mit Hilfe Polens Europa vor weiterem tiefem Vordringen der Türken bewahrt. Zweifellos hat es danach und insbesondere im Spanischen Erbfolgekrieg im Bunde mit den „Seemächten" – Großbritannien und den Generalstaaten – Ludwig XIV. von der Hegemonie in Europa abgehalten. Und vielleicht hat es Napoleon davon abgehalten, seine Hand nach der Römischen Kaiserkrone auszustrecken, was ihm aber vermutlich wohl doch schließlich und endlich nicht viel genutzt hätte. Das gilt aber auch sozusagen umgekehrt. Denn wie Kaiser Ferdinand II. eine hegemoniale Machtstellung zu nutzen gesonnen war, hat er eindrucksvoll im Jahre 1629 gezeigt, als er seine Macht in Deutschland unumschränkt wähnte. Den Ungarn stellte sich die Wende vor Wien denn auch etwas anders dar. Dass Buda (Ofen) nach der Erstürmung 1686 geplündert und niedergebrannt wurde, könnte man heute wohl als „major collateral damage" bezeichnen. Schwerer wog, dass die Machthaber an der Hohen Pforte, Sultane und Großwesire, weder nach damaligen noch nach heutigen Maßstäben vorbildliche Herrscher, Muster religiöser Toleranz waren im Vergleich zu König (und Kaiser) Leopold I. Dennoch hatten die Protestanten in Ungarn einschließlich der Slowakei es nicht ganz so schwer wie in Böhmen.

---

13   Ludwigs Witwe Maria führte für ihren Bruder Ferdinand noch einige Jahre nach Kräften die Regierung in Ungarn und war danach von 1531 bis 1555 für ihren anderen Bruder Karl Generalstatthalterin in den Niederlanden.

Unter Joseph I. und Karl VI. beruhigten sich die Verhältnisse allmählich, Königin Maria Theresia, die den Ungarn im Kampf um ihre Erbfolge viel verdankte, tat viel für das Land, aber erst Joseph II. erließ das Toleranzpatent und verfügte die Aufhebung der Leibeigenschaft, sobald er 1780 als Nachfolger seiner Mutter – er war seit 1765 als Nachfolger seines Vaters Römischer Kaiser – Erzherzog von Österreich und König von Böhmen und Ungarn wurde. Seine zentralistischen Neigungen drohten allerdings Unzufriedenheit zu erregen, aber sein Bruder und Nachfolger Leopold II. gab ihnen weit weniger nach. Dessen Sohn und Nachfolger Franz II. hatte die Mühsale der napoleonischen Kriege zu bestehen. Seine sich schon früh zeigende autoritäre, Reformen argwöhnisch ablehnende Denkweise entfaltete ihre Wirkungen weithin sichtbar erst nach dem Wiener Kongress durch die Politik seines Kanzlers Fürst Metternich.

Es ist durchaus daran gedacht worden, die Wenzels- und die Stephanskrone einer gesonderten habsburgischen Linie vorzubehalten, eventuell sogar der ältesten und ehrwürdigsten. Das ist zunächst nicht an Zerwürfnissen gescheitert, obwohl es die auch in reichlichem Maße gab; mehrfach blieb nur *eine* männliche Linie erhalten, 1740 aber keine. Von den damit auftretenden drei weiblichen Linien setzte sich die jüngste mit der Erzherzogin Maria Theresia durch. Sie ehelichte Herzog Franz Stephan von Lothringen, der sein Stammland an Frankreich abtreten musste, dafür aber die Toskana bekam und, wie vorhin schon erwähnt, als Franz I. römisch-deutscher Kaiser wurde. Das Großherzogtum Toskana behielt eine gewisse Selbständigkeit, wurde zunächst Sekundogenitur und dann Besitz einer jüngeren Linie[14] bis zum *Risorgimento*.[15] Im Übrigen aber wurden keine Erbteilungen mehr vorgenommen, obwohl an Erben kein Mangel mehr war. Die Teilungen der alten Erblande hatten sich in einer Weise ausgewirkt,[16] die nunmehr dazu führte, das Kind mit dem Bade auszuschütten und den Italienern, Ungarn und slawischen Völkern in

---

14 Gleiches gilt für die Linie Habsburg-Este im Herzogtum Modena. Die dort wie in der Toskana geführte Innenpolitik übertraf die in Wien praktizierte noch in Unduldsamkeit und bedurfte in der Zeit der Reaktion mehrfach militärischen Schutzes aus Österreich.

15 Österreich selbst verlor dabei die Lombardei. Venetien kam 1866 beim Wiener Frieden an Italien, das als Bundesgenosse Preußens österreichische Truppen an der Südfront festgehalten hatte. Das Trentino (Welschtirol) – ehedem ein Bistum – sowie Görz (Gorizia) und Gradisca (im östlichen Friaul) mitsamt Triest blieben einstweilen noch bei Österreich.

16 Vgl. dazu auch Franz Grillparzers Drama *Ein Bruderzwist in Habsburg*.

der Monarchie zwar nicht ihre Identität abzusprechen und den einzelnen, später so genannten Kronländern nicht Namen und Wappen abzuerkennen, wohl aber ihnen so gut wie jede Selbstbestimmung vorzuenthalten. Wie sich den Herrschern das darstellte, ist zu lesen in der weithin sichtbaren Inschrift oben auf der dem Burggarten zugewandten Rückseite der 1913 fertig gestellten monumentalen Neuen Hofburg in Wien: „His aedibus adhaeret concors populorum amor". Zu Deutsch: „An diesen Bauten haftet der Völker einmütige Liebe".

Jene Tendenz verstärkte sich noch, als infolge der umwälzenden Erschütterungen der napoleonischen Kriege Kaiser Franz, noch bevor er 1806 als Franz II. das Römische Reich für aufgelöst erklärte und die Römische Kaiserkrone niederlegte,[17] 1804 in einer Weise, die ihn nach Anraten seines Kanzlers Graf Cobenzl als gelehrigen Schüler Napoleons auswies, als Franz I. die Würde eines Kaisers von Österreich usurpierte und auf dem Wiener Kongress unangefochten behauptete, wobei als ‚Österreich' fast der ganze Bestand des habsburgischen Besitzes galt.

In der Zeit, die darauf folgte und die mit Grund die Epoche der Reaktion heißt, galten nationale Bestrebungen als demokratisch und mithin böse. In der Rückschau ist oft an Grillparzers warnendes Wort erinnert worden: „Von der Humanität über die Nationalität zur Bestialität." Mit der Humanität war es aber in der Epoche der Reaktion nicht weit her. Herders Ideen über die Völker und ihre eigentümlichen Kräfte waren damals allgemeines Bildungsgut, und wer kein anderes Gegenmittel kannte als gewaltsame Unterdrückung, musste damit ihre Entartung in Nationalismus schüren, und das ist, was Metternich bewirkt hat.

An der Bedeutung Wiens als kultureller Metropole seit etwa 250 Jahren und gerade auch in jener Zeit des Umbruchs zu zweifeln, wird niemandem in den Sinn kommen, aber man vergäße fast Köthen und Detmold und etwas größere Orte wie Mannheim, Leipzig und Düsseldorf, ja Bonn sowie den Weimarer Musenhof. Oft werden Größe und Stellung insbesondere von Paris und Wien sowie Macht und Rang der dortigen Herrscher als Vorbedingung für die Blüte ihrer Residenzen angenommen. Fast noch öfter wird die Bedeutung der vielen kleinen Fürstenhöfe Deutschlands hervorgehoben. Diese beiden

---

17 Anlass war die Errichtung des Rheinbundes durch Napoleon sowie die Befürchtung, dieser werde nunmehr seine Wahl zum Römischen Kaiser betreiben.

Sichtweisen sind nur zusammenzubringen, wenn man annimmt, dass Wien Kräfte anzog, die sich sonst woanders entfaltet hätten, wie dies in noch stärkerem Maße für Paris gilt. Gewiss bot die Adelsgesellschaft insbesondere in Wien große Vorteile für Resonanz und Austausch, aber Joseph Haydn ist das eindrücklichste Beispiel eines Mannes, der Wien gut kannte und dort im Alter seinen Wohnsitz nahm, während dreißig Jahren aber in einer kleinen burgenländischen Residenzstadt wirkte, dies eher als Vorteil denn als Nachteil betrachtete und dann in einer anderen Hauptstadt, London, seine größten Triumphe feierte. Dies weist auf etwas anderes hin: Hauptstädte – auch Prag und Budapest – entwickelten eine tragfähige bürgerliche Bühnen- und Musikkultur, Wien allerdings wohl noch mehr als andere in Verbindung mit jener Adelsgesellschaft, aus der Namen wie Kinsky, Lichnowsky, Lobkowitz, Erzherzog Rudolf in solchem Zusammenhang rühmlich bekannt sind; dass auch der russische Gesandte Graf Rasumowsky hierher zu zählen ist, gibt die Bedeutung einer großen Residenz an. Es ging in mehr als einer Hinsicht auf Kosten der weiten Umgebung, wenngleich Graf Oppersdorf auf dem schlesischen Lande lebte. Das extreme Beispiel der französischen Hauptstadt verdeutlicht das Problem. Die weitab gelegenen Städte Südfrankreichs behaupten sich in dieser Hinsicht mühsamer und nehmen sich karger aus, da viele junge Kräfte nach Paris strebten. Gerade diese beiden Hauptstädte besitzen in besonderem Maße eine unverwechselbare, sich in Lebensgefühl und Lebensstil auswirkende Atmosphäre, die zu einem Wert an sich geworden ist und die Anziehungskraft des Landes vergessen machen kann.

Bekanntlich fallen Weimarer und Wiener Klassik in eine Epoche kulturellen, politischen und gesellschaftlichen Umbruchs. Dass die Unruhen jener Zeit mit der kulturellen Hochblüte in Zusammenhang standen, zeigt exemplarisch Beethovens *Eroica*. Früh, etwa in Schillers Gedicht *Der Antritt des neuen Jahrhunderts* oder in dem Monolog, dessentwegen er Talbot in *Die Jungfrau von Orleans* eigens auf dem Schlachtfelde sterben lässt (III 6), kündigte sich auch schon das Problem resignierender Flucht in das Reich der Ideale an, das dennoch den Bezug auf die Wirklichkeit nie verlor. Trotzdem wird man sagen dürfen, dass die Triebkräfte, die damals in Europa freigesetzt wurden und sich in mannigfacher Richtung auswirkten, auch die deutsche Klassik mit angestoßen und mit gestaltet haben, ohne dass deren Entstehung damit erklärt wäre. Für Wien lässt sich vielleicht noch Genaueres sagen: Mozart kam dorthin kurz nach

Joseph II. Regierungsantritt in seinen Erblanden. Er lebte dort die letzten zehn Jahre seines Lebens und schlug ein günstiges Angebot aus Berlin aus. Beethoven reiste nach Wien, um von Mozart und Haydn Unterricht zu erhalten, und blieb dort von 1792 an. Er und mehr noch die beiden Wiener Franz Grillparzer und Franz Schubert sind die eindrücklichsten Beispiele für das Weiterwirken jener Impulse: Grillparzer ist trotz konservativer Gesinnung zugleich aber ein Zeuge der bedrückenden Metternichschen Reaktion.

Während der Revolution von 1848 musste Metternich fliehen. Sie ist im Wesentlichen auch in Österreich gescheitert. Sie brachte aber dennoch eine wichtige Änderung und ein folgenschweres Ereignis.

Die Änderung bestand darin, dass weitgehende Meinungsfreiheit zugestanden wurde. Das führte dazu, dass die Nationalitäten offen sagen konnten, was sie voneinander hielten, und alle, was sie von den Juden hielten.

Das folgenschwere Ereignis ist die Umwandlung des Verhältnisses der Donaumonarchie zu den Ländern, die damals noch als das übrige Deutschland zu bezeichnen waren. An die Stelle des Römischen Reiches war 1815 auf dem Wiener Kongress der Deutsche Bund getreten. Seine Einteilung war weitgehend schon 1803 beim Reichsdeputationshauptschluss und in der Folgezeit vorweggenommen worden. Böhmen und Mähren gehörten, wie ehedem zum alten Reich, so nunmehr auch zum Bund, andere wichtige Teile des neuen Reiches aber nicht, insbesondere nicht Ungarn mit Kroatien und dem Burgenland. Als nun in der 1848 zusammengetretenen Frankfurter Nationalversammlung – die von Böhmen aus nur unvollständig beschickt wurde – die deutsche Einigung Gegenstand ausführlicher und mühsamer Beratungen wurde, erwies sich die Frage nach der Stellung Österreichs als unüberwindbares, die Kräfte der Delegierten fruchtlos verzehrendes Problem. In Wien hätte man – sofern man überhaupt konstruktiv mitarbeiten wollte – gern die gesamte Donaumonarchie eingebracht, wobei man sich deren Kaiser auch als Kaiser des erneuerten Reiches dachte, aber das schien den Delegierten nicht der Sinn ihres Unternehmens zu sein. Die Großdeutschen – der Terminus war damals noch ganz unbelastet – erstrebten die Einbeziehung der zum Deutschen Bund gehörigen alten Donau- und Alpenländer. Just zu diesem Zeitpunkt führte der neue österreichische Staatskanzler Fürst Felix Schwarzenberg, der an den Metternichschen

Zielsetzungen nichts änderte, eine vereinheitlichende Verfassungsreform durch, die jenes Vorhaben durchkreuzte.[18] Ihm und dem Kaiser war dessen Machtstellung in der Donaumonarchie und deren Geschlossenheit wichtiger als etwas so Befremdliches wie Nationalgefühl und Volksvertretung mit der Gefahr eines als Demütigung empfundenen Wandels in der Stellung des Herrschers. So blieb den Delegierten nur die kleindeutsche Lösung; auch sie scheiterte aus Gründen, deren Erörterung hier zu weit führen würde. Jedenfalls ist Bismarck, wenngleich ein scharfer Gegner der 1848er Revolution, den kleindeutschen Weg konsequent zu Ende gegangen. Das ging nicht ohne eine kriegerische Auseinandersetzung Preußens mit Österreich im Jahre 1866. Nach der Niederlage von Königgrätz und dem Wiener Frieden, der das Ende des Deutschen Bundes bedeutete, wurde 1867 eine als unabweislich notwendig empfundene Neuordnung vorgenommen, bei der die alte Reichsgrenze und gerade erst obsolet gewordene Bundesgrenze doch nachgewirkt haben mag: der Ausgleich.[19] Die österreichisch-ungarische Monarchie wurde in zwei Reichshälften aufgeteilt: das Kaiserreich Österreich und das Königreich Ungarn. Zu Ungarn gehörten das Burgenland, Siebenbürgen, Teile Kroatiens und die Slowakei. Zu Österreich gehörten Böhmen[20] und Mähren, Krain, Dalmatien (das bis zum Frieden von Campo Formio 1797 venezianisch gewesen war) und Galizien (das im Zuge der polnischen Teilungen erworben worden war). Kaiser Franz Joseph wurde in Pest mit der Stephanskrone zum König gekrönt, was er bis dahin stets abgelehnt hatte.

Die Ungarn, 1848/49 noch in schlimme Konflikte mit der Zentralgewalt in Wien verwickelt, waren zufrieden, nahmen wenig Rücksicht auf ihre eigenen Minderheiten, wussten aber die Kroaten zu beschwichtigen. Die Ruthenen brachten sich noch nicht zur Geltung, die Polen blieben unzufrieden, die Slowenen wurden es; insbesondere

---

18   Schon unter Maria Theresia, in den Jahren kurz vor 1750, hatte Graf Haugwitz unter erheblichen Schwierigkeiten eine zentralisierende Verwaltungsreform für die innerhalb des Römischen Reiches gelegenen Herrschaftsgebiete durchgeführt ohne Rücksicht auf alte Sonderrechte der Grafschaften, Herzogtümer und des Königreichs Böhmen. Sie bezog also nicht die Länder der Ungarischen Krone ein.

19   Auch die Haugwitzsche Verwaltungsreform. Vgl. vorige Anm.

20   So konnte denn August Sauer – der auch mit Arbeiten über den aus dem Böhmerwald stammenden Adalbert Stifter hervorgetreten ist – 1902 sein Buch über Goethes siebzehn Kuraufenthalte in vier nordböhmischen Badeorten *Goethe und Österreich* nennen.

bei den Tschechen aber erhob sich sofort stürmischer Protest. Der Kaiser und seine Räte beließen es aber nach einigem Zögern bei der mit den Ungarn vereinbarten Regelung.

Ein halbes Jahrhundert lang sollte diese Staatsform dauern. Kriegswesen, Außenpolitik und Finanzwesen blieben gemeinschaftlich, kaiserlich und königlich, k.u.k., und diese schon vorher in Schwang geratene und nunmehr offizielle Abkürzung wurde später zum Symbol der Erinnerung an eine von jener lateinischen Inschrift scheinbar bezeugte ,bessere Zeit'.

Zum Symbol der Stellung Böhmens wurde die entwürdigte Wenzelskrone. Obwohl Böhmen anerkanntermaßen Königreich war, drängten die Tschechen den Kaiser vergeblich, sich in Prag krönen zu lassen, wie vor ihm die Kaiser doch getan hatten, zuletzt noch sein Oheim Ferdinand im Jahre 1836. Die derart angestrebte Trias hätte tatsächlich dem Dualismus des Ausgleichs widersprochen, aber dieser widerstritt eben lebendiger Tradition. Hinzu kam, dass die Deutschböhmen – später zusammen mit den Deutschen in Mähren sehr ungenau als Sudetendeutsche bezeichnet – ihre Belange in Wien besser aufgehoben fanden als in Prag und deshalb ihren Einfluss nun gerade auf die Verhinderung dieser Krönung anwandten. So verschärften die Gegensätze sich in einem Maße, das unmöglich Gutes verheißen konnte.

Dass nach der Gründung des Deutschen Reiches 1871 Bismarck als dessen Kanzler die Politik der Aussöhnung mit Österreich fortsetzte, die er, wenn auch nicht mit ganz gleichen Motiven, als preußischer Ministerpräsident schon 1866 im Vorfrieden von Nikolsburg und im Wiener Frieden begonnen hatte, war eine naheliegende Leitlinie. Dass er dem Bündnis mit der Doppelmonarchie alle anderen außenpolitischen Erwägungen und Maßnahmen nachordnete, ist gerade unter realpolitischen Gesichtspunkten, auf welche er doch großen Wert legte, unbegreiflich. Auch seine Nachfolger erkannten das Verhängnis erst, als es eintrat. Die Probleme des Vielvölkerstaates gerieten außer Kontrolle und rissen ihn und den Bundesgenossen in die Katastophe des Ersten Weltkriegs, an dessen Ende die Donaumonarchie zerfiel und ihr Gebiet der Schauplatz hasserfüllter und leidvoller Auseinandersetzungen wurde.

Blickt man von dort auf die lange Regierungszeit Kaiser und König Franz Josephs zurück, so können begreifliche Empfindungen nostalgischer Wehmut sich leicht einstellen, und davon ist in einigen der nachfolgenden Beiträge ja auch die Rede. Andere monieren die schon damals manifesten gesellschaftlichen Schwierigkeiten. Unter politischem Gesichtspunkt stellt sich das Problem anders dar: Die Monarchie war weder willens noch fähig, die in ihrer kulturellen und ethnischen Vielfalt enthaltenen politischen Aufgaben wirksam anzugehen. Das lag nicht nur an dem Schaden, den der Neoabsolutismus in nur zehn Jahren (1850-1860) angerichtet hatte. Es lag danach immer noch am Vorrang machtpolitischer Erwägungen vor Fragen von Billigkeit und Gerechtigkeit, obwohl doch über dem Eingang zum Wiener Hofgarten programmatisch geschrieben steht: „Iustitia fundamentum regnorum" („Gerechtigkeit ist das Fundament der Königreiche").[21] Das Schlimmste dabei war wohl das untaugliche Vorbild für die Untertanen. In den Auseinandersetzungen in Böhmen war die Vernunft durch Jahrzehnte hindurch in weiter Ferne. Man mag einwenden, die Monarchie könne dennoch große kulturelle Vorzüge gehabt haben und ebendeshalb sei ihr Zusammenbruch zu bedauern. Dem mag man beipflichten; aber sollten die Mängel, die dazu führten, nicht doch auch das gesellschaftliche Leben in seiner Gänze gehemmt und beeinträchtigt haben?

Dennoch liegt nahe festzustellen, dass die Zustände in der Donaumonarchie, was man auch an ihnen aussetzen mag, sich von denen der Folgezeit unterschieden haben in einer Weise, die nach ihnen zurückverlangen lässt. Nichts hätte ja aber die Völker der Nachfolgestaaten daran gehindert, eine zumindest zaghafte Würdigung der k.u.k. Kultur in die Politik eines von gegenseitigem Respekt getragenen engeren oder loseren Zusammenschlusses umzusetzen. Dass davon keine Rede sein konnte, gibt an, dass der Zusammenhalt der obendrein auch außenpolitisch und strategisch versagenden Monarchie ein mit latenter Gewalt erzwungener war und mithin die Ursachen ihres Zerfalls in sich trug. Vielleicht war jene Aufschrift von der einmütigen Liebe der Völker im Jahre 1913 als Beschwörungsformel gedacht, als Aufruf zur Versöhnung, ohne eine andere Neuerung als die Monumentalisierung des Imperiums. Deshalb ist es wenig sinnvoll, diesem nachtzutrauern, auch wenn man der Ansicht ist, eine ersprießliche Gestaltung des Donauraums stehe nach wie vor aus und bahne sich jetzt vielleicht schüchtern über die Europäische Union an.

---

21 Mit Goethe lieber eine Ungerechtigkeit begehen als Unordnung ertragen zu wollen, ist nur dann zu vertreten, wenn die derart verhinderte Unordnung eine schlimmere Ungerechtigkeit darstellen würde und wenn man – ebenfalls mit Goethe – auf Mittel und Wege sinnt, ihr in Zukunft besser beizukommen.

Was man den Österreichern auch an Neigungen zu verklärender Mythenbildung nachsagen mag, nach Hereinbruch des Unheils Ende 1918 stand ihnen klar vor Augen, was zu tun sei. Österreich war auf die alten habsburgischen Erblande mit Salzburg reduziert – das Schicksal des Burgenlandes war noch ungewiss – und die Revolution hatte den so lange herrschenden Gegensatz der Dynastien Habsburg und Hohenzollern in jeder Hinsicht völlig gegenstandslos gemacht. Die Erinnerung an das Heilige Römische Reich Deutscher Nation und an den Deutschen Bund war nicht völlig geschwunden, man hatte Krieg und Niederlage gemeinsam durchgestanden und blickte gleichen Problemen ins Auge, mit dem Unterschied allerdings, dass Österreich sich plötzlich sehr klein und seine Hauptstadt sehr groß fand, und es gab noch diffuse deutsch-nationale Empfindungen. So beschloss die am 21. Oktober 1918 zusammengetretene provisorische Nationalversammlung am 12. November einstimmig die Ausrufung der Republik Deutschösterreich[22] als Bestandteil des drei Tage zuvor zur Republik ausgerufenen Deutschen Reiches. Für eine entsprech-ende Politik war im Chaos jener Wochen – die Versorgung der Stadt-bevölkerung auch nur mit dem Notwendigsten war zusammen-gebrochen, die Wirtschaft lag danieder, Kompetenzen waren unklar, an nahezu allen Grenzen gab es ernste Probleme, die teilweise lange nachwirkten[23] – kaum Zeit und Gelegenheit, aber im Februar 1919 trafen sich die beiden Außenminister zu geheimen Besprechungen für den Fall, dass sich der Anschluss verwirklichen ließe.[24] Dieser Fall

---

22 Dieser Name war im 19. Jahrhundert aufgekommen, um inoffiziell die deutschsprachigen Gebiete der Monarchie zu bezeichnen.

23 Dies gilt insbesondere für Südtirol (Alto Adige). Das Ideologem, der Brenner sei Italiens natürliche Grenze und die *Irredenta* ende daher nicht an der Salurner Klause, hatte neben anderen Erwägungen die italienische Regierung im Frühjahr 1915 unter dem Druck der Agitation insbesondere aus den Kreisen um Gabriele d'Annunzio und Benito Mussolini nach entsprechenden Zusagen der Entente dazu bewogen, das unter deutschem Druck erfolgte österreichische Angebot der Abtretung des Trentino und Gradiscas sowie der Rückverwandlung Triests in einen Freihafen unbeachtet zu lassen und am 23. Mai in den Krieg gegen die Mittelmächte einzutreten. Die darauf folgenden zwölf Schlachten am Isonzo führten zu ungeheuren Verlusten, welche die Einwohnerzahl der strittigen und dann von Italien errungenen Gebiete um ein Mehrfaches übertrafen. Die Herrschaft des Faschismus in Südtirol seit 1922 war die denkbar rücksichtsloseste. Vor diesem Hintergrunde wird man die zwischen 1969 und 1982 mühsam erzielte einvernehmliche Regelung als einen Sieg der Vernunft bezeichnen dürfen.

24 Im alemannischen Vorarlberg wurde auch der Anschluss an die Schweiz ernstlich erwogen. Dieser scheiterte außer an Schweizer Bedenken an der

trat aber nicht ein, denn in dem am 10. September 1919 geschlossenen Frieden von Saint-Germain-en-Laye wurde der Name Deutsch-österreich untersagt und der Anschluss von der Zustimmung des Rates des Völkerbundes abhängig gemacht, für dessen Beschlüsse Einstimmigkeit vorgeschrieben war. Diese zum Versteck dienende Formulierung führte zu einem ermüdenden und fruchtlosen, innenpolitische Gegensätze nutzlos verschärfenden Hin und Her zwischen Versuchen, den Anschluss doch noch auf den Weg zu bringen, und erpressten Zusicherungen befristeten Verzichts darauf. Noch 1931 wurde eine Zollunion verhindert. Die zwanziger und frühen dreißiger Jahre brachten in Österreich heftige und teilweise blutige Auseinandersetzungen zwischen der Rechten und der Linken, die vom Bilde des freundlichen und gemütlichen Österreichers wenig übrig ließen. Der Wunsch nach dem Anschluss wurde davon zunächst nicht berührt. Dies änderte sich erst, als am 30. Januar 1933 in Berlin der Österreicher Adolf Hitler an die Macht kam. Die Sozialdemokraten, die vierzehn Jahre lang an der Anschlussforderung festgehalten hatten, strichen diese im Oktober 1933 aus ihrem Programm. Die Rechte aber, teilweise mit latentem oder offenem Antisemitismus behaftet, spaltete sich in zwei von zunehmendem gegenseitigem Hass erfüllte Lager, deren Konflikt die nächsten fünf Jahre weitgehend bestimmte. Den Vorkämpfern eines katholisch orientierten Ständestaats und den sogenannten Austrofaschisten gefiel die neue Ordnung der Dinge im Reich nicht besser als die ihnen suspekte Weimarer Republik mit ihren ‚Ketzern' und ‚Roten'; andere hielten bedingungslos an der Anschlussforderung fest und sahen sich damit dem Sog des Nationalsozialismus ausgesetzt, dem sie zwar in großer Zahl, aber nicht allesamt erlagen.

Die Vorgänge um den nach rezidivierenden Unruhen gewaltsam vollzogenen ‚Anschluss' Österreichs an das Deutsche Reich im März 1938 seien hier als bekannt vorausgesetzt. Einiges ist jedoch dazu anzumerken: 1. Dass den einrückenden deutschen Truppen vielerorts ein enthusiastischer Empfang bereitet wurde, ist einwandfrei dokumentiert. Über Mehrheit und Minderheit der Bevölkerung ist damit nichts gesagt. Man kann nicht die Diktatur der Straße zugunsten geordneter demokratischer Beschlussverfahren ablehnen und in beliebiger Auswahl hiervon abweichen. Umgekehrt: Wer Willens-bekundungen durch Demonstrationen für einen würdigen Ersatz

---

Befürchtung, er könne den Anschluss des übrigen Österreich an Deutschland präjudizieren.

solcher Beschlussverfahren hält, wird jene Szenen zahlreichen anderen enttäuschenden Beispielen zuordnen müssen. 2. Der römisch-katholische Episkopat hat sich damals schwer kompromittiert. Freundliche Begrüßungsworte mögen zu entschuldigen sein mit dem Bestreben, eigene Leute zu schützen und das Verhältnis zu den neuen Machthabern nicht von vornherein nutzlos zu belasten. Die Aufforderung an die Gläubigen aber, bei dem fünf Wochen danach anberaumten Volksentscheid für den ‚Anschluss‘ zu stimmen, ist auch dann kaum verzeihlich, wenn man einsieht, dass die katholische Kirche eben durch ihren traditionellen Machtanspruch in eine missliche Lage geraten war. 3. Diese Volksabstimmung war schwer manipuliert; sie wurde ja auch verschoben, um sie hinlänglich lenken zu können. 4. Die Westmächte gestanden dem Diktator zu, was sie den Demokraten vorenthalten hatten. 5. Anfangs hegten gewiss sehr viele Österreicher den Vorsatz, an diesem Umsturz das Gute zu sehen, nämlich die Erfüllung eines lange illusorischen Wunsches, und nach Möglichkeit dazu beizutragen, dass die Entwicklung einen einigermaßen erfreulichen Verlauf nehmen könne. 6. Schon wenige Monate später griff die Enttäuschung um sich. Sie begann bereits, als der ‚Anschluss‘ in Wien mit sehr üblen antisemitischen Ausschreitungen gefeiert wurde. Arrogantes Auftreten zugereister „reichsdeutscher“ Amstsräger, Abschub von Österreichern ins „Altreich“, der Mussolini zuliebe erneuerte, mit der Aufforderung zur Auswanderung verbundene Verzicht auf Südtirol – welcher durch die Anfügung Osttirols an den neuen Gau Kärnten bekräftigt wurde und jedem Einsichtigen zeigte, was Hitlers Nationalismus wert war –, kirchenfeindliches Verhalten und anderes rissen bald eine Kluft auf zwischen den neuen Machthabern und denen, die anfänglich zu loyalem Verhalten bereit waren. Bespitzelung und Terror sowie Ausbruch und Verlauf des Zweiten Weltkriegs taten ein Übriges. Baldur von Schirach versuchte nicht völlig erfolglos als Gauleiter von Wien, eine gewisse Eigenständigkeit insbesondere seinen Feinden Rosenberg und Goebbels gegenüber zu bekunden, und die Stadt Wien bekam nach einigen Jahren einen Wiener statt eines Rheinländers zum Bürgermeister; aber derlei war Kurieren am Symptom. 7. Gewiss haben Österreicher führende Positionen in der damaligen Schreckensherrschaft eingenommen, allen voran (außer dem großen Unhold selber) Ernst Kaltenbrunner und sodann der aus Mähren stammende Arthur Seyss-Inquart, und viele sind in die Untaten des Regimes verstrickt gewesen. Bei der zwangsweisen Einziehung zur

Wehrmacht wurde nicht nach Gesinnung oder Bereitschaft gefragt. Zu pauschalen Urteilen berechtigt das nicht.

In der Moskauer Erklärung vom 1. November 1943 kennzeichneten die alliierten Außenminister Eden, Hull und Molotov den ‚Anschluss' von 1938 als Überfall und Österreich als eines der überfallenen Länder, wenn auch mit einer gewissen Mitverantwortung, und begründeten damit das Vorhaben der Wiederherstellung der Republik Österreich. Wenngleich dieser Vorsatz aus machtpolitischen Erwägungen hervorging, die man schon damals für obsolet hätte halten können, so entsprach er doch einer in Österreich mittlerweile weit verbreiteten und immer noch zunehmenden Stimmung. Der unzeitige und folgenschwere ‚Anschluss' hatte den Anschlussgedanken erledigt.

Dass die österreichische Bundesregierung die hierdurch nach dem Kriege gebotenen Möglichkeiten tunlichst ausnutzte und nicht ihrerseits von jener Mitverantwortung zu reden begann, war ihre selbstverständliche Pflicht. Über individuelle Straftaten zu schweigen, hätte daraus aber nicht unbedingt zu folgen brauchen und erwies sich in späteren Jahren als dem Ansehen der Republik abträglich.

Der Weg zum abschließenden Staatsvertrag vom Mai 1955 ist hier nicht zu skizzieren. Der Staatsvertrag enthält das Verbot des wirtschaftlichen und politischen Anschlusses an Deutschland; ein im Juni folgender und bald danach in die Verfassung integrierter Beschluss des Nationalrats legt Österreichs immerwährende Neutralität fest. Das genannte Verbot ist durch die Entwicklung der Europäischen Union, die genannte Verfassungsbestimmung durch Österreichs Beitritt zu den Vereinten Nationen relativiert worden. So handelt es sich denn kaum noch um diskussionswürdige Themen. Hier soll es um etwas anderes gehen. Jede Reminiszenz an den Anschlussgedanken anders als im Tenor des Abscheus musste als staatsfeindlich erscheinen, und obwohl Repressalien nicht zum Arsenal der Republik gehörten, wurde doch die Betonung der Eigenständigkeit Österreichs zur staatsbürgerlichen Pflicht und zum Kennzeichen des wahren Patriotismus erhoben. Ja, jede Erinnerung an Gemeinsames mit Deutschland außer an die unleugbare gemeinsame Sprache – in den Schulprogrammen als Muttersprache bezeichnet – wurde tunlichst vermieden und die Eigenständigkeit österreichischer Literatur betont. Spätestens seit dieser Zeit ist das Wort *national* ohne erläuternden Zusatz in Österreich unbrauchbar, wenigstens sofern es auf Klarheit und nicht auf irgendwelche Ressentiments ankommt.

Schon früh regte sich Widerstand hiergegen, nicht nur bei den Unbelehrbaren. Noch eine andere Erfahrung wirkte sich aus, nämlich die der unheilvollen Zerrissenheit in den zwanziger und dreißiger Jahren. Zudem waren Erfolge in den ersten zehn Jahren der Nachkriegszeit nur unter der Voraussetzung hinlänglicher innerer Eintracht zu erzielen. Das führte zunächst zu Koalitionsregierungen von ‚Schwarz' und ‚Rot'; später wechselten beide sich auch ab. In der inneren Verwaltung aber führte die ängstliche gegenseitige Rücksichtnahme zu einer Personalpolitik, die vor allem auf die ebenmäßige Verteilung über die beiden großen Parteien achtete und unter dem Namen ‚Proporz' bekannt und vielen auf die Dauer verhasst wurde.

Diese Widerstände führten zum Zusammenschluss von Leuten sehr unterschiedlicher Provenienz, nachdem es ja schon im alten Österreich einen Nationalliberalismus mit eigenen Belastungen und Versuchungen gegeben hatte. So entstand der zahlenmäßig kleine Verband der Unabhängigen (VdU), später in Freiheitliche Partei Österreichs (FPÖ) umbenannt, mit unentwegten Flügelkämpfen und gegenseitigen Anfeindungen, vorübergehend aber Koalitionspartner der SPÖ. Als Jörg Haider die Führung übernahm, durchbrach er zunächst das Tabu der kulturellen Verbindung mit Deutschland. Die Diskussion um die Bewältigung der Vergangenheit des Vierteljahrhunderts zwischen 1920 und 1945 verdankt ihm einen Impuls. An seriöser Aufarbeitung der Geschichte lag ihm aber wenig, und als er zu bemerken glaubte, dass dieser Weg doch nicht der richtige zur Erlangung maximaler Wählergunst sei, gab er ihn auf, wandte sich vom Europagedanken ab und wandelte sich zum „leidenschaftlichen Österreicher". Der Widerstand gegen ihn in politischen, literarischen und akademischen Kreisen zeigte oft eine bestürzende Hilflosigkeit. Ob die Karriere des Mannes, der sich seine Freunde unter auswärtigen Nationalisten sucht und sich vom falschen Saddam Hussein nasführen ließ, und die seiner bald folgsamen, bald widerspenstigen Partei zu Ende ist, lässt sich noch nicht sicher sagen.

Was die politische Entwicklung der Stellung Österreichs betrifft, so wird man in gedrängtester Kürze sagen können, dass die Bewegung auf die EU hin einige alte Probleme – nicht nur im Hinblick auf Österreich – wenn nicht erledigt, so doch entschärft. Aber auch darauf soll es hier nicht ankommen. Denn in verstärktem Maße drängt sich eben dadurch die Frage nach der Bedeutung von Österreichs Selbstverständnis für unser Verständnis Österreichs auf. Wies sollen wir mit einem Partner umgehen, der sich selber – wie auch die nachfolgenden Abhandlungen bekunden – in einer zwar literarisch interpretierbaren, uns psychologisch verständlichen, aber rational kaum nachvollziehbaren Weise begreift?

Beschränken wir uns zunächst auf Wien, Residenz seit Heinrich Jasomirgott, Metropole seit Ferdinand I. Das von Kaiser Franz Joseph dem Erzherzog Karl 1860 errichtete Denkmal trägt auf der rechten Seite die Widmung: „Dem beharrlichen Kämpfer für Deutschlands Ehre"; das andere Denkmal auf dem Heldenplatz ist das des Prinzen Eugen von Savoyen. Ein kleiner schwacher Staat rühmt sich einer glanzvollen Vergangenheit und lässt die Frage, inwiefern und wodurch sie seine eigene ist, auf sich beruhen. Das geht nur in einer Gespaltenheit, deren Übernahme dem Betrachter nicht zuzumuten ist. Die Lösung des Problems bestünde in der Aufhebung der Internalisierung der durch die Moskauer Erklärung und den Staatsvertrag auferlegten und sorgsam gehüteten Identität. Das wäre insofern leicht, als nennenswerte politische Folgen nicht mehr zu befürchten wären. Es enthielte allerdings eine unbequeme, die eigene Befindlichkeit hintansetzende Denkanstrengung. Deswegen geriet das Thema an Publizisten, die das ernsteste Problem beharrlich herausgreifen, indem sie ihren Landsleuten unentwegt vorhalten, dass Judenhass verwerflich ist, Fremde beständig darauf hinweisen, dass die Judenverfolgung aus unentschuldbarem und insbesondere in Österreich vorher schon wirksamem und immer noch latentem Antisemitismus hervorging, und die Welt daran erinnern, dass vor und mehr noch nach dem ‚Anschluss' gewissenlose Opportunisten und verblendete Fanatiker sich ungehindert austobten. Dem Dramatiker Thomas Bernhard blieb es vorbehalten, den Heldenplatz in seiner Weise vornehmlich mit dem oben schon implizit erwähnten ungeheuren Menschenauflauf nach dem ‚Anschluss' zu assoziieren, bei dem der Führer so tat, als wollte er endlich die Neue Hofburg in Gebrauch nehmen.[25] Um an der Welt zu verzweifeln, bedarf es nicht des Beispiels Österreich, auch nicht seiner oder anderer Literatur. Die seriöse Tagespresse und das Studium der Geschichte – etwa Griechenlands unter den Römern – genügt dem Interessierten, und den Uninteressierten werden auch die Ermahnungen in Zeitschriften und aus Büchern, auf der Bühne und vom Katheder nicht zu den Einsichten des Apostel Paulus führen. Um *nicht* an der Welt zu verzweifeln … aber wen interessiert das? Nun, vielleicht doch die

---

25   Vgl. dazu den Beitrag von Jerker Spits im vorliegenden Band.

Besucher, die zu Neujahr auf die Übertragung der Straußkonzerte[26] aus Wien eingeschaltet hatten und denen nicht nur Burggarten und Hofgarten zur Zeit der Kastanienblüte so gut gefallen, sondern die auch ins Land ziehen, in den Donauraum, die Alpen, die Bundesländer und die deren Grenzen übergreifenden Gegenden wie das Salzkammergut. Sie kommen, um zu wandern und sich zu erholen und weil das Land sich eben dazu eignet. Von den Einheimischen merkt man zunächst, dass sie freundlich und hilfsbereit sind – Geschäfte-macher gibt es überall – , an den Katholizismus erinnern die Marterln an den Wegen und an die Geschichte die Kriegerdenkmäler auch im kleinsten Ort. Wer Beweggründe hat, sich auf die Arbeit der Alpenvereine und Bergwachten einzulassen, merkt etwas, was in einem anderen Sinne typisch österreichisch sein mag. Umsicht, Hilfsbereitschaft, ja Opfersinn bestimmen weithin das Verhalten. Schlamperei ist selten. Es gibt Personalprobleme wie auch sonst. Die Gefahren des Bergwanderns und die Aktion *Wanderbares Österreich* (die schon wieder viele Jahre zurückliegt) schwieg von Widerständen – begreiflichen allerdings – der Flureigentümer und Jagdinhaber gegen zielführende Markierungen. Zweckwidrig aber war die althergebrachte organisatorische Zersplitterung der mit der Erschließung der Alpen befassten Vereine. Verbunden in den allgemeinen Zielsetzungen sowie in dem Bestreben, Einmischung staatlicher Instanzen abzuwehren, behielten sie trotz gegenseitiger Hilfeleistung ihre separate Arbeitsweise und getrennte Verantwortung bei. Die mobile Telefonie ermöglicht nun entscheidende neue und flächendeckende Sicherheitsvorkehrungen.

Dass jedes Land – die Niederlande nicht ausgenommen – seine eigenen historischen Probleme zu bewältigen hat, wäre nicht der Erwähnung wert, wenn Europa nicht in einem Einigungsprozess begriffen wäre, der sich in etwa ausnimmt wie wenn zerstrittene Verwandte wieder zusammenfinden wollen. Natürlich ist weithin die Neigung verbreitet, mit Faust (Vers 4518) aus gegebenem Anlass zu sprechen: „Lass das Vergangne vergangen sein", aber es hat sich zur Genüge gezeigt, dass sich das nicht durchziehen lässt. So sind denn allenthalben Aufrichtigkeit und Wahrhaftigkeit mehr gefordert als Schmäh und Correctness, und zwar nicht nur, indem man sich die Dinge für sich selber zurechtlegt – wie wichtig dies auch sein mag –,

---

26   Seit kurzem wird dabei auch manches von anderen Komponisten geboten; vielleicht werden wir dabei vor dem Radetzkymarsch den von Berlioz instrumentierten Rákóczymarsch hören. Wer wollte Böses denken bei solcher Musik!

sondern auch, indem man anderen plausibel macht, was man selber einzubringen hat. Eine Rückbesinnung auf europäische Verantwortung stünde dem heutigen Österreich dabei gewiss gut an. Dann mag der in Hoffart erhobene und in Unzulänglichkeit gescheiterte Herrschaftsanspruch überwundener Geschichte angehören und mag der alte Spruch: „Gott schirme Österreich!" eine andere, neue, unverfängliche und uns alle ermutigende Bedeutung erlangen.

Jattie Enklaar

FELIX AUSTRIA, FINIS AUSTRIAE, VIVAT AUSTRIA

Das tausendjährige Reich der Habsburger Donaumonarchie steht seit einigen Jahrzehnten wieder im Brennpunkt des Interesses. So wurde 1986 die große Ausstellung in Paris unter dem vielsagenden Titel *Vienne 1886-1938 – L'Apocalypse joyeuse* zu einem großen Erfolg. Der Mythos ‚Österreich' wurde auch in Publikationen Gegenstand vieler Auseinandersetzungen. Die Zeiten des Verfalls sind in der historischen Betrachtung großer Reiche um so wichtiger als sich aus der Tragik des Untergangs neue Impulse für die Künste ergeben. Beim Abschied winkt die Erwartung des Neuen. Die Stadt Wien, Hauptstadt von Musils „Kakanien", erwies sich in diesem Prozess am Ende des 19. Jahrhunderts und vor dem Schreckensjahr 1914 als der Knotenpunkt vieler gegensätzlicher geistiger Bewegungen. Aus der Literatur erfährt man, welche manchmal kontradiktorischen Standpunkte im Hinblick auf diesen Prozess formuliert werden. So spricht Benno Barnard 1993 seine Bewunderung für den habsburgischen Modellstaat aus, in dem die Vielfalt der Sprachen und Völker trotz aller Wirren in einer Symbiose die Künste befruchten konnten.[1] Peter Handke sieht es auf folgende Weise:

> Es ist die Literatur, die das Bild eines Landes bestimmt, gerade indem sie allen fertigen Bildern mit Hartnäckigkeit und sanfter Gewalt widerspricht; sie verhindert das traurige Wort *Ende* über dem Bild von einem Land; wie sie zeigt, dass kein Mensch schon ein Bild von einem Menschen ist, so zeigt sie zugleich, dass ein Land, das sich selber als Bild von einem Land will, kein Raum für lebende Menschen ist.[2]

Zwischen Ablehnung und Wertschätzung changiert auch Musils Motto in *Der Mann ohne Eigenschaften*: „Ja, es war trotz vielem, was dagegen spricht, Kakanien". Anders klingt es aber am Anfang des gleichen Romans in der Aussage einer der Hauptgestalten, in welcher die Vision des Durchschnittsbürgers des kakanischen Reiches zum Ausdruck gebracht wird:

---

1   Barnard 1993: 167-175.
2   Motto von Jung 1978.

> Es war ihm [Graf Leinsdorf] klar, dass etwas geschehen müsse, was Österreich allen voranstellen sollte, damit diese „glanzvolle Lebenskundgebung Österreichs" für die ganze Welt „ein Markstein" sei, somit ihr diene, ihr eigenes wahres Wesen wiederzufinden, und dass dies alles mit dem Besitz eines 88jährigen Friedenskaisers verknüpft war.[3]

Gemeint ist hier die so genannte „Parallelaktion", die Feier des 70. Gedenkjahrs der Regierungszeit des Kaisers Franz Joseph I., mit der die Österreicher zu dem „bloß 30jährigen" Jubiläum des deutschen Kaisers Wilhelm II. in Konkurrenz treten wollten. Helmut Eisendle bemerkt allerdings dazu: „Die Parallelaktion hat nichts mit Raab und Figl oder Wein und Politik zu tun, sondern mit Musils Mann ohne Eigenschaften",[4] womit er ihren eher fiktiven Charakter deutlich betont.

Weltschmerz und Melancholie charakterisieren schon im 19. Jahrhundert die literarischen Werke vieler Dichter der Habsburger Monarchie. „Dieses Reich ist verloren. Der Untergang steht nicht bevor, er ist schon da ...", notiert Franz Grillparzer 1843 in sein Tagebuch. Eine gleiche Haltung erblicken wir in der satirischen Melancholie Johann Nepomuk Nestroys und im Weltschmerz des Ungarn Nikolaus Lenau, der „europamüde" nach Amerika zieht, um enttäuscht und ohne Illusionen zurückzukehren. Es nimmt denn auch nicht wunder, dass mancher hämisch im Wappen der österreichisch-ungarischen Doppelmonarchie mit den zwei Adlern das Symbol der Doppeldeutigkeit dieses Reiches zu erblicken glaubte. So reagiert Gerhard Amanshauser in seinem Aufsatz „über Nationalgefühl im Allgemeinen und österreichisches Nationalgefühl im besonderen" auf Claudio Magris' bekannte Publikation *Der Mythos Habsburg in der österreichischen Literatur*, in der der italienische Germanist Magris österreichischen Schriftstellern den Vorwurf machte, sie litten an einem Monarchie-Komplex, und meinte, sie sollten ihre Aufmerksamkeit lieber einer republikanisch-fortgeschrittlichen Zukunft schenken. Laut Amanshauser gibt es aber Länder, die weit mehr Vergangenheit als Zukunft haben, und im Übrigen sind Komplexe bei Künstlern meist viel ergiebiger als fromme Wünsche oder Tendenzen.[5]

Als würdiger Nachfolger von Goethe hat Adalbert Stifter, der augenscheinlich brave Pädagoge, in *Nachsommer* (1857) die Welt

---

3   Musil 1988: 88.
4   Eisendle in: Jung 1978: 38.
5   Amanshauser in: ebenda: 22f.

seines Helden Heinrich Drendorf mit grenzenloser Leidenschaft und bis ins kleinste Detail als rückwärts gewandte Utopie herausgestellt. Er macht den Versuch, das Große und Edle sprachlich zu bewältigen, um es zum letzten Mal darzustellen und für die Zukunft zu erhalten. Gerade dies führt für die späteren Generationen zu einer Konfliktsituation. Ulrich Greiner macht 1979 in seinem Aufsatz mit dem programmatischen Titel *Der Tod des Nachsommers* die Unmöglichkeit einer solchen Utopie kenntlich:

> In der österreichischen Literatur stirbt noch immer der habsburgische Mythos. Die schöne Utopie wie bei Stifter oder in ihrer melancholischen Form bei Joseph Roth und Doderer existiert nicht mehr. Thomas Bernhards Werk ist eine einzige Anstrengung, den Mythos zu liquidieren. Seine Position ist ebenso extrem wie exemplarisch. Er vollzieht paradigmatisch den Tod des Nachsommers – ein Prozess, der sich bis in die feinsten Verzweigungen der österreichischen Gegenwartsliteratur fortsetzt.[6]

Dennoch ist das Werk des viel geschmähten Kleinmalers Stifter von Musils Utopiedenken in *Der Mann ohne Eigenschaften* nicht so weit entfernt als man meinen könnte. Was Stifter in Heinrich Drendorf rückwärts gewandt als humanes Ideal des 18. Jahrhunderts hervorhebt und was als der milde Niedergang der habsburgischen Kultur erscheint, ist in *Der Mann ohne Eigenschaften* achtzig Jahre später für Musils Möglichkeitsmenschen Ulrich (ohne Familiennamen) nicht mehr möglich. Doch hat auch er das Bedürfnis, in sprachlichen Versuchen eine Zukunft zu entwerfen, die in der Illusion einer Vergangenheit verwurzelt ist.

In Stifter treffen wir den geheimnisvollen Meister, dessen Werk für die modernen österreichischen Dichter stets noch von großer Bedeutung ist. Musil und Broch verbindet mit Stifter nicht nur die Beschreibung einer „Möglichkeitswelt", sondern auch ein expansives Erzählen, in dem sich das Verlangen zeigt, die Sprache sichtbar auf ihre Möglichkeiten hin zu prüfen und versuchsweise eine Wirklichkeit darzustellen, von der man weiß, das sie in Prinzip unerreichbar ist. So erscheint der Scheincharakter der beschriebenen Dinge als die Wirklichkeit des Scheins. In der Zeit nach Stifter, die mit den literarischen Strömungen Jugendstil und Symbolismus zusammenfällt und historisch als „Finis Austriae", als die Endzeit der Donaumonarchie bezeichnet wird, verkehrt sich das vertraute Bild dieses

---

6   Greiner 1979: 52.

Reiches. Der Mythos entsteht, zugleich werden Fiktionen sprachlich enthüllt. So heißt es in Musils *Die Schwärmer*:

> Es gab nichts, das wir ohne Vorbehalt hätten gelten lassen; kein Gefühl, kein Gesetz, keine Größe. Alles war wieder allem verwandt und darein verwandelbar [...] Das Menschliche lag in seiner ganzen, ungeheuren, unausgenützten, ewigen Erschaffungsmöglichkeit in uns![7]

Das Doppeldeutige dieses Prozesses der Verwandlung zeigt Musil auch in der Beschreibung des Geisteszustandes seines Helden Ulrich:

> Dann fanden alle moralischen Ereignisse in einem Kraftfeld statt, dessen Konstellation sie mit Sinn belud, und sie enthielten das Gute und das Böse, wie ein Atom chemische Verbindungsmöglichkeiten enthält.[8]

Was Stifter idealistisch im berühmten „sanften Gesetz" zu bewältigen versuchte, ist für Musil zur Unmöglichkeit geworden. Sein Roman *Der Mann ohne Eigenschaften*, der 1930-1932 in zwei Bänden erschien, von dem 1937/38 noch zwanzig Kapitel folgten und von dem Adolf Frisé 1952 zehn Jahre nach Musils Tod aus dem Nachlass das ganze Manuskript herausgab, ist trotz der mehr als 2000 Seiten und einschließlich der Entwürfe ein Fragment. Es beschreibt fast zwanzig Jahre nach dem Ersten Weltkrieg das Jahr 1913 bis zum Ausbruch des Krieges: das Jahr als Anfang vom Ende. Das Fragmentarische ist nicht nur kennzeichnend für die Moderne, sondern es zeigt sich darin auch der streng durchgeführte Versuch, durch Beschreibung und Wiederholung so zu erzählen „wie sich die Probleme in Ulrich gradweise bilden, vor und zurück", ohne dass ihm ein Ende gesetzt werden kann. Sollte das Werk oberflächlich betrachtet den Eindruck eines Bildungsromans machen („drei Versuche, ein bedeutender Mann zu werden"), so ist dies ein Irrtum. Alles ist am Ende unbeschreibbar, und der Roman zeigt es. Er ist im Endergebnis der Beweis des Nicht-Beschreibbaren einer Abrechnung, die sich historisch nur an Fakten und Daten ablesen lässt. Stifters Entdeckung des Gesetzmäßigen als Weltstruktur, das sich nur im Kleinsten und im Kontinuum des Einfachsten darstellen lasse, und Grillparzers Überzeugung, dass nur aus dem menschlichen Geist als Innenraum sich eine Ordnung entwickeln könne, waren die Vorboten. Zwischen Grillparzer, Stifter und Musil liegt eine Endzeitphilosophie, welche die Jahrhunderte lange Periode Habsburg in Frage stellt und

---

7   Musil 1957: 309.
8   Musil 1988: 250.

ihr in der endlosen Suche ein Ende setzt. Auf einmal stört in diesem Reich die Bürokratie, die einen Papierstaat aus ihm gemacht hatte, das Militär, das in hohen Ehren stand, aber Ornament geworden war. In diesem Reich, in dem es schon lange keinen Krieg gegeben hatte und der Name Königgrätz als Erinnerung an die Niederlage eine Erniedrigung bedeutete, regierten Zauber und Verfremdung.

Musils Roman beginnt an dem Punkt, an dem ein Ideal zu Grabe getragen und jede ordnende Bewegung verschwunden ist: In einer solchen geistigen Lage war es an der Zeit, aus den Resten einer gewesenen Einheit etwas Neues zu errichten, seien es auch nur zufällig aufgelesene Trümmer. So macht Musil das Experiment, zwanzig Jahre nach Dato zu beschreiben, was als Geschichte passé, als Realität undenkbar und als Mythos unreif war. Es ist die in gedanklichen Bewegungen fortschreitende Beschreibung eines *temps perdu*, in der die Hindernisse sich in der sprachlichen Gestaltung offenbaren: „Die Geschichte dieses Romans kommt darauf hinaus, daß die Geschichte, die in ihm erzählt werden sollte, nicht erzählt wird."[9] Musil entwirft im konstanten „vor und zurück" einen Zusammenhang, in dem alles Gewachsene auseinander gerissen wird und jedes Ding verwandelbar scheint: „Das Menschliche lag in einer ganzen, unausgenützten, ewigen Erschaffungsmöglichkeit in uns", heißt es in *Die Schwärmer*. Mit dieser Vision schließt Musil das Vorkriegsösterreich, das er nach der Abkürzung k.k. (= kaiserlich-königlich) „Kakanien" nennt, an den neuen Geist Europas an:

Aus dem ölglatten Geist der zwei letzten Jahrzehnte des neunzehnten Jahrhunderts hatte sich plötzlich in ganz Europa ein beflügelndes Fieber erhoben. Niemand wusste genau, was im Werden war; niemand vermochte zu sagen, ob es eine neue Kunst, ein neuer Mensch, eine neue Moral oder vielleicht eine Umschichtung der Gesellschaft sein solle.[10]

Es versteht sich, dass unter diesen Umständen das Fragmentarische zu einer Notwendigkeit wird. Die „Geschichte", die sich episch nicht in Ulrichs Gedankenmonologen verwirklichen lässt, erscheint im Endergebnis als ein endloses Denkexperiment, das sich nur in Ulrichs Kopf vollzogen hat. Es sprengt aber die Grenzen des ‚Habsburgischen'. Die Gedankensprünge, die auf einer scheinbar zufälligen Weltbühne stattfinden, sind die möglichen Gedanken eines möglichen Helden: Sie machen den Leser zum Teilhaber an einer

---

9   Vgl. Rasch 1967: 79.
10 Musil 1988: 55.

möglichen Geschichte. Tradition, Auseinanderfallen und Leerlauf sind die den Roman konstituierenden Elemente. Gerade das Zusammenspiel von Aktivität und Passivität, das in Ulrich zu einer dauernd spürbaren inneren Spannung führt, liefert dem Helden eine geistig hochgesteigerte Aktivität und ein sublimes Observationsvermögen. Ulrich ist der hypersensible Held einer Vorkriegsgeneration, der im geheimnisvollen Vakuum und zwischen einander widerstrebenden Kräften lebt, um so durch die Grenzen des „Normalen" ins Grenzenlose des Möglichen einzutreten.

Das Jahr 1913, Ulrichs Urlaubsjahr, ist das Jahr, das für Ulrichs Antipoden, seinen Freund Walter, so sehr zu seiner eignen Ohnmacht passt: „War bis dahin *er* arbeitsunfähig gewesen, und hatte sich schlecht gefühlt, so war jetzt die *Zeit* unfähig und er gesund."[11] Das kann die sonderbare, von Nietzsche schwärmende Clarissa nicht akzeptieren; für Ulrich aber macht es die Verbindung von Leben und Kunst („l'art pour la vie") zu der einzig möglichen Existenzform. In Ulrichs Gedankengespinsten erfährt der Leser das komplexe und komplizierte Bild einer Welt, in der alles Potentialis ist. Konjunktive häufen sich in Musils Text.[12] Der Roman setzt mit Aussagen wie „ich könnte mir denken, dass es möglich sein müsste" seine Geschichte dauernd in Klammern. Manchmal erscheint auch das Umgekehrte zum gleichen Zweck, wenn ein Indikativ nach „stell dir vor …" erscheint, um die fiktive Wirklichkeit als Wirklichkeit zu betonen. Wirklichkeit und Möglichkeit bilden in ihrem dauernden Wechseltausch die Grundstruktur einer in Ulrich sich vollziehenden Gegenwart, in der Vergangenheit und Zukunft sich verbünden, so dass die Grenzen zum Unsichtbaren, Ewigen überschritten werden. In dieser Hinsicht ist Musils Roman mit *Der Tod des Vergil* (1936-1944), dem Roman von Musils Landsmann und Zeitgenossen Hermann Broch, vergleichbar. In diesem Roman nimmt der kranke, sterbende Dichter Vergil in Fieberträumen die Endzeit des römischen Reiches wahr, die in einer magischen Einheit mit dem Ewigen aufgelöst wird, während rationales Denken und irrationales Spüren im Sterbenstraum nahtlos verwoben werden:

> Wirklichkeit türmte sich hinter Wirklichkeit: hier die Wirklichkeit der Freunde und ihrer Sprache, dahinter die einer unauslöschlich holden Erinnerung, in der ein Knabe spielte, dahinter die der Elendshöhlen, in denen der Augustus wohnen mußte, dahinter die des drohend spröden Liniengewirrs,

---

11   Ebenda: 62.
12   Vgl. Schöne 1982: 19-54.

ausgebreitet über das Seiende, über Welten und Aberwelten, dahinter die Wirklichkeit der Blumenhaine, oh, und dahinter, unerkennbar, unerkennbar die wirkliche Wirklichkeit, die Wirklichkeit des niemals gehörten, trotzdem seit jeher vergessenen, trotzdem seit jeher verheißenen Wortes, die Wirklichkeit der wiederstehenden Schöpfung, überstrahlt vom Gestirn des unerschaubaren Auges, die Wirklichkeit der Heimat.[13]

Im Hinblick auf die Frage nach „Wirklichkeit", die namentlich in der Endzeit des Habsburgischen Reiches in der Literatur eine so wichtige Rolle spielt und in Musils Roman zu einer neuen, vom Publikum abgelehnten Romanform führte, fragte sich Thomas Mann 1932:

> Was macht das Publikum kopfscheu? Ist es das Gerücht, der „Mann ohne Eigenschaften" sei kein ordentlicher Roman, wie man's gewohnt sei, mit einer rechten Intrige und fortlaufender Handlung, daß man gespannt sein könne, wie Hans und ob er die Grete kriegt? Aber kann man denn „ordentliche" Romane überhaupt noch lesen, – ich meine Romane, die bloß „Romane" sind? Das kann man ja gar nicht mehr! Der Begriff des Interessanten ist längst im Stande der Revolution. Nichts öder, nachgerade, als das „Interessante". Dies funkelnde Buch, das zwischen Essay und epischem Lustspiel sich in gewagter und reizender Schwebe hält, ist gottlob kein Roman mehr – [...] Erschrickt man vor seiner Geistigkeit, seinem „Intellektualismus"? Aber sein Witz, seine Gescheitheit und Helligkeit sind von frömmster und kindlichster, sind von Dichter-Art! Waffen sind sie der Reinheit, Echtheit, Natur gegen das Fremde, Trübende, Verfälschende, gegen all das, was es in träumerischer Verachtung „Eigenschaften" nennt und was, sobald die Unschuld der Kinderzeit zu Ende, beansprucht, unser Leben zu sein. Solcher Art ist sein „Intellektualismus". Und auch von der Art ist es, daß er Geist, Kunst und Leben liebt, als seien sie eines [...][14]

Wenn auch Musil nur das eine Jahr vor dem Ausbruch des Großen Krieges beschreibt, so lässt der Roman in Rückblicken das Bild der Vergangenheit der Donaumonarchie seit 1848, des augenscheinlich ewig währenden Reichs Kaiser Franz Josephs entstehen. Dieses Kakanien ist der Staat, in dem Musil „einen besonderen deutlichen Fall der modernen Welt" erkennt. Hier will Ulrich das „Es war einmal" und „Niemand wusste genau, was im Werden war" als das zu sehr Zeitbedingte überwinden, womit er die Jahrhundert*wende* als die Null-Zeit auf eine größere historische Periode hin anlegt und in einem Gedankenmosaik zu erfassen versucht. Was sich in diesem Kakanien abspielt, erscheint diesem „Mann ohne Eigenschaften" als *eine* Möglichkeit unter vielen. Er muss daher „ohne Eigenschaften" sein,

---

13   Broch 1958: 470.
14   Mann 1960, Bd. 11: 783f.

weil Eigenschaften als Angelerntes zu der Starre der Tradition, zum Leben des Marionetten-Bürgers gehören, von dem Hoddis 1918 in seinem Gedicht *Weltende* als große Wende voraussah, dass ihm „vom spitzen Kopf" der Hut fliegt. In Ulrich siegt der Möglichkeitssinn über den Wirklichkeitssinn:

> Hier ist dies oder das geschehen, wird geschehen, muss geschehen; sondern er erfindet: Hier könnte, sollte oder müsste geschehen; und wenn man ihm von irgend etwas erklärt, dass es so sei, wie es sei, dann denkt er: Nun, es könnte wahrscheinlich auch anders sein. So ließe sich der Möglichkeitssinn geradezu als die Fähigkeit definieren, alles, was ebensogut sein könnte, zu denken [...]. Es ist die Wirklichkeit, welche die Möglichkeiten weckt [...].[15]

In Ulrichs Welt stehen Liebe als „mögliche Welt" und Sünde als „fertige Welt" unversöhnlich zueinander. So wird der Pseudo-Bildungsroman ein kritischer Endzeitroman, der kein Roman und ohne Ende ist. Deswegen muss in ihm auch dem Kleinsten und Einfachsten misstraut werden, denn das Leben, so sagt Regine in *Die Schwärmer*, lässt den Menschen

> [...] immer zwischen zwei Möglichkeiten wählen, und immer fühlt er: eine ist nicht darunter, immer eine, die unerfundene dritte Möglichkeit. Und man tut alles, was man will, und hat nie getan, was man gewollt hat. Schließlich wird man talentlos.[16]

Mit diesem „deutlichen Fall der modernen Welt", für den die Donaumonarchie das Exemplum abgibt, hat Musil nicht nur die Spuren Stifters, des Meisters des Sensationellen im Kleinen, der aus dem scheinbar „Unbedeutenden" das Utopische hat hervorlocken wollen, verlassen, sondern er unterscheidet sich auch stark von Zeitgenossen wie Joseph Roth mit seinem *Radetzkymarsch* (1932), Alexander Lernet-Holenia mit *Die Standarte* (1934), Stefan Zweig mit *Die Welt von Gestern* (1943) oder Franz Werfel mit *Der Stern der Ungeborenen* (1946) – Romane, in denen der ruhmvollen Vergangenheit eines versunkenen Reiches nachgetrauert oder utopisch der Anfang einer neuen, übernationalen Humanität zum Leben erweckt wird. So lesen wir in Stefan Zweigs *Die Welt von Gestern* (1944):

> Die Hölle lag hinter uns, was konnte nach ihr uns noch erschrecken? Eine andere Welt war im Anbeginn. Und da wir jung waren, sagten wir uns: es

---

15   Musil 1988: 16f.
16   Musil 1957: 306.

wird die unsere sein, die Welt, die wir erträumt, eine bessere, humanere Welt.[17]

Früher schon, in der geladenen Atmosphäre der Welt Arthur Schnitzlers, führte die Erinnerung an die weiche Wiener Luft zur Ausweglosigkeit, in ein untergehendes Reich, dessen Gespaltenheit sich an Titeln wie *Der einsame Weg* (1903) oder *Der Weg ins Freie* (1908) ablesen lässt. *Der Weg ins Freie* hat bei seinem Erscheinen in der Wiener Gesellschaft Skandale ausgelöst, weil in ihm die bürgerliche Wiener 7Welt frivol-erotisch an ihr Ende geführt wird. Der Held Georg als desintegrierte Person scheint in seinem müden Ahnen einer fernen Zukunft Musils Held Ulrich vorwegzunehmen. Näher noch steht Musil dem Prager Dichter Franz Kafka. Die logische Mystik des anonymen Helden K., durch dessen Augen Kafka das sterbende Kakanien erblickt, ist fundamental in der in ihr versteckten Kritik. Hermann Broch ist Musil insofern verwandt, als er in *Die Schlafwandler* im Rückblick die Jahre 1888, 1903 und 1918 unter Hervorhebung des sittlichen Verfalls beschreibt. Seine Modernität zeigt er darin, dass sein Werk das Sprungbrett ist zu der Verwandlung des Romanhaften ins Kommentatorische. Wahre Modernität gibt es nach Brochs Einsichten erst, wenn der Geist des wissenschaftlichen Denkens in die literarische Vorstellungskunst eindringt. Die Analyse der Geschichte als historisches Nacheinander und Miteinander solle in jedem literarischen Text den Grundstock bilden. Hier erweisen sich Musil und Broch als die Ingenieure, die sie von ihrer Ausbildung her sind.

Um die Literatur der Donaumonarchie nur einigermaßen zu verstehen, muss man sich der räumlichen Dimensionen dieses mitteleuropäischen Reiches vor dem Ersten Weltkrieg bewusst sein. Da erstreckt sich ein Reich als Vielvölkerstaat mit den kulturellen Zentren Wien und Prag, ein Konglomerat von Völkern und Sprachen, das von einem Kaiser und dem Deutschen als amtlicher Sprache zusammengehalten wird. In Joseph Roths *Radetzkymarsch* lesen wir über Trotta und seinen Sohn:

> Vor fünf Jahren noch hatte er zu seinem Sohn slowenisch gesprochen, obwohl der Junge nur ein paar Worte verstand und nicht ein einziges selbst hervorbrachte. Heute aber mochte dem Alten der Gebrauch seiner Muttersprache von dem so weit durch die Gnade des Schicksals und des Kaisers entrückten Sohn als eine gewagte Zutraulichkeit erscheinen, während

---

17 Zweig 1982: 322.

der Hauptmann auf die Lippen des Vaters achtete, um den ersten slowenischen Laut zu begrüßen, wie etwas vertraut Fernes und verloren Heimisches.[18]

Dieses Reich hatte dank und trotz der vielen Sprachen und Kulturen einerseits eine enorme Strahlkraft. Andererseits kam es regelmäßig zu nationalistischen und antisemitischen Explosionen, oft auch fühlten die Minderheiten sich in ihrer Sprache und Kultur unterdrückt, aber dennoch hat sich das Deutsche behauptet – seine Dominanz ist in der Literatur überdeutlich. Franz Kafka bringt das Komplizierte dieses Problems kafkaesk zum Ausdruck, wenn er im Juni 1921 Max Brod folgendes schreibt:

> Wir lebten zwischen drei Möglichkeiten [...] der Unmöglichkeit nicht zu schreiben, der Unmöglichkeit deutsch zu schreiben, der Unmöglichkeit anders zu schreiben, fast könnte man eine vierte Möglichkeit hinzufügen, die Unmöglichkeit zu schreiben [...] also war es eine von allen Seiten unmögliche Literatur, eine Zigeunerliteratur, die das deutsche Kind aus der Wiege gestohlen [...] hatte.[19]

Dieses Problem steht in direktem Zusammenhang mit der schwerwiegenden und kaum zu beantwortenden Frage, mit der Ulrich Greiner 1979 sein Buch *Der Tod des Nachsommers* anfängt:

> Gibt es eine österreichische Literatur? Der Fall scheint einerseits klar: So wie man die Literatur der Schriftsteller in Frankreich die französische [...] nennt, ebenso kann man die Literatur der Österreicher als österreichische Literatur bezeichnen. Man kann es, aber soll man es auch? Literatur ist Sprache, und in Österreich spricht man deutsch. Wäre es folglich nicht besser, von deutschsprachiger Literatur zu reden? Deutschsprachige Literatur gäbe es dann in der Bundesrepublik, in der DDR, in der Schweiz und in Österreich. Es bliebe ja auch von der deutschen Literatur dieses Jahrhunderts kaum die Hälfte übrig, wenn man die der Österreicher abzöge: Schnitzler, Hofmannsthal, Karl Kraus, Rilke, Musil, Kafka, Broch, Trakl, Joseph Roth, Doderer und Horváth, um nur die wichtigsten zu nennen, alle waren sie Österreicher. Und die Literatur nach 1945? Es genügt, auf Namen wie Ingeborg Bachmann, Thomas Bernhard und Peter Handke hinzuweisen, um zu sehen, dass die Österreicher nach wie vor einen großen Teil dessen ausmachen, was man der Einfachheit halber deutsche Literatur nennt. So einfach ist es aber nicht. Wenn man von der nicht eben originellen [...] Erkenntnis ausgeht, dass literarische Produktion ohne das soziale, politische und historische Umfeld, in dem sie entsteht, kaum angemessen zu verstehen ist, dann hat die Frage nach der österreichischen Literatur einen Sinn. Denn Österreich, ob man von der Donaumonarchie, von der Republik zwischen den

---

18 Roth 1989: 11.
19 Kafka 1958: 337f.

Kriegen oder von der heutigen westlichen Industrienation redet, ist als historischer und politischer Raum in seinem Unterschied zu Deutschland definierbar. Das Land hat eine andere Vergangenheit, andere Traditionen und eine andere Gegenwart. Und eine andere Literatur.[20]

Auf die Frage „Gibt es eine österreichische Literatur?" gibt Thomas Mann im Jahre 1936 eine Antwort, wenn er gerade in der Kultur-mischung der verschiedenen Völker der Donaumonarchie und der Republik Österreich eine Auszeichnung wahrnimmt, die er als „deutschsprachiges Europäertum südlicher Färbung" bezeichnet:

Sie fragen mich, ob man von einer spezifisch österreichischen Literatur sprechen kann. Die Bejahung dieser Frage ist mir selbstverständlich. Die spezifische Besonderheit der österreichischen Literatur ist zwar nicht leicht zu bestimmen, aber jeder empfindet sie, und wenn die grimme Zeit nicht den letzten Rest von Sympathie für Kulturmilde und geistige Anmut in ihm zerstört hat, so liebt und bewundert er diese unzweifelhafte Besonderheit. Rundheraus gesagt, halte ich die österreichische Literatur in allen Dingen des artistischen Schliffes, des Geschmackes, der Form – Eigenschaften, die doch wohl nie aufhören werden, in der Kunst eine Rolle zu spielen, und die keineswegs epigonenhaften Charakters zu sein brauchen, sondern den Sinn für das Neue und Verwegene nicht ausschließen – der eigentlich deutschen für *überlegen*. Das hängt mit einer Rassen- und Kulturmischung zusammen, deren östliche, westliche, südliche Einschläge das Österreichertum überhaupt und nach seinem ganzen Wesen von dem Deutschtum, wie es historisch geworden ist, national abheben und ein deutschsprachiges Europäertum von süddeutscher Volkhaftigkeit und mondän gefärbter Bildung zeitigen – höchst liebenswert und höchst unentbehrlich.[21]

Bitter und ironisch klingt dagegen H.C. Artmanns Gedicht *Mein Vaterland Österreich* (1978) kaum vierzig Jahre später, in dem die Kluft zwischen Damals und Heute zwischen den beiden Strophen liegt:

Österreich bestand ehedem
aus den folgenden Ländern:
dem Erzherzogtume Österreich
dem Herzogtume Steyermark,
der gefürchteten Grafschaft Tyrol
nebst Vorarlberg,
dem Königreiche Böhmen,
der Markgrafschaft Mähren,
dem österreichischen Anteil an Schlesien,
dem Königreiche Illyrien,
dem Königreiche Galizien und Lodomerien,

20   Greiner 1979: 11.
21   Mann 1960, Bd. 10: 919.

dem Lombardisch-venezianischen Königreiche,
dem Königreiche Ungarn mit seinem Nebenländern
Slawonien, Kroatien und Dalmatien
und dem Großfürstentume Siebenbürgen.

Heute besteht Österreich
aus den Ländlein:
Wien,
Niederösterreich,
Oberösterreich,
Salzburg,
Tirol,
Fahrradlberg, [!]
Kärnten,
Steiermark
und dem Burgenland.

Tu, felix Austria, juble und jodle![22]

Für die besondere Position des kleinen Österreich spricht auch Gerhard Rühms visueller Text aus den 70er Jahren, in dem ein schwarzes Wölkchen in der geographischen Form Österreichs über der Erdkugel schwebt und wortlos seine Auszeichnung im Weltall der räumlichen Einschrumpfung des Staates gegenüberstellt. Peter Rosei fragt sich „Und Österreich?" In seiner Antwort spürt man das Lakonische des beobachtenden Künstlers, der immer draußen steht: „Ja, ja: Österreich, Du friedliches, gewaltloses! Hier war's auch schon mal anders, und lange her ist das nicht".[23] Auch diese Haltung hat mit der Geschichte der habsburgischen Vergangenheit und ihrem späteren Mythos zu tun. Helmut Eisendle formuliert seine eigene An- und Abhängigkeit:

> Die heimliche Abhängigkeit, die sich in einer, meiner, unabhängigen Heimlichkeit verheimlicht, definiert meine unheimliche Abhängigkeit von der heimeligen Unheimlichkeit meiner Heimat, genannt Österreich.

Und Musils Dilemma ähnlich heißt es:

---

22   Artmann in: Jung 1978: 24.
23   Rosei in: ebenda: 158.

Wie ein verrückt gewordener Instinkt klettert die Sprache Österreich in meinem verliebten Kopf umher. In stillen Momenten träumen wir von einer Umarmung im Jenseits, um dann umso gefährlicher auseinander zu stürzen.[24]

Das Bild Österreichs, so wie es am Ende des Kaiserreiches in der Literatur erscheint, ist ein Spiegel mit vielen Facetten. Wenn wir die Literatur als die Enthüllerin der historischen Realität verstehen, so zeigt diese sich als ein vielköpfiger Riese, in dem alle denkbaren Gegensätze hausen. Musil hat mit seiner Verschmelzung von Illusion und Wirklichkeit eine nicht endende Reihe von Spiegeln und Österreich als fruchtbaren Boden der Moderne gezeigt. Thomas Mann versteht in den *Betrachtungen eines Unpolitischen* jene Übergangszeit so:

> Ich gehöre geistig jenem über ganz Europa verbreiteten Geschlecht von Schriftstellern an, die – aus der Décadence kommend – zu Chronisten und Analytikern der Décadence bestellt – gleichzeitig den emancipatorischen Willen zur Absage an sie [...] im Herzen tragen und mit der Überwindung [...] experimentieren.[25]

„Absage", „Überwindung" und „Experiment": Es sind die Begriffe, die den Anfang einer neuen Zeit bestimmen, in der man „die posierte", „krankhafte", „onanierte Poesie" – wie Karl Kraus sie bezeichnet –, die „Lüge" überwinden möchte. In *Die letzten Tage der Menschheit* (1917-1919), diesem dickleibigen Buch von Karl Kraus, wird die Fiktion der habsburgischen Welt in der barocken Parade einer grotesken Operette zur Schau gestellt, die Apokalypse in theatralischer Absurdität uraufgeführt. Die Euphorie des Endes verdrängt den Zweifel, der aber durch die Hintertür als Melancholie zurückkehrt. So auch wechseln in der Literatur Wehmut und Frivolität, Skepsis und Ästhetizismus sich ab und treten simultan auf: man tastet nach der scheinbaren Sicherheit der barocken Vergangenheit, verbunden mit Sprachskepsis und Verstummen (Ludwig Wittgenstein), im fast obsessiven Versuch, zu analysieren, zu zerlegen, zu experimentieren, zu entkleiden und zu entgrenzen. Arnold Schönberg verlässt in der Musik die Tonalität, Gustav Klimt negiert die Lehre der Perspektive in der Malerei, Oskar Kokoschka entdeckt die Expressivität des Erotisch-Grausamen. Hugo von Hofmannsthal lässt seinen Lord Chandos in *Ein Brief* eine

---

24   Eisendle in: ebenda: 37f.
25   Vgl. Mann 1960, Bd. 12: 21, 490f., 585.

fundamentale Sprach- und Schreibkrise durchleiden, Karl Kraus sieht die ganze Kultur als Lügenfabrik, Rainer Maria Rilke beschwört das Vergangene in alten Häusern und Parks herauf, während Georg Trakl als der Sänger des Untergangs in *Traum und Umnachtung* die Wirklichkeit in der Verwesung herbstlicher Tage entdeckt. In Hofmannsthals Gedicht *Manche freilich* ... wird das Zeitbild im Begriff „Kulturmüdigkeit" zusammengefasst: „Ganz vergessener Völker Müdigkeiten / Kann ich nicht abtun von meinen Lidern ...". „Müdigkeit" als Schlüsselbegriff hat – wie die Kultur Österreichs überhaupt – zwei Gesichter: Traum und utopisches Nicht-Handeln; und fast in Kontrafaktur zum Goetheschen Wort, dass der Handelnde gewissenlos sei, wird festgestellt, „es habe niemand Gewissen als der Betrachtende".[26] Ulrich Greiner unterstellt, dass die Idee des Untergangs der Monarchie bis „heute" (1979) traumatisch nachgewirkt habe und selten so bewusst werde wie in Thomas Bernhards *Politische Morgenandacht*: die österreichische Politik sei „von glänzenden, den ganzen Erdball überstrahlenden und erwärmenden Höhen im Verlauf von nur einem einzigen halben Jahrhundert in ihr endgültiges Nichts gestürzt."[27] Hofmannsthals Werke sind die Zeugen dieses Geistes:

> Uralter historischer Boden ist uns zum Erbe gegeben, zweier römischer Weltreiche Nachfolger sind wir auf diesem, das ist uns auferlegt, wir müssen es tragen, ob wir wollen oder nicht.[28]

Erst im Angesicht des Todes ahne der Mensch, was das Leben ist – nichts kann symbolischer sein für die Situation der Donaumonarchie vor dem Ersten Weltkrieg als dies. Es ist ein lachendes Rokoko, ein Tanz von Schein und Sein, der seinen melancholisch dunklen Schatten vorauswirft. In diesem müden Reich, mit seinen überlieferten, eleganten Lebensformen, steckt das scheinbar Unvereinbare von Zerfall und Neubeginn. Sigmund Freud sah es in der Kunst als die Sublimation unverarbeiteter Energie, als das Unbewusste der Schaffenskraft. Nietzsche spürte 1889 in *Ecce Homo* diesem Phänomen in sich selbst nach: „Abgerechnet nämlich, dass ich ein décadent bin, bin ich auch dessen Gegensatz."[29] Die Stadt Venedig war die perfekte Bühne für dieses Spiel der Vergangenheit als die

---

26   Vgl. ebenda: 579.
27   Greiner 1979: 15.
28   Hofmannsthal 1952: 282.
29   Nietzsche 1999: 266.

Maskerade der Gegenwart. Krank-Sein, um mehr und intensiver zu leben, ist eine Grundbedingung in der Kunst dieser Vor-Moderne. Der Müdigkeitskult ist aber nur das Symptom einer Kultur, die Konventionen in Frage stellt und dabei hellsichtig wird. Auch Rilkes Malte Laurids Brigge ist der passive Held, für den als letzten Spross eines alten dänischen Geschlechts die Wirklichkeit konturlos ist und der wie in einem dunklen Spiegel dem eignen Leben zuschaut. Hofmannsthals Diagnose „Wir schauen unserem Leben zu"[30] könnte das Motto für die österreichische Literatur jener Tage sein, die dennoch von einer Hoffnung getragen wird: Das Neue eines neuen Jahrhunderts, das in goldnen Kapitalbuchstaben auf den Jugendstilfassaden prangt und von Gustav Klimt 1903 so eindrucksvoll in der blondhaarigen, schwangeren Frau gegen den Hintergrund bleicher Masken gemalt wurde. Es symbolisiert die Erwartung im magischen Wort ‚nouveau' oder wie Rilke es 1899 im *Stunden-Buch* ankündigt:

> Ich lebe grad, da das Jahrhundert geht.
> Man fühlt den Wind von einem großen Blatt,
> das Gott und du und ich geschrieben hat
> und das sich hoch in fremden Händen dreht.
> Man fühlt den Glanz von einer neuen Seite,
> Auf der noch Alles werden kann. […][31]

Gegen diese Hoffnung stellt sich im „Entwerden" der fatale Sinn für Weltuntergang, der Trakl in seinem Gedicht *Abendland* in der Hölle der letzten Tage besingt:

> […]
> Ihr großen Städte
> Steinern aufgebaut
> In der Ebene!
> So sprachlos folgt
> Der Heimatlose
> Mit dunkler Stirne dem Wind,
> Kahlen Bäumen am Hügel.
> Ihr weithin dämmernden Ströme!
> Gewaltig ängstet
> Schaurige Abendröte
> Im Sturmgewölk.
> Ihr sterbenden Völker! […][32]

---

30   Hofmannsthal 1979: 175.
31   Rilke 1987: 256f.
32   Trakl 1972: 77.

Zusammenfassend kann man sagen: Stifters heile Natur endet in der verwesten Stadt, verblutet im heillosen Ende, für das bei Trakl die Abendröte die Metapher ist. Gegen diesen Hintergrund muss man Musils Werk betrachten, das in den Jahren entstand, als eine Besinnungswelle das europäische Denken überflutete. Theodor Haecker schrieb sein *Vergil – Vater des Abendlandes*. Die Wiederkehr von Vergils 2000. Geburtstag wurde der Anlass, die Geschichte des Abendlandes in einen größeren Zusammenhang zu setzen. Hermann Broch wies in seinem *Der Tod des Vergil* auf die Problematik einer Kunst am Ende einer langen Kulturperiode. Viele große Schriftsteller äußerten sich nach dem großen Schock des Ersten Weltkriegs und den ihm vorangehenden apokalyptischen Prophezeiungen. Nun ahnte man ja den Verfall, der mittlerweile Zerfall war, nicht mehr, er war da: Jetzt galt es Mittel als Antidot zu finden und die Trümmer zu räumen. So entstanden in den Nachkriegsjahren zwei Arten der Rezeption. Schriftsteller wie Joseph Roth, Heimito von Doderer und Alexander Lernet-Holenia verfahren anders als Broch, Musil und Kafka. Die Erstgenannten machen die Habsburger Geschichte zum Erinnerungsobjekt und holen im denkenden Füllen, von Heimweh geladen, das Verlorene zurück. Sie versuchen, in der Fiktion zu beschreiben, was für die Vertreter der habsburgischen Gesellschaft diese Vergangenheit war. Der Offizier von Melzer drückt es in Heimito von Doderers *Strudlhofstiege* (1951!) so aus: „Ihm lag die Vergangenheit oben, als ein Helles, Schäumendes, daraus die Sonne gewesener Tage zu gewinnen war, kein Dumpfes und Dunkles." In Joseph Roths *Radetzkymarsch* (1932) gibt es keinen elegischen Rückblick noch die Verherrlichung der verlorenen Zeit, wie man sie oft in den weniger bekannten Werken dieser Zeit trifft: Es ist ein Epos, das in allen Tonarten hören lässt, wie sehr der Autor diesen Untergang in seinem Wesen verstanden hat:

> Man lebte im Schatten des Großvaters! Das war es! Man war ein Enkel des Helden von Solferino, der einzige Enkel. Man fühlte den dunklen, rätselhaften Blick des Großvaters ständig im Nacken! Man war der Enkel des Helden von Solferino![33]

Lernet-Holenia beschreibt auf den Spuren von Rilkes *Cornet* in *Die Standarte* (1934), dem Kriegsroman des längst Vergangenen, wie der Fähnrich Menis dem Oberst und in ihm dem Kaiser Treue bis in den Untergang schwört. Er ist der Kavalier, der, im absoluten Gehorsam,

---

als der Todesbote gleichsam bei der Katastrophe zu Gast ist. In dieser Gestalt besiegelt Lernet-Holenia – *d'outre tombe* – den Untergang des 1000jährigen Reiches in der Fahnenerotik dieses traurigen Ritters des Absurden.[34] Es sind die Sehnsuchtsbilder dessen, was vorbei ist.

Vollkommen anders rechnen Broch, Musil und Kafka mit der Vergangenheit ab. In ihren Betrachtungen gehen sie von der zersplitterten Realität einer Gegenwart aus. Rein äußerlich nehmen sie Abschied von den vertrauten Romanformen. Die Wirklichkeit wird zum Vorwand, Zusammenhänge und Verknüpfungen ans Licht zu führen. In Musils und Kafkas Texten wird dieses Prinzip vom Mittel der Verfremdung unterstützt, durch das die Dialoge und Selbstreflexionen destruktiv wirken. Kafka zeigt in der logischen Beschreibung von Missverständnissen die Verstrickung des Einzelnen im Netz der Apparate und Mechanismen; er führt zwei Möglichkeiten aus, während er die dritte, „wahre", welche die zwei ersten unsichtbar verbindet, zu verschweigen scheint. Sowohl bei Musil als auch bei Kafka treffen wir Helden des Nicht-Handelns, wodurch die Wirklichkeitsverweigerung als stets spürbare Mitte und konstituierendes Element mitschwingt. Dieses Verfahren hat bei der Produktion literarischer Texte auch die Werke ihrer Nachfolger, der Nachkriegsautoren, bestimmt. Trotz der Tatsache, dass die altösterreichische und österreichische Literatur in vielerlei Hinsicht an den europäischen Kulturströmungen wie Symbolismus, Expressionismus und Moderne in ihrer besonderen Art und Weise teilnimmt, bleiben spezifisch österreichische Themen prägnant in ihr vorhanden. So treffen wir in Christoph Ransmayrs Werk die Faszination für Apokalypse und Weltuntergang. Gerhard Roth schreibt 1972 die Spionagegeschichte *Der Ausbruch des Ersten Weltkriegs*, in die er Personen- und Satzzitate aus Joseph Roths *Der stumme Prophet* und Guiseppe Tomasi di Lampedusas *Der Leopard* montiert. Jutta Schutting zeigt ihre Bewunderung für Adalbert Stifter, indem sie ihn persifliert, Peter Rosei beschreibt in *Entwurf für eine Welt ohne Menschen* eine Landschaft mit Stifterschen Farben, Peter Handke schreibt ein Buch mit leeren Seiten und Gert Jonke lässt *Die Schule der Geläufigkeit* anfangen mit dem Kapitel „Die Gegenwart der Erinnerung", während Thomas Bernhard sich statt „Geschichtenerzähler" „Geschichtenzerstörer" nennt. Robert Menasse schreibt

---

34   Gruenter 1987.

1992 in *Das Land ohne Eigenschaften*, einem Essay zur österreichischen Identität:

> „Österreichische Wirklichkeit", das scheint [...] eine contradictio in adjecto zu sein. Die Realität in diesem Land zeigt sich auf eine Weise zusammengesetzt, dass alles ununterbrochen in seinem Gegenteil aufgehoben wird und im gesamten nur virtuell als das existiert, was man gerade sehen will. Österreich hat sich vor seiner Geschichte abgeschottet und versucht dennoch von seiner Musealität zu leben. [35]

Thomas Bernhard sieht die Last der Vergangenheit in seinem großen Roman *Auslöschung* ausgelöscht im Akt der Niederschrift, damit direkt erinnernd an Musils Gedankengut. Am Ende des Weges, der mit Stifters obsessivem Beschreiben des Kleinen begann, durch Sprachkrisen und Sprachskepsis hindurchführte, landend bei Schnitzlers und Kraus' Enthüllung des Sinnlosen und bei Musils mystischem Traum des Möglichen, liest man im Hohelied der österreichischen Literatur die Anfälligkeit zur Verneinung. Namentlich Musil nimmt auf diesem Weg eine erste Stelle ein, weil er in dem vollendeten Unvollendeten das Vollkommene der Kunst als das produktive Gegenstück sucht. Damit hat er die idealistischen Spuren der habsburgischen Vergangenheit endgültig getilgt und den Staub jener Welt weggeblasen.

Die österreichischen Schriftsteller nach 1945 haben nach rigoroseren Mitteln gesucht. Wörter wie „zurücktreten", „verweigern" und „auslöschen" kehren regelmäßig zurück und machen in vielen Fällen die Grundstimmung hörbar. Stifters „Flucht vor Größe" hat sich extrem durchgesetzt. Jutta Schutting betont es 1974 in *Tauchübungen*:

> [...] es ist oft gegen mich bemerkt worden aber es gibt nicht Unscheinbares und Nebensächliches – alles ist bedrohlich und die Angst nur zu ertragen, wenn man die selbst alltäglichen Geräten innewohnende Spannung, die in der Hand des Menschen nach Entladung drängt, durch die mit Sorgfalt gewahrte Abfolge der an ihnen vollzogenen Handlungen beschwichtigt. der Umgang mit dem Suppenlöffel genauso ernst zu nehmen wie die menschlichen Beziehungen, Träume zu behandeln, als wären sie aus Dynamit [...] die Realität immer nur ein Anlaß [...]. [36]

Claudio Magris hat in *Der Habsburgische Mythos in der österreichischen Literatur* (1966) – vielleicht zu stark – hervor-

---

35   Menasse 1992: 74.
36   Schutting 1974: 47.

gehoben, dass nach 1918 der Zauber des alten Österreich, so wie es in der Literatur erscheint, das wirkliche Bild jener Welt im Mythos verdrängt habe, so dass die Donaumonarchie nur noch das Reich von Kafka, Werfel, Roth und Musil sei. Ohne hier die Frage beantworten zu können, ob nicht gerade in der Literatur die Wirklichkeit erscheine, kann man trotz Unstimmigkeiten behaupten: Der habsburgische Mythos ist mit dem Auseinanderfallen des Reiches nicht untergegangen, sondern dadurch erst zu seiner Form gelangt. Dies hieße, dass Altösterreich während seines Untergangs und im Mythos danach postum zu der „möglichen" Welt wurde, in der man die Wirklichkeit des Möglichen entdecken wollte. Hans Weigel, der Nestor der österreichischen Literatur nach 1945, rechnet auch damit ab, wenn er 1978 in *Ein krasser Fall von Liebe* überzeugt mitteilt:

> Nun wollen wir Österreich nicht mehr in Frage stellen, nur um die Frage mit donnerndem Ja zu beantworten, wollen wir uns nicht mehr den Kopf darüber zu zerbrechen vorgeben, ob es eine österreichische Literatur gibt – es gibt sie eh längst, auch wenn wir nicht nach ihr fragen. Österreich ist da, Österreich braucht uns nicht mehr: Nestroy, Raimund, Herzmanovsky-Orlando, Kubin sind bis zur Erschöpfung entdeckt, die Entdeckung Robert Musils scheint sogar derzeit um eine Nummer zu groß geraten zu sein, Kafka ist ein literarisches Volksnahrungsmittel, der wahre Schubert ist groß im Kommen, der wahre Mozart hat sich herumgesprochen, die tanzenden Grillparzer-Derwische beruhigen sich, Johann Strauß wurde von Claudio Abbado klassisch gesprochen, Gustav Mahler hat sogar das Dreimädelhaus namens ‚Tod in Venedig' unbeschädigt überstanden … unsere zornigen Fünfziger können von ihren gepflegten Aggressionen auskömmlich leben. Und der Nachwuchs wächst üppig nach. Noch immer beginnt der Balkan in der Nähe des Wiener Schwarzenbergplatzes, aber es sind zögernde Anfänge, und von dort aus erstreckt er sich […]. Ich habe aufgehört, darüber nachzudenken, was ich über Österreich schreiben könnte und habe angefangen, über Österreich nachzudenken. Das ist zweierlei. Ich bin vom Besonderen ins Allgemeine umgestiegen. [37]

Literaturverzeichnis

Barnard, Benno. 1993. *Het gat van de Wereld*. Amsterdam, Antwerpen: Atlas.

Broch, Hermann. 1958. *Der Tod des Vergil. Gesammelte Werke*. Bd. 3. Zürich: Rhein-Verlag.

---

37   Weigel in: Jung 1978: 180f.

58

Decloedt, Leopold R.G.. 1995. *Imago Imperatoris. Franz Joseph I. in der österreichischen Belletristik der Zwischenkriegszeit.* Wien, Köln, Weimar: Böhlau.

Greiner, Ulrich. 1979. *Der Tod des Nachsommers. Aufsätze, Porträts, Kritiken zur österreichischen Literatur.* München, Wien: Hanser.

Gruenter, Rainer. 1987. ,Ein Ritter des Absurden. Romane von Gestern – heute gelesen.' In: *FAZ 198* (28.8.1987): 25.

Hofmannsthal, Hugo von. 1952. *Österreichische Bibliothek.* In: *Gesammelte Werke in Einzelausgaben. Prosa III.* Frankfurt/M.: Fischer: 279-290.

Hofmannsthal, Hugo von. 1979. *Gabriele d'Annunzio.* In: *Gesammelte Werke in Einzelausgaben. Reden und Aufsätze I. 1891-1913.* Frankfurt/M.: Fischer: 174-184.

Jung, Jochen (Hrsg.). 1978. *Glückliches Österreich. Literarische Besichtigung eines Vaterlands.* Wien: Residenz.

Kafka, Franz. 1958. *Gesammelte Werke.* Hrsg. von Max Brod. Bd. 9: *Briefe 1902-1924.* Frankfurt/M.: Fischer.

Magris, Claudio. 1966. *Der habsburgische Mythos in der österreichischen Literatur.* Salzburg: O. Müller.

Mann, Thomas. 1960. *Gesammelte Werke in 12 Bänden.* Bde. 10, 11, 12. Frankfurt/M.: Fischer Verlag.

Menasse, Robert. 1992. *Das Land ohne Eigenschaften.* Frankfurt/M.: Suhrkamp.

Musil, Robert. 1988. *Der Mann ohne Eigenschaften.* 1. und 2. Buch. Hrsg. von Adolf Frisé. Reinbek bei Hamburg: Rowohlt.

Musil, Robert. 1957. *Die Schwärmer. Gesammelte Werke in Einzelausgaben.* Bd. 3. Hrsg. von Adolf Frisé. Hamburg: Rowohlt: 303-402.

Nietzsche, Friedrich. 1999. *Sämtliche Werke.* Kritische Studienausgabe in 15 Bänden. Hrsg. von Giorgio Colli und Mazzino Montinari. Neuausgabe. Bd. 6. München: de Gruyter, dtv.

Rasch, Wolfdietrich. 1967. *Über Robert Musils Roman „Der Mann ohne Eigenschaften".* Göttingen: Vandenhoek & Ruprecht.

Rilke, Rainer Maria. 1987. *Das Stunden-Buch.* In: ders.: *Sämtliche Werke.* Hrsg. vom Rilke-Archiv in Verbindung mit Ruth Sieber-Rilke. Besorgt durch Ernst Zinn. Bd. 1: *Gedichte. Erster Teil.* Frankfurt/M.: Insel: 249-366.

Roth, Joseph. 1989. *Radetzkymarsch.* Köln: Kiepenheuer & Witsch.

Schmidt, Adalbert. 1964. *Dichtung der Dichter Österreichs im 19. und 20. Jahrhundert.* 2 Bde. Salzburg, Stuttgart: Bergland-Buch.

Schöne, Albrecht. 1982. ‚Zum Gebrauch des Konjunktivs bei Robert Musil.' In: *Robert Musil.* Hrsg. von Renate Heydebrand. Darmstadt: Wissenschaftliche Buchgesellschaft (= Wege der Forschung 588): 19-54.

Schutting, Jutta. 1974. *Tauchübungen.* Salzburg: Residenz.

Trakl, Georg. 1972. *Das dichterische Werk.* Auf Grund der historisch-kritischen Ausgabe von Walther Killy und Hans Szklenar. München: dtv.

Zweig, Stefan. 1982. *Die Welt von Gestern – Erinnerungen eines Europäers.* Frankfurt/M.: Fischer.

GERHARD RÜHM

Wölkchen

Clemens Ruthner

„BACCHANALIEN, SYMPOSIEN, ORGIEN …"[1]
ALFRED KUBINS ROMAN *DIE ANDERE SEITE* ALS LITERARISCHE VERSUCHSSTATION DES K.U.K. WELTUNTERGANGS

Ein „Hohn auf die Menschheit": Un-Orte der Jahrhundertwende

Am 18. September 1909 schreibt Fritz von Herzmanovsky-Orlando (1877-1954) an seinen gleichaltrigen Brieffreund Alfred Kubin, in einem Ton, der schon ein wenig an den „Übertreibungskünstler"[2] Thomas Bernhard denken lässt:

> Ich bin sehr froh wieder in einem Culturort weilen zu können und begreife nicht was meine arme Tante noch an Budapest festhält. Es ist wirklich die gräßlichste Carricatur einer Stadt die sich denken lässt, die Bevölkerung ein Hohn auf die Menschheit. Da soll mir noch einer auf Italien schimpfen! Es lebe Africa![3]

Im Umgang mit Ungarn ist Kubin freilich auch nicht viel höflicher. Wenige Tage später antwortet er im lakonischen Stil eines Reisenden, der es den Ortsnamen überlässt, das Exotische zu evozieren – nur Budapest bekommt ein Attribut: „Lieber Fritz, Wien, das ungarische Riesenbuff Pest, die ganze Donaufahrt, liegt nun schon hinter uns. Morgen Sarajevo 2 Tage, hernach Mostar, Ragusa, Spalato, Triest und wieder heim".[4]

Dieses Budapest-*bashing* zweier österreichischer Ferienreisender wäre nicht nur geeignet, um asymmetrische Herrschaftslogiken des ‚Eigenen' und des ‚Fremden' im kulturellen Gedächtnis Österreich-Ungarns zu illustrieren; angesichts des zivilisatorischen Schlachtrufs („Africa!") ließe sich unschwer einer desillusionierend-

---

1 Arbeitsnotiz zu Kubins Roman *Die andere Seite*, zit. n. Geyer 1995: 99. Dieser Aufsatz ist Wendelin Schmidt-Dengler in Dankbarkeit gewidmet.
2 Vgl. Schmidt-Dengler 1986/²1989.
3 Herzmanovsky-Orlando 1983: 22.
4 Ebenda: 31 (Brief Kubins vom 28. 9. 1909). Ragusa und Spalato sind die damals gebräuchlichen italienischen Namen für die dalmatinischen Küstenstädte Dubrovnik und Split.

‚postkolonialen' Sicht[5] auf das angeblich ‚multikulturelle' k.u.k. Staatsgebilde das Wort zu reden. Dass die ungarische Metropole hier imagologisch zum Gegenteil eines „Culturort[s]", zur „Caricatur einer Stadt" und zum Schau-Platz sexueller Ausschweifung („Riesenbuff") wird, ist aber auch insofern pikant, als der erfolgreiche Zeichner und Buchillustrator Kubin (1877-1959), ein zeitgenössischer Meister der grotesken Grafik, im selben Jahr schon – und zwar literarisch – einen ähnlichen Un-Ort *fingiert* hatte, auf den wohl die gleichen Invektiven zutreffen würden. Es handelt sich um seinen Roman *Die andere Seite*, einen der eher in Vergessenheit geratenen Schlüsseltexte der deutschsprachigen Fin de siècle-Literatur. Geschildert wird hier in Form eines fiktiven Reiseberichts die freiwillige Emigration des Protagonisten in ein fiktives „Traumreich" in Zentralasien, das in der Erbfolge der literarischen wie auch der angewandten Utopie steht – fand doch in unmittelbarer zeitlicher Nachbarschaft etwa das *Monte Verità*-Projekt von Ascona[6] statt. Kubins Roman ist von paradigmatischem Wert innerhalb einer internationalen Welle von utopischen bzw. dystopischen Texten zur Jahrhundertwende; Michaeler Koseler etwa hat ihn wie folgt klassifiziert:

> Das Interesse, das die Décadence-Literatur an der (sterbenden) Stadt zeigt, orientiert sich […] am Einzelwesen und zielt meist darauf, „Korrespondenzen zwischen einer Stadtlandschaft und einem Individuum" [Zit. Hans Hinterhäuser] herzustellen. Alfred Kubins Roman *Die andere Seite*, dessen Zugehörigkeit zur Décadence-Literatur außer Frage steht, scheint diese Feststellung auf ebenso frappierende wie einzigartige Weise zu widerlegen, gelangt hier doch nichts Geringeres als ein dekadentes *Gemeinwesen* zur Darstellung.[7]

Das „Traumreich" Kubins wird im Text als heterogenes Staatskonstrukt dargestellt, als *bricolage* gleichsam seines geheimnisvollen Gründers Claus Patera. Dieser Groß-Sammler[8] mit eigentümlichen Vorlieben kauft in Europa düstere alte Gebäude ohne ersichtlichen Wert – meist Schauplätze von Bluttaten – auf, um sie abzureißen und im Traumreich wieder aufzubauen; auch die Einwanderer sind augenfällig nach den Gesichtspunkten einer zeitgenössischen Pathologie selektiert worden:

---

5   Vgl. Ruthner 2001, 2002, 2003a.
6   Vgl. Brunn 2000: 190.
7   Koseler 1995: 47; vgl. Hinterhäuser 1977: 175.
8   Vgl. Kubin 1975: 18f., 167. Alle künftigen Seitengaben aus dieser Buchausgabe erfolgen im Haupttext.

Sie [= die Bevölkerung] rekrutierte sich aus in sich abgeschlossenen Typen. Die besseren darunter waren Menschen von übertrieben feiner Empfindlichkeit. Noch nicht überhandnehmende fixe Ideen, wie Sammelwut, Lesefieber, Spielteufel, Hyperreligiosität und all die tausend Formen, welche die feinere Neurasthenie ausmachen, waren für den Traumstaat wie geschaffen. Bei den Frauen zeigte sich die Hysterie als häufigste Erscheinung. Die Massen waren ebenfalls nach dem Gesichtspunkt des Abnormen oder einseitig Entwickelten ausgewählt […]. Unter Umständen befähigte sogar schon ein ins Auge fallendes Körpermerkmal, ins Traumland berufen zu werden. Daher die vielen Zentnerkröpfe, Traubennasen, Riesenhöcker. (Kubin 1975: 52, 55)

Wie noch zu zeigen sein wird, ist auch Kubins Text selbst nach einem ähnlichen Prinzip aus den unterschiedlichsten Versatzstücken zusammengesetzt; wie bei einem Vexierbild wird mal die eine, mal die andere Facette dieses literarischen Synkretismus für den aufmerksamen Leser sichtbar.

Beim zeitgenössischen Publikum wurde Kubins Buch schnell bekannt; es sollte freilich der einzige Roman des bildenden Künstlers bleiben: Vom Autor selbst bebildert, erschien er 1909; mehrere Neuauflagen und eine überarbeitete Neuausgabe (1952) folgten bereits zu Lebzeiten Kubins, und der Text ist heute immer noch in Taschenbuchform – wenn auch unillustriert[9] – erhältlich. Dass seine literarische Wirkungsmacht, die so unterschiedliche Autoren wie Franz Kafka, Ernst Jünger und Hermann Kasack bis hin zu Christoph Ransmayr erfasst hat,[10] nicht allgemein bekannt ist, hängt wohl mit der mangelnden Anerkennung dieses Textes durch die Germanistik zusammen, die ihn mit anderen im Giftschrank der deutschsprachigen Jahrhundertwende-Fantastik abgelegt und damit vielfach abgetan hat.

Gerade das Irrationale aber ist an diesem Text so interessant – bedient sich doch das kulturelle Gedächtnis bei seiner Konstruktion symbolischer Räume, Zeiten und Figuren schon bei real existierenden Reichen des Anderen, Imaginierten, Fantasmatischen. Bei einem fiktiven *Traum*reich dürfte dies kaum anders, ja möglicherweise nur transparenter sein – zumal hier ein Ich-Erzähler mit einem geradezu ethnographischen Blick vorgeht und den Leser fortwährend zum außerfiktionalen Vergleich mit Zentraleuropa einlädt. Nicht zuletzt

---

9   Dies ist insofern bedauerlich, als die Narration des Textes und der Bilddiskurs
      auf eine eigentümliche Art miteinander verwoben sind (vgl. etwa Assmann
      1999).
10   Vgl. Geyer 1995a; Geyer 2001; Polt-Heinzl 1999.

deshalb ist der analytische Blick auf die Konstruktion dieses fantastischen Gedächtnis-Raums kulturwissenschaftlich reizvoll.

Außerdem ist Kubins Text die Initialzündung für eine ganze Serie von deutschsprachigen Romanen gewesen, die unmittelbar vor und nach dem realen Zusammenbruch der Habsburger- und der Hohenzollern-Monarchie von fantastischen Welten und deren Ende erzählten. Unter ihnen finden sich die exemplarischen Romane *Das grüne Gesicht* (1916) und *Walpurgisnacht* (1917) von Gustav Meyrink (1868-1932), einem bankrotten Prager Bankier, der zum esoterisch angehauchten Bestsellerautor wurde; *Eleagabal Kuperus* (1910) und *Gespenster im Sumpf* und *Umsturz im Jenseits*, beide 1920 erschienen, doch z.t. schon früher verfasst vom chauvinistischen Deutsch-Böhmen Karl Hans Strobl (1877-1946); und schließlich *Eva Morsini – die Frau die war* (1923), ein Roman des jüdischen Wiener Autors Otto Soyka (1881-1955), den wir heute nur noch als anekdotischen Intimfeind von Leo Perutz (1884-1957) erinnern und der später ebenso im skizzierten Stoffgebiet mit den Romanen *Der Meister des Jüngsten Tages* (1924) und *St. Petri-Schnee* (1932) hervorgetreten ist.[11] Es sind dies allesamt gleichsam literarische Versuchsanordnungen des (alternativen) Weltuntergangs, die häufig Österreich-Ungarn, jenes Reich der unbegrenzten Unmöglichkeiten, meinten und einen gewissen apokalyptischen *bon ton* des Zeitgeists bedienten, wobei freilich immer wieder auch Kubins Vorlage sichtbar wurde.

Andere Seiten aufziehen: Kubins Vater-Text und seine Vieldeutigkeit

Die andere Seite verdankt sich zunächst einmal (biografisch) einer tiefen Existenzkrise ihres Autors, weiters dessen Doppeltalent und dadurch einer quasi großflächig einwirkenden Intertextualität bzw. Intermedialität: Ursprünglich hatte Kubin Meyrinks *Golem*-Roman illustrieren sollen. Meyrink schickte ihm in den Jahren 1907 und 1908 die fertig gewordenen Kapitel und Kubin zeichnete. Als Meyrink jedoch in eine Schreibkrise geriet, stockte auch Kubins Arbeit. Er verwendete die elf fertigen Zeichnungen schließlich zur Illustration seines eigenen Romans, den er unter dem Eindruck des Todes seines Vaters und nach einer gemeinsamen Italienreise mit Herzmanovsky

---

11   Vgl. dazu Cersowsky 1983/²1994; Ruthner 1993, 2003; Müller 1992.

im Herbst 1908 begonnen hatte – zu einer Zeit, als er sich unfähig fühlte, zu zeichnen und deshalb ins Medium der Literatur auswich:

> Ich war nicht im Stande, zusammenhängende, sinnvolle Striche zu zeichnen. [...] Um nur etwas zu tun und mich zu entlasten, fing ich nun an, selbst eine abenteuerliche Geschichte auszudenken und niederzuschreiben. Und nun strömten mir die Ideen in Überfülle zu, peitschten mich Tag und Nacht zur Arbeit, so dass bereits in zwölf Wochen mein fantastischer Roman „Die andere Seite" geschrieben war. In den nächsten vier Wochen versah ich ihn mit Illustrationen. Nachher war ich allerdings erschöpft und machte mir bange Gedanken über dieses Wagnis. Im Sommer 1909 erschien das Buch aber dann doch bei Georg Müller und hat mir viel Anerkennung gebracht.[12]

Meyrink vollendete seinen Roman erst 1915, also etliche Jahre später, und es sind Stimmen laut geworden, die behaupten, Kubin hätte nichts anderes getan, als das ursprüngliche Romanprojekt seines Bekannten zu verwirklichen[13] – über das wir freilich zu wenig wissen, um vergleichen zu können. Bleiben wir also bei Kubins Text.

Die Geschichte von *Die andere Seite* wird von ihrem Protagonisten, einem namenlosen Zeichner zu Beginn des 20. Jahrhunderts, retrospektiv in Ich-Form erzählt. Der eher mediokre, in seinen 30ern stehende Held, der viele Charakteristika bis hin zur kränkelnden Ehefrau mit seinem Autor gemein hat, wird zu Beginn des Romans an seinem Wohnort in München von einem rätselhaften Mann aufgesucht. Dieser gibt sich als Sendbote eines ehemaligen Schulkollegen des Zeichners zu erkennen – es ist jener Claus Patera, der es nach einem abenteuerlichen Leben in Asien zu grenzenlosem Reichtum gebracht hat, mit dessen Hilfe er dann das altmodische „Traumreich" gründet, einen Zufluchtsort für inzwischen 65.000 Moderne-Verweigerer aus Europa. Durch seinen Abgesandten lädt Patera nun auch den Zeichner und dessen Frau ein, ins Traumreich zu ziehen, und hinterlegt als Zeichen seines guten Willens einen Scheck über 100.000 Reichsmark. Der Zeichner und seine Gattin leisten bald der Einladung Folge und treffen nach einer strapaziösen zehntägigen Bahn- und Seereise, die sie über Budapest, Constanza, Russland und Samarkand führt, in Perle, der Hauptstadt des Traumreiches ein.

---

12 Kubin 1959: 40. Kubin ist ein Autor, der zur Selbststilisierung neigt; Geyer 1995: 98, hat gezeigt, dass das Romanprojekt schon vor dem Sommer 1908 in Angriff genommen sein dürfte.

13 Mündliche Mitteilung von Andreas Geyer, München. Vgl. auch Hewig 1967: 13, 22, 135; Cersowsky 1983/²1994: 68.

Der Roman beschreibt nun in weiterer Folge anhand etlicher Figuren den Alltag in Perle, über dem sich ein „ewig trübe[r]" Himmel wölbt (Kubin 1975: 49). Immer mehr tritt auch zu Tage, dass das Traumreich von seinem Herrscher Patera gottgleich mit hypnotischen, wenn nicht magischen Kräften gelenkt wird; dennoch strahlt es wie gesagt eher den schäbigen Charme eines Second-Hand-Mitteleuropas aus als das Charisma eines irdischen Paradieses – denn in dieser rückwärts gewandten Utopie sind nicht nur alte, abgewohnte Gebäude und ausgefallene Menschen, sondern auch strikt nur die Mode und Gerätschaften aus der Zeit vor den 1860er Jahren zugelassen (vgl. ebenda: 18 u.ö.).

Nach einer Serie von persönlichen Missgeschicken, die im Tod seiner Frau gipfeln, wird der Zeichner schließlich zum Chronisten und Überlebenden des Untergangs dieses geheimnisvollen Kunststaates, der maßgeblich von einem neuen Zuzügling aus Amerika bewerkstelligt wird. Dieser zweite Millionär, ein „Pökelfleischkönig" (ebenda: 172) mit dem sprechenden Namen Herkules Bell, gründet in Perle den politischen Verein „Lucifer" und treibt die Traumstädter auch sonst in den offenen Aufruhr gegen ihren unsichtbaren, aber allgegenwärtigen Alleinherrscher Patera. Am Schluss des Textes steht der Zusammenbruch dieser künstlichen Gesellschaft, der narrativ als naturhaftes Weltenende, aber auch als Bürgerkrieg und apokalyptisches Bachanal inszeniert ist und ebenso unerklärlich wie die Herrschaft Pateras vonstatten geht:

> Von dem hochgelegenen französischen Viertel schob sich langsam wie ein Lavastrom eine Masse von Schmutz, Abfall, geronnenem Blut, Gedärmen, Tier- und Menschenkadavers. In diesem in allen Farben der Verwesung schillernden Gemenge stapften die letzten Träumer herum. Sie lallten nur noch, [...] sie hatten das Vermögen der Sprache verloren. Fast alle waren nackt, die robusteren Männer stießen die schwächeren Frauen in die Aasflut, wo sie von den Ausdünstungen betäubt, untergingen. Der große Platz glich einer riesigen Kloake, in der man mit letzter Kraft einander würgte [...].
> (ebenda: 251)

Kurz bevor deutlich wird, dass der Ich-Erzähler überleben und in eine Heilanstalt kommen wird, heißt es nur noch: „Ein weites weites Trümmerfeld; Schutthaufen, Morast, Ziegelbrocken – der gigantische Müllhaufen einer Stadt." (ebenda: 271)

Aber auch semiotisch kommt im Ablauf dieses „einfach"[14] gehaltenen fantastischen Romans eine veritable Abraumhalde der Bedeutungen zum Vorschein. Schon Kubins Brieffreund Fritz von Herzmanovsky-Orlando schreibt am 2. Juni 1910 an den Autor: „[...] ich gratuliere dir Meister ... es ist geradezu Räthselhaft was für Untiefen das Buch besitzt: je öfter ich es lese desto unerhörteres bietet es mir: wie eine Zwiebel mit immer neuen Schalen nur daß es immer mehr zu als abnimmt."[15] Kubins Schwager Oscar A. H. Schmitz wiederum meint in seinem 1923 erschienenen *Schlüssel zur Anderen Seite*, er habe „unter den zahlreichen ehrlichen Bewunderern, zu denen unsere beste Köpfe zählen, keinen getroffen, den das Buch nicht beunruhigt oder irregeführt hätte, weil er den Sinn nicht finden konnte".[16] 1995 schließlich kann der bayrische Doktorand Andreas Geyer fast schon befriedigt feststellen: „Wenn die Vielfalt der Interpretations-möglichkeiten ein Indikator für den Rang eines literarischen Werkes ist, kommt Kubins Roman *Die andere Seite* eine ganz besondere Bedeutung zu".[17]

Die Polysemie des Textes rührt aus mehreren Quellen. Zum einen ist die verrätselnde Erzählstrategie eines halb gelüfteten Mysteriums genrespezifisch für die fantastische Literatur. Diese inszeniert, generell gesprochen, mit den Mitteln einer mehr oder weniger realistischen Poetologie einen epistemologischen Konflikt über die Verträglichkeit ihrer erzählten Ereignisse (z.B. Geister-erscheinungen) mit gängigen Weltmodellen: „die gemeinsame Un-schlüssigkeit des Lesers und der handelnden Personen, die darüber zu befinden haben, ob das, was sie wahrgenommen haben, der ‚Realität' entspricht, wie sie sich der herrschenden Auffassung darstellt."[18] Auf *Die andere Seite* umgelegt, zieht dies vor allem die Frage nach sich, ob der seine Glaubwürdigkeit beteuernde Ich-Erzähler die Geschehnisse rund um das „Traumreich" auf der fingierten Wirklichkeitsebene des Textes tatsächlich *erlebt* oder nur *geträumt*[19] hat; oder aber, ob der

---

14 In einem Brief schreibt Kubin: „– meine Schreibweise ist einfach –, wenngleich ich ein guter Erzähler vielleicht bin. –" (Herzmanovsky-Orlando 1983: 21).
15 Ebenda: 50.
16 Schmitz 1923: 98.
17 Geyer 1995: 92.
18 Todorov 1992: 40. Vgl. Lachmann 2002.
19 Der Text enthält Indizien, die nahe legen, die Erzählung vom Traumreich als entgleiste(n) Traum(arbeit) anzusehen; nicht zuletzt findet sich der Ich-Erzähler im Epilog in einer "Heilanstalt" wieder: "mein Traumvermögen war

Text nicht als Ganzes etwas Anderes bedeutet, also etwa eine Art von Staats*allegorie*[20] darstellt. Fragen dieser Art werden dem Leser vom Erzähler explizit aufgedrängt, noch bevor er das Traumreich zu schildern beginnt:

> Es waren sehr merkwürdige Verhältnisse, die sich mir Tag um Tag entschleierten. Gänzlich enthüllt haben sich mir die letzten Zusammenhänge aber niemals; ich kann nur alles so hinschreiben, wie ich es selbst erlebt und aus den Mitteilungen der anderen Traumleute entnommen habe. Meine Meinungen über diese Zustände finde sich in dem Buche eingestreut, vielleicht weiß der eine oder andere Leser bessere Erklärungen. (Kubin 1975: 49)

Diese Erzählstrategie der bedeutungsvollen Verrätselung – im Verbund mit der „einfachen" Narration – verhängt einen Interpretationszwang über den Leser, ähnlich wie auch bei Kafka, dessen *Strafkolonie* (1919) und *Schloss* (1922ff.) dem Text Kubins zumindest stofflich nahe stehen[21] (auch wenn sich Kafkas Erzählinstanzen im Allgemeinen über mögliche ‚Erklärungen' ausschweigen).

Zusätzlich zeigt sich *Die andere Seite* bei einem näheren Hinsehen durchsetzt mit Intertexualität, mit zahlreichen Anspielungen und Bezugnahmen auf andere Werke der Literatur, Philosophie und Bildenden Kunst: Kubin war ein Vielleser, der bereitwillig über seinen persönlichen Kanon Auskunft gab, und ein – wenn auch laienhafter – *poeta doctus*, mit einer großen Bibliothek, die in seinem Haus in Zwickledt (Oberösterreich) erhalten geblieben ist; wir können auf diese Weise seine Lektüre anhand der Buchbestände und deren zahlreichen Randbemerkungen erschließen.

Durch Text und Kontext haben sich so in der bisherigen Kubin-Forschung folgende Interpretamente bzw. Zugangsweisen aufgetan – wobei es die Warnung von Clemens Brunn zu beachten gilt, dass sich eine Interpretation von *Die andere Seite* „wie ein Puzzlespiel" gestalte, „bei dem immer einige Teile fehlen und andere schlichtweg nicht passen wollen"[22]: Der Text lässt sich zunächst ganz einfach als

---

augenscheinlich erkrankt; die Träume wollten meinen Geist überwuchern" (276).

20   Trotz Todorovs Dogma einer poetologischen Unvereinbarkeit von Fantastik und Allegorie (Todorov 1972: 32f., 55ff.) gilt inzwischen Allegorisierung als Wesensmerkmal der oben genannten fantastischen Romane des frühen 20. Jhs. (vgl. Cersowksy 1983/²1994: 66f.).

21   Vgl. Hewig 1967: 127; Jablokowksa 1989: 16; Neuhäuser 1998.

22   Brunn 2000: 264.

exotistischer Abenteuerroman mit fantastischen Zügen lesen, wie er dem Zeitgeist um 1900 geläufig war (mit Autoren wie Jules Verne, Karl May, Joseph Conrad, Henry Rider Haggard u.a.). Wie bereits angedeutet, ist ein weiterer Genrebezug zur Tradition der literarischen Utopie bzw. Dystopie gegeben.[23]

Im Spiel mit Vaterfiguren – nicht umsonst steckt ja im Namen Claus Patera nicht nur ein realer Schulkollege Kubins, sondern auch das griechische Wort für Vater – lässt sich psychoanalytisch die Verarbeitung eines biografischen Vatertraumas erkennen, das in manchen Zügen (einmal mehr) an Kafka erinnert.[24]

Weniger biografisch-therapeutisch bemühte Literaturpsychologen haben im Roman Kubins eher eine narrative Parallelaktion zum zeitgenössischen Diskurs der Psychoanalyse gesehen: Die Fahrt ins Traumreich entspreche deren ,Expedition' ins Unbewusste, jenes „innere Afrika" Sigmund Freuds; die Reise des Zeichners ließe sich dann, wie etwa Philip Rhein schreibt, als literarische Umsetzung des Einschlafens, Träumens und Erwachens fassen, bzw. als Literarisierung der sogenannten „Traumarbeit".[25]

---

23   Vgl. etwa Berners 1998: 10ff.

24   Vgl. Berry 1988; Müller-Thalheim 1970: 38ff.; Neuhäuser 1998: 42ff; Geyer 1995: 92f.; Schmitz 1923: 126. Dazu gibt es auch eine Aussage Kubins, der die hausgemachte Philosophie seiner jungen Jahre wie folgt zusammenfasst (zit. n. Petriconi 1958: 104): „Ich stellte mir also vor, daß ein an sich außerzeitliches, ewig seiendes Prinzip – ich nannte es ,den Vater', – aus einer unergründlichen Ursache heraus das Selbstbewußtsein, – ,den Sohn', – mit der zu ihm unscheidbar gehörigen Welt schuf. Hier war natürlich ich selbst ,der Sohn', der sich selbst, solange es dem eigentlichen, riesenhaften, ihn ja spiegelreflexartig frei schaffenden Vater genehm ist, narrt, peinigt und hetzt. Es kann also ein derartiger Sohn jeden Augenblick mit seiner Welt verschwinden und in die Überexistenz des Vaters aufgehoben werden. Es gibt immer nur einen Sohn, und von dessen erkennendem Standpunkt aus konnte man vergleichsweise allegorisch [!] sagen, daß dieser ganze äffende und qualvolle Weltprozeß geschieht, damit an dieser Verwirrtheit der Vater erst seine allmächtige Klarheit und Endlosigkeit merkt – mißt."

25   Rhein 1989: 29ff.; vgl. auch Hewig 1967: 27 u.ff.; Geyer 1995: 104ff. Kubin schrieb am 22.12.1914 zur ersten psychoanalytischen Interpretation des Romans (in der Wiener Zeitschrift *Imago*): „Sonst bin ich wie gesagt der Ansicht daß Freud's Entdeckung fabelhaft ist aber doch im materiellen stecken bleibt, stecken bleiben muß, weil alle rationelle Wissenschaftlichkeit niemals mehr als Bausteine liefern kann." (Herzmanovsky-Orlando 1983: 98, vgl. S. 90) Und in *Die andere Seite* selbst findet sich der ironisch kokette Satz: „Wer eine Erklärung sucht, halte sich an die Werke unserer so geistvollen Seelenforscher." (Kubin 1975: 7)

Dennoch ist Perle wie gesagt ebenso gut eine von vielen *toten Städten* der Jahrhundertwende, steht also in einem literarischen Traditions- zusammenhang, der wiederholt mit dem Etikett der *Décadence* versehen worden ist.[26] Der mit einer bizarren Sammelwut begabte Staatsgründer Patera wäre so besehen eine Art globalisierter Geistes- verwandter von Des Esseintes, dem Antihelden von Joris-Karl Huysmans aus dessen Dekadenz-Brevier *À rebours* (1884).[27] Gleich- zeitig nimmt der Text auch das alte literarische Motiv des „Hadesgangs" wieder auf;[28] bzw. es gibt so etwas wie eine *initiatorische* Handlungsstruktur im Roman (v.a. im Zusammenhang mit dessen philosophisch kosmologischer Botschaft).[29]

Ebenso wurde *Die andere Seite* von vielen Interpreten als „politische Allegorie" aufgefasst und die Begabung ihres Autors im Hinblick auf den Ausbruch des Ersten Weltkriegs mitunter in Prophetische verlängert.[30] Hier kam u.a. der Rezension von Ernst Jünger, die Kubin eine „Seismographen-Funktion"[31] bescheinigt, eine Vorreiterrolle zu:

> Kubin erkennt am Untergang der bürgerlichen Welt, an dem wir tätig und
> leidend teilnehmen, die Zeichen der organischen Zerstörung, die feiner und
> gründlicher wirkt als die technisch-politischen Fakten, die auf der Oberfläche
> angreifen.[32]

Wesentlicher als dubiose Zuschreibungen des ‚Visionären' erscheint uns heute freilich die ebenso von Jünger angesprochene Moderne- Kritik des Textes, die in der Figur des Amerikaners Herkules Bell fokussiert wird. Diese verkörpert die Dialektik einer industrialisierten Aufklärung, indem sie Demokratie und Modernisierung, aber auch Entwurzelung und Zerstörung gleichsam ins Traumreich importiert.[33] Ihr gegenüber versteht sich freilich ein in Patera verkörperter alt- europäischer Traditionalismus mit irrationalistischen Wurzeln als kein

---

26 Vgl. Wille 1930; Fischer 1978; Geyer 1995: 94; Koseler 1995.
27 Kubin erwähnt den Namen Huysmans am 7. 10. 1911 in einem Brief an Herzmanovsky (vgl. Herzmanovsky-Orlando 1983: 70).
28 Vgl. Hewig 1967: 182ff.; Schmitz 1923: 74.
29 Vgl. Cersowsky 1983/²1994: 66ff.; Schumacher, 1982; Berg 1991: 235ff. Vgl. auch das Weg-Modell, das Wünsch 1991: 227ff., für den fantastischen Roman des frühen 20. Jahrhunderts entwickelt hat.
30 Vgl. Cersowksy 1983/²1994: 66ff.; Geyer 1995: 93 u.ff.; Brunn 2001: 151.
31 Geyer 1995: 93.
32 Jünger ²1975: 117.
33 Vgl. etwa Brunn 2000: 232; Cersowksy 1983/²1994: 76.

brauchbares Gegenmodell, sondern als dem Untergang preisgegebener Anachronismus. Der Text desavouiert beide Positionen gleichermaßen: Am Schluss des Romans verkrallen sich die zwei Macht-Haber Perles in einem veritablen Titanenkampf „zu einer unförmigen Masse" (Kubin 1975: 263), ja zu einem Doppelwesen, um sich nachher aufzulösen: in den „Schädel Pateras", der „zerstob", und in den „über alle Möglichkeiten großen Phallus" Bells, der in den unterirdischen Gängen des Traumreichs verschwindet (ebenda: 263f.). Ein weiterer wichtiger Bezugspunkt, auf den die Forschung wiederholt hingewiesen hat,[34] ist die Kunstgeschichte: Auf diese Weise lässt sich die Motivik des Weltuntergangs als Orgie von Sex, Gewalt und Naturkatastrophen auch als intermedialer Reflex von Kubins Brueghel-und Bosch-Rezeption verstehen; in *Die andere Seite* finden sich implizite Echos auf deren Todsünden-Tableaus und speziell auf Pieter Brueghels radikale Apokalyptik im Gemälde *De Triomf van de Dood* (1562).

Wie Cersowsky, Brunn und andere gezeigt haben,[35] ist der Roman vor allem aber als quasi-didaktische Allegorisierung der synkretistischen Kunst- und Lebensphilosophie Kubins zu lesen, die sich Schopenhauer, Julius Bahnsen, Salomon Friedländer, Otto Weininger, asiatischen Religionen und anderen Quellen verdankt: Grob verkürzt, versteht der Autor die Welt als Kampfplatz zweier Kräfte – Einbildungskraft und Nichts bzw. Leben und Tod – als deren Personifikationen sich Patera und Bell verstehen lassen, bevor sie in ihrem finalen Kampf zu einem Doppelwesen verschmelzen. In diesem Sinne wäre auch die Quintessenz zu verstehen, die der Ich-Erzähler im Epilog zieht, nachdem er dem Untergang Perles entronnen und in der „Heilanstalt" (Kubin 1975: 276) wiederhergestellt worden ist – es sind dies zugleich die letzten Sätze des Romans:

> Als ich mich dann wieder ins Leben wagte, entdeckte ich, dass mein Gott nur eine Halbherrschaft hatte. Im Größten wie im Geringsten teilte er mit einem Widersacher, der Leben wollte. Die abstoßenden und die anziehenden Kräfte, die Pole der Erde [...], die Wechsel der Jahreszeiten, Tag und Nacht, schwarz und weiß – das sind Kämpfe. Die wirkliche Hölle liegt darin, dass sich dies widersprechende Doppelspiel in uns fortsetzt. Die Liebe selbst hat einen Schwerpunkt „zwischen Kloaken und Latrinen"[36]. Erhabene Situationen können der Lächerlichkeit, dem Hohne, der Ironie verfallen.

---

34   Vgl. Petriconi 1958: 115ff.; Hewig 1967: 193ff.; Lippuner 1977: 25ff.
35   Vgl. Brunn 2000: 248ff., 264; Hewig 1967: 24ff; Lippuner 1977: 8; Cersowksy 1983/²1994: 78ff.
36   Kubin meint damit wohl die anatomische Lage der Geschlechtsorgane im

Der Demiurg ist ein Zwitter. (ebenda: 277, vgl. auch 147f.; Hervorhebungen im Original)

Dieser Gebrauchsphilosophie der Ambivalenz des modernen Menschen und seiner Götter entspricht als Darstellungsmodus in Literatur und Kunst die *Groteske*, deren Skandal im Wesentlichen in dem von Kubin beschriebenen Arrangement des ästhetisch Heterogenen zu sehen ist. Auf diese Weise lassen sich viele Elemente dieses dekadenten Schöpfungsromans auch als Meta-Aussagen über das künstlerische Schaffen[37] bzw. als verschlüsselte Künstler-Autobiografie (mit den Allmachtsfantasien eines Geniekults der Frühmoderne)[38] lesen, wobei dann auch Kubin selbst mit Patera in Deckung zu bringen wäre. Wie die Groteske als Verfahren im Text auch „erhabene Situationen" ins Lächerliche, Triviale kippen kann, möge das im Folgenden zitierte Motiv des „Großen Uhrbanns" illustrieren, dem alle Einwohner/innen Perles zwanghaft folgen. Beschrieben wird hier in einem Brief des fiktiven Zeichners an einen gewissen „Fritz" (hinter dem man unschwer Herzmanovsky-Orlando vermuten kann) der mächtige graue Uhrturm auf dem Hauptplatz von Perle:

> Er übt nämlich auf sämtliche Bewohner eine mysteriöse, unglaubliche Anziehungskraft aus. Zu bestimmten Stunden wird dieses alte Gemäuer schwarmweise von Männern und Frauen umringt. [...] Die Leute stampfen nervös den Boden und blicken immer wieder auf die langen, rostigen Zeiger da oben. Frägt [sic] man sie, was da vorgehe, so erhält man zerstreute, ausweichende Antworten. [...] Kurz entschlossen riskierte ich's auch einmal, wurde jedoch grob enttäuscht. Weißt du, was da drinnen war? Auch Deine Erwartungen werden sinken. Man kommt in eine kleine, winklige, leere Zelle, zum Teil mit rätselhaften Zeichnungen, wohl Symbolen bedeckt. [...] Über die Seitenwand strömt Wasser, ununterbrochen strömt es. Ich tat, wie der Mann, der nach mir eintrat, blickte die Wand starr an und sagte laut und deutlich: *,Hier stehe ich vor Dir!'* Dann geht man wieder hinaus. Mein Gesicht muß ziemlich verduzt ausgesehen haben. Die Frauen haben ihre eigene Seite mit eigenem Eingang, was wie in der ganzen Welt durch kleine Aufschriften kenntlich gemacht ist. (Kubin 1975: 74, 77; Hervorhebungen im Original)

Hier muss man an das ebenso zitierte Diktum Kubins denken, wonach Liebe zwischen „Kloaken und Latrinen" liege, ein Gedanke, der hier

---

menschlichen Ausscheidungstrakt.

37   Schroeder 1970: 42, bezeichnet *Die andere Seite* als „new insight into the creative process" bzw. als „allegory of artistic discovery".

38   Vgl. Geyer 1995: 52 u.ö.

gleichsam wörtlich genommen wird: Der Uhrbann, dem alle Einwohner/innen Perles wie Marionetten folgen, führt nämlich an einen Ort, der viel eher ein Örtchen ist, wo Wasser von der Wand rinnt – ein Pissoir? Mit dieser Verschränkung des Mysteriums mit banalen bis obszönen Körperäußerungen in der Groteske tritt Kubin auch das ästhetische Erbe E. T. A. Hoffmanns[39] an; der unheilschwangere Grundton des Textes kennt durchaus humoristische Züge, so inadäquat diese auch wirken wollen, und man tut dem künstlerischen Gesamtwerk Kubins sicher Gewalt an, wenn man sie ignorieren möchte. Der Autor selbst schreibt dazu in einem autobiografischen Text:

> „Die andere Seite" steht im Wendepunkt einer seelischen Entwicklung und deutet das versteckt und offen an vielen Stellen an. Ich gewann während ihrer Verfassung die Erkenntnis, dass nicht nur in den bizarren, erhabenen und komischen Augenblicken des Daseins höchste Werte liegen, sondern dass das Peinliche, Gleichgültige und Alltäglich-Nebensächliche dieselben Geheimnisse enthält.[40]

Reklamation beim Reisebüro: Ein *postcolonial reading* des „Traumreichs"

Welche Geheimnisse in den Grotesken Kubins liegen, die die literarische Fantastik karnevalisieren[41], wird deutlich, wenn man sich bewusst macht, dass auch die Stadt Perle[42] – ebenso wie der ganze Text! – nach dem nämlichen Konstruktionsprinzip einer *bricolage* des Heterogenen zusammengesetzt ist. Die zitierte Konfrontation von Bethaus und Abort dürfte freilich noch durch andere Zuschreibungen motiviert sein, die in einer Interpretation des „Uhrbanns" durch Herzmanovsky-Orlando in Form nationaler Kodierungen durchklingen:

> Wir Deutsche legen dem Pissoir viel mehr Wichtigkeit bei als Freud ahnt.
> Der Katholicismus und das Haus Habsb-Lothr sind Feinde eines feinentwickelten Closettwesens (Gegensatz zu England!) – Dafür haben sie die ‚weihevolleren' Aborte die alle Zusammenhänge mit der Hölle haben.

---

39 Zu dem er sich bekennt, vgl. Herzmanovsky-Orlando 1983: 70. Vgl. weiters Cersowksy 1983/²1994: 74; Hewig 1967: 18, 89, 129f.; Lippuner 1977: 35; Jablokowksa 1989: 17; Rhein 1989: 44.
40 Kubin 1959: 40.
41 Vgl. Bachtin 1985.
42 Vgl. Žukova 2001.

Tausend Kindermärchen entspringen dem grundlosen Abort unseres Landes und verfinstern dauernd den Geist des Volkes – Hades als Erzieher. Mit einem Fuß wurzelt unsre Kirche im Abort, während sie mit dem anderen in den Himmel ragt.[43]

Dieser Brief Herzmanovskys an Kubin ist mit 22. Dezember 1914 datiert und steht nicht zufällig im Kontext nationaler Erregung und entsprechender Feindbilder, wovon auch die anderen Briefe aus dieser Zeit zeugen, wie die folgende Blütenlese andeuten soll. Während Kubin um den Kriegsausbruch herum relativ zurückhaltend bleibt, versteigt sich Herzmanovsky bis ins Rassistische, wo Orientalismus und mitteleuropäische Xenophobien sich nahezu nahtlos ergänzen:

[1. 4. 1914, Oberägypten] Die Lagerköchin ist eine Böhmin die eine Mischung von Tropenkoller und Säuferwahnsinn hat, ihr entsetzliches Gepowidale verscheucht die Schatten der Wüste. Auch der Curarzt war etwas gräßliches [...] – solche Dinge müssen einem gerade hier passieren. Lauter Čechen! Dabei gibt's hier meist Sachsen die eine gräßliche Angst vor Schlangen, Skorpionen und Glaubensverfolgungen haben [...].[44]

[18. 10. 1914] wir verfolgen ein furchtbar ernstes Ziel, die andre Bande, die sich aus dem Auswurf der Nationen zusammenwürfelt, arbeitet planlos. Besonders Rußland schwimmt im Dreck spazieren. [...] nach dem Krieg wird die Serbisierung Südösterreichs sofort wieder liebevoll von Staats wegen gefördert werden. [...] Daß man *feinere* *faire* Regungen haben soll, ist einfach ein *hirnverbrannter Blödsinn*. Dadurch kommt der Deutsche eben nie auf einen grünen Zweig. Die uns umwohnenden Affenvölker [!] *wollen* getreten und angespuckt werden, – dann functionieren sie liebenswürdig.[45]

Diese völkischen Ausfälle Herzmanovskys sind indes durchaus geeignet, der Interpretation von Kubins Roman eine neue(rliche) Richtung anzuweisen – eine der vielen Lesarten von *Die andere Seite*, die wie gesagt immer nur defizitär (oder komplementär) sein können. Was zu unternehmen wäre, ist quasi ein kakanisches *postcolonial reading* des Textes in *dem* Sinne, wie es bereits in mehreren eher theoretischen Aufsätzen[46] skizziert wurde – eine Lesart, die sich auf die Darstellung bzw. den Niederschlag von Herrschaft in diesem Text bezieht, ebenso wie sie die in diesem Zusammenhang vorgetragenen ethnisch kodierten *imagines* analysieren möchte: Die fantastische Utopie (oder Dystopie), wie sie hier vorliegt, bietet ja dem Autor eine

---

43   Herzmanovsky-Orlando 1983: 100.
44   Ebenda: 76.
45   Ebenda: 83f. Hervorhebungen im Original.
46   Vgl. Anm. 5.

hervorragende Möglichkeit, Bilder des Eigenen im Gewande des Fremden zu präsentieren, insbesondere hier, wo es sich um ein Traumreich in den Tiefen Zentralasiens handelt, das aus kulturellen Versatzstücken Zentraleuropas zusammengekauft und gleichsam recycliert ist.

„Im großen und ganzen war es hier ähnlich wie in Mitteleuropa und doch wiederum sehr verschieden", ruft der Ich-Erzähler einmal aus (Kubin 1975: 49). An Zentraleuropa gemahnt auch die Bevölkerungs-zusammensetzung und die farbenprächtige Rolle, die das kleine Militär im Traumreich spielt. Rätselhaft erscheint nur auf den ersten Blick der von Patera verhängte Gebot, im Traumstaat, der gleichsam als Proto-DDR durch eine „Umfassungsmauer von der Außenwelt abgegrenzt" ist (ebenda: 9, vgl. 244, 246), nur gebrauchte Häuser, Kleider und Gerätschaften zu verwenden, wobei die „sechziger Jahre des vorigen Jahrhunderts die äußerste Grenze bilden" (ebenda: 18). Bei näherem Hinsehen indes wird deutlich, dass damit auf eine symbolische Zeitgrenze im kulturellen Gedächtnis Zentraleuropas angespielt wird: Gemeint ist hier wohl das Eckdatum 1866/67 (und insgeheim auch 1848), also die Imagination eines intakten biedermeierlichen bzw. neoabsolutistischen Österreich, das noch nicht seine entscheidenden außenpolitischen Niederlagen erlitten hat. Der Text bietet dafür feine Indizien, so etwa, wenn der Zeichner und seine Frau bei der Ankunft in ihrem Gasthof in Perle zwei Gemälde vorfinden: „Über dem Ledersofa hing ein großes Bild Maximilians, des Kaisers von Mexiko, über den Betten hing Benedek, der Unglückliche von Königgrätz." (ebenda: 47)

Aus der Sicht, dass es sich hier um eine k.u.k. Staatsallegorie bzw. -satire handelt, die nicht zufällig auf das Biedermeier als Befindlichkeit fokussiert, wird auch der von Patera okroyierte „Widerwillen gegen alles Fortschrittliche" deutlich (ebenda: 9). In der Darstellung der administrativen Einrichtungen Perles – des sogenannten Archivs und des Palastes – treten Elemente der österreichischen Verwaltungssatire[47] („die reinste Komödien-obrigkeit", ebenda: 67) in den Roman, ebenso wie in der Darstellung der Volksökonomie:

---

47 Vgl. Meyer 1990: 136: „Die Amtsstellen sollten, nach dem Vorbild der kaiserlich-österreichischen Bürokratie, alle Eingaben oder Beschwerden dilatorisch behandeln. Die Einwohner müssen sich mit Kulten und Gebräuchen abfinden, deren Bedeutung diffus ist." Vgl. weiters Lachinger 1999, bes. 129.

Alles war [...] nur Schein, lächerlicher Schein. Die ganze Geldwirtschaft war ‚symbolisch'. [...] Der Wechsel von [...] Armut und Reichtum war ein viel rascherer als in der übrigen Welt. [...] Hier waren Einbildungen einfach Realitäten. [...] Die *wahre* Regierung lag woanders. (ebenda: 62f., 67; Hervorhebung im Original)

Als der Zeichner versucht, zum Schattenpotentaten Patera durchzudringen, wird er durch einen veritablen Parcours an Behörden-schikanen davon abgehalten; alle Klischees des österreichischen Bürokratismus werden hier wiederholt, bis hin zum Büroschlaf (ebenda: 64ff.). Von dieser kakanischen Form der Verwaltungs-satire werden literarhistorisch zwei Wege weiterführen: in die noch humoristischere Amtsgroteske, wie sie etwa Gustav Meyrinks *Golem*-Roman kennzeichnet, und später Herzmanovsky-Orlando; andererseits in die Herrschaftsparanoia eines Franz Kafka, dessen *Schloss*-Roman möglicherweise ja auch dem Vorläufer Kubin einiges verdankt.

Abseits dieser grotesk-österreichischen Staatssatire ist das Faktum ist nicht ohne Belang, dass das „Traumreich" so etwas wie ein imaginiertes *Kolonial*reich ist. Es wurde zu Zeiten erdacht, als die letzte große Expansionsbewegung des europäischen Imperialismus in Afrika und Asien stattgefunden hatte und als Bosnien-Herzegowina durch Österreich-Ungarn 1908 formell annektiert wurde. Ebenso stellt der Roman gleichsam eine Art von literarischer Parallelaktion zum Zionismus dar, der seinem Prinzip nach ähnlich funktioniert: Ein fremdes Territorium wird symbolisch besetzt und später kolonisiert von einer Gruppe von Ursprungsuchern und Europa-Flüchtlingen. In der Diktion von *Die andere Seite* hieße dies „eine Freistätte für die mit der modernen Kultur Unzufriedenen" (Kubin 1975: 9), wobei doch einzuräumen ist, dass die Einwohner/innen des Traumreichs die Emigration in ein Gelobtes Land eher *nicht* freiwillig wegen ihrer tatsächlichen oder symbolischen Marginalisierung antreten; sie werden auf Grund körperlicher oder psychischer Anomalie vom Oberdécadent Patera einberufen oder vielmehr: gesammelt. Hier endet also auch schon der Parallelismus zu Theodor Herzls Ideen; zahlreichen Lesern mochten ja die apokalyptisch autoritären Züge von Kubins Roman eher wie eine Antizipation diverser Totalitarismen des 20. Jahrhunderts erscheinen.

Der Text ist indes ebenso von einem zeitgenössischen Orientalismus um 1900 durchzogen: Der beschriebene Traumstaat liegt nicht nur in Zentralasien, sondern es gibt dort auch noch jene rätselhaft blauäugigen „Ureinwohner", die in einer Vorstadt von Perle wie in einer „ethnographischen Musterausstellung" leben (ebenda: 143), mit besonderer Weisheit begabt scheinen etc. (ebenda: 16, 143ff.), aber dennoch verachtet sind. Hier finden einmal mehr die kollektiven exotistischen Fantasien der europäischen Jahrhundertwende von Zivilisationsferne und „Ursprungsnähe" ihren literarischen Ausfluss, verbrämt mit buddhistischen Versatzstücken (ebenda: 144ff., 252); nicht zufällig sind die „Blauäugigen" auch unter denjenigen, die den Kollaps des altmodischen Traumreichs unter dem Schock einer als amerikanisch imaginierten Moderne überleben werden (ebenda: 255ff.). Im Hinblick auf eine innere ethnische Differenzierung der Habsburger Monarchie mag hier nicht uninteressant sein, dass in der symbolischen Ordnung des Romantextes jenes imaginierte „Asien" schon bald nach der Abreise beginnt: „Ab Budapest machte sich bereits ein leichter asiatischer Einschlag bemerkbar. Wodurch? Im Interesse des Buches will ich Ungarn nicht beleidigen" (ebenda: 29). Warum diese Zurückhaltung Kubins?

Eine plausible These wäre, dass es beim Traumreich um nichts weniger als die groteske Apotheose, aber auch um die Untergangs-fantasien des alten österreichisch-ungarischen Staates geht; gezeigt wird, wie eine altmodische, liebevoll kritisch evozierte zentral-europäische Ordnung unter dem Einfluss einer Demokratie „westlichen Zuschnitts" und vor allem des amerikanischen Kapita-lismus zusammenbricht. In seiner Staatsphilsophie stünde Kubin damit den während des Ersten Weltkriegs entstandenen *Betrachtungen eines Unpolitischen* von Thomas Mann erstaunlich nahe.

Für die Ansiedelung des Traumreiches im chinesischen Teil Zentralasiens gibt es neben der Möglichkeit, auf diese Weise exotistische Diskurse zu inszenieren bzw. zu bedienen, möglicher-weise noch einen anderen Grund. Jahre später, 1932 nämlich, schreibt Kubin verschmitzt von Zauber des alten Österreich, „dem wahren China Europas"[48]. Ebenso werden in den Machtkonstellationen, die Kubins Roman beschreibt, bereits die Gegnerschaften der Habsburger Monarchie am Vorabend des Weltkriegs und ihre partikularen Interessen hervorgekehrt:

> Der Amerikaner schrieb, dass er sich an die Engländer wende, als die erklärten Feinde jeder entwürdigenden Sklaverei, und von ihnen schnellste und durchgreifendste Hilfe erwarte. […] Russland erhielt als Grenzreich [!]

---

48 Kubin: Zigeunerkarten. Zirkus des Lebens (1932). Zit. n. Hewig 1967: 20.

das Mandat zum Eingreifen; die gewöhnlichen Eifersüchteleien schwiegen, die Parlamente wurden vorläufig nicht verständigt. [...] Der Zar hoffte nebenbei, dass ihm eine steuerkräftige Provinz zufallen würde; lag doch das sagenhafte Land dicht an der russischen Grenze. (Kubin 1975: 172f.)

Viele dieser Korrespondenzen mit der Situation Österreich-Ungarns vor dem Ersten Weltkrieg sind schon Hans Robert Spielmann und anderen aufgefallen:

> Kubin gestaltet durch die Erschaffung einer fantastischen Fiktionsrealität, deren Versatzstücke auf die österreichische Wirklichkeit verweisen, indem er dieses Phantasieprodukt als Ergebnis der Imaginationskraft des erlebenden Ichs dadurch relativiert, daß er das Ich als seiner Geschichtlichkeit verhaftetes entlarvt [...], nicht nur eine authentische Darstellung österreichischer Verhältnisse in der 2. Hälfte des 19. Jahrhunderts, wo der Ruf nach einer Ordnungsmacht angesichts der ökonomischen und politischen Entwicklung längst ein Anachronismus geworden ist, der den ,Herrn' in der Tat zur ,Mystifikation' werden läßt, sondern er sieht auch das unvermeidliche Ende des Habsburgerreiches voraus, wenn er Herkules Bell und die europäischen Nachbarn als kapitalhungrige Totengräber zum Angriff blasen läßt.[49]

Michael Koseler indes hat dieser Sichtweise vehement widersprochen: Der Texte biete „selbst wenig Anhaltspunkte für eine solche Sicht. Wenn man das Traumreich als – wenn auch modifiziertes – Abbild oder Konzentrat des alten Europas respektive ,Kakaniens' versteht", übersehe „man wesentliche Unterschiede und ignoriert die spezifische Eigenart des Kubinschen Phantasielandes."[50] Gegen diese Sichtweise wiederum hat erst jüngst wieder Wendelin Schmidt-Dengler opponiert, wenn er schreibt: „Es scheint viel eher angebracht, Elemente, die zu der synthetischen Stadt Perle geführt haben, doch gerade in den Städten der untergehenden Habsburger-Monarchie zu vermuten."[51] Mit Recht – denn die Reihe der Belege für eine solche Interpretation ließe sich noch weiter fortsetzen.

Einer ,postkolonialen' Lesart erschließt sich Kubins Roman als österreichische Reise in das Herz der Finsternis kakanischer Fantasmen des Eigenen und des Fremden. Interessant ist z.B. die ethnische Hierarchisierung, die unterschwellig im „Traumreich" stattfindet: So gibt es vor allem in der Hauptstadt Perle nahezu alle

---

49   Spielmann 1980: 247; vgl. auch Brockhaus 1990: 136.
50   Koseler 1995: 54; vgl. auch Lippuner 1977: 20f.
51   Vgl. Schmidt-Dengler 2001/02: 54. Neben Prag wurde u.a. auch Salzburg als mögliche Vorlage für Perle nominiert, vgl. Cersowsky 1983/²1994: 92ff., Lachinger 1999 und Žukova 2001/02.

Nationalitäten, jedoch werden im sog. „französischen Viertel", jenes Slums des Elends und des Verbrechens, vor allem „Romanen, Slawen und Juden" deterritorialisiert (Kubin 1975: 51f.). Und weiter heißt es dekuvrierend:

> Zum weitaus größten Teil war die Träumer ehemals [!] Deutsche [!]. Mit ihrer Sprache kam man in der Stadt wie bei den Bauern durch. Andere Nationalitäten kamen dagegen nicht auf. (ebenda: 56)

Diese ethnische Gliederung in der narrativen Konstruktion des Traumreichs nimmt in einem Fall manifest rassistische Züge an – im Fall der Überlebenden des Untergangs: neben Bell, dem Ich-Erzähler und der russischen Prinzessin von X. kommen auch sechs Juden davon, die in einer nachgerade kolonialzoologischen Bildlichkeit antisemitisch desavouiert werden:

> Im nahen Urwalde jagten herumstreifende Soldaten ein Rudel halbnackter Geschöpfe auf, die auf Bäumen saßen [!] und heftig sprachen und gestikulierten. Es stellte sich heraus, dass es ebenfalls Traumstädter waren, sechs Israeliten, Besitzer von Gewürzkrämereien. Ich hörte später, dass sie sich auffallend schnell erholt hatten und in den großen Städten des europäischen Nordens und Westens rasch zu großem Reichtum gekommen sind. (ebenda: 273)

Hier mag in der Tat aufschlussreich sein, wie Herzmanovsky – der später mit seinem eigenen Romanfragment *Im Maskenspiel der Genien* (entstanden 1926-29, 1958 postum erschienen) nochmals auf zentrale Motive von *Die andere Seite* anspielen wird[52] – in seinen Briefen an Kubin immer wieder versucht, das Traumreich und seine Hauptstadt an aktuellen Reiseerfahrungen zu messen und quasi zu „aktualisieren". Deutlich wird hier einmal mehr, wie der esoterisch versierte Herzmanovsky eben auch völkertypologischen bis rassistischen Diskursen anhing; im zitierten Brief vom 15. Juli 1913 beschreibt er die Adriainsel Brioni, auf der im übrigen Jahrzehnte später die Präsidentenvilla des jugoslawischen Staatschefs Tito stehen sollte:

> Dabei gibt's überall uraltes Gemäuer, gotische Kirchenruinen in tiefdunklen Lorbeerhainen, Cisternen unter Palmen in felsige Schluchten, kunstreichste Mosaikboden mitten in der Wildnis – kurz. Ein Märcheneiland im besten Sinne des abgedroschenen Wortes. Daneben der große Luxus, prachtvolle Toiletten und fashionables Leben, Torpedoboote in Nixentümpeln und

---

52   Vgl. Schmidt-Dengler 2001/02, bes. 47ff.

Dreadnought vor römischen Ruinen ... sehr Traumstadt, voll perversem Geflüster, Märchenraunen, protzigem Gejüdel und den Kropftönen der Niese. Traummeister, das wäre was für dich![53]

Ob in der ethnischen Konstruktion des Reiches als Vielvölkerstaat mit Deutsch als hegemonialer Verkehrssprache, in der paternalistischen Herrschaft, in der karikaturalen Bürokratie, in den Feinden des Traumreiches: Wir erkennen überall deutliche Spuren Kakaniens wieder, jedoch ohne viel habsburgischen Mythos. Es ist vielmehr ein schäbiges Reich des Überkommenen, ein „Reich des Untergangs", wie es schon Helmut Petriconi nannte, zum Abgesang liebevoll grotesk *rearrangiert*.

Nicht umsonst wird sich Kubin einem Brief vom 9. April 1938 an Ernst Jünger als „faktisch so eine Art Totengräber des alten K.K. Österreichs" stilisieren; in einem weiteren Brief vom 3. Juli 1939 weist Kubin aber einen NS-Artikel über seine Person zurück, der den selben Wortlaut verwendet. Im gleichen Schreiben ist auch fast im Stile Proustscher Gedächtniskunst vom „Duft jener unvergänglichen Epoche" die Rede[54] – es ist scheinbar jener „eigentümliche Duft" (Kubin 1975, S. 119, vgl. S. 70), der dreißig Jahre früher Österreich-Ungarn für Kubin zum „Traumreich" gemacht hat, dem Ort, der den entflohenen Nervösen der Jahrhundertwende „schauerliche Abgründe für geschärfte Sinne" bot (ebenda: 89):

Immer wieder war es die undefinierbare Substanz, man roch und fühlte sie schließlich mit dem ganzen Körper. Bei Tage wollte niemand etwas gesehen haben, die Stadt war wie gewöhnlich tot, leer, träge. [...] Auf einmal überkam es mich, als wäre dieser geschwärzte Saal das alte, längst abgerissene Stadttheater in Salzburg. (ebenda: 90, 93)

Kubins Traumreich wird so zu einem theatralisch alternativen Gedächtnisraum Österreich-Ungarns. *Die andere Seite* ist, wie zu zeigen war, freilich mehr als nur das, und wird noch etliche Generationen von Interpreten einladen, in ihren vagen bis mehrfach kodierten Textnischen die eigenen Erinnerungsbilder anzubringen.

Literaturverzeichnis

53   Herzmanovsky-Orlando 1983: 73. Hansi Niese war eine damals sehr populäre Wiener Volksschauspielerin.
54   Alle Zitate nach Brunn 2000: 154.

Assmann, Peter. 1999. *Bild- und Textdiskurs bei Kubin*. In: Freund/Lachinger/Ruthner 1999: 87-98.

Bachtin, Michail. 1985. *Literatur und Karneval. Zur Romantheorie und Lachkultur*. Aus dem Russ. von Alexander Kämpfe. Frankfurt/M., Berlin u.a.: Ullstein (= Ullstein-Buch/Materialien 35218).

Berg, Stefan. 1991. *Schlimme Zeiten, böse Räume. Zeit- und Raumstrukturen in der phantastischen Literatur des 20. Jahrhunderts*. Stuttgart: Metzler.

Berners, Jürgen. 1998. *Der Untergang des Traumreiches. Utopie, Phantastik und Traum in Alfred Kubins Roman ‚Die andere Seite‘*. Wetzlar: Phantastische Bibliothek (= Schriftenreihe und Materialien 27).

Berry, Nicole. 1988. *‚L'autre côté‘. Une lecture psychoanalytique de Kubin*. In: Austriaca 27 [Rouen] : 127-141.

Brockhaus, Christoph. 1990. *Alfred Kubin nach 1909. Versuch einer künstlerischen Charakterisierung*. In: Hoberg, Annegret (Hrsg.): Alfred Kubin 1877-1959. München: edition spangenberg.

Brunn, Clemens. 2000. *Der Ausweg ins Unwirkliche. Fiktion und Weltmodell bei Paul Scheerbart und Alfred Kubin*. Oldenburg: Igel (= Reihe Literatur- und Medienwissenschaft 75).

Cersowsky, Peter. 1983/²1994. *Phantastische Literatur im 1. Viertel des 20. Jahrhunderts. Untersuchungen zum Strukturwandel des Genres, seinen geistesgeschichtlichen Voraussetzungen und zur Tradition der ‚schwarzen Romantik‘ inbesondere bei Gustav Meyrink, Alfred Kubin und Franz Kafka*. München: Fink.

Fischer, Jens Malte. 1978. ‚Deutschsprachige Phantastik zwischen Décadence und Faschismus.‘ In: *Phaicon 3* [Frankfurt/M.]: 93-13.

Freund, Winfried / Lachinger, Johann / Ruthner, Clemens (Hrsg.). 1999. *Der Demiurg ist ein Zwitter. Alfred Kubin und die deutschsprachige Phantastik*. München: Fink.

Freund, Winfried / Schumacher, Hans (Hrsg.). 1982. *Spiegel im dunklen Wort. Analysen zur Prosa des frühen 20. Jahrhunderts*. Frankfurt/M., Bern u.a.: Lang (= EHSS, Reihe 1: Deutsche Sprache und Literatur 513).

Geyer, Andreas. 2001. *Angriffe des Wunderbaren auf die Welt der Tatsachen. Annäherungen an das Fantastische im Werk von Ernst Jünger*. In: Le Blanc/Twrsnick 2001: 36-54.

Geyer, Andreas. 1995. *Träumer auf Lebenszeit. Alfred Kubin als Literat.* Wien, Köln, Weimar: Böhlau (= Schriften zur Sprache und Literatur in Oberösterreich 3).

Geyer, Andreas. 1995a. *Traumverwandte. Kubins Begegnung mit Kafka.* In: Lachinger/Pintar 1995: 67-85.

Herzmanovsky-Orlando, Fritz von. 1983. *Sämtliche Werke in 10 Bänden.* Hrsg. v. Walter Methlagl und Wendelin Schmidt-Dengler. Bd. 7: *Der Briefwechsel mit Alfred Kubin 1903-1952.* Hrsg. v. Michael Klein. Salzburg: Residenz.

Hewig, Anneliese. 1967. *Phantastische Wirklichkeit. Interpretationsstudie zu Alfred Kubins Roman ,Die andere Seite'.* München: Fink (= Zur Erkenntnis der Dichtung 5).

Hinterhäuser, Hans. 1977. *Fin de Siècle. Gestalten und Mythen.* München: Fink 1977.

Jablokowska, Joanna. 1989. ,Die Apokalyptik um die Jahrhundertwende. Alfred Kubins „Die andere Seite"'. In: *Die Rampe 2* [Linz], S. 7-24.

Jünger, Ernst. ²1975. ,Die Staubdämonen' [1929]. In: ders.: *Alfred Kubin. Eine Begegnung.* 2. Aufl. Frankfurt/M. u.a.: Propyläen: 109-117.

Koseler, Michael. 1995. *Die sterbende Stadt. Décadence und Apokalypse in Alfred Kubins Roman ,Die andere Seite'.* In: Lachinger/Pintar 1995: 45-55.

Kubin, Alfred. 1959. *Dämonen und Nachtgesichte. Eine Autobiographie.* München: Piper.

Kubin, Alfred. 1975. *Die andere Seite. Ein fantastischer Roman.* München: Ellermann (edition spangenberg).

Lachinger, Johann (Hrsg.). 1999. *Trauma und Traumstadt. Überlegungen zu Kubins topographischen Projektionen im Roman ,Die andere Seite'.* In: Freund/Lachinger/Ruthner 1999: 121-130.

Lachinger, Johann / Pintar, Regina (Hrsg.). 1995. *Magische Nachtgesichte. Alfred Kubin und die phantastische Literatur seiner Zeit.* Linz: Adalbert-Stifter-Institut, Salzburg: Residenz Verlag (= Kubin-Projekt 3).

Lachmann, Renate. 2002. *Erzählte Phantastik. Zur Phantasiegeschichte und Semantik phantastischer Texte.* Frankfurt/M.: Suhrkamp (stw 1578).

Le Blanc, Thomas/Twrsnick, Bettina (Hrsg.). 2001. *Traumreich und Nachtseite 2. Die deutschsprachige Fantastik zwischen*

Décadence und Faschismus. Wetzlar: Fantastische Bibliothek (= Schriftenreihe und Materialien 21).

Lippuner, Heinz. 1977. *Alfred Kubins Roman 'Die andere Seite'.* Bern: Francke.

Meyer, Martin. 1990. *Ernst Jünger.* München: C. Hanser.

Müller, Hans-Harald. 1992. *Leo Perutz.* München: C.H. Beck (= BR 625. Autorenbücher).

Müller-Thalheim, Wolfgang Karl. 1970. *Erotik und Dämonie im Werk Alfred Kubins. Eine psychopathologische Studie.* München: Nymphenburger.

Neuhäuser, Renate. 1998. *Aspekte des Politischen bei Kubin und Kafka. Eine Deutung der Romane 'Die andere Seite' und 'Das Schloß'.* Würzburg: Königshausen & Neumann (= Epistemata. Reihe Literaturwissenschaft 234).

Petriconi, Hellmuth. 1958. ,"Die andere Seite" oder das Paradies des Untergangs.' In: ders.: *Das Reich des Untergangs. Bemerkungen über ein mythologisches Thema.* Hamburg: Hoffmann & Campe: 96-125.

Polt-Heinzl, Evelyne. 1999. *Von Alfred Kubins Perle zu Ransmayrs Tomi. Über ein kulturhistorisches Verwandtschaftsverhältnis.* In: Freund/Lachinger/Ruthner 1999: 275-291.

Rhein, Phillip H.. 1989. *The verbal and visual art of Alfred Kubin.* Riverside (Kalif.): Ariadne Press (= Studies in Austrian literature, culture, and thought).

Ruthner, Clemens. 1993. *Unheimliche Wiederkehr. Interpretationen zu den gespenstischen Romanfiguren bei Ewers, Meyrink, Soyka, Spunda und Strobl.* Meitingen: Corian (= Studien zur phantastischen Literatur 10).

Ruthner, Clemens. 2001. ,"K.u.k. (post-)colonial"? Prolegomena zu einer neuen Sichtweise Österreich-Ungarns in den Kulturwissenschaften.' In: http://www.kakanien.ac.at/beitr/theorie/Cruthner1.pdf

Ruthner, Clemens. 2002. ,Kulturelle Imagines und innere Kolonisierung. Ethnisch kodierte Selbst- und Fremdbilder in der k.u.k. Monarchie – eine Projektskizze.' In: Zeyringer, Klaus / Csáky, Moritz (Hrsg.): *Inszenierungen des kollektiven Gedächtnisses. Eigenbilder, Fremdbilder.* Innsbruck, München: Studien-Verlag (= Paradigma Zentraleuropa 4): 30-53.

Ruthner, Clemens. 2003. *Am Rande. Kanon, Kulturökonomie und die Intertextualität des Marginalen am Beispiel der öster-*

reichischen Phantastik im 20. Jahrhundert. Tübingen, Basel: Francke (= Wien: Phil. Diss. 2001).

Ruthner, Clemens. 2003a. ‚"K.u.k.Kolonialismus" als Befund, Befindlichkeit und Metapher. Versuch einer weiteren Klärung.' In: http://www.kakanien.ac.at/beitr/theorie/CRuthner3.pdf

Schmidt-Dengler,Wendelin. 1986/²1989. *Der Übertreibungskünstler. Studien zu Thomas Bernhard.* Wien: Sonderzahl.

Schmidt-Dengler, Wendelin. 2001/02. ‚Kakanische Traumreiche. Alfred Kubins „Die andere Seite" und Fritz von Herzmanovsky-Orlandos „Das Maskenspiel der Genien". In: *Jahrbuch der Österreich-Bibliothek in St. Petersburg 5:* 44-56.

Schmitz, Oscar A. H.. 1923. *Brevier für Einsame. Fingerzeige zu neuem Leben.* München: G. Müller.

Schroeder, Richard Arthur. 1970. *Alfred Kubin's Die andere Seite. A Study in the Cross-Fertilization of Literature and the Graphic Arts.* Indiana Univ.: Diss. [masch.].

Schumacher, Hans. 1982. ‚*Die Andere Seite' (1909) von Alfred Kubin.* In: Freund/Schumacher 1982: 9-34.

Spielmann, Hans Robert. 1980. 'Geschichtsdarstellung in der franzisko-josephinischen Epik (F. von Saar: *Schloss Kostenitz* – A. Kubin: *Die andere Seite* – J. Roth: *Radetzkymarsch*).' In: *Österreich in Geschichte und Literatur 24.4* [Wien]: 238-256.

Todorov, Tzvetan. 1992. *Einführung in die fantastische Literatur.* Aus dem Frz. von Karin Kersten u.a. Frankfurt/M.: Fischer 1992 (= FTB 10958).

Wille, Werner. 1930. *Studien zur Dekadenz in Romanen um die Jahrhundertwende.* Greifswald: Adler.

Wünsch, Marianne. 1991. *Die Fantastische Literatur der Frühen Moderne (1890-1930). Definition – Denkgeschichtlicher – Kontext – Strukturen.* München: Fink.

Žukova, Marija. 2001/02. ‚„Die andere Seite" von A. Kubin: entsicherter Raum.' In: *Jahrbuch der Österreich-Bibliothek in St. Petersburg 5:* 78-86.

Hans Ester

FRANZ WERFEL UND DAS VERLANGEN NACH DEM VERLORENEN ÖSTERREICH

Zu den konsequentesten Anwälten des alten Österreich gehört der 1890 geborene Dichter, Dramenautor, Essayist und Romanschriftsteller Franz Werfel. Neben seinen im engeren Sinne literarischen Veröffentlichungen publizierte Werfel während der zwanziger und dreißiger Jahre des zwanzigsten Jahrhunderts, ja bis zu seinem Tode 1945, eine respektable Zahl von ethischen, politischen und religiösen Betrachtungen, die zur öffentlichen Debatte in jenen Jahren beitragen wollten. Er hielt an verschiedenen Orten Europas Reden, die in erster Linie rhetorisch wirkten und als Broschüren oder kleine Hefte publizistisch nachlebten. In diesen Reden und Schriften, die auf ihre Weise deutlich zur politischen und kulturellen Aktualität Stellung nahmen, versuchte Werfel, die Werte des alten Österreich zu formulieren und für die gegenwärtige Situation zu aktualisieren.

Werfel erlebte diese Werte des staatlichen Gebildes, in dem er aufgewachsen war, als Heilmittel gegen das drohende Barbarentum der eigenen Zeit. Er mischte sich zum Beispiel im Jahre 1938 mittels seiner Schrift *Les deux Allemagne. Ein Beitrag zu einer tragischen Diskussion* in eine heftige Debatte ein. Diese Diskussion galt dem, in Werfels Augen vermeintlichen, Gegensatz zwischen dem machthungrigen Deutschland mit seinem Symbol Potsdam einerseits und dem geistigen Deutschland der humanen Werte mit dem Symbol Weimar andererseits:

> Der Gegensatz hieß freilich nicht Potsdam und Weimar, wie uns ein neudeutsches Bildungsphilistertum weismachen wollte und nun wieder weismachen will. Weimar war und ist eine norddeutsche Stadt, jenseits des Limes, und als solche der preußischen Gravitation ausgeliefert. Der humanistische Klassizismus der Lessing, Herder, Goethe und Schiller ist kein antithetisches, sondern nur ein paradoxes Abfallsprodukt des nationalen Aufstiegs unter Preußens Führung. Er gehört mithin, so europäisch-mediterran auch seine köstlichsten Früchte schmecken mögen, der feindlichen Schlachtordnung an.[1]

---

1   Werfel 1975: 306. Alle künftigen Seitengaben aus dieser Buchausgabe erfolgen im Haupttext.

Das Wort „polemisch" ist hier angebracht. Es geht ja um einen scharfen Angriff gegen Preußen, ohne dass dabei sachliche Argumente im Vordergrund stehen. Der Verfasser steht in dieser Hinsicht keineswegs allein. Die negative Sicht auf das militaristische Preußen ist selber zum Klischee geworden. Werfel muss ein negatives Profil Preußens zeichnen, um danach die positiv verstandenen Konturen Österreichs um so heller aufleuchten zu lassen:

> Es liegt mir gänzlich fern, den Laudator temporis acti zu spielen. Dennoch wird kein historisch denkender und fühlender Mensch leugnen können, dass der einzig wirkliche und produktive Gegensatz zu Preußen in den letzten zwei Jahrhunderten ausschließlich in dem ehemaligen *Österreich* lag. Zwischen beiden herrschte das Prinzip der Waage. War die eine Schale oben, musste die andere nach unten sinken. Tragische Verkettung der blinden Torheit und der noch blinderen Schuld! Frankreich selbst war es, das sein Gewicht zugunsten Preußens auf die Waagschale warf und Österreich schwächte. Im Jahre 1866 fiel die unheilvolle Entscheidung. Das westliche Europa ebnete der preußischen Militärmonarchie den Weg, die, weil sie schon damals total und zynisch war, für sich die Ehre in Anspruch nahm, aufgeklärt zu sein. So wurden die alten Kulturmächte zum Geburtshelfer jenes Pangermanismus, der ihnen heute auf der Brust kniet. (Werfel 1975: 306f.)

Bis zu dieser Stelle im Text eifert Werfel gegen die in seinen Augen unheilvolle Rolle Preußens in der europäischen Geschichte. Es fehlen noch die positiven Argumente, die den Wert des vergangenen Österreich unter Beweis stellen. Als Kostprobe dieses notwendigen Teils der Argumentation möge folgendes Zitat dienen:

> Österreich allein repräsentierte das synkretistisch weltdeutsche Element, das dazu berufen war, dem volksdeutschen Furor die Stirn zu bieten. Diese durch die Geschichte erhärtete Folgerung beweist, wie vorsichtig wir mit platten Metaphern wie Rückschritt und Fortschritt umgehen müssen. Das rückschrittliche Österreich umschloß zugleich in seiner völkerverbindenden Idee eine Fortschrittlichkeit, die wir erst seit dem Ende des Weltkriegs zu würdigen begonnen haben. Denn man wird mir zugeben, daß der Bürokratismus und Klerikalismus des alten Regimes, was das Maß der Unterdrückung anbelangt, ein harmloses Kind gewesen ist gegen den totalen Nationalismus, der sein Erbe angetreten hat. (ebenda: 308)

Angesichts des gefühlsgetragenen Tons in Werfels polemisch gefärbten Beiträgen zur Diskussion über die Zukunft Europas und über die Rolle der deutschen Kultur bei der Gestaltung dieser Zukunft, verwundert uns keineswegs die Position Werfels in Claudio Magris' *Der habsburgische Mythos in der österreichischen Literatur* (Salzburg 1966, ursprünglich Turin 1963). Für Magris ist Franz Werfel einer der Kronzeugen seiner Sicht auf die österreichische Literatur. Magris geht von der Beobachtung aus, dass die Schriftsteller Österreichs nach 1918, also nach dem Jahr, in dem die österreichisch-ungarische Doppelmonarchie unterging, in ihren Werken das vergangene Österreich thematisierten und zumindest literarisch zu neuem Leben erweckten. Magris verwendet das Wort „Mythos" für seine Darstellung dieses Phänomens. Ihm fällt auf, dass über das alte Österreich in den meisten Fällen positiv geschrieben und gesprochen wird. Das rauhe politische Klima der eigenen Zeit lässt die Autoren in der Zeit nach 1918 die vorangegangenen Jahrhunderte stilisieren und zu einer überhistorischen Ordnung mitsamt ihren Werten abstrahieren. Das Bild Österreichs reduziert sich zu Merkmalen, die als die wesentlichen erfahren werden und daher den Charakter eines zeitlosen Mythos annehmen.

Stefan Zweig, Franz Werfel, Joseph Roth, Franz Theodor Csokor, Heimito von Doderer und Robert Musil, um die wichtigsten Autoren zu nennen, beschwören in ihrem Werk alle das Österreich von gestern herauf. Bei der Mehrzahl dieser Autoren ist ein Verlangen nach der Jugend fühlbar, ein Heimweh nach früher. Dieses Zurückverlangen verleiht dem Objekt der Empfindungen einen nostalgischen Unterton. Besonders bei Roth, Zweig und Werfel findet Magris ausreichend Material zur Unterbauung seiner These, dass die österreichischen Autoren in der Zeit zwischen den beiden Weltkriegen auf die Periode vor dem entscheidenden Jahr 1918, auf diese von Zweig als „Welt von gestern" bezeichnete Periode zurückgreifen mussten, um, mit Rücksicht auf ihre künstlerischen Ansprüche, festen Grund unter den Füßen zu haben. Magris spricht dies jedoch unter einigem Vorbehalt aus. Es könnte nämlich der Eindruck entstehen, innerhalb der österreichischen Literatur des Interbellums gäbe es breite Übereinstimmung hinsichtlich der Wertschätzung des alten monarchistischen Österreich. Zwar waren die Vertreter der Literatur fasziniert vom selben historischen Phänomen, sie schrieben jedoch ganz unterschiedlich über diese Quelle der Inspiration.

Magris erkennt etwa sehr scharf, dass Robert Musil schonungslos die nackte Wahrheit, das heißt den Verfall Österreichs sichtbar gestaltete. Aber, die bissigste Analyse Musils in *Der Mann ohne Eigenschaften* und der Humor als Mittel der Entzauberung bei Doderer entfernen sich nicht von einem festumrissenen Kreis, der den Dingen ihre Bedeutung verschafft. Auch als Kritiker, so lautet die Überzeugung von Claudio Magris, bleiben diese Autoren Gefangene der Metamorphose der Donaumonarchie.[2]

Magris erklärt diese Gemeinsamkeit trotz erheblicher Unterschiede bei der Wertschätzung der Geschichte Österreichs, aus der Tatsache, dass der Mythos des habsburgischen Kaiserreiches selber Teil dieser habsburgischen Tradition war. Jeder, der innerhalb der Grenzen des alten Österreich aufwuchs, hatte teil an dieser mythischen Wirklichkeit und atmete diese besondere Atmosphäre ein und aus. Deswegen geht Magris einen substantiellen Schritt in die Vergangenheit zurück, in jene Zeit, in der die Besinnung auf die habsburgischen Ideale bereits zu einer Mythisierung des Vergangenen führte, in die Biedermeierzeit, die Zeit zwischen der Märzrevolution 1830 und der Julirevolution 1848. Wie interessant diese Spur auch ist, ich kann sie im Rahmen meines Aufsatzes leiter nicht weiter verfolgen. Im Mittelpunkt meiner Überlegungen steht die Frage nach den entscheidenden Komponenten dieses Mythos von Habsburg. Was sagt Magris dazu?

Zunächst geht es bei diesem Mythos um das Ideal einer vielförmigen, in ihrer Pluralität aber dennoch eine Einheit bildenden Gemeinschaft. Das habsburgische Österreich bildet die Existenzgrundlage für viele unterschiedliche Völker mit unterschiedlichen Sprachen, wobei die deutsche Sprache die Funktion der Verbindung zwischen diesen Völkern, beziehungsweise Sprachen übernimmt. Austria ist der Schirm, der die Vielfalt an Völkern unter ihren Schutz vereinigt. Austria als Garant der Freundschaft und Verständigung unter Völkern, die einander im Prinzip fremd sind, das ist die erste Komponente.

Im statischen Charakter dieser Monarchie, in ihrer Immobilität steckt das zweite Element. Die direkte Folge dieser Statik ist, dass alle Bemühungen darauf gerichtet sind, das statische Ganze zu perpetuieren, ihm für unbestimmte Zeit Dauer zu verleihen. Mit der Monarchie ist ein bürokratisches System verbunden, das auch inmitten einer labilen politischen Struktur die Ordnung zu behaupten versteht. Magris bemerkt dazu, dass das mythologische Element dieses Willens, das Bestehende zu perpetuieren, nicht in der Deformation der historischen Wirklichkeit, sondern in der Bereitwilligkeit besteht, eine negative Existenzbedingung als ideellen Wert, als geistiges Gut zu

---

2   Magris 1966: 8f. Auf der Grundlage der italienischen Neuausgabe (Turin 1996) erschien im Jahre 2000 in Wien eine neue deutsche Übersetzung von *Il mito absburgico nella letteratura austriaca moderna* unter dem Titel *Der habsburgische Mythos in der modernen österreichischen Literatur.*

verteidigen. Es kommt dann noch die fehlende Intention hinzu, diese Situation jemals zu ändern.[3]

Das dritte Grundmotiv des habsburgischen Mythos ist eine Art Vergrößerung des Mythos von Wien. Wien war in der Vorstellung der Österreicher die Stadt des Lebensgenusses, des guten Essens und übermäßigen Trinkens und die Stadt des Wiener Walzers. Wien war die Hauptstadt des habsburgischen Schlaraffenlandes. Magris verbindet das Wort „Hedonismus" mit diesem Grundmotiv. Es fügt sich zu einer unzertrennlichen Einheit mit dem Mythos der ‚schönen, blauen Donau' und dem Mythos des ‚Wiener Blutes'.[4]

Diese Aufzählung der Komponenten, die zusammen den Mythos, das deformierte Bild des k.u.k.-Österreich schaffen, hat gleichzeitig verdeutlicht, dass nicht alle Aspekte einer komplexen historischen Vorstellung auf einen oder auf drei Nenner zu bringen sind. Es gab Widersprüche innerhalb der Bildung des Mythos, die wir nicht einfach glattbügeln können. Die Wünsche und Sehnsüchte waren vielfältig, und nicht weniger vielfältig fiel die Mythenbildung aus. Gemeinsam haben diese Gebilde jedoch, dass sie ihre inspirierende Quelle alle in einer gemeinsamen Vergangenheit finden. Dem ist allerdings nochmals hinzuzufügen, dass die Bewertung und die Deutung der Vergangenheit viele Möglichkeiten umfassten und alles andere als einförmig waren.

Ob implizit oder eher explizit, Österreich ist das beherrschende Thema im Œuvre Franz Werfels. Die von ihm verfassten Novellen wie *Der Tod des Kleinbürgers* oder *Kleine Verhältnisse* sind in Bezug auf Schauplatz, Mentalität der auftretenden Klassen und bezüglich der dargestellten Problematik an die menschliche Gemeinschaft Österreichs, insbesondere der Stadt Wien, gebunden. Die Ingredienzen dieser Novellen treffen wir auch bei Hofmannsthal, Zweig, Doderer und Musil an. Ihre Werke sind einander manchmal zum Verwechseln ähnlich. Auch in seinen großen Romanen beschäftigt sich Werfel mit Fragen, die dieser besonderen Gemeinschaft von Menschen entsprießen. Ich erwähne nur zwei Romane aus seiner großen literarischen Produktion: *Der Abituriententag* und *Der veruntreute Himmel*. Kann man aus diesen Novellen und Romanen eine bestimmte Bewertung der geistigen Güter Österreichs ableiten? Angesichts der dargestellten menschlichen Verhältnisse hat die Frage nach der Repräsentation des ideellen Österreich nicht die höchste Priorität. Es

---

3   Ebenda: 15.
4   Ebenda: 18.

geht in diesen Werken um Menschen und ihre Schicksale, um Liebe, Verrat, um Entfremdung zwischen Ehegatten, um Armut, Reichtum und um Probleme der Pubertät. Daraus lässt nicht so leicht ein abstraktes oder mythisches Bild Österreichs entwickeln. Beim Roman *Der veruntreute Himmel* (1939) spielt allerdings die politische Bedrohung des humanen Österreich eine wesentliche Rolle, wenn auch das Augenmerk auf das Lebensschicksal der Dienstmagd Teta gerichtet ist.

Franz Werfel hat das Leben in diesem merkwürdigen, amputierten Land Österreich in seinen Novellen, Romanen und Dramen anders dargestellt als in seinen Reden und Betrachtungen. Der Unterschied zwischen der einen und der anderen Perspektive ist von der Art der vom Verfasser erwünschten Kommunikation mit dem Leser, beziehungsweise dem Zuhörer, bedingt. Damit ist Werfel keine gespaltene Persönlichkeit geworden. Werfel als Romancier braucht Werfel als Essayisten nicht zu beißen. Thesenartig formuliert: Die beiden Perspektiven begegnen sich in der besonderen Vorliebe für dieses Leben in dieser Gemeinschaft. Das Pandämonium dieser verworrenen, strebenden, unter ihrer Sexualität leidenden, frommen oder unfrommen Menschen, ist der Ort, an dem Werfel sich wohlfühlt. Als kreativer Mensch, der die Erfahrung in Kunst umsetzt und auch als Zeitgenosse, der die Bedrohungen dieser puren oder manchmal auch dubiosen Humanität erkennt. Ich kann dieser Frage nach dem inneren Zusammenhang von Werfels Werk hier nicht weiter nachgehen und beschränke mich auf die wesentlichen Texte, in denen Werfel sich explizit zu Österreich geäußert hat.

Bevor ich auf Werfels Schriften näher eingehe, zitiere ich als verwandten, und gleichzeitig sehr unterschiedlichen Text Robert Musils *Der Mann ohne Eigenschaften*. Es geht um die berühmte Stelle aus dem achten Kapitel des immensen Romans:

Dort, in Kakanien, diesem seither untergegangenen, unverstandenen Staat, der in so vielem ohne Anerkennung vorbildlich gewesen ist, gab es auch Tempo, aber nicht zuviel Tempo. So oft man in der Fremde an dieses Land dachte, schwebte vor den Augen die Erinnerung an die weißen, breiten, wohlhabenden Straßen aus der Zeit der Fußmärsche und Extraposten, die es nach allen Richtungen wie Flüsse der Ordnung, wie Bänder aus hellem Soldatenzwillich durchzogen und die Länder mit dem papierweißen Arm der Verwaltung umschlangen. Und was für Länder! Gletscher und Meer, Karst und böhmische Kornfelder gab es dort, Nächte an der Adria, zirpend von Grillenunruhe [...]. Natürlich rollten auf diesen Straßen auch Automobile; aber nicht zuviel Automobile! Man bereitete die Eroberung der Luft vor, auch hier; aber nicht zu intensiv. Man ließ hie und da ein Schiff nach Südamerika oder Ostasien fahren; aber nicht zu oft. Man hatte keinen Weltwirtschafts- und Weltmachtehrgeiz; man saß im Dort, in Kakanien, diesem seither untergegangenen, unverstandenen Staat, der in so vielem ohnehin Mittelpunkt Europas, wo die alten Weltachsen sich schneiden; die Worte Kolonie und Übersee hörte man an wie etwas noch gänzlich Unerprobtes und Fernes. Man entfaltete Luxus; aber beileibe nicht so überfeinert wie die Franzosen. [...] Überhaupt, wie vieles Merkwürdige ließe sich über dieses versunkene Kakanien sagen! Es war zum Beispiel kaiserlich-königlich und war kaiserlich und königlich; eines der beiden Zeichen k.k oder k.u.k. trug dort jede Sache und Person, aber es bedurfte trotzdem einer Geheimwissenschaft, um immer sicher unterscheiden zu können, welche Einrichtungen und Menschen k.k. und welche k.u.k. zu rufen waren. Es nannte sich schriftlich Österreichisch-Ungarische Monarchie und ließ sich mündlich Österreich rufen; mit einem Namen also, den es mit feierlichem Staatsschwur abgelegt hatte, aber in allen Gefühlsangelegenheiten beibehielt, zum Zeichen, daß Gefühle ebenso wichtig sind wie Staatsrecht und Vorschriften nicht den wirklichen Lebensernst bedeuten. Es war nach seiner Verfassung liberal, aber es wurde klerikal regiert. Es wurde klerikal regiert, aber man lebte freisinnig. Vor dem Gesetz waren alle Bürger gleich, aber nicht alle waren eben Bürger. Man hatte ein Parlament, welches so gewaltigen Gebrauch von seiner Freiheit machte, daß man es gewöhnlich geschlossen hielt; aber man hatte auch einen Notstandsparagraphen, mit dessen Hilfe man ohne das Parlament auskam, und jedesmal, wenn alles sich schon über den Absolutismus freute, ordnete die Krone an, daß nun doch wieder parlamentarisch regiert werden müsse. Solcher Geschehnisse gab es viele in diesem Staat, und zu ihnen gehörten auch jene nationalen Kämpfe, die mit Recht die Neugierde Europas auf sich zogen und heute ganz falsch dargestellt werden. Sie waren so heftig, daß ihretwegen die Staatsmaschine mehrmals im Jahr stockte und stillstand, aber in den Zwischenzeiten und Staatspausen kam man ausgezeichnet miteinander aus und tat, als ob nichts gewesen wäre. Und es war auch nichts Wirkliches gewesen. Es hatte sich bloß die Abneigung jedes Menschen gegen die Bestrebungen jedes andern Menschen, in der wir heute alle einig sind, in diesem Staat schon früh, und man kann sagen, zu einem sublimierten Zeremoniell ausgebildet, das noch große Folgen hätte haben können, wenn seine Entwicklung nicht durch eine Katastrophe vor der Zeit unterbrochen worden wäre.[5]

In ironischer Brechung sind hier zwei der im Vorangehenden in der Nachfolge von Claudio Magris benannten Elemente des alten Österreich erwähnt. Besonderen Akzent erhält im langen Zitat das Verlangen nach einem Zustand der Unbeweglichkeit, zumindest der auf das Geringste reduzierten Mobilität. Bei Franz Werfel treffen wir in Bezug auf das vergleichbare Phänomen einen anderen Ton an. Ich richte meine Aufmerksamkeit vorzugsweise auf seine Schrift *Ein Versuch über das Kaisertum Österreich* und werde nach der

---

5   Musil 1987: 32-34.

Behandlung von Werfels Bewertung des vergangenen Österreich auf die weltanschaulichen Grundlagen seines Denkens zu sprechen kommen. *Ein Versuch über das Kaisertum Österreich* ist der Prolog zur amerikanischen Ausgabe von Werfels *Aus der Dämmerung einer Welt*. Werfels Schrift ist an die lebendige Polemik gegen den Nationalsozialismus und gegen den Marxismus, kurz gegen um den Vorrang kämpfende totalitäre Staatssysteme und Denkweisen, gebunden. Angesichts der akuten Drohungen vonseiten politischer Radikalismen in Europa versucht Werfel, die echten Werte eines auf geistiger Grundlage ruhenden Staatsgebildes darzustellen. Seine Gedanken sind als Beitrag zum geistigen Kampf gemeint. Für ein alternatives Staatsgebilde gibt es für ihn nur ein wirkliches Beispiel: die Österreichisch-ungarische Monarchie. Selbstverständlich befindet sich Werfel in einem harten Kampf gegen den falschen Geist. Daher auch der große Elan dieser und ähnlicher Schriften. Zartere, nuanciertere Töne fehlen jedoch nicht. Folgendes Zitat läßt sich sehr gut zum Vergleich neben Musils etwas bösartige Analyse Kakaniens legen:

Welche Welt. Sie trug einen großen Namen. Doch sie selbst war noch größer als ihr Name, der da lautete: ‚Österreichisches Kaisertum' oder ‚Österreichisch-ungarische Monarchie', wobei letztere Bezeichnung einer gewissen Künstlichkeit nicht entbehrt und für feinere Ohren schon den Niedergang des stolzen Reiches weissagt. Ein stolzes Reich wahrhaftig, nicht nur was seine Maße betrifft, sondern weit mehr noch im Hinblick auf die unbeschreibliche Farbenfülle seiner Landschaften und Menschenstämme. Skeptische Geister werden hier vielleicht aufblicken und fragen: Wie ist das? Sind diese farbenvollen Landschaften etwa vom Erdbeben zerstört worden, diese bunten Menschenstämme aus ihren Siedlungen verschwunden? Sind nicht vielmehr diese Berge, Täler und Ebenen noch immer dieselben wie vor Jahrhunderten und ebenso die sie bewohnenden Völker? Kann überhaupt das, was hier eine Welt genannt wurde, wirklich verdämmern und sterben? Steckt hinter solchen Behauptungen nicht die Übertriebenheit und Unwirklichkeit der Metapher? Politische Systeme sterben, Regierungsformen, Verwaltungsarten, das heißt, auch sie sterben nicht eigentlich, sondern gehen in andere Systeme, Regierungsformen und Verwaltungsarten über. Die staatlichen Regelungen des Weltwesens lösen einander ab. Das Geregelte jedoch, das Regierte, das Verwaltete, sei es Land, sei es Volk, sei es Einzelmensch überdauert mit seiner eingeborenen Artung all diese Entwicklungen.
Was immer auch die Wahrheit sei, jeder Alt-Österreicher wird auf solche Einwendungen erwidern: ‚Ihr mögt recht haben, ich weiß es nicht. Mir jedenfalls ergeht es sehr merkwürdig, wenn ich die Landschaften und Städte wiedersehe, die einst zu meiner Welt gehört haben. Gewiß, die Alpen Tirols, die Seen des Salzkammergutes, die sanften Horizonte Böhmens, die wüsten Hochflächen des Karstes, die üppigen Gestade der Adria, die Paläste Wiens,

die Kirchen Salzburgs, die Türme Prags, all das ist dasselbe geblieben, seiner äußeren Gestalt nach wenigstens. Und doch, selbst das Unverwandelte der äußeren Gestalt billige ich euch nur sehr zögernd zu. Gehört zu ihr nicht der Raum, aus dem sie wächst, die Luft, die sie durchdringt, das Licht, das sie belebt, und mehr als alles andere, das Auge, das sie erfaßt? Was sich verändert, auch außerhalb des Menschlichen verändert hat, das läßt sich kaum ausdrücken. Ich will nicht behaupten, daß all diese Landschaften und Städte einen ganz bestimmten Glanz verloren haben. Vielleicht ist es eher ein Schleier, den sie verloren haben, ein wohltätiger Schleier, ein Schleier der Maja, der viel verhüllte. Eines aber weiß ich gewiß: Einst war hier meine Welt, mit der ich eigentümlich verbunden war. Zu dem fernsten Huzelendorf in den Karpathen fühlte ich noch irgendeine Verwandtschaft, unbekannt warum. Jetzt ist mir auch das Allernächste entfremdet, meine eigene Stadt, meine eigene Straße, mein eigenes Haus, unbekannt warum. Ich bin in einem sehr komplizierten Sinn heimatlos geworden. (Werfel 1975: 494f.)

Im vorangehenden Zitat wird erkennbar, dass Franz Werfel seinen beschaulichen Text mit episierenden Elementen unterbricht. Die Wirkung ist eine Verlebendigung des Gesagten und andererseits eine (Pseudo-)Objektivierung. Essayistisches mit Erzählendem zu spicken, ist ein bezeichnender Zug in Werfels Betrachtungen. In ihm ist ein natürlicher Drang vorhanden, Gedanken nicht abstrakt zu fassen, sondern sie in den Geist und das Leben von Individuen einzukleiden.

In *Ein Versuch über das Kaisertum Österreich* kommt es Werfel auf die Formulierung des ideellen Kerns dieses Kaiserstaates Österreich an. Zum zweiten Mal lässt er seinen alten, heimatlos gewordenen Österreicher zu Wort kommen, um mit seiner Hilfe den Übergang zur Frage nach der übergeordneten Idee des Reiches zu realisieren: „Das Reich und seine Idee! Wie kann ihre Bedeutung einem entrückteren Leser klar gemacht werden!?" (ebenda: 496) Werfel fängt mit Konkretem an, den Leser für seine Erkenntnis empfänglich zu machen. Die Vorbereitung geschieht mit Hilfe der anschaulichen Umrisse der verschiedenen, zum Kaiserreich gehören-den Landschaften. Er betont den Reichtum an Klimata und Natur-formen. Das von ihm skizzierte Panorama ist ein Lobgesang auf die reiche Varietät innerhalb der Grenzen des Reichs. Das Kaiserreich ist die Welt im Kleinen. Werfel betont die innere Bindung dieses geogra-phischen und menschlichen Fächers. Was heterogen und bin-dungslos scheint, ist in Wirklichkeit an einen gemeinsam erlebten Zusammen-hang gebunden. Die Vorstellung ist die der Einheit in der Vielfalt. Selbstverständlich ist es eine raffinierte Strategie des Verfassers, von den Naturschätzen auszugehen und gleichsam eine Eisenbahnfahrt durch Österreich zu machen. Das Auge des Lesers ist dadurch milde gestimmt und kann auch der menschlichen Vielfalt einen positiven

Wert abgewinnen:

> Was von den Naturschätzen gesagt wurde, gilt auch für die Bewohner
> Österreichs. Zwar umschloß er nicht alle Volksstämme des europäischen
> Erdteils, doch sehr viele von ihnen und insbesondere die wichtigsten Rassen:
> Germanen, Romanen und Slawen.
> Den vierundzwanzig Ländern entsprachen dreizehn Völkerschaften. Außer
> den Deutschen und den Magyaren, die in der westlichen und östlichen
> Reichshälfte seit Jahrhunderten die Führung innehatten, vereinigte das
> Kaisertum vier nordslawische Völker (Tschechen, Slowaken, Polen, Ruthenen
> oder Kleinrussen), drei südslawische (Kroaten, Serben, Slowenen), drei
> romanische (Italiener, Rumänen und das seltsame Bergvolk der Ladiner). Zu
> diesen zwölf Völkern trat als dreizehntes noch eine sehr zahlreiche
> Judenschaft hinzu, die ihrerseits wieder in einen westlichen und östlichen
> Stamm zerfiel. Der östliche lebte im polnischen Galizien und in dem fernen
> Waldland der Bukowina, der westliche zum größten Teil in Böhmen, Mähren
> und Schlesien, den drei Erbländern der böhmischen Wenzelskrone. Der
> Mittelpunkt dieser westlichen Judenschaft war das uralte Ghetto Prags,
> hochberühmt durch seine Gelehrten, seine kabbalistischen Mystiker und seine
> Legenden. (ebenda: 497f.)

Das sind jedoch nur Annäherungen an die Idee. Worin besteht der
gedankliche Kern dieses Reiches? Werfel macht erneut einen Umweg.
Er vergleicht Österreich mit den, ebenfalls von einer Idee gelenkten,
Vereinigten Staaten von Amerika: „Man wird eine wirkliche Idee
niemals begreifen, wenn man das Bildhafte, ja Leibhaftige an ihr nicht
zu sehen vermag, nicht zu riechen und zu schmecken." (ebenda: 499)
Zumindest das Sehen hatte Werfel dem Leser ausgiebig vermittelt.
Nun fehlt noch die präzise Formulierung. Diese erfolgt, nachdem der
Vergleich mit Amerika nochmals in den Vordergrund gerückt wird:

> Auch die Idee des alten Österreichers wollte es, dass der Mensch, der es
> bewohnte, umgeschaffen, umgeschmolzen werde. Sie forderte von ihm, dass
> er nicht nur ein Deutscher, ein Ruthene, ein Pole sei, sondern etwas mehr,
> etwas darüber hinaus. Es wäre sehr übertrieben, dieses Opfer, das die Idee
> forderte, ein volles sacrificium nationis zu nennen. Etwas Ähnliches aber war
> es doch. Ein Verzicht auf bequeme Selbstbeschränkung, ein Verzicht auf die
> begeisternde Hingabe an bluthafte Instinkte, ein Verzicht auf das wilde
> Bedürfnis nach dem Triumph des eigenen Herkommens. Nur wer diesen
> Verzicht leistete, zu solchem Opfer entschlossen war, konnte die höheren
> Weihen der Idee erlangen, wurde umgeschaffen, verwandelte sich aus einem
> Deutschen oder Tschechen in den neuen Menschen, den Österreicher. Die
> große Idee bestimmte den Umgeschaffenen, diesen Österreicher, zum Lehrer.
> Er sollte das Licht seiner durch Opfer erprobten Menschlichkeit hinaustragen,
> damit alle, die noch jung waren, noch barbarisch, noch erdgebunden, durch
> dieses Licht erleuchtet und bekehrt würden. Diese Bestimmung zum ‚Lehrer
> des Ostens' ist mit dem alten Österreicher untergegangen. Schon lange vorher
> aber war sie verschüttet. Nur wenige wußten von ihr. (ebenda: 500)

Werfel geht in die Geschichte bis zu Karl dem Großen zurück, um der Wurzel dieser Reichsidee auf die Spur zu kommen. Er sieht die Gründung der sogenannten Ostmark als Leistung, als Verteidigung des Abendlandes gegen die Barbaren und als Erziehungsanstalt, deren Aufgabe es war, diese Barbaren zu bändigen, zu sittigen, sie aus ihrer Dämonie zu befreien und zu „abendländischen Christen" zu erziehen (ebenda: 501). Von dieser Aufgabe während des Mittelalters laufe eine gerade Linie bis in das zwanzigste Jahrhundert. Aber nicht bis in die Gegenwart. Denn die Gegenwart hat das dämonische Menschentum in Gestalt des Nationalismus und des Nationalsozialismus wieder aufleben lassen und die Reichsidee ihrem Gegensatz geopfert. Kaiser Franz Joseph sieht Werfel als den letzten Repräsentanten der historisch verbindlichen Linie, als den Letzten, in dem die Reichsidee noch nachwirke:

> Das Allmenschliche in dieser Idee zwang der Seele des Kaisers eine Tugend ab, für die das Wort *Objektivität* zu schwach ist. Er, dessen Blut und Tradition deutsch war, versuchte mit letzter Aufrichtigkeit, allen Völkern der Monarchie gerecht zu werden. Er, der aus dem feudal despotischen Zeitalter stammte, der nur mit den Häuptern des Hochadels bestenfalls einen kargen Verkehr pflog, er war es, der in den letzten Jahren seiner Herrschaft die sozialistische Forderung nach dem allgemeinen, gleichen und direkten Wahlrecht gegen seine Umgebung, gegen Ministerien und Parlamente in zähem Kampfe durchsetzte. Das Unfaßbare geschah damit. Ein Habsburger, der noch unter Metternich groß geworden war, der zu Beginn seiner Laufbahn die ins Wanken geratenen reaktionären Gewalten wiederhergestellt hatte, derselbe Habsburger paktierte am Ende seiner Laufbahn mit den verhaßten und gefürchteten Massen, mit den Arbeitern, mit dem revolutionären Proletariat. (ebenda: 504)

Es schien, so fügt Werfel hinzu, ein Widerspruch. In Wirklichkeit stand die große Reichsidee nach seiner Vorstellung immer im Dienste der „allmenschlichen Intention" (ebenda: 505). Aber Franz Joseph stand am Ende einer vitalen Tradition. Er bildete noch die letzte Bastion gegen die einbrechenden, zerstörerischen Mächte des extremen Nationalismus. Auf diesen letzten Garanten der „Allmenschlichkeit" richtet Werfel seine Aufmerksamkeit:

> Er hatte in seiner schier unendlichen Regierungszeit das Reich bewahrt, er hatte die Dämmerung seiner Welt bis an die äußerste Grenze verlängert. Rückschlag auf Rückschlag wurde von ihm durch ruhiges Beharren überwunden: Der Verlust Mailands und Venedigs, die Niederlage bei Sadowa durch die Preußen, die unglückselige Zerspaltung des Reiches durch den magyarischen Vorherrschaftstrieb, die national-fanatischen Vorstöße der

übrigen dämonischen Einheiten. All dieser haßgepeitschten Dynamik setzte er eine weise großartige Statik entgegen, die sich in meisterhaftem Hinausschieben der Lösungen, im Ausweichen und Zerbröckelnlassen der Konflikte offenbart. Diese Statik wurde im ehrfurchtslosen Wörterbuch des Österreichers zu dem klassischen Begriff des ‚Fortwurstelns' geprägt. Franz Joseph wußte, daß nur ein Schritt zum Abgrund führe. Aber er, der Achtzigjährige, konnte hoffen, daß er diesen Schritt nicht werde tun müssen. Wann kam er endlich, der erlösende Tag, um die Seele Cäsars von sieben Jahrzehnten grauenvoller Verantwortung zu befreien? Mochte sein Nachfolger mit ihr fertig werden, der machtgierige jähzornige Mensch, der schon mit bebenden Nüstern auf die späte Erbschaft lauerte.
Da geschah das Unheil von Sarajewo. Das Thronfolgerpaar starb durch Revolverkugeln eines serbischen Nationalfanatikers. Nach einem Augenblick der Bestürzung ergriff sofort eine Welle hysterischen Kraft- und Trotzgefühls gewisse Schichten der Monarchie. (ebenda: 509f.)

Hier beginnt eine neue Epoche, die Epoche der Bedrohung dieses vielgerühmten humanen Gleichgewichts zwischen den Völkern Österreichs unter der Regie der Reichsidee. An die Stelle der Befriedung tritt die Entzweiung. Werfel sieht den Ersten Weltkrieg als Zeit, in der Österreich in Widerspruch zu sich selbst geriet. Die Zeit, die Werfel als „Dämmerung" andeutet, die Zeit des langsamen Verschwindens der zentralen Idee Österreichs, hatte als Übergangsphase diesen Widerspruch bereits vorbereitet. Auf diese Dämmerung, die der klaren Sicht auf die Wahrheit im Wege stand, spielt der Verfasser am Schluß seiner Schrift an:

Dies ist nun alles längst vertan und vergessen. Eine Welt ist untergegangen. Uns Menschen aber war auferlegt, das Geschehende niemals zu verstehen, wenn wir auch das Geschehene, die Geschichte, gerne deuten. Das Vollendete, das heißt das Abgestorbene, erst klärt sich für uns. Wir beginnen die Klarheit dann zu ahnen, wenn sie sich von ihrer irdischen Erscheinungsform getrennt hat. Wäre es anders, hätte man jene Welt nicht zerstört.
Österreich war eine wunderbare Heimat, eine allmenschliche Heimat ohne Rücksicht auf Blut und Bekennen, auf Herkommen und Hinwollen ihrer Kinder. Der noch im alten Reich geborene Österreicher hat keine Heimat mehr. Aber besteht nicht der sicherste Besitz des Menschen in dem, was er verloren hat? (ebenda: 520)

Das Kreuz, so Werfel, war das Symbol des alten Österreich. Dieses Österreich nahm die Völker in sich auf. Kaiser Franz Joseph war Symbol für den ernsthaften Versuch, allen Völkern der Monarchie gerecht zu werden. Seine geheiligte Aufgabe war es, das Persönliche zu überwinden. Die Reichsidee stand über dem Gegensatz zwischen Kapital und Arbeit. Daher der Werfelsche Titel *Zwischen Oben und*

Unten. Der Feind des österreichischen Universalitätsgedankens war der nationalistische Fanatismus, getragen vom erzürnten Kleinbürger. Werfel begnügte sich nicht damit, dem Verschwinden dieser Welt nachzutrauern. Er hat nach Vermögen jene Kräfte bekämpft, die er nach dem Ende dieser Welt der Reichsidee als die zerstörerischen Mächte identifizierte. Soziologisch gesehen war das Kleinbürgertum die Brutstätte des nationalistischen Ressentiments. Im Hintergrund dieser Verflechtung von politischem Groll und sozialem Stand nimmt Werfel die grundlegenden geistigen Gründe für den Verlust der großen Idee des Reiches wahr. Diese Gründe sind religiöser Natur.

Die direkteste Identifikation der Gefahren seiner Zeit bot Franz Werfel in einer Rede, die er am 5. März 1932 in Wien hielt und im gleichen Jahr zu anderen Gelegenheiten wiederholte: *Können wir ohne Gottesglauben leben?* In dieser Rede lotet er die Hintergründe und die prominenten Gedanken des Kleinbürgers aus, um zum Ziel zu kommen, zum Nährboden für die totalitären Weltanschauungen des Zwanzigsten Jahrhunderts: den extremen Nationalismus und den allumfassenden Kommunismus:

> Wir haben mithin dargetan, daß die beiden größten Bewegungen der Gegenwart, Kommunismus und Nationalismus, antireligiöse, jedoch religionssurrogierende Glaubensarten sind und keineswegs nur politische Ideale. Sie sind echte Kinder der nihilistischen Epoche und deshalb auch nicht weit vom Stamm gefallen. Wie ihr Vater kennen sie keine transzendente Verbundenheit, wie er hängen sie im Leeren. Sie geben sich aber mit dieser Leere nicht mehr zufrieden, sondern veranstalten in ihr Exzesse, um sie zu überwinden.[6]

Das Wegfallen des Glaubens an eine höhere Instanz als die eigene Nation oder die geschichtsträchtige Klasse, das Verschwinden der Demut gegenüber den Kräften der Schöpfung und die kritiklose Übergabe an die technischen Möglichkeiten der Welt- und Weltraumbeherrschung haben in Europa einen Menschen erzeugt, der für die Erfüllung seiner Bestrebungen die Zerstörung der Anderen und der Welt der Anderen in Kauf nimmt oder sogar begrüßt:

> Apokalyptische Bilder wurden Ihnen, meine Damen und Herren, schon von vielen Rednern gemalt. Die Frage, was sollen wir tun, wohin geht der rechte Weg, auch sie ist Ihnen nicht neu, denn diese Frage stellen Sie sich in aufgewühlten Stunden selbst. Die Antwort darauf ist nicht nur alt, nicht nur uralt, sondern die älteste überhaupt: Wenn alle Wege verstellt sind, so bleibt nur der Weg nach oben. – Die gläubigen Menschen, deren es auf allen

---

6   Werfel 1932: 35.

Bildungsstufen mehr gibt als man meint, halten diese Antwort für keine pfäffische Phrase. Sie haben es leicht, denn der Weg steht ihnen offen. Die anderen aber, die in die Sackgasse des naturalistischen Nihilismus und der Realgesinnung geraten sind, müssen erst zur Einsicht geführt werden, daß es menschliches Leben ohne transzendente Verbundenheit nicht geben kann und daß selbst ihr Unglaube nur ein pervertierter, heilloser Glaube ist.[7]

Franz Werfel gehört bestimmt nicht zu den allseitig von Literaturhistorikern anerkannten Autoren. Für die Vernachlässigung von Werfels Werk innerhalb der Literaturwissenschaft gibt es mehrere Gründe. Zu den äußeren Gründen gehört u.a. die Tatsache, dass der Werfelsche Nachlass über viele amerikanische Universitäten und Institutionen zerstreut wurde. Weiterhin ist von Bedeutung, dass viele Forscher, die sich mit Werfels Werk beschäftigen, zu seinen persönlichen Freunden gehörten. Dadurch entstand der Eindruck eines unkritischen Kreises um Franz Werfel und seine Gattin Alma Mahler-Werfel. Inhaltliche Gründe beziehen sich auf Werfels ausschweifenden Erzählstil, die geringe Tiefe seiner Romangestalten und die kulissenartig eingesetzten Metaphern in seinen Romanen und Erzählungen. Das ausschlaggebende Motiv bei der distanzierten oder negativen Beurteilung Werfels ist aber die weltanschauliche Grundlage seines schriftstellerischen Werkes gewesen. Diese Distanz zu seiner Lebensperspektive hat sogar dazu geführt, dass eine gewisse Ungerechtigkeit sich bei der Beschäftigung mit seinem Werk einschlich. Ein bestimmtes Vorurteil verhindert die unbefangene Wertschätzung der positiven Qualitäten seines Werks. Zum Gedanken, dass man Werfels Romane, Erzählungen und Essays möglichst ohne Vorurteile lesen sollte, um ihren Wert neu zu bestimmen, kommen noch drei andere Argumente zu Werfels Gunsten hinzu: Sein Werk ist erstens interessant wegen seiner Überlegungen zum Verhältnis von Judentum und Christentum, zur Bedeutung der Verkündigungen Christi für ihn, der sich nach wie vor als Juden versteht.[8] Zweitens lohnt es sich, Werfels in unserer Kultur inzwischen sehr selten gewordenes Plädoyer für die Anerkennung des Glaubens, für das Bekenntnis zur religiösen Basis menschlicher Existenz zur Kenntnis zu nehmen.[9] Zum Dritten hat Franz Werfel mittels seiner Gedanken zur Idee des untergangenen Kaiserreichs

---

7   Ebenda: 40.
8   Zum Verhältnis Judentum-Christentum: Puttkamer 1952: 41-65, und Paulsen 1995: 70f.
9   Vgl. Foltin 1972: 94f.

Österreich eine Vision von Europa offenbart, die in Zeiten der Suche nach der geistigen Substanz Europas höchste Aktualität besitzt.

Literaturverzeichnis

Foltin, Lore B.. 1972. *Franz Werfel*. Stuttgart: Metzler (= Sammlung Metzler 115).

Musil, Robert. 1987. *Der Mann ohne Eigenschaften*. Reinbek bei Hamburg: Rowohlt.

Magris, Claudio. 1966. *Der habsburgische Mythos in der österreichischen Literatur*. Salzburg: O. Müller.

Puttkamer, Annemarie von. 1952. *Franz Werfel. Wort und Antwort*. Würzburg: Werkbund-Verlag.

Paulsen, Wolfgang. 1995. *Franz Werfel. Sein Weg in den Roman*. Tübingen, Basel: Francke.

Werfel, Franz. 1932. *Können wir ohne Gottesglauben leben?* Berlin, Wien, Leipzig: Zsolnay.

Werfel, Franz. 1975. *Zwischen Oben und Unten. Aufsätze. Aphorismen. Tagebücher. Literarische Nachträge*. In: ders.: *Gesammelte Werke in Einzelbänden*. Hrsg. von Adolf D. Klarmann. München, Wien: Langen Müller.

Briefmarke aus dem Jahre 1969

Anastasia Hacopian

KAFKAS BETT: VON DER METONYMIE ZUM DISKURS
EIN EINBLICK IN DIE BEDEUTUNG DER RÄUMLICHKEIT[1]

> Heute lebt der Künstler in einer dogmalosen Zeit der Auflösung […]. Die alten Formen sind zerbrochen, die erstarrte Welt ist aufgelockert, der alte Menschengeist ist umgestoßen und mitten im Umguß zu neuer Gestalt. Wir schweben im Raum und kennen noch nicht die neue Ordnung.[2]

Die Werke des 1883 geborenen Franz Kafka entspringen der Zeit und dem Milieu des „joodse, Duitstalige Praag uit de decennia van rond de Eerste Wereldoorlog", wie Michaël Zeeman in seiner Rezension zur neuesten Biographie erklärt.[3] Trotz der zahllosen und sehr verschiedenen Interpretationen seiner Texte scheint Kafka für viele seiner Leser/innen eine Quelle verwirrender, alptraum-artiger, ja ‚kafkaesker' Erfahrungen zu bleiben.

Mit meiner Untersuchung räumlicher Dispositionen in Kafkas Texten hoffe ich, eine neue und zugleich plausible Perspektive für diese Literatur zu erschließen. Der vorliegende Artikel soll den Leser/innen ein naheliegendes Muster in Kafkas Werken – die Erscheinung des Bettes – deutlich vor Augen führen und sie in die Problematik Kafkascher Räumlichkeit einführen. Eine eingehendere Auseinandersetzung mit den metonymischen Funktionen von ‚Bett' wird ergeben, dass allenthalben zwischen privater und öffentlicher Sphäre in Kafkas fiktiver Welt unter-schieden wird, dass aber andererseits diese Grenzziehung häufig schwierig ist. Anhand einer textnahen Analyse des Gegenstandes ‚Bett' als es vermeintlich intimsten und privatesten Raums in *Das Schloß* (1925) und *Der Prozeß* (1926) soll diese Problematik aufgezeigt werden.

Schon in den bekanntesten Werken Kafkas taucht das Bett als nicht unwesentlicher Gegenstand der Handlung auf: Gregor Samsa verwandelt sich im Bett zum Ungeziefer; im Bett wird Josef K. verhaftet; Georg Bendemann wird vom Vater noch im Bett überrascht und schließlich zum Tode verurteilt. Die Beispiele ließen sich

---

1   Ich danke Herrn Thomas Klein für die sprachliche Hilfe.
2   Lane 1994: 225.
3   Zeeman 2002: 22; dt.: „jüdisches, deutschsprachiges Prag der Jahrzehnte um den Ersten Weltkrieg". Übs. Hacopian.

fortsetzen. Eine Untersuchung dieses Motivs macht aber erst Sinn, wenn man es metonymisch betrachtet. Das Bett kann als Synekdoche beziehungsweise als Teil des privaten Raumes gesehen werden, welcher oft genug als Ort des Konflikts in Erscheinung tritt.

Bei näherer Betrachtung einer Reihe verschiedener Texte, in denen das Bett zum primären Gegenstand der Handlung wird, stellt sich die Räumlichkeit verzerrt dar. Genauer gesagt lässt sich bei einer Analyse der Metonymie ‚Bett' eine Trennung zwischen ‚privater' und ‚öffentlicher' Sphäre nicht durchhalten. In seinem Charakter erinnert das System von Gegenständen und Räumen, das in Kafkas Literatur entworfen wird, sehr wohl an die ‚natürliche' Welt – beziehungsweise an traditionelle, kulturelle, sachliche Diskurse außerhalb des Literarischen. Im genaueren Vergleich zur außerliterarischen Welt aber erscheint die Darstellung dieses Systems in ihrer Gestaltung privater und öffentlicher Sphären als verfälscht. Die literarische Darstellung weicht von den normativen, traditionel-len Definitionen von ‚privat' und ‚öffentlich' ab, wie sie von der Antike bis zum Ende des 19. Jahrhunderts kulturell ausgeprägt waren. Genauer gesagt bleibt die Grenze zwischen ‚öffentlicher' und ‚privater' Sphäre im Text entweder nicht durchgängig oder aber verschwommen oder überhaupt nicht ausmachbar. Die traditionelle Differenzierung geht nämlich zurück auf den Unterschied zwischen der *agora*[4] und dem *oikos* in der griechischen Antike, der dann in der späten römischen Republik[5] im Ausdruck *res publica* seine Auslegung fand. 1962 legte Habermas die soziologische Unter-scheidung sehr verständlich dar und erklärte dabei ihren Ursprung in seinem Text *Strukturwandel der Öffentlichkeit*:

> „Öffentlich" nennen wir Veranstaltungen, wenn sie, im Gegensatz zu geschlossenen Gesellschaften, allen zugänglich sind. […] Gleichwohl ist von „öffentlich" und dem, was nicht öffentlich ist, was „privat" ist, schon lange vorher die Rede. Es handelt sich um Kategorien griechischen Ursprungs, die uns in römischer Prägung überliefert sind. Im ausgebildeten griechischen Stadtstaat ist die Sphäre der *Polis*, die den freien Bürgern gemeinsam ist (*koine*), streng von der Sphäre des *Oikos* getrennt, die jedem einzeln zu eigen ist (*idia*). Das öffentliche Leben, *bios politikos*, spielt sich auf dem Marktplatz, der *agora*, ab […].[6]

Zur Zeit der Entstehung der Texte Kafkas, am Anfang des 20.

---

4   Vgl. Geuss 2002: 54.
5   Vgl. ebenda: 57.
6   Habermas [6]1999: 54, 56.

Jahrhunderts, erfuhr diese Differenzierung zwischen ‚privat' und
‚öffentlich' durch die Auswirkungen zweier historischer Ereignisse
des 18. und 19. Jahrhunderts eine sehr deutliche Ausprägung: die
Französische Revolution und die Industrielle Revolution.
Die Französische Revolution zog gegen Ende des 18.
Jahrhunderts eine starke Differenzierung zwischen den Sphären
‚privat' und ‚öffentlich' nach sich. Wie in *A History of Private Life*
ausgeführt, indoktrinierte und politisierte der *esprit publique*[7] das
französische Privatleben, um sich vor den Partikularinteressen der
Splitterparteien zu schützen.[8] In Reaktion darauf entwickelte sich die
private Sphäre gegenüber der Sphäre der Öffentlichkeit, der Politik
und des Marktes zum klar erkennbaren Bereich des Individuums.
Gleichzeitig bildeten der *laissez-faire*-Kapitalismus und der Libera-
lismus eine Grundlage für die allgemeine Wahrung von Indivi-
dualrechten im Europa des 19. Jahrhundert. Dagegen führte die
‚Modernisierung' im Gefolge der europäischen Phasen[9] der Indus-
triellen Revolution offenbar zu einer schärferen Grenzziehung
zwischen der privaten und öffentlichen Sphäre. Infolge affektiver,
räumlicher und wirtschaftlicher Veränderungen bildeten sich zwei
deutlich voneinander unterschiedene Lebenssphären der industriel-len
Gesellschaft heraus: die der Arbeit und die von Familie, Freizeit und
Erholung. Das Differenzieren zwischen diesen beiden Sphären hatte
zur Konsequenz, dass seitdem zwischen wirtschaftlichen und
affektiven Verhältnissen unterschieden wurde,[10] welche noch an eine
physische Teilung der häuslichen und geschäftlichen Sphäre gebunden
waren, nämlich die Trennung von Heim und Arbeitsplatz. Die
Entstehung städtischer Arbeiterviertel in Paris, Berlin und Amsterdam
verkörperte in ihrem Wesen die räumliche Trennung von Wohnen und
Arbeiten. Wie Wilterdink erklärt, wurde damit „[b]etaalde
beroepsarbeid [...] uit de woonsfeer gelicht".[11] Dass der Haushalt in
dieser neuen Konfiguration „in toenemende mate een besloten
karakter"[12] annahm, resultierte in eine sogenannte „Verhäuslichung"
der privaten Sphäre in der Ausbreitung des Mittelstands und der

---

7   Dt.: „der Geist der Öffentlichkeit".
8   Vgl. Perrot 1990a und Hunt 1990: 13-36.
9   Vgl. Wilterdink/van Heerikhuizen [4]1999: 47, 52f., 57.
10   Vgl. ebenda: 56 und Hall 1990: 67.
11   Wilterdink/van Heerikhuizen [4]1999: 291: „bezahlte Arbeit…aus der
     häuslichen Sphäre ausgeblendet".
12   Ebenda: 292: „in zunehmendem Maße einen geschlossenen Charakter [...]".

„Verbürgerlichung" der Arbeiterklasse: Die neue „Bürgerlichkeit" fand ihren hauptsächlichen Ausdruck in der affektiven Hinwendung nach innen und zu häuslichen, materiellen und familiären Interessen.[13] Dennoch stellen die verschiedenen Texte Kafkas fiktive Welten dar, innerhalb derer die jeweils normative, traditionelle und sozial ausgeprägte Trennung zwischen ‚privater' und ‚öffentlicher' Sphäre aufgehoben scheint. Es sind vor allem die Stellen, in denen das Bett als primärer Gegenstand der Handlung erscheint oder aber offenbar fehlt, die die Aufmerksamkeit auf diese problematische Differenzierung lenken. Die Trennung erscheint in der Weltdarstellung Kafkas nämlich als eine verschwommene Grenze, die durch das Vertauschen privater und öffentlicher Gegenstände dementiert wird. Das betrifft nicht nur eine charakteristische Vermischung von „Außen- und Innenwelt".[14] Vielmehr handelt es sich um ein problematisches Verhältnis zwischen öffentlicher und privater Sphäre im Leben jener Figuren, die unter den Folgen der Vermischung dieser Sphären leiden.

Die durch häusliche Gegenstände und die Verwendung von Innenräumen für Rituale des Alltags abgebildete „Innenwelt" erinnert offenbar an die Privatsphäre. Die „Außenwelt" konstituiert sich andererseits aus Gegenständen, Orten, Institutionen und einzelnen Gemeinden, die öffentliche Interessen vertreten oder öffentliche Funktionen erfüllen. Die Vermischung vollzieht sich insofern, als die Vertreter öffentlicher Institutionen – wie auch Gerichtsdiener – in die privaten Räume eindringen oder ihre Arbeit dort ausführen. Außerdem werden sonstige Angelegenheiten wie Geschlechtsverkehr oder die Arbeit öffentlicher Angestellter, die nach dem von Habermas dargelegten Schema bestimmten Sphären zuzuordnen sind, in aller Regel im ‚falschen' Bereich erledigt. Die Hauptfiguren erleben die Räume der Privatsphäre folglich als unsicher, unbehaglich und gefährlich; an die privaten Beziehungen werden Gefühle von Entfremdung und Isolation geknüpft. Des weiteren ist die Erledigung von Angelegenheiten des Privatlebens an öffentliche Orte gebunden. Öffentliche Flächen, Zimmer oder Lokale verwandeln sich in Bühnen, auf denen das Privatleben zur Schau gestellt wird. So wird die Gemeinschaft von der Hauptfigur als verdächtiges, mißtrauisches, sie kontrollierendes Gemeinwesen wahrgenommen.

---

13   Vgl. ebenda: 183.
14   So Hiebel 1999: 13.

Die Abwesenheit einer festen Grenze zwischen Privatem und Öffentlichem scheint eine Parallele in der außerfiktionalen Welt zu haben. Der Mangel an deutlichen Grenzen zeigt sich als ein roter Faden in den sachlichen Diskursen der Soziologie und der Architektur beziehungsweise in den zeitgenössischen Diskussionen um die Räumlichkeit zwischen 1910 und 1930. Letztere betreffen nicht nur die physische Differenzierung zwischen privat und öffentlich oder innen und außen, sondern legen überdies ein kulturelles Zeugnis ab von der kognitiven und affektiven Um-gestaltung ‚privater‘ und ‚öffentlicher‘ Bereiche. Die Neufassung dieser Begriffe bezog sich auf neue Impulse für Gemeinschaft, Technologie, Massenkultur, Körperlichkeit und Funktionalismus. Sie entspringt einer sachlichen Welt, auf deren Mangel an deutlichen Grenzen und festen Definitionen hin jene Umgestaltung deutlich erkennbar mit dem Privatleben kollidiert. Der Soldat in Remarques *Im Westen nichts Neues* beschreibt sie als „weich [...] wie Gummi".[15] In dieser Hinsicht wird Kafkas verzerrende und demen-tierende Darstellung im Text als kulturelles Zeugnis wahrge-nommen, insofern als diese die damalige soziale Auflösung bekannter, normativer Formen in drei spezifischen kulturellen Phänomenen widerspiegelt: der architektonischen Trennung zwischen privat und öffentlich, der Rationalisierung privaten Lebens und dem veränderten Verhältnis zwischen Individuum und Gemeinschaft. Der metonymische Gegenstand ‚Bett‘ macht, in seiner häufigen Erscheinung oder auffälligen Abwesenheit, auf die problematische Konstellation der beiden Sphären aufmerksam.

Das Schloß (1925)

Die Umkehrung von ‚privat‘ und ‚öffentlich‘ zeigt sich im Roman *Das Schloß* in der Herausverlagerung privater und öffentlicher Angelegenheiten aus den Räumen, in denen sie ursprünglich – nach dem von Habermas dargelegten Schema – geregelt wurden. Es passiert, genauer gesagt, ein Wechsel: Öffentliche Angelegenheiten spielen sich in privaten Räumen ab, private hingegen in öffentlichen Räumen. Opfer dieses Wechsels ist das Privatleben der Figuren, insofern als das Privatleben zur öffentlichen Sache wird und Öffentliches in die Privatsphäre eindringt. Meine Untersuchung, die auf die Metonymie ‚Bett‘ fokussiert, beginnt mit der Problematik des ‚öffentlichen‘ Privatraums, welche sich zunächst im Brückengasthaus

---

15   Lane 1994: 225.

einstellt. K. bezieht dort ein kleines Dachzimmer, das ihm vom Wirt angeboten wird, eigentlich jedoch zwei Mägden des Hauses gehört, die es seinetwegen räumen müssen. Es dient als Raum, in dem K. schläft, Pläne macht und besucht wird. Gardena, die Wirtin des Hauses, wohnt dagegen in einem dunklen Verschlag, von dem aus „die ganze Küche [...] und die Arbeit" gleichzeitig überblickt werden können.[16] Dieser ist durch eine leichte fensterlose Bretterwand vom Rest der Küche abgetrennt. Ehebett, Schrank und persönliche Erinnerungsstücke in dem Verschlag scheinen darauf hinzudeuten, dass dieser das Schlafzimmer des Ehepaars ist, wohin ihn der Wirt führt. Der Verschlag und K.s Gastzimmer werden aber in ihrer Beschreibung als Räume vorgestellt, die auch anderen Personen im Haus offenstehen. Der Verschlag ist so gebaut und eingerichtet, dass sich öffentliche und private Sphäre gegenseitig durchdringen: Die lediglich „leichte Bretterwand" ermöglicht es, dass man „schon in der Küche" das Seufzen der Wirtin hört (ebenda), während deren „Bett [...] so aufgestellt" ist, „daß man von ihm aus die ganze Küche übersehn und die Arbeit beaufsichtigen konnte" (Kafka 1994a: 95). Dass die Wirtin die Gehilfen, Mägde und ihren Mann aus der Küche vertreiben muss, um ein Gespräch mit K. zu führen, deutet auf den Mangel hin, dass der Verschlag kein wirklicher Privatraum ist.

Im Vergleich dazu erlebt K. einen Ansturm von Personen, die durch das Fenster und die Tür in sein Zimmer eintreten. Der Raum wird zum Ort des öffentlichen Verkehrs, der Begegnungen und dann und wann wieder zum Zimmer der Mägde, die „in ihren Männerstiefeln" hereinpoltern, „um irgendetwas zu bringen oder zu holen" (ebenda: 57). Als er einen Tag und eine Nacht im Bett liegen bleibt, ziehen die Mägde ihre benötigten Sachen unter dem „vollgestopften" Bett hervor und versorgt Frieda K. mit „kleine[n] Handreichungen" (ebenda). Vom Bett aus sieht er, dass sich die Gehilfen trotz des vorangegangenen Rauswurfs Zugang zum Zimmer durchs Fenster verschaffen und wie sich Wirtin und Frieda herzlich versöhnen.

Dergestalt „öffentliche" Privatzimmer finden sich auch in den Quartieren der Schlossbeamten, wo amtliche und öffentliche Geschäfte geführt werden. Nur der Gemeindevorsteher arbeitet außerhalb des Herrenhofes, da er ein eigenes Haus im Dorf zu haben scheint. Sein Schlafzimmer und die Räume im Herrenhof fungieren

---

16 Kafka 1994a: 95. Alle künftigen Seitengaben aus dieser Ausgabe erfolgen im Haupttext.

beide hauptsächlich als Arbeitsstellen, wo amtliche Akten verteilt, bearbeitet und aufbewahrt werden oder Verhöre stattfinden. Das Zimmer vom Oberbeamten Klamm dient in seiner Ausstattung diesem Zweck. Durch das Guckloch in dessen Tür sieht K. einen Schreibtisch, einen Rundlehnstuhl und eine Glühlampe. Ein Bett ist nicht zu sehen – aber ein solches scheint auch nicht nötig zu sein, denn Klamm schlummert angeblich am Tisch.

> „Hört er sie denn nicht?" fragte K.
> „Nein", sagte Frieda, „er schläft."
> „Wie!" rief K., „er schläft? Als ich ins Zimmer gesehn habe, war er doch noch wach und saß bei Tisch."
> „So sitzt er noch immer", sagte Frieda, „auch als Sie ihn gesehen haben, hat er schon geschlafen – hätte ich Sie denn sonst hineinsehn lassen? – das war seine Schlafstellung, die Herren schlafen sehr viel, das kann man kaum verstehn […]". (ebenda: 53)

Die Unzugänglichkeit des Zimmers dem Publikum gegenüber wird dadurch betont, dass ein Guckloch in der Tür mit hölzernem Stöpsel darin vermutlich unerwünschtes, neugieriges Publikum ahnen lässt. Im Vergleich dazu liegen die Zimmer von K. und Erlanger nebeneinander in einem anderen Teil des Hauses, zu dem der Zutritt nicht so streng untersagt ist. Das Betreten der Zimmer und der Zugang zum Flur werden kontrolliert und sind im extremsten Fall – während der Aktenverteilung – untersagt. Auf der Suche nach Erlanger stolpert K. in das Schlafzimmer Bürgels, woraufhin K. von diesem eingeladen wird, auf dem Bettrand Platz zu nehmen. Bürgel erklärt, die einfache Einrichtung mit großem Bett sei seinen Gewohn-heiten angepasst – und suspendiert völlig dessen Privatheit, indem er das Bett zum Zentralort öffentlicher Angelegenheiten macht:

> Aber auch mir, der ich immerfort müde bin, ohne schlafen zu können, tut es wohl, ich verbringe darin einen großen Teil des Tages, erledige darin alle Korrespondenzen, führe hier die Parteieinvernahmen aus. Es geht recht gut. Die Parteien haben allerdings keinen Platz zum Sitzen…Dann habe ich nur noch diesen Platz am Bettrand zu vergeben, aber das ist kein Amtsplatz und nur für nächtliche Unterhaltungen bestimmt […]. (ebenda: 312)

Das nachfolgende Gespräch hängt von den zeitlichen und räum-lichen Bedingungen des Geschehens ab, die die Privatheit im Raum bestimmen. Genauer gesagt steht K. vor der einmaligen Möglichkeit einer privaten Bürgschaft[17], die sich ihm nur aufgrund des Umstands

---

17   Vgl. Küpper 1985: 46.

bieten kann, dass K. unangemeldet in Bürgels Privatzimmer erscheint. Das Erscheinen K.s zu einer „Unzeit" erfüllt Bürgel mit Verwunderung (ebenda: 320), weil er sich im Bett schlafend niemals darauf hätte vorbereiten können. Trotz des Systems von Terminen, Vorladungen und Zuständigkeiten, das Bürgels Schlafzimmer zum Ort der Parteieinvernahmen macht, kann sich Bürgel im Schlaf nicht dagegen verwahren, dass K. aus Versehen plötzlich in sein Zimmer kommt. Bürgels Überraschung rührt daher, dass er wenig darauf gefasst war, was ihn letztlich zu seiner Offenbarung veranlasst. Bürgel erklärt K. ausführlich, dass er als Schlossbeamter dem tendenziellen Nachtzeitcharakter seiner Behörde unterliege. Nach Bürgels eigenen Worten werde aufgrund dieser unwillkürlichen Neigung der Beamten ein öffentlicher, amtlicher Gang zur Privatsache:

> Man ist unwillkürlich geneigt, in der Nacht die Dinge von einem mehr privaten Gesichtspunkt zu beurteilen, die Vorbringungen der Parteien bekommen mehr Gewicht, als ihnen zukommt, es mischen sich in die Beurteilung gar nicht hingehörige Erwägungen der sonstigen Lage der Parteien, ihrer Leiden und Sorgen ein, die notwendige Schranke zwischen Parteien und Beamten, mag sie äußerlich fehlerlos vorhanden sein, lockert sich…Es ist eine Lage in der es schon bald unmöglich wird eine Bitte abzuschlagen". (ebenda: 316f., 324)

Das kommt K. sehr gelegen, weil er bisher an der Hierarchie und Bürokratie des Systems gescheitert ist. Die Beamten fühlen sich völlig entwaffnet, „weil damit das Vorladungs- und Einvernahme-system des Schlosses ausser Kraft gesetzt wird"[18]. Bürgels Ent-waffnung und Offenbarung sind aber nicht allein durch die Zeit dieses Aufeinandertreffens bedingt, sondern im weiteren von dem Ort, an dem ein derartiger Hang zum Privaten unterstützt und diskret gehandhabt wird. Bürgels Preisgabe von derart vertraulichen Informationen wird durch die Isolation ermöglicht, die man in einem privaten Zimmer erwarten könnte. In den eigenen vier Wänden und unter vier Augen gibt er von ihm selbst so bezeichnete „Geheimnisse"[19] preis, die ansonsten kaum für die Öffentlichkeit bestimmt sind. Im letzten Beispiel empfängt der Gemeindevorsteher K. an seinem Wohnsitz im Dorf. Dem gichtkranken Beamten gelingt

---

18   Ebenda: 44.
19   Vgl. Kafka 1994a: 322, 325: „Das Geheimnis steckt in den Vorschriften über
      die Zuständigkeit"; „Wir könnten uns ja anstrengen, der Partei die wahre Lage
      geheim zu halten".

es nicht, sich vom Bett zu erheben, und folglich führt er das Gespräch vom Bett aus. Ehefrau Mitzi sei für seine Arbeit unentbehrlich, meint er. Tatsächlich scheint sie ihm Krankenpflegerin und Sekretärin in einem zu sein. Gemeinsam blättern die beiden einen Haufen Akten durch, die in einem mit „Papieren vollgestopft[en]" Aktenschrank im Schlafzimmer aufbewahrt werden (ebenda: 76). Es wird sogar eine Scheune erwähnt, in der weitere Akten deponiert sind (ebenda: 77).

Der amtliche Charakter, den Privaträume im Arbeitsleben der Beamten gelegentlich annehmen, hängt zusammen mit ihrer offensichtlichen Befangenheit Privatleuten gegenüber sowie der Unfähigkeit, im öffentlichen Raum ihres Amtes zu walten. Das lässt vermuten, dass sie sich in der Welt schwerlich zurechtfinden (vgl. ebenda: 233, 239). Olgas, der Schwester des Boten Barnabas', Behauptung über die Beamten beschreibt ein ironisches Verhältnis zwischen Arbeit und Ort oder vielleicht, wie Bürgel es nennt, eine unzureichende Unterscheidung zwischen „gewöhnlicher Zeit und Arbeitszeit" (ebenda: 315), was letztlich zur Verlagerung der Arbeit vom eigentlichen Arbeitsplatz weg in den Privatraum führt. K. ist verwundert über dieses Phänomen, als er bemerkt, dass er „[n]irgends noch [...] Amt und Leben so verflochten gesehen" hatte – so „wie hier, so verflochten, daß es manchmal scheinen konnte, Amt und Leben hätten ihre Plätze gewechselt" (ebenda: 74).

Die Umkehrung von ‚privat' und ‚öffentlich' weist sich letztlich in der Erledigung von privaten, alltäglichen Angelegen-heiten an öffentlichen Orten aus. In diesem Fall verwandeln sich öffentliche Flächen in Orte, an denen intime oder private Angelegenheiten des Alltags geklärt und vor Unbeteiligten ausgebreitet werden. Ein wichtiges Beispiel dafür ist das Zimmer in der Schule, das K. seit seiner Einstellung als Schuldiener zur Verfügung steht. Er bewohnt es aber nicht ständig: Denn K. muss jederzeit darauf gefasst sein, je nach Unterrichtsbedarf von dem einen in das andere der beiden Zimmer in dem Schulgebäude umziehen zu müssen. Es bleibt also hauptsächlich Schulraum und ist nur nebenbei dasjenige Zimmer, in dem K. und seine Mitbewohner schlafen dürfen. Das öffentliche „Heim" wandelt sich hier zum Schauplatz, an dem K. und seine Mitbewohner zu Objekten der Schaulust von Kindern und des Zorns der Lehrerin werden. Selbst der intimste Raum, die „Lagerstätte" beziehungsweise das Bett, bleibt nicht verschont:

Am Morgen erwachten alle erst, als schon die ersten Schulkinder da waren und neugierig die Lagerstätte umringten. Das war unangenehm, denn infolge der großen Hitze, die jetzt gegen Morgen allerdings wieder einer

> empfindlichen Kühle gewichen war, hatten sich alle bis auf das Hemd
> ausgekleidet, und gerade als sie sich anzuziehn anfiengen erschien Gisa, die
> Lehrerin [...] in der Tür. (ebenda: 158)

Also müssen sich K. und Frieda mit ihren Decken verhüllen, um sich
vor aller Augen derer, die nicht gehen wollen, anzuziehen. Die
Zuschauer bekommen sie in dem allgemeinen Durcheinander trotzdem „nur in Hemd und Unterrock" zu sehen, während die Lehrerin
ihren Haushalt kurz und klein schlägt (ebenda: 159). Schlafen,
Aufwachen, Anziehen und das Aufräumen ihrer Wohn-fläche – alles
findet vor den Augen des starrenden Schulpublikums statt und wird
sogar als Schauspiel genossen. Das Geschrei und Gelächter der Kinder
wird zum „selbständig[en]" Teil dieser Szene (ebenda: 161), in
welcher K. selbst die Kinder als Zuschauer behandelt, als er ihnen
seine blutige Hand zeigt und die Lehrerin verlacht.

Neben privaten Angelegenheiten des Alltags werden auch
solche des intimen Bereichs aus privaten Räumen in die Öffentlichkeit verlagert. So wohnen die kichernden Gehilfen im Ausschank
im Herrenhof eine ganze Nacht Friedas und K.s Geschlechtsakt bei.
Diesen nämlich vollführen die beiden auf dem schmutzigen Fußboden
inmitten von Bierpfützen und Unrat (vgl. ebenda: 55f.). In beiden
Fällen – in der Schule und im Ausschank – lenkt die auffällige
Abwesenheit des Bettes darauf hin, dass die intimen Angelegenheiten
des Schlafens und des Geschlechtsakts an völlig unpassenden Orten
stattfinden, nämlich an öffentlichen.

Der Prozeß (1926)

Schließlich soll nun ein Einblick in das „Leidensjahr Josef K.s"[20] im
Roman *Der Prozeß* gewährt werden. Wie in *Das Schloß* dringen auch
hier öffentliche Affären ins Privatleben ein, indem Gerichtssachen in
privaten Räumen verhandelt werden. Die Hauptfiguren leiden in
beiden Romanen gleichermaßen unter öffentlichen, von Außen
kommenden Störungen des Privatraums, was aber im Fall von *Der
Prozeß* von zusätzlicher Bedeutung für die Schuld Josef K.s sein
könnte. Die Verlagerung des Prozesses gegen K. in die private Sphäre
widerspricht der öffentlichen Autorität des Gerichtswesens und
unterstreicht die Isolierung dieses Prozesses vom öffentlichen Gesetz.
K.s Prozess findet gleichsam vor einem Sondergericht statt, dessen
Autorität nur in der privaten Sphäre etwas gilt und das den Prozess als

---

20   Pasley 1994: 282.

eine private Angelegenheit darstellt. Das lässt auf eine Art ‚privater Schuld' schließen, die jenseits des Gesetzes liegt und K.s ganze Existenz in Frage stellt – diese wird zur Anklage gebracht. Die Präsenz des Gegenstandes ‚Bett' verweist permanent auf den Ort der privaten Sphäre, an dem die gerichtlichen Ereignisse – von der Verhaftung an seinem 30. Geburtstag bis einschließlich der Begegnung mit dem Gefängniskaplan im Dom – stattfinden. Eine Anordnung der verschiedenen Stationen des Prozesses gegen K. zeigt, dass die physische und autoritäre Sphäre des Gerichts ausschließlich in privaten Räumen zum Tragen kommt.

Verhaftung, Verhör und Besuch bei der Nachbarin: Die Pension
Josef K.s Verhaftung und Hinrichtung markieren den Anfang und das Ende des Leidensjahres und kündigen sich beide mit dem Erscheinen von Fremden an seiner Tür an. Der Roman beginnt mit einer spezifisch ‚kafkaesken' Szene in der Pension, als Josef K. im Bett vergebens auf sein Frühstück wartet:

> Jemand mußte Josef K. verleumdet haben, denn ohne daß er etwas Böses getan hätte, wurde er eines Morgens verhaftet. Die Köchin der Frau Grubach, seiner Zimmervermieterin, die ihm jeden Tag gegen acht Uhr früh das Frühstück brachte, kam diesmal nicht. Das war noch niemals geschehn. K. wartete noch ein Weilchen, sah von seinem Kopfkissen aus die alte Frau die ihm gegenüber wohnte und die ihn mit einer an ihr ganz ungewöhnlichen Neugierde beobachtete [...].[21]

Statt der Zimmervermieterin treten zwei unbekannte Männer ins Zimmer und nehmen ihn fest. Sie bewegen sich frei zwischen Zimmer und angrenzendem Raum, nehmen Möbel, Wohnzimmer und den größten Teil seines Frühstücks in Beschlag. Die fremden Männer ordnen sogar an, was K. tun soll – was er anziehen, wann er das Zimmer verlassen, ob er telefonieren oder sich hinsetzen darf. Nach einer Weile lassen sie ihn zur Arbeit gehen. In seiner Verzweiflung sucht K. Hilfe bei den Frauenfiguren, von denen drei in der Pension wohnen. Er rechtfertigt einen Besuch bei Fräulein Bürstner dadurch, dass der Aufseher ihn erstmals in ihrem Wohn-zimmer verhörte und es in Unordnung brachte. Das Bett in Fräulein Bürstners Zimmer taucht hier als Symbol der Sinnlichkeit auf, das K. im Mondlicht betrachtet und dessen Polster ihm auffallend hoch zu liegen scheinen

---

21   Kafka 1994: 9. Alle künftigen Seitengaben aus dieser Ausgabe erfolgen im Haupttext.

(ebenda: 30). Laut Kim sollen die belichteten Polster auf K.s Verlangen nach ihr deuten.[22] Als K. zu Besuch ist, setzt er sich auf die Ottomane, während Fräulein Bürstner trotz ihrer Müdig-keit am Bettpfosten lehnt und „ihren kleinen, aber mit einer Überfülle von Blumen geschmückten Hut" aufs Bett ablegt (ebenda: 33). Da sie sich nicht direkt aufs Bett setzt, aber einen auffallend physischen, sinn-lichen Gegenstand sowie den kleinen, mit Blumen überladenen Hut darauf legt, trägt zu dem Verlangen und der Sinnlichkeit seiner Wahrnehmung bei. Wie auch bei anderen Frauen im Roman mischt K. sein sexuelles Verlangen nach ihr mit seinem Versuch, Verständ-nis und Hilfe von ihr zu bekommen.[23] Gemäß Tauber „verspürt [K.] ein Bedürfnis nach Nähe, das er sich als eigene Unsicherheit nicht ein-gesteht und in sexuelles Verlangen ummünzt".[24] Im selben Mo-ment, in dem er sie küßt, entfremdet K. sich ihr, indem er sie beim Vor-namen nennen will und erkennen muss, diesen nicht zu wissen. Er scheitert daran, ein Gefühl von Sicherheit oder Solidarität mit anderen Mitbewohner in der Pension zu erlangen. Es bestätigt sich, dass K. sich auf keinerlei Schutz im eigenen Privatraum bauen kann.

Untersuchung, Kanzleibesuch und Maler: Die Mietshäuser
Nach K.s Verhaftung ereignen sich in zwei Wohnhäusern in den ärmeren Vororten der Stadt auffallend viele gerichtliche Vorgänge und Termine. Verschiedene Personen, die dem Gericht verpflichtet sind, wohnen und arbeiten darin. Als K. an einem Sonntag zur ersten Untersuchung gerufen wird, nehmen sich die Szenen vor einem der Häuser atmosphärisch für einen gerichtlichen Termin häuslich aus.

> […] Männer in Hemdärmeln lehnten dort und rauchten oder hielten kleine Kinder vorsichtig und zärtlich an den Fensterrand. Andere Fenster waren hoch mit Bettzeug angefüllt, über dem flüchtig der zerraufte Kopf einer Frau erschien. Man rief einander über die Gasse zu […]. (ebenda: 44)

Im Haus klopft K. an zahlreiche Wohnungen an und schaut nach

---

22 Vgl. Kim 1983: 66.
23 Vgl. Kafka 1994: 114: „Ich werbe Helferinnen, dachte er fast verwundert, zuerst Fräulein Bürstner, dann die Frau des Gerichtsdieners und endlich diese kleine Pflegerin, die ein unbegreifliches Bedürfnis nach mir zu haben scheint."
24 Vgl. Tauber, Herbert (1941): Franz Kafka, eine Deutung seiner Werke. Diss. Zürich/Aarau: 98. Zitiert in Frey 1965: 28.

drinnen in der Hoffnung, zufällig auf den Untersuchungsraum zu stoßen. In allen Zimmern fallen ihm Betten auf, in denen noch Personen liegen.

> In allen Zimmern standen die Betten noch in Benützung, es lagen dort Kranke oder noch Schlafende oder Leute die sich dort in Kleidern streckten. An den Wohnungen, deren Türen geschlossen waren, klopfte K. an und fragte, ob hier ein Tischler Lanz wohne. Meistens öffnete eine Frau, hörte die Frage an und wandte sich ins Zimmer zu jemanden der sich aus dem Bett erhob. (ebenda: 46)

Als er endlich zur richtigen Wohnung kommt, in der kein Bett zu sehen ist, wird K. von einer Frau gegrüßt und hereingelassen. Ihre nasse Hand, mit der sie „gerade in einem Kübel Kinderwäsche wusch" (ebenda: 47), weist auf die Privatsphäre hin.

Die Wohnung gehört dieser Frau und ihrem Mann, auf dessen Stellung als Gerichtsdiener hin sie ihnen mietfrei überlassen wird. Im Gegenzug sind sie verpflichtet, sie dem Gericht zur Verfügung zu stellen. Sie räumen das Zimmer an den Sitzungstagen aus und zur Nacht wieder ein, wenn die Veranstaltungen vorbei sind. Sie lassen den Untersuchungsrichter noch bis spät in die Nacht dort arbeiten, lange nachdem das Paar sich zurückgezogen hat. Das Eindringen des Gerichts in die Privatsphäre wird sehr bildhaft dargestellt, als die Frau des Gerichtsdieners vom Abschied des Untersuchungsrichters erzählt:

> Plötzlich in der Nacht, es muß schon tief in der Nacht gewesen sein, wache ich auf, neben dem Bett steht der Untersuchungsrichter […] Ich war so erschrocken, daß ich fast geschrien hätte, aber der Untersuchungsrichter war sehr freundlich, ermahnte mich zur Vorsicht, flüsterte mir zu, daß er bis jetzt geschrieben habe, daß er mir jetzt die Lampe zurückbringe […]. (ebenda: 66)

Hier am handgreiflichen Beispiel des Bettes sind Gerichtswesen und Privatleben dicht zusammengerückt, was zweifellos für eine Verlagerung des Gerichts in die Privatsphäre und darüber hinaus für die mangelnde Abgrenzung zwischen Gericht und Privatsphäre spricht. Dieser Mangel wird abermals deutlich in den Gerichtskanzleien, in welche K. am darauffolgenden Sonntag vom Gerichtsdiener geführt wird. Sie befinden sich auf dem Dachboden jenes Mietshauses, wo die Sonntagssitzung stattfindet, sowie in jenem Haus, in dem K. den Maler Titorelli besuchen wird. Die Doppelfunktion des Dachbodens als Kanzlei und häuslicher Raum offenbart sich in der dumpfen, schweren Luft. Nach der Erklärung einer Angestellten ist die Luft teilweise dadurch so beschaffen, „daß hier auch vielfach Wäsche zum Trocknen ausgehängt wird – man kann es den Mietern nicht gänzlich untersagen [...]" (ebenda: 80). Weiterhin erklärt diese, inwiefern die Kanzleien den Angestellten als Wohnfläche dienen: Die Angestellten halten es nämlich für sinnlos, sich für ihre Arbeit schön anzuziehen, da sie „fast unaufhörlich in den Kanzleien sind" und dort auch schlafen (ebenda: 82).

Die Wohnung des Malers Titorelli befindet sich auf dem Dachboden eines Mietshauses in einem anderen Stadtteil, der K. noch ärmer vorkommt. Das kleine, enge Wohnzimmer des Malers, in dem man „[m]ehr als zwei lange Schritte [...] kaum" machen konnte (ebenda: 151), spiegelt den kläglichen Zustand der Gegend. Nach der Bemerkung Titorellis ist es eigentlich ein Teil der Gerichtskanzleien und wurde ihm als Atelier vom Gericht zur Verfügung gestellt (ebenda: 173). Der öffentliche Raum wurde in einen – allerdings prekären – Privatraum umgewandelt: Wände, Fußboden und Zimmerdecke bestehen aus Holzbalken, zwischen denen K. Ritze bemerkt, und die Türen können „mit der geringsten Anstrengung aus den Angeln" gehoben werden (ebenda: 164). Der Raum ist mit Bett, Sessel, Eisenofen und Staffelei eingerichtet und dient als privater Wohn- *und* Arbeitsraum. Titorellis Erscheinen im Nachthemd und das Aufbewahren seiner Gemälde im Zimmer bestätigen dies.

Die Funktion des Bettes in dieser Passage deutet allerdings auf den prekären Status dieses Privatraums hin: Er wird urplötzlich zum Ort eines Gerichtsverfahrens umfunktioniert. Auf Empfehlung des Praktikanten, sich beim Maler zu erkundigen, besucht K. Titorelli, um „etwas über das Gericht" zu erfahren (ebenda: 154). Bei K.s Empfang bedeutet ihm Titorelli, auf das Bett Platz zu nehmen, während er selbst sich auf „den einzigen Stuhl des Zimmers" setzt (ebenda: 156). Ansonsten hat das Schlafzimmer oder das Atelier bezüglich des Termins zwischen einem „Vertrauensmann des Gerichtes" (ebenda: 159) und einem Angeklagten wenig zu bieten. Titorelli möchte es K. aber bequem machen und ihn nicht auf der Bettkante sitzen lassen, sondern drängt ihn selbst „tief in die Betten und Polster hinein" (ebenda: 156). Im Verlaufe ihres Gesprächs weist Titorelli auf eine zweite Tür hinter dem Bett, die zu den Gerichtskanzleien führt. Man muss übers Bett steigen, will man diese Tür benutzen, genau wie der Kunde, der frühmorgens über den schlafenden Titorelli stolpert. Von den Kanzleien her jenseits der Tür nimmt K. unbewusst den Weg durch dieselbe, um nicht den Mädchen im Treppenhaus zu begegnen. Mit dem einen Fuß auf dem Bett und dem andern in der Luft baumelnd staunt K. beim Hinausgehen, als er einen Blick in den Gang wirft.

„Steigen Sie ohne Scheu auf das Bett", sagte der Maler, „das tut jeder der hier hereinkommt." K. hätte auch ohne diese Aufforderung keine Rücksicht genommen, er hatte sogar schon einen Fuß mitten auf das Federbett gesetzt, da sah er durch die offene Tür hinaus und zog den Fuß wieder zurück. „Was ist das?" fragte er den Maler. „Worüber staunen Sie?" fragte dieser, seinerseits staunend. „Es sind die Gerichtskanzleien [...]". (ebenda: 172)

Aufgrund seiner „Unwissenheit in Gerichtssachen" (ebenda: 173) hatte K. nicht ahnen können, dass er durch die Tür hinter dem Bett in weitere Gerichtsräume gelangen würde. So zeigt ein abermals eng mit dem Bett verknüpftes Beispiel, wie dicht Privatsphäre und Gerichtswesen aufeinander bezogen sind.

Gespräche mit Huld: Die Wohnung des Advokaten

Die Wohnung des Advokaten Huld erscheint als wichtiger Ort für verschiedene Fälle, die an den Prozess K.s gebunden sind. Sie dient nicht nur K. und dem Advokaten als Treffpunkt, sondern auch als Ort für K.s Begegnungen mit Leni und Kaufmann Block, durch die er wiederum mehr über das Gericht erfährt. Wichtig sind hier aber die Schlafzimmer von Huld und Kaufmann Block; denn sie sind ihnen Wohn- und Arbeitsraum zugleich. Das Schlafzimmer Hulds ist vor allem Krankenzimmer und in dieser Hinsicht mit dem Schlafzimmer des Gemeindevorstehers im Roman *Das Schloß* vergleichbar. Hulds schlechter Gesundheits-zustand führt dazu, dass er Gäste und Kunden dort empfängt, etwa K., Block oder den Kanzleidirektor. Der kranke Advokat agiert in diesem Zimmer größtenteils im Bett liegend oder halb aufrecht sitzend, von wo aus er sich mit Gästen unterhält oder wo er von Leni gepflegt wird, so dass das Bett zum Mittelpunkt des Raumes und der Handlung wird. Folglich verlagern sich das Vorbringen von Anliegen, Gefühlen und Verhalten beider Parteien auf das Bett, die Kissen und das Bettzeug. Als K. beispielsweise dem Advokaten kündigt, richtet sich Huld auf und stützt sich mit einer Hand auf den Kissen ab. Bevor Huld einen wichtigen Punkt bespricht, wirft er die Bettdecke weg und setzt sich an den Bettrand. Im Gegensatz dazu zeigt Huld wenig Interesse und Respekt dem Kaufmann gegenüber, indem er im Bett liegen bleibt und sich zur Wand umdreht. Block ist es, der den Advokaten anspricht, während er vor dem Bett kniet und die Decke streichelt.

Kaufmann Blocks eigenes Schlafzimmer ist ein kleiner, niedriger Raum ohne Fenster, dessen Enge Grund für die karge Ausstattung ist: Von der Türschwelle bis zur gegenüberliegenden

Wand füllt ihn ausschließlich ein schmales Bett aus. Am Kopfende des Bettes befindet sich eine Nische in der Wand, in der Kaufmann Block eine Kerze stehen hat und seine Arbeitsmaterialien aufbewahrt. Wie bei Titorelli muss man „über den Bettpfosten steigen", um ins Zimmer zu gelangen (vgl. ebenda: 192). Aus der Perspektive K.s, der an der Schwelle steht und ins Zimmer schaut, scheint das Fußende des Bettes direkt vor ihm zu liegen, während das Kopfende des Bettes direkt in die Nische in der gegenüberliegenden Wand hineinragt. Das Bett und das Zimmer sind also ein und dasselbe. Dies wird noch dadurch verstärkt, dass Block die Kerze, das Tintenfass, die Feder und das Bündel Papiere in der Nische in der Wand „peinlich geordnet" hat und sie ihm scheinbar notgedrungen auch als Schreibtisch dient (ebenda). Leni beschreibt dem Advokaten, wie Block angeblich daran arbeitet:

> Durch die Luke konnte ich von Zeit zu Zeit nachsehn, was er machte. Er kniete immer auf dem Bett, hatte die Schriften, die Du ihm geliehen hast, auf dem Fensterbrett aufgeschlagen und las in ihnen. Das hat einen guten Eindruck auf mich gemacht; das Fenster führt nämlich nur in einen Luftschacht und gibt fast kein Licht. Daß Block trotzdem las, zeigte mir, wie folgsam er ist. (ebenda: 205)

Die Erwähnung des Fensters und Fensterbretts gerät mit K.s Beschreibung des Zimmers als niedrigen, fensterlosen Raum in Konflikt (ebenda: 192). Das deutet darauf hin, dass Lenis Aussage fehlerhaft ist und sie den Advokaten im Interesse Blocks anlügt. Die Vorstellung aber, dass er im Bett knien musste, um die Schriften auf dem Fensterbrett lesen zu können, lässt darauf schließen, dass es keinen anderen Platz zum Sitzen oder Stehen gibt. Die Einrichtung des Zimmers dient Block einzig zu dem Zweck, dort übernachten und arbeiten zu können, bis ihn der Advokat ruft. Die Mehrdeutigkeit des Bettes sowohl in Titorellis als auch in Blocks Zimmer erklärt sich demnach aus den zweierlei Funktionen, die die Räume erfüllen: Einerseits dienen sie als Schlafzimmer, andererseits als Atelier oder Arbeitsraum. In beiden Fällen bezieht sich die zweite Funktion auf das Gericht, das Titorelli beauftragt und dessen Prozess Kaufmann Block bearbeitet.

Gespräch mit dem Gefängniskaplan: im Dom
Das letzte Ereignis im Leidensjahr K.s vor seiner Hinrichtung ist das Gespräch mit dem Gefängniskaplan, das im Dom stattfindet. Der Dom versteht sich als öffentlicher Ort: K. verabredet das Treffen im Dom

mit einem Fremden, einem Italiener, um diesen auf einer Besichtigung durch die Stadt zu begleiten. Die Öffentlichkeit des Ortes ist zudem durch die Anwesenheit einer alten Frau gegeben, die vor einem Marienbild kniet. Dass sie aber nur an einer Stelle, beim Eintreten K.s in den Dom, erwähnt wird, hat mit der räumlichen Einschränkung der Handlung auf das Verhältnis zwischen dem Kaplan und dem Angeklagten zu tun: Zum Zwecke der privaten Auseinandersetzung zwischen dem Kaplan und K. verwandelt sich der Dom in einen Raum des „privaten Erlebens".[25]

Die Verwandlung beginnt mit der Ankunft am Domplatz, als K. zum ersten Mal an seine Kindheit erinnert wird. Die Kindheitserinnerungen kennzeichnen den Domplatz als familiären Ort, an den persönliche Erlebnisse geknüpft sind. Hinzu kommt die Zeitverschiebung beim Betreten des Doms. Gerade um halb zehn, als K. zu seiner Verabredung mit dem Italiener um zehn Uhr morgens aus dem Büro aufbrechen will, ruft ihn Leni an. Am Schluss des kurzen Gesprächs „war es aber schon spät, es bestand schon fast die Gefahr, daß er nicht rechtzeitig ankam" (ebda: 215). Doch schafft er es noch: „K. war pünktlich gekommen, gerade bei seinem Eintritt hatte es elf geschlagen [...]" (ebda: 216). Eine Stunde später zeigen die Zeiger seiner eigenen Uhr auf elf (ebda: 220). Hier handelt es sich um den Konflikt zwischen äußerer und innerer Zeit oder, genauer gesagt, öffentlicher und privater Zeit. Malcolm Pasley nennt die Diskrepanz zwischen K.s „privater Zeitmessung" und jener Stunde, die die Domuhr schlägt, einen Hinweis auf „den Übergang aus der öffentlichen Sphäre in eine Sphäre privaten Erlebens".[26] Die Zeitverschiebung erfüllt hier dieselbe Funktion wie das Bettmotiv, sie verdeutlicht nämlich den Privatraum, in dem das Gerichtsverfahren stattfindet.

Privater Prozess, Private Schuld
Nicht nur durch das Abhalten von Gerichtsverfahren in privaten Räumen wird die Schuldforderung auf K.s Privatleben bezogen, sondern auch durch den Vergleich mit dem staatlichen Gericht, von dem K.s Gericht deutlich unterschieden wird. Der Kontrast zwischen den zwei Gerichten impliziert noch den Unterschied zwischen den Fällen und Bereichen, für die sie zuständig sind.

K. selbst bezeichnet den Prozess als einen, der „vor dem

---

25   Pasley 1994: 284.
26   Pasley 1994: 284.

gewöhnlichen Gericht nicht kommt" (ebenda: 100). Dass dieses Gericht, wie Rainer Kaus bemerkt, „von einer normalen rechts-staatlichen Gerichtsbarkeit […] weit entfernt"[27] ist, wird am Morgen von K.s Verhaftung klar, als K. den Staatsanwalt Hasterer anrufen will. Auf K.s Bitte antwortet der Aufseher, „ich weiß nicht, welchen Sinn das haben sollte" (ebenda: 21). Die unbedeutende Rolle des Staatsanwalts im Prozess gegen K. zeigt die Entfernung dieses Gerichts vom staatlichen Gerichtswesen an: Hasterers Beziehung zu K. ist eine rein freundschaftliche, die K. höchstens ein wenig Prestige im Bekanntenkreis einbringt. Noch deutlicher aber bringen K.s Besuche bei Hasterer die Grenzen ihrer Beziehung ans Licht. Obwohl Hasterer K. mehrere Male in seine Wohnung einlädt, um „eine Stunde bei Schnaps und Zigarren" zu verbringen (ebenda: 258), wird K. allmählich durch die Ungeduld und scheinbare Eifersucht von Hasterers Freundin aus der Wohnung getrieben. Wiederum taucht hier das Bett als Gegenstand des Privatraumes auf, in dem das Privatleben des Paares Vorrang hat:

> K. sah sie zunächst nur im Bett, sie lag dort gewöhnlich recht schamlos, pflegte einen Lieferungsroman zu lesen und kümmerte sich nicht um das Gespräch der Herren. Erst wenn es spät wurde, streckte sie sich, gähnte und warf auch, wenn sie auf andere Weise die Aufmerksamkeit nicht auf sich lenken konnte, ein Heft ihres Romans nach Hasterer. Dieser stand dann lächelnd auf und K. verabschiedete sich (ebenda: 258).

Es wird eine Seite von Hasterers Privatleben gezeigt, die K. letzten Endes keinen Platz lässt. Weder im öffentlichgerichtlichen Raum noch im Privatraum gibt es eine wirkliche, zuverlässige Bindung zwischen K. und dem Staatsanwalt. Der Ausschluss einer staatlichen Gerichtsbarkeit macht das Gericht über K. zum „Ausnahmegericht, für das keine gesetzliche Grundlage existiert"[28] – also ein Gericht, das ein ein existenzielles Urteil über jenen Bereich spricht, für den das staatliche nicht zuständig ist: K.s Privatleben.

Schluss

Anhand der beiden Beispiele *Das Schloß* und *Der Prozeß* wurde versucht, die fatale Aufhebung einer Grenzziehung zwischen privater und öffentlicher Sphäre in der fiktionalen Welt deutlich zu machen. Dabei funktionierte die Metonymie ‚Bett' als Ausgangspunkt für eine

---

27 Kaus 2000: 18.
28 Hebell 1993: 39.

Untersuchung jener Situationen, die die Aufmerksamkeit auf die Diskrepanz zwischen fiktionalem und sachlichem Diskurs lenkt. Meine Dissertation zu dem Thema befasst sich allerdings außerdem mit den potentiellen außerfiktionalen Anlässen für die fiktive Darstellung der Durchdringung von privaten und öffentlichen Räumen, indem ich einen Vergleich mit zeitgenössischen Diskussionen zur Räumlichkeit anstelle, in welchen der Mangel an festen Grenzen zwischen ‚privat' und ‚öffentlich' zutage tritt. Mittels eines neohistorischen Ansatzes zum Aufzeigen von Parallelen zwischen Fiktion und „natürlicher" Welt dürfte das bestehende Bild der verzerrten, ‚kafkaesken' Welt auch in der Literatur deutlicher werden und diese gleichzeitig als kulturelles Zeugnis nachhaltig fördern.

Literaturverzeichnis

Frey, Gesine. 1965. *Der Raum und die Figuren in Franz Kafka's Roman ,Der Prozeß'.* Hrsg. v. Josef Kunz und Ludwig Erich Schmitt. Marburg: N. G. Elwert Verlag (= Marburger Beiträge zur Germanistik 11).

Geuss, Raymond. 2002. *Privatheit. Eine Genealogie.* Frankfurt/M.: Suhrkamp.

Habermas, Jürgen. [6]1999. *Strukturwandel der Öffentlichkeit.* Frankfurt/M.: Suhrkamp.

Hall, Catherine. 1990. *The Sweet Delights of Home.* In: Perrot 1990: 47-93.

Hebell, Claus. 1993. *Rechtstheoretische und Geistesgeschicht-liche Voraussetzungen für das Werk Franz Kafka., Analysiert an dem Roman ,Der Prozess'.* Diss. München. Frankfurt/M., Berlin [u.a.]: Lang.

Hiebel, Hans. 1999. *Franz Kafka: Form und Bedeutung: Formanalysen und Interpretationen von ,Vor dem Gesetz', ,Das Urteil', ,Bericht für eine Akademie', ,Ein Landarzt', ,Der Bau', ,Der Steuermann', ,Prometheus', ,Der Verschollene', ,Der Prozeß' und ausgewählten Aphorismen.* Würzburg: Königshausen & Neumann.

Hunt, Lynn. 1990. *The Unstable Boundaries of the French Revolution.* In: Perrot 1990: 13-45.

Kafka, Franz. 1994. *Der Prozeß.* Frankfurt/M.: Fischer Tb.

Kafka, Franz. 1994a. *Das Schloß.* Frankfurt/M.: Fischer Tb.

Kaus, Rainer J.. 2000. *Kafka und Freud. Schuld in den Augen des Dichters und des Analytikers.* Heidelberg: Winter.

Kim, Jeong-Suk. 1983. *Franz Kafka. Darstellung und Funktion des Raumes in ,Der Prozeß' und ,Das Schloß'.* Bonn: Bouvier.

Küpper, Peter. 1985. ,Die Verirrungen eines Landvermessers. Überlegungen zum Roman „Das Schloß" von Franz Kafka.' In: *Duitse Kroniek 35.* Nr. 3-4: 38-52.

Lane, Barbara Miller. 1994. ,Die Moderne und die Politik in Deutschland zwischen 1919 und 1945.' In: *Moderne Architektur in Deutschland 1900 bis 1950. Expressionismus und Neue Sachlichkeit.* Hrsg. v. Vittorio Magnago Lampugnani und Romana Schneider. Stuttgart: Verlag Gerd Hatje: 225-250.

Pasley, Malcolm: *Nachbemerkung.* In: Kafka 1994: 281-285.

Perrot, Michelle (Hrsg.). 1990. *A History of Private Life. From the Fires of Revolution to the Great War.* Übers. v. Arthur Goldhammer. Cambridge (Massachusetts), London: Harvard University.

Perrot, Michelle. 1990a. *Introduction.* In: Perrot 1990: 9-11.

Wilterdink, Nico / van Heerikhuizen, Bart. [4]1999. *Samenlevingen. Een verkenning van het terrein van de sociologie.* Groningen: Wolters-Noordhoff.

Zeeman, Michaël. 2002. 'Vijf jaar uit een schrijversleven. Kafka-biografie met vreemde beperking.' In: *De Volkskrant* (6. Dezember 2002): 22.

Henk J. Koning

ÖDÖN VON HORVÁTH
EIN STÜCKESCHREIBER NESTROYSCHER PROVENIENZ?

"Man müßte ein Nestroy sein, um all das definieren zu können, was einem undefiniert im Wege steht!"[1] Diese Textstelle aus einem Brief Horváths vom 23. März 1938 an seinen Freund Franz Theodor Csokor in Budapest wird in der Forschung immer wieder hervorgehoben, wenn über den Bezug Horváth-Nestroy reflektiert wird. Im folgenden Aufsatz soll es zu einem Vergleich zwischen dem Œuvre Horváths und dem Werk Nestroys kommen, wobei es unumgänglich ist, einige charakteristische Stücke Nestroys skizzenhaft vorzustellen, zumal es in den letzten Jahrzehnten nicht zu Aufführungen auf niederländischen Bühnen[2] gekommen ist, während Horváth noch 1999, 2000 und 2002 in niederländischen Theatern gespielt wurde.[3]

Bevor es zu einigen Querverbindungen zwischen dem Werk Horváths und Nestroys kommt, zuerst ein paar Bemerkungen zu den bei Horváth vorhandenen Nestroy-Stellen. Das obige Zitat wurde geschrieben in einer Periode großer Existenzangst, als Horváth auf der Flucht vor den Nazis in materieller und geistiger Unsicherheit lebte. Alles war ungewiss geworden, Horváth suchte einen Halt im Leben und nannte in diesem Zusammenhang Nestroy. Zur Definierung der Wirklichkeit, d.h. wohl zu ihrer theatralischen Realisierung brauche man das Talent eines Nestroy, nur dann könne man die Absurdität des Daseins einigermaßen in Worte fassen. Horváth bewundert die sprachliche Virtuosität Nestroys, der auch als Darsteller in eigenen und fremden Stücken brillierte und wegen seiner karikaturistischen Kraft und seiner Lust am Extemporieren beim Publikum berühmt und bei den Zensurbehörden berüchtigt war.[4] Nestroy besaß eine „klinische, unbarmherzige Beobachtungsgabe",[5] was Horváth geschätzt haben soll. Dass Horváth sich in den 30er Jahren mit Nestroy beschäftigt hat, beweist die Umarbeitung der Posse *Einen Jux will er sich machen* zu

---

1   Horváth [2]1978: 680f.
2   Vgl. Koning 1995.
3   Vgl. Koning 2003a.
4   Vgl. Aust 1989/90.
5   Csokor über Horváth in einem Vorwort zu dessen Briefen an ihn. Zitiert bei Boelke 1970: 200.

einem Filmdrehbuch. Am 16. September 1934 schreibt Horváth aus
Berlin an seinen Freund Hans Geiringer: „[...] zur Zeit arbeite ich am
Jux, alles andere ist noch in der Schwebe."[6] Wie groß Horváths
Beitrag zu dem Drehbuch gewesen ist und wie bedeutsam die Rolle
des in diesem Zusammenhang ebenfalls erwähnten Schriftstellers und
Filmautors H.W. Becker[7] war, ist aus heutiger Sicht im Einzelnen
schwer nachzuvollziehen. Es hat sich um eine Brotarbeit gehandelt,
denn finanziell war Horváth in einer Krise, so dass auch er hoffte, sich
durch den aufkommenden Tonfilm neue Existenzmöglichkeiten zu
verschaffen. Am 20. September 1935 wurde der Nestroysche *Jux*
unter dem Titel *Das Einmaleins der Liebe* in Berlin uraufgeführt. Zu
dieser Zeit war es für Horváth nicht mehr möglich, in Deutschland
unter seinem eigenen Namen Stücke auf die Bühne zu bringen. Es
gehört zu den merkwürdigen Zufällen, dass gerade dieses Nestroysche
Stück durch den Druck der Nazis in Hamburg Horváths *Geschichten
aus dem Wiener Wald* vom Spielplan des Thalia-Theaters verdrängte,
denn anstelle des Horváthschen Volksstückes wurde ab 31. Mai 1933
die Nestroysche Posse *Einen Jux will er sich machen* gespielt. Aus
diesem Jahr haben wir auch einen Brief vom 12. August von Csokor
an Horváth, in dem von Nestroy die Rede ist:

> Auf Bruckners[8] Versuch sich mit dem, was dort angebrochen ist,
> auseinanderzusetzen in einem Stück, bin ich wirklich gespannt. Dazu müsste
> man ein Nestroy sein, hast Du mir unlängst geschrieben, und es stimmt, dass
> sich das Unmenschliche wirksamer als Komödie gestalten lässt, denn im
> Tragischen herrscht noch immer das Bedürfnis nach einer menschlichen
> Durchdringung des Bestialischen [...] – doch die Komödie kann die
> Bestialität in ihrer nackten Reinkultur zeigen: Du hast das schon in Deinen
> *Geschichten aus dem Wiener Wald* bewiesen, und vor Dir hat Nestroy die Ära
> des guten Kaiser Franz und diesen selbst in seinem *Häuptling Abendwind*
> dämonisch verkörpert.[9]

Horváth betrachtet laut diesem Schreiben Csokors die Komödie als
die einzige Darstellungsform, die in unserer absurden Zeit noch in
Frage kommt. In einer Fassung seiner *Gebrauchsanweisung,* die er
anlässlich von *Kasimir und Karoline* konzipiert hat, formuliert er
ähnliche Gedanken:

---

6   Krischke 1988: 111.
7   Vgl. Schmidjell/Polt-Heinzl 2003: 123-126.
8   Killy 1988-1993, Bd. 2: 250f.
9   Csokor 1964: 28f.

Ich bin auch kein Komiker. (Vielleicht müssen aber meine Stücke von lauter Komikern gespielt werden, da sie sonst zu ‚krass' wären.) Für mich ist die Komik etwas Tragisches. Ich schreibe Tragödien, die nur durch ihre ‚Menschlichkeit' komisch sind.[10]

Und 1935 schreibt er anlässlich einer Inszenierung dieses Stückes:

[…] es ist überhaupt keine Satyre es ist die Ballade vom arbeitslosen Chauffeur Kasimir und seiner Braut mit der Ambition, eine Ballade voll stiller Trauer, gemildert durch Humor, das heißt durch die alltägliche Erkenntnis: Sterben müssen wir alle![11]

Und Nestroy? Hat er Komödien geschaffen, weil er glaubte, nur so die brüchige Welt inszenieren zu können? Bruno Hannemann schreibt in diesem Sinne: „Trotz der behinderung durch die Zensur hat es Nestroy immer wieder verstanden, eine verrottete, teuflische welt unter der tarnkappe der komischen posse darzustellen."[12] Gewiss, bissig ist seine Kritik, und scharf sind auch seine Attacken auf die Gesellschaft. Er war aber primär in das großstädtische Unterhaltungstheater eingebettet und dessen Traditionen verpflichtet. Dieser Amüsementscharakter vermag jedoch kaum die sozioökonomische Aussichtslosigkeit von manchen Gestalten aus seinen Stücken zu tarnen. So sieht Strick aus Nestroys *Die beiden Nachtwandler* (1836) die Welt als eine Kombination von Fäden, von denen zwar einzelne zerrissen werden können – die Liebe wird mit einem Spagat verglichen – ‚das Ganze aber den Menschen leicht verstricken kann: „Die Welt is abdraht als wie a Strick – das is sehr natürlich. Die Welt besteht aus einer Unzahl von Leben, jedes Leben is ein Faden und viel Faden machen einen Strick."[13] Im Grunde dreht sich in *Die beiden Nachtwandler* alles ums Geld: Ob es nun der Wirt ist, der seinen englischen Gast prellt, indem er ihm ein unbestelltes Souper in Rechnung stellt, oder ob es die vagabundierenden Gauner sind, die es auf die Börse des Lords abgesehen haben, ‚Pecunia non olet' scheint das Lebensmotto aller zu sein. Echte Gefühle sind kaum vorhanden, sie werden in erheblichem Maße vom Materiellen erstickt. Die kleinen Leute verleugnen noch am ehesten ihre Gefühle, obwohl auch sie vorübergehend von Reichtum und Besitzgier geblendet werden. Nestroy präsentiert in Faden und seinem Gesellen Strick zwei Handwerker, die

---

10   Krischke 1973: 101.
11   Ebenda: 133.
12   Hannemann 1976: 168.
13   Nestroy 1977ff., Bd. 11: 18.

es im Berufsleben schwer hatten und sich nur mühevoll durchschlagen konnten. In einem Lied drückt Strick es so aus:

> So viel is einmal wahr und gwiß
> Dass für ein Seilerer ka Aussicht is;
> Auch von Vorwärts kommen is ka Red.[14]

Es ist verfehlt, solche Verse bloß auf publikumswirksame Komik oder erheiternden Wortwitz hin zu beurteilen, ihnen haftet durchaus ein sozialkritischer Ton an, denn Handwerker hatten es in den dreißiger Jahren des 19. Jahrhunderts schwer. Wer sich ein bescheidenes Einkommen verschaffen konnte, war stark abhängig von großen Auftraggebern, die durch Preisdiktat manipulieren konnten und somit dem Kleinhandwerker nur einen geringen Lohn ermöglichten. Hinzu kommt noch die immer mehr um sich greifende Industrialisierung, wodurch die Preise sanken und der Handwerkerstand gezwungen war, mit Hilfe von Frauen- und Kinderarbeit immer mehr leisten zu müssen, zu stets niedrigeren Beträgen. Da blieb der großen Masse des unmündigen Volkes kaum ein anderer Ausweg als das Wünschen, dem auf der Bühne wie in der Wirklichkeit als Ventilfunktion besondere Bedeutung zukommt: Gefühle der Unzufriedenheit werden kanalisiert, indem man sich eine andere Wirklichkeit erträumt. Am Ende des Stückes ist der Zuschauer zwar von seinen irrealistischen Tagesträumen geheilt, genau betrachtet ist er jedoch nicht aus seinem Milieu herausgekommen und bewegt sich, wie manche Nestroysche Gestalt, im Kreis. Faden ist zwar lebenserfahrener geworden, konkret hat es ihm nichts gebracht. Ihm wurde klar gemacht, dass nur das Alltagsleben eine Basis für eine glückliche Zukunft sein kann. Nestroy bietet in dieser Posse eine Gesellschaft, die vor allem für den kleinen Mann voller Unsicherheiten ist und ihn immer wieder mit der Zerbrechlichkeit materiellen Wohlstandes konfrontiert. Zum Schluss dieses Stückes passen Yates' Worte, dass Nestroy sich in seinem Spiel mit der Fiktion erlaubt, auf

> [...] die Künstlichkeit der Spielwelt ironisch hinzuweisen und so den Gegensatz hervorzuheben zwischen der Spielwelt und der realen Welt des Alltags, in der nicht der launige Zufall, sondern das eherne Schicksal waltet, und in der es kein Happy-End gibt.[15]

---

14   Ebenda: 17.
15   Yates 1988: 86.

Es kommt eine „zynische Resignation"[16] zum Ausdruck, die den Zuschauer eigentlich mit leeren Händen stehen lässt. Soll er da lachen oder weinen? Schon Zeitgenossen Nestroys fiel die eigentümliche Mischung von Komik und Tragik auf: „Wie komisch Nestroy zuweilen wird – er kann das Unheimliche nicht verdrängen, welches den Zuhörer beschleicht."[17] Nach Horváth ist das Unheimliche ein Wesenselement seiner Stücke: „All meine Stücke sind Tragödien – sie werden nur komisch, weil sie unheimlich sind, das Unheimliche muss da sein."[18] Klaus Mann, der als Lektor des Amsterdamer Exilverlages Allert de Lange 1938 persönlich mit Horváth bekannt geworden war, formulierte es folgenderweise:

> Er war verliebt ins Unheimliche; aber durchaus nicht spielerischer, ästhetizistischer, literarischer Weise; vielmehr war das Unheimliche, das Dämonische in ihm, als ein Element seines Wesens. In seiner poetischen Produktion wie in seiner Natur trafen sich zärtliche und naive, lyrisch heitere Stimmungen aufs reizvollste und originellste mit den finsteren, den dämonischen Zügen.[19]

Es ist diese Mischung, die zugleich anzieht und abstößt und den Leser oder Zuschauer verunsichert. Horváth brachte seinem Publikum keine bunten Tableaus, die nur darauf bedacht waren, zu unterhalten; er war ein unbequemer Dramatiker, der „rücksichtslos gegen Dummheit und Lüge"[20] angehen will. In seinen Stücken ist das Ende trostlos, und die Zukunft sieht alles andere als rosig aus. Zwar bedingen die gesellschaftlichen Probleme und Strukturen das Leben der einzelnen Personen in hohem Maße, aber es gelingt fast keinem, sich ein eigenes privates Leben zu gestalten. Die Macht der Verhältnisse wird allzu leicht als Argument gebraucht, selber nichts zu unternehmen und zu resignieren. Formal wird dies z.B. in *Geschichten aus dem Wiener Wald* sichtbar:

> Die Rondoform des Stückes – am Ende ergeben sich wieder die alten Konstellationen – ist durch die Walzermusik in zweifacher Hinsicht akzentuiert: es wird mit der Melodie G'schichten aus dem Wienerwald

---

16   Stern 1994: 372.
17   Costenoble 1889, Bd. II: 336.
18   Horváth [2]1978, Bd. 8: 664. Vgl. für das Unheimliche bei Horváth auch u.a. Danzer 1997.
19   Krischke 1998: 10f.
20   Horváth [2]1978, Bd. 1: 328.

eingeleitet und klingt mit ihr aus; die Tanzform des Walzers schreibt die Kreisbewegung als die kompositionelle Struktur dieses Volksstückes vor.[21]

Auch in *Kasimir und Karoline* ist die Handlung ohne Musik undenkbar, und der Mensch wird im Amüsementsbetrieb der Weimarer Republik gezeigt. Im Grunde sind auf dem Oktoberfest nur klägliche Typen anwesend, die versuchen, kurzweilig die Alltagssorgen zu vergessen: z.b. Kasimir, der aus purer Wut um seine Entlassung verbissen auf den Lukas haut, Schürziger, der das Eislecken als seine einzige Leidenschaft sieht, oder die beiden perversen Alten Rauch und Speer, die in der Anonymität des großstädtischen Volksvergnügens hoffen, sich ein Mädchen für eine Nacht angeln zu können. Und das wird alles geschildert ohne zu moralisieren, wobei jedoch auch der letzte Schimmer des schönen Scheins rücksichtslos entlarvt wird. Ein zeitgenössischer Kritiker schrieb zu einer Aufführung dieses Stückes:

> Kein Wunder also, dass den Zuschauer aus den Theaterstücken dieses glänzenden Desillusionisten das ziemlich Trostlose einer entzauberten, in ihrem schnöden Mechanismus bloßgelegten Welt kalt anweht. Zum Ersatz freilich auch die ganze Komik einer solchen. Nichts ist witziger als die Wahrheit.[22]

Horváth ist wie Nestroy ein Skeptiker, der sich nicht besser als sein Publikum fühlt und nicht von einer hohen poetischen Warte aus mit einer gewissen Schadenfreude das oft sinnlose Treiben seiner Mitmenschen beobachtet. In der *Randbemerkung* zu *Glaube Liebe Hoffnung* schreibt Horváth:

> Erkenne dich bitte selbst! Auf dass du dir jene Heiterkeit erwirbst, die dir deinen Lebens- und Todeskampf erleichtert, indem dich nämlich die liebe Ehrlichkeit gewiss nicht über dich (denn das wäre Einbildung), doch neben und unter dich stellt, so dass du dich immerhin nicht von droben, aber von vorne, hinten, seitwärts und von drunten betrachten kannst![23]

Nestroy schließt sich selber mit ein, wenn er die Schwächen seiner Zuschauer kritisiert. In *Die beiden Nachtwandler* sagt er: „Ich glaube von jeden [sic] Menschen das Schlechteste, selbst von mir, und ich hab mich noch selten getäuscht."[24] Nestroy ist jedoch kein Nihilist,

---

21   Baumgartner 1988: 163.
22   Horváth [2]1978, Bd. 1: 328.
23   Vgl. Haag 1976.
24   Nestroy 1977ff., Bd. 11: 21.

vielmehr deckt er heuchlerisches Verhalten auf und prangert Arroganz, Dummheit und Hypokrisie immer wieder an:

> Nestroy lehnte nicht die Werte an sich ab. Er ist lediglich enttäuscht darüber, dass sie für gewöhnlich nicht der Antrieb menschlichen Handels sind, und er entlarvt die Scheinheiligkeit, die Heuchlerei von Menschen, die Ideale vorspiegeln und in Wahrheit nur ihre egoistischen Ziele im Sinn haben.[25]

Diese Worte treffen auch auf Horváth zu, der manche Szenen zu „monströsen Idyllen"[26] werden lässt, wodurch der Leser oder Zuschauer in erster Instanz getäuscht, bei näherer Betrachtung jedoch schockiert wird. Es wird ein pittoreskes Bühnenbild präsentiert, wohinter kaum vorstellbare Ungeheuerlichkeiten verborgen sind. Das Klingen und Singen in der Luft in *Geschichten aus dem Wiener Wald*, „steht in niederdrückendem Kontrast zu dem, was sich an Lieblosigkeit und brutalem Egoismus zwischen den Personen abspielt."[27] In *Kasimir und Karoline* geht es kaum anders zu: der mittelständische erotische Draufgänger Rauch lobt das traditionelle Oktoberfest: „Da sitzt doch noch der Dienstmann neben dem Geheimrat, der Kaufmann neben dem Gewerbetreibenden, der Minister neben dem Arbeiter – so lob ich mir die Demokratie."[28] Es wird in diesen Worten eine Pseudovolksgemeinschaft suggeriert, die von den Nazis voll ausgebeutet werden konnte und die auf eine starke Bändigung der individuellen Freiheit auslaufen sollte. Die Flucht in die Massennarkose der Gemütlichkeit, wie sie auf dem Oktoberfest vorherrscht, bringt dem Einzelnen nichts, es kommt denn auch zum Bruch zwischen Kasimir und Karoline. Auf der Oktoberfestwiese kommen die Menschen nicht näher zueinander, vielmehr werden bei genauerem Hinsehen die sozialen Gegensätze um so deutlicher sichtbar, und gibt es wenig Grund zum Optimismus. Am prägnantesten hat Horváth dies in seinem dramatischen Erstling *Revolte auf Côte 3018* geschildert.[29] Obwohl das Stück heutzutage wenig aufgeführt wird, nimmt es im dramatischen Werk Horváths eine besondere Stellung ein: Es ist das einzige Stück, das anhand eines konkreten historischen Ereignisses (des Baus der ersten Hochgebirgsschwebebahn 1925/26 auf die Zugspitze) das Thema der sozialen Gerechtigkeit äußerst krass

---

25   Braun 1998: 162f.
26   Haag 1976.
27   Vgl. Glaser 1983: 79.
28   Horváth [2]1978, Bd. 1: 272.
29   Vgl. zu diesem Stück Gamper 1987 und Koning 2003b.

formuliert und dabei den bayerischen Dialekt als Sprachmittel einsetzt. Horváth bezeichnet dieses Werk als ‚Volksstück' und schließt damit an eine Tradition an, die wesentliche Impulse aus Wien, u.a. von Nestroy, bekommen hatte. Daher stellt sich die Frage, wie Horváth seine ‚Volksstücke' verstanden haben will. Von den wenigen theoretischen Äußerungen zu seinem Werk soll das *Interview* am 5. April 1932 im Bayerischen Rundfunk mit dem Journalisten Willy Cronauer hervorgehoben werden:

> Ich [d.h. Horváth] gebrauchte diese Bezeichnung ‚Volksstück' nicht willkürlich, d.h. nicht einfach deshalb, weil meine Stücke mehr oder minder bayerisch oder österreichisch betonte Dialektstücke sind, sondern weil mir so etwas ähnliches, wie die Fortsetzung des alten Volksstückes vorschwebte. – Des alten Volksstückes, das für uns junge Menschen mehr oder minder natürlich auch nur noch einen historischen Wert bedeutet, denn die Gestalten dieser Volksstücke, also die Träger der Handlung haben sich doch in den letzten zwei Jahrzehnten ganz unglaublich verändert. – [...] Will man also das alte Volksstück heute fortsetzen, so wird man natürlich heutige Menschen aus dem Volke – und zwar aus den maßgebenden, für unsere Zeit bezeichnenden Schichten des Volkes auf die Bühne bringen.[30]

Horváth plädiert für ein kritisches, sozial engagiertes Volksstück, das zwar an das alte anknüpft, indem er auch seine dramaturgischen Momente Dialekt und Gesang benutzt, zugleich jedoch einen eigenen Weg geht. Dabei darf nicht vergessen werden, dass ‚Volksstück' kein fest umrissener Begriff ist: „Volksstück kann ein Stück *von* dem, *über* das, *für* das Volk sein, es kann auf der thematischen Ebene Probleme des Volkes erfassen oder unterhaltend und belehrend auf das Volk wirken."[31] Es wurde in diesem Zusammenhang auf die Nähe zur Komödie hingewiesen,[32] wobei freilich nicht immer gelacht werden kann. Wenn Horváth das Volksstück „fortsetzen" will, dann in einem zeitgenössischen Gewand, es sollen „heutige Menschen" auf die Bühne gebracht werden. Keine Darstellung großer politischer Katastrophen, sondern vielmehr deren Auswirkung im Leben einfacher Leute, die wie Kasimir und Karoline versuchen, auf einem Oktoberfest kurzweilig die Alltagssorgen zu vergessen und sich dabei der Selbsttäuschung hingeben, dass es in absehbarer Zeit besser gehen wird. Das Stück transportiert die Botschaft, dass man im Grunde seinen sozialen Kreis nicht verlassen könne und ihm verhaftet bleibe,

---

30   Horváth [2]1978, Bd. 1: 11.
31   Hein 1989: 18.
32   Vgl. Arntzen 1977: 249f.

ob man das nun will oder nicht. Hier wird ein gewisser Pessimismus erkennbar, dem man sich nicht ausliefern soll, denn dazu ist das Leben zu wertvoll. Es werden existentielle Fragen angesprochen, auf die nicht leicht eine Antwort gegeben werden kann. Gegen diesen Hintergrund scheint das ganze Treiben auf der Bühne leer, und kommt es auch bei Nestroy gelegentlich zu düsteren, fast nihilistischen Szenen, wie z.b. in seinem *Müller, Kohlenbrenner und Sesselträger* und im *Schützling*. In diesen beiden Stücken werden beklemmende Bilder präsentiert, die an Deutlichkeit nichts zu wünschen übrig lassen. Was ist zu denken von dem Kapellmeister Steinrötel, der zusammen mit dem Dichter Schwan und dem Sänger Nero als Untermieter in einer ärmlichen Mansarde den Hungertod stirbt? Man kann einwenden, dass dies alles nur dazu dient, die Vergänglichkeit des irdischen Daseins darzustellen, aber zugleich schwingt auch unverkennbar Kritik mit an einer Gesellschaft, die es ohne weiteres akzeptiert, dass Artisten ausgebeutet und wie der letzte Dreck behandelt werden. Der Tod hat hier das letzte Wort, und das Licht geht nach dieser Episode (III,11) nicht nur im übertragenen Sinne aus.

Im *Schützling* hält Gottlieb Herb eine lange Rede auf den Tod, in der nihilistische Töne angeschlagen werden:

> [...], du Tod du! – schauerlich durch Räthselhaftigkeit, und wärst vielleicht noch schauerlicher, wenn das Räthsel gelöst wär'; – aber die Würmer können nicht reden, sonst verratheten sie's vielleicht, wie grässlich langweilig den Todten das Totseyn vorkommt.[33]

Durch diesen Wortschwall wird die Todesfurcht gleichsam überspielt, ihres unheimlichen Charakters jedoch nicht beraubt. Die Angst vor dem Lebensende ist bei Nestroy mehrfach belegt, zahlreiche Reflektionen darüber sind in seinen Stücken anzutreffen. In seinem Testament liest man detailliert, in einer eigentümlichen Mischung von Beklemmung und Heiterkeit, wie Nestroy sich sein Begräbnis wünscht und wovor er Angst hat:

> Das Einzige, was ich beim Tode fürchte, liegt in der Idee der Möglichkeit des Lebendigbegrabenwerdens. Unsere Gepflogenheiten gewähren in dieser höchst wichtigen Sache eine nur sehr mangelhafte Sicherheit. – [...] Selbst dann [d.h. nach dreimal vierundzwanzig Stunden nach dem Todesmoment] noch will ich, nach vollendeter Leichen-Zeremonie, in einer Totenkammer des Friedhofes, in offenem Sarge, mit der nötigen Vorkehrung, um bei einem möglichen, wenn auch noch so unwahrscheinlichen Wiedererwachen ein

---

33   Nestroy 1977ff., Bd. 24/II: 24.

Signal geben zu können, noch mindestens zwei Tage (vollständig gerechnet) liegen bleiben, dann erst in die Gruft – aber selbst da noch mit unzugenageltem Sargdeckel – gesenkt werden.[34]

Welchen Sinn hat das Leben dann noch, wenn man schon im voraus weiß, dass alles eitel ist und der Mensch zum Tode verdammt ist? Nestroy greift nicht zu einem oberflächlichen Moralisieren und will von einem Jenseitstrost nichts wissen, sondern bekennt sich mit seinem ganzen Wesen zum Leben, denn es steht für ihn fest „dass das miserabelste Leben mehr werth ist, als der brillanteste Tod."[35] Dieses fast bedingungslose Bekenntnis zum Leben ist auch dem Œuvre Horváths eigen, in dem die Frage nach dem Sinn des Lebens eine zentrale Stellung einnimmt: in vielen Szenen und Episoden sind Todesbilder versteckt, wie Herbert Gamper[36] gezeigt hat. Nicht zuletzt hierdurch wirken Horváths Dichtungen unheimlich, wobei in der Forschung auf Freud hingewiesen wurde.[37] Es leuchtet ein, dass den Personen in diesem engen Rahmen wenig Bewegungsfreiheit eingeräumt wird und dass der Weg zur Resignation und zum Defaitismus nicht sehr weit ist. In der wirtschaftlichen und intellektuellen Einöde der Horváthschen Stücke gibt auch die Kirche keinen Trost und wird die Religion als eine konventionelle, alles beherrschende Macht geschildert, die dem Einzelnen keinen privaten Bewegungsraum zulässt. Von einer beeindruckenden Kälte ist die 7. Szene des 2. Teiles von *Geschichten aus dem Wiener Wald*, wo Marianne im Stephans-dom beim Beichtvater ist und von diesem streng zurechtgewiesen wird, weil sie ihren Vater verlassen und in wilder Ehe ein Kind bekommen hat. Die Klage Mariannes wegen ihrer aussichtslosen Situation wird vom Geistlichen überhaupt nicht wahrgenommen, stattdessen werden ihr nur Vorwürfe ins Gesicht geschleudert. Hier herrscht eine erbarmungslose Bigotterie vor, die ungeheuer weit von christlicher Nächstenliebe entfernt ist. Der hohe düstere Dom, wo absolute Stille herrscht, ist zu einem schauerlichen Richtplatz geworden, wo nicht das Leben, sondern der Tod das letzte Wort hat. Beklemmung überall. Das Licht ist in dieser Szene, wie in *Müller, Kohlenbrenner und Sesselträger* nicht nur in übertragenem Sinne ausgegangen und die Gottesferne hat hier das Alleinrecht. Gefühle-duselei erscheint verdächtigt, weil sie vom Kern der

---

34   Hein 1995: 135-137.
35   Nestroy 1977ff., Bd. 24/II: 31f.
36   Vgl. Gamper 1976.
37   Vgl. Huish 1988, Bjorklund 1993 und Danzer 1997.

existenziellen Probleme ablenkt:

> Nestroy will wie Horváth sentimentale Rührseligkeit von den Kräften der
> Vernunft abgelöst wissen. Er sieht wie dieser in einer Belebung individueller
> Denkfähigkeit die einzige Möglichkeit, die Gefahr, den Schwächen
> philisterhafter Selbstzufriedenheit zu erliegen, begegnen zu können und der
> bornierten Bequemlichkeit eines saturierten Bürgertums Unruhe
> einzuflößen.[38]

Gibt es überhaupt für die Horváthschen Gestalten den Trost, aus ihrem
Leben etwas zu machen? Im Berufsleben sind die meisten Personen
entweder gescheitert, oder sie bewegen sich in manchen Fällen in
zweifelhaften Kreisen: Kasimir ist ein abgebauter Chauffeur, der
Merkl Franz ein Krimineller und Schürzinger eine kriecherische
Dienernatur (alle aus *Kasimir und Karoline)*. Trotz Alkoholrausch
oder Achterbahn gelingt es ihnen nicht, der Wirklichkeit zu entfliehen,
und es wird unmissverständlich klar, dass jeder Einzelne auf seine
Mitmenschen angewiesen ist und er an erster Stelle persönliche
Verantwortung für seine private Situation trägt. Billige Ausflüchte
sind nicht gefragt und werden der Lächerlichkeit preisgegeben. Von
Nestroy könnte hier der Schustersohn Wendelin aus *Höllenangst*
genannt werden, der glaubt, dass die Armut seiner Familie der
Vorsehung zuzuschreiben ist (I, 9).

Der Zuschauer soll aus dem (Fehl)verhalten der Personen auf
der Bühne Konsequenzen für sein eigenes Handeln ziehen, es ist ja
nach Horváth Aufgabe eines Schriftstellers „gegen Dummheit und
Lüge"[39] zu kämpfen. Horváth will aufmerksam machen und nicht auf
der Bühne eine Verhaltensänderung der Darsteller durchführen,
sondern im Zuschauer etwas auslösen:

> Im Unterschied zu Brecht bietet Horváth dem Zuschauer kein Programm zur
> Veränderung der dargestellten Situation an. Er kann daher nicht mittels einer
> als Lösung favorisierten Ideologie darin ausgeklammerte Probleme der alles
> umfassenden Wirklichkeit wegrationalisieren.[40]

Keine ideologisch gefärbten einseitigen Lösungen, die dem Zuschauer
präsentiert werden, dagegen eine brüchige Welt, die den Rezipienten
mit Fragen zurücklässt, auf die keine eindeutigen Antworten gegeben
werden. Es wäre Horváth absurd erschienen, „Welt- und Mensch-

---

38   Boelke 1970: 201.
39   Horváth ²1978, Bd. 1: 328.
40   Dimter 1973: 230.

heitsbeglückung an eine rationale Idee oder Ideologie wie etwa die des Marxismus zu binden."[41] Also bei Horváth keine allesübergreifende zukunftsweisende Theorie, die hoffentlich in absehbarer Zeit realisiert werden kann und von jedem Individuum einen fast bedingungslosen Gehorsam verlangt, sondern vielmehr immer wieder eine Rückverweisung auf das „Erkenne dich selbst". Gerade hier bei der Anknüpfung an den privaten Erlebnisbereich kommt trotz allem der Optimismus Horváths zum Vorschein; jedes seiner Stücke könnte *Glaube Liebe Hoffnung* heißen, und jedem könnte die Bibelstelle aus Moses I 8, 21 als Motto vorausgesetzt werden:

> Und der HERR roch den lieblichen Geruch und sprach in seinem Herzen: Ich will hinfort nicht mehr die Erde verfluchen um der Menschen willen, denn das Trachten des menschlichen Herzens ist böse von Jugend auf; und ich will hinfort nicht mehr schlagen alles was da lebet, wie ich getan habe. So lange die Erde stehet, soll nicht aufhören Samen und Ernte, Frost und Hitze, Sommer und Winter, Tag und Nacht.

Dieser unausrottbare Glaube an die Menschlichkeit ist ein Leitmotiv im Œuvre Horváths, und er ist für ihn die Inspiration, weiter zu machen und sich dem Bösen und Schlechten mit allen Mitteln zu widersetzen. Es ist die alles umfassende Unheimlichkeit, die als Signum der Horváthschen Volksstücke gelten kann und die ihn oberflächlich betrachtet von den Zauberstücken und Possen Nestroys abhebt. Herrscht bei Horváth das Düstere und Traurige, kurz das Desillusionierte vor, ist Nestroys Werk vordergründig jedenfalls viel mehr ein Lachtheater, das primär auf Unterhaltung bedacht war, wobei als Einschränkung hervorgehoben werden soll, dass das umfangreiche Werk Nestroys kaum eine grobe Skizzierung in dieser Hinsicht zulässt. Von einem oberflächlichen Lachen auf Kosten anderer ist das alles weit entfernt, „denn in Nestroys Komödien geht es nicht darum, welche Partei recht habe, sondern um das Allzumenschliche, Fragwürdige, das im Unrechthaben und Rechthaben eines jeden von uns steckt."[42] Es wird mit dem Rezipienten ein Spiel gespielt, wenn Nestroy z.B. in *Weder Lorbeerbaum noch Bettelstab* angibt, dass eine Mischung aus Komischem und Tragischem auch durchaus möglich ist:

---

41 Strelka 1962: 73.
42 Mautner 1963: 398.

[...] Eine G'spaß soll niemahls witzig seyn, sondern so gewiss sentimental gutmüthig, dass man mit 'n [sic] halbeten G'sicht lachen und mit der andern Hälfte weinen kann.[43]

Eine solche lockere Stimmung wie in dieser parodierenden Posse aus dem Jahre 1835 herrscht jedoch nicht in allen Stücken Nestroys. In seinem schon oben erwähnten *Häuptling Abendwind* (1862) geht es geradezu bestialisch zu, und es wird, obwohl die Handlung in einer fernen exotische Gegend lokalisiert ist, auf Wiener Verhältnisse angespielt: So redet der Menschenfresser Abendwind in Wienerischem Dialekt von seiner unbändigen Essgier. Es wäre aber falsch, hieraus zu schließen, dass durch diesen deutlichen Bezug zum Lokalen nur den Wienern ein Spiegel vorgehalten wird. Wir können hier an Worte Horváths denken, der anlässlich von *Kasimir und Karoline* sich gegen den Vorwurf wehrt, er habe in diesem Stück die Münchener kritisieren wollen:

> Keine Demaskierung eines Menschen, einer Stadt – das wäre ja furchtbar billig! Keine Demaskierung auch des Süddeutschen natürlich – ich schreibe ja auch nur deshalb Süddeutsch, weil ich anders nicht schreiben kann.[44]

Es sind allgemein menschliche Verhaltensmuster, die ausschließlich zur Konkretisierung in lokale Verhältnisse eingebunden werden, um so beim Publikum direkter anzukommen. Dass diese Direktheit die Aufnahme des Horváthschen Werkes wesentlich erschwerte, erwies das gnadenlose Auspfeifen von *Geschichten aus dem Wiener Wald* 1948 in Wien.[45] So kurz nach den Wirren des Zweiten Weltkrieges waren unbequeme Bühnenautoren weit weniger gefragt als Schriftsteller, die Unterhaltung auf die Bretter brachten. Es sollte noch einige Jahrzehnte dauern, bevor es zur Horváth-Renaissance kam.[46]

Hier kann die Frage gestellt werden, in wieweit sowohl Horváth wie Nestroy mit ihren Bühnenwerken einen strikt eigenen Weg gegangen sind. Beide wollten kein oberflächliches Unterhaltungstheater, das dem Publikum nur Kurzweil verschaffen sollte, sondern wollten gegen Dummheit und Verlogenheit kämpfen, wobei Horváth sehr gut wusste, dass das deutschsprachige Volksstück der dreißiger Jahre zeitgenössische Gestalten auf die Bühne bringen musste, die in

---

43 Nestroy 1977ff, Bd. 8/II: 21.
44 Horváth [2]1978, Bd. 8: 660.
45 Krischke 1983: 57.
46 Vgl. Schulte 1980 und Bartsch 2000: 1-4.

einer ungekünstelten, allen verständlichen Sprache ihr Leben dar-
stellten. Kein hehres Gedankengut, das den Zuschauer in eine ferne
irreale Welt rückt und ihn einlullt, sondern eine Konfrontation mit
seinen eigen Schwächen und Unzulänglichkeiten. Und das alles mit
einer Rohheit und Direktheit, die erschüttert. Da werden sowohl bei
Horváth wie bei Nestroy Ungeheuerlichkeiten auf die Bühne gebracht,
die ein einfacher Zuschauer kaum auszusprechen wagt. Was z.B. ist
zu denken von der hexenähnlichen Großmutter aus *Geschichten aus
dem Wiener Wald*, die das kleine, in wilder Ehe geborene Kind in die
Zugluft stellt, so dass es sich erkältet und stirbt, oder von dem
menschenfressenden Herrscher aus Nestroys *Häuptling Abendwind*,
die nur einen Wunsch hat: in Ruhe ein paar Gefangene zu verzehren?
Horváth und Nestroy sind Balancekünstler zwischen Pessimismus und
Optimismus, Skeptiker, die in ihren Werken keine festen Standpunkte
für eine bestimmte Partei einnehmen, sondern ständig an das
allgemein Menschliche und zugleich die selbständige Denkkraft ihrer
Zuschauer appellieren. Sie waren für ihre Zeitgenossen unbequem. In
diesem Sinne kann eine Brücke zwischen dem Œuvre beider Autoren
geschlagen und gesagt werden, dass Horváth auf seine ihm eigene
Weise dem Volksstück neue Impulse gegeben hat.

Literaturverzeichnis
Arntzen, Helmut. 1977. *Horváth. Geschichten aus dem Wiener Wald.*
   In: *Die deutsche Komödie vom Mittelalter bis zur Gegenwart.*
   Hrsg. v. Walter Hinck. Düsseldorf: August Bagel: 246-268.
Aust, Hugo. 1989/90. 'Gottes rote Tinte. Zur Rechtfertigung der Zen-
   sur in der Restaurationszeit.' In: *Nestroyana 9*, H.1-2: 35-48.
Bartsch, Kurt. 2000. *Ödön von Horváth.* Stuttgart, Weimar: Metzler.
Baumgartner, Wilhelm Martin. 1988. 'Lied und Struktur in den
   Volksstücken Ödön von Horváths.' In: *Horváths Stücke.* Hrsg.
   v. Traugott Krischke. Frankfurt/M.: Suhrkamp: 154-180.
Bjorklund, Beth. 1993. 'Horváths Unbekannte.' In: *Turn-of-the-
   Century Vienna and its Legacy. Essays in Honor of Donald G.
   Daviau.* Hrsg. v. Jeffrey B. Berlin, Jorun B. Johns und Richard
   H. Lawson. o. O. : Edition Atelier: 389-412.
Boelke, Wolfgang. 1970. *Die entlarvende Sprachkunst Ödön von
   Horváths. Studien zu seiner dramaturgischen Psychologie.*
   Diss. Frankfurt/M.
Braun, Johannes. 1998. *Das Närrische bei Nestroy.* Diss. Freiburg.
Costenoble, Carl Ludwig. 1889. *Aus dem Burgtheater. 1818-1837.
   Tagebuchblätter.* Hrsg. v. K. Glossy & J. Zeidler. 2 Bde. Wien.

Csokor, Franz Theodor. 1964. *Zeuge einer Zeit. Briefe aus dem Exil 1933-1950*. München, Wien: Langen Müller.

Danzer, Gerhard. 1997. 'Ödön von Horváth und die Unheimlichkeit des Daseins.' In: *Österreichische Literatur und Psychoanalyse*. Hrsg. v. Josef Rattner und Gerhard Danzer. Würzburg: Königshausen & Neumann: 257-293.

Dimter, Walter. 1973. 'Die ausgestellte Gesellschaft. Zum Volksstück Horváths, der Fleißer und ihrer Nachfolger.' In: *Theater und Gesellschaft. Das Volksstück im 19. und 20. Jahrhundert*. Hrsg. v. Jürgen Hein. Düsseldorf: 219-245.

Gamper, Herbert. 1976. 'Todesbilder in Horváths Werk.' In: *Horváth-Diskussion*. Hrsg. v. Kurt Bartsch, Uwe Baur und Dietmar Goltschnigg. Kronberg/Ts.: 67-81.

Gamper, Herbert. 1987. 'Die Bergbahn. Revolution oder Jüngstes Gericht?' In: Ders.: *Horváths komplexe Textur*. Zürich: Ammann: 87-210.

Glaser, Hermann. 1983. ' „Ab mit ihr ehe die toten Seelen töteten". Zur deutschen Spießer-Ideologie.' In: *Horváths Geschichten aus den Wiener Wald*. Hrsg. v. Traugott Krischke. Frankfurt/M.: Suhrkamp (= stm 2019): 68-83.

Haag, Ingrid. 1976. 'Ödön von Horváth und die „monströse Idylle"'. In: *Recherches Germaniques 6*: 152-168.

Hannemann, Bruno. 1976. 'Der böse Blick. Zur Perspektive von Nestroys und Dürrenmatts Komödie.' In: *Wirkendes Wort 26*: 167-183.

Hein, Jürgen. 1989. *Volksstück. Vom Hanswurstspiel zum sozialen Drama der Gegenwart*. Hrsg. v. Jürgen Hein. München: Beck.

Hein, Jürgen. 1995. *„Die Welt steht auf kein' Fall mehr lang". Nestroy zum Vergnügen*. Stuttgart: Reclam.

Horváth, Ödön von. [2]1978. *Gesammelte Werke in 8 Bänden*. Hrsg. v. Traugott Krischke und Dieter Hildebrandt. Frankfurt/M.: Suhrkamp.

Huish, Ian. 1988. ' „Was gehen mich deine Perversitäten an, du Sau?" Freud's place in Horváths work, or „Psychoanalytisch hochinteressant".' In: *Sprachkunst 19*: 71-80.

Killy, Walther. 1988-1993. *Literaturlexikon*. 15 Bde. Gütersloh, München: Bertelsmann.

Koning, Henk J.. 1995. 'Nestroy in Holland. Zur Rezeption seiner Stücke auf den holländischen Bühnen des 20. Jahrhunderts.' In: *Nestroyana 15*, H. 3-4: 131-137.

Koning, Henk J.. 2003a. 'Zur Rezeption Horváths auf holländischen Bühnen.' In: Rudnicki-Dotzer/Kratz 2003: 210-225.

Koning, Henk J.. 2001-2003b. 'Ödön von Horváths Revolte auf Côte 3018 und Gerhart Hauptmanns Die Weber.' In: *Jahrbuch der Schlesischen Friedrich-Wilhelms-Universität zu Breslau 52/53/54*: 391-402.

Krischke, Traugott (Hrsg.). 1973. *Materialien zu Ödön von Horváths Kasimir und Karoline*. Frankfurt/M.: Suhrkamp (= es 611).

Krischke, Traugott (Hrsg.). 1983. *Horváths Geschichten aus dem Wiener Wald*. Frankfurt/M.: Suhrkamp (= stm 2019).

Krischke, Traugott. 1988. *Horváth Chronik*. Hrsg. von Traugott Krischke. Frankfurt/M.: Suhrkamp (= stm 2089).

Krischke, Traugott. 1998. *Ödön von Horváth. Kind seiner Zeit*. Berlin: Ullstein.

Mautner, Franz H.. 1963. 'Nestroys Kunst und unsere Zeit.' In: *Jahrbuch der deutschen Schillergesellschaft 7*: 383-415.

Nestroy, Johann. 1977ff.. *Sämtliche Werke. Historisch-kritische Ausgabe*. Hrsg. v. Jürgen Hein und Johann Hüttner. München, Wien: Jugend und Volk Verlag.

Rudnicki-Dotzer, Gabi / Kratz, Matthias (Hrsg.). 2003. *Leben ohne Geländer. Dokumentation zum internationalen Horváth-Symposium Murnau am Staffelsee 2001*. Murnau: Markt Murnau.

Schmidjell, Christine und Evelyne Polt-Heinzl. 2003. *Die Kinowelten des Ödön von Horváth*. In: Rudnicki-Dotzer/Kratz 2003: 118-129.

Schulte, Birgit. 1980. *Ödön von Horváth. Verschwiegen – gefeiert – glattgelobt. Analyse eines Ungewöhnlichen Rezeptionsverlaufs*. Bonn: Grundmann.

Stern, Martin. 1994. *Lustiges Trauerspiel – tragische Komödie. Strukturen des Widersinnigen bei Hafner, Nestroy und Dürrenmatt*. In: *Sprachspiel und Lachkultur. Beiträge zur Literatur- und Sprachgeschichte. Rolf Bräuer zum 60. Geburtstag*. Hrsg. v. Angela Bader, Annemarie Eder, Irene Erfen und Ulrich Müller. Stuttgart: Akadem. Verlag: 359-376.

Strelka, Josef. 1962. *Brecht Horváth Dürrenmatt. Wege und Abwege des modernen Dramas*. Wien, Hannover, Bern: Forum.

Yates, W. Edgar. 1988. ' „Die Sache hat bereits ein fröhliches Ende erreicht!" Nestroy und das Happy End.' In: *Das österreichische Volkstheater im europäischen Zusammenhang 1830-1880*. Hrsg. v. Jean-Marie Valentin. Bern: Lang: 71-86.

Daniela Strigl

„Ich doch müßte mit dem eignen Messer
meine Wurzeln aus der Erde drehn"[1]

THEODOR KRAMER (1897-1958) – HEIMATDICHTER,
JUDE, SOZIALIST

Mein Heimatdichter liebt das Nächste. Es ist aber ein Irrtum zu glauben, daß
Kühe oder Schlote sein Nächstes sind. Es gibt noch Näheres, und das sind die
Organe seines Leibes. Ein Vorgang, der ihn fasziniert, mit stündlich neuer
Spannung erfüllt, der ihn erschüttert und rührt und begeistert, ist seine eigene
Verdauung. […] Solange der Bauch es ihm erlaubt, wandert er durchs Land,
von Küche zu Küche, Abort zu Abort. […] Er liebt die Bauern, weil sie um
eine große Schüssel beisammen sitzen, und richtet es so ein, daß er bei
mehreren von ihnen nacheinander einkehrt. Bei den Arbeitern ist er Sozialist.
Er gehört ihrer Partei an und tritt laut für die Hebung ihrer
Lebensbedingungen ein. […] Gegen eine Revolution ist einzuwenden, daß sie
die Nahrungsversorgung eine Zeitlang gefährden könnte. […] Von der Speise
bis zum Kot geht ihm die greifbare Wirklichkeit über alles.[2]

So sarkastisch skizzierte Elias Canetti unter dem Titel *Mein Freund,
der Heimatdichter* Theodor Kramer (ohne ihn beim Namen zu
nennen) in der Zeit des gemeinsamen Londoner Exils der vierziger
Jahre. Der destruktive Aufwand galt keinem Unbekannten: Kramer
war vor dem Krieg ein Starlyriker gewesen, seine Gedichte erschienen
in deutschen Zeitungen von Bern bis Königsberg, von Brünn bis
Amsterdam, und sie wurden von Robert Neumann und Peter
Hammerschlag der Parodie für würdig befunden. Als Heimatdichter
und Sozialist geriet Kramer im Kulturkampf der ersten Republik
zwischen die Fronten, als poetischer Realist bekam er das verkaufs-
fördernde Etikett „Neue Sachlichkeit" verpasst.

Mit Kramer war auch sein Ruhm im Exil verschwunden – als er
nach achtzehn Jahren heimkehrte, erhielt er, auf Fürsprache von Hilde
Spiel und Michael Guttenbrunner sowie des späteren Bundeskanzlers
und damaligen Staatssekretärs Bruno Kreisky, eine staatliche Ehren-
pension, als er 1958, nur ein halbes Jahr später, starb, folgte der

---

1   Kramer 1984: 369. In Zukunft stehen die Seitenangaben im Haupttext gemäß
      den Erscheinungsdaten der drei Bände dieser Ausgabe: Kramer 1984, 1985
      und 1989.
2   Canetti 1973: 65f. Vgl. Strigl 1993: 208ff.: 243.

Bundespräsident dem Sarg, die Öffentlichkeit nahm jedoch kaum Notiz. Trotz einer von Nachlassverwalter Erwin Chvojka besorgten dreibändigen Werkausgabe mit immerhin 2000 Gedichten und trotz einigen Auswahlbänden ist Kramer heute im Grunde nach wie vor ein Volksdichter ohne Lesevolk.

Der Durchbruch gelang ihm 1929, als der angesehene Frankfurter Verlag Rütten & Loening den Erstling *Die Gaunerzinke* herausbrachte. Von Deutschland aus verbreitete sich der Ruf einer literarischen Sensation: Da war einer, der die Dauerekstase der Expressionisten und die Blutarmut der Rilkeaner hinter sich ließ und beherzt einen Zipfel des wirklichen Lebens packte, einer, der vom Land schrieb und dabei nicht das Hohelied des schollenverwurzelten Bauern anstimmte, sondern die Pfiffe der Vagabunden beherrschte, der die „Gaunerzinken" kannte, jene Graffiti-Botschaften, mit denen sie für nachfolgende Brüder die Häuser der Bauern kennzeichneten. „All dies mundet wie Schwarzbrot und Rettig, herb und schwer auf all das lauliche, unbestimmte Zeug, das vielfach wieder als Lyrik ausgeboten wird", resümierte Ernst Lissauer, Schriftsteller und führender Literaturkritiker, Jude und Deutschnationaler, in einer langen Abhandlung in der Berliner Zeitschrift *Die Literatur*. Kramers Gedichte seien,

> [...] noch über ihre eigentliche dichterische Kraft hinaus, ein Ereignis, weil sie sich von einem großen Teil sogenannt junger Lyrik, deutscher wie österreichischer, unterscheiden durch die Kraft des Griffs und Mut des Blicks. [...] Ununterbrochen tasten, riechen, atmen wir das Konkrete, hart, rauh, unzart, unzärtlich, der schärfste Gegensatz jener zu spät geborenen Weichlinge und Flüsterpoeten.[3]

Und der junge Doktor Heimito von Doderer urteilte in einer Rezension: „Hier sieht man kleines Leben des Alltags seltsam nah und zugleich erleuchtet, immer aber vor dem Hintergrunde der erschlossenen Landschaft, der weiträumigen Heimat aller Heimatlosen."[4] Tatsächlich ist Heimat, wie sich an zwei Strophen aus dem Gedicht *Vagabund* zeigen lässt, für Kramer, im Gegensatz zu den Völkisch-Nationalen, kein Privileg der Besitzenden und Sesshaften:

---

3   Lissauer 1983: 89f.: 91.
4   Doderer 1929.

Wie viel es, Bauer, sind, die mich vertreiben;
an dir allein versteh ich Haß und Ruh.
Ich lieg, der Erbfeind, hier vor deinen Scheiben,
und liebe doch das Land so tief wie du.
[...]
Vielleicht muß einer düngen, pflügen, graben
und ein Erhalter und Bewahrer sein,
ein andrer aber nichts als Beine haben,
die rastlos fallen in ein Schreiten ein. (Kramer 1984: 48)

Mit Gedichten wie diesem steht Kramer in einer vagantischen Tradition, der etwa auch der junge Bert Brecht auf den Spuren Francois Villons huldigte. Brechts Einfluss auf Kramer zeigt sich in einer vitalistisch-nihilistischen Sinnlichkeit ebenso wie in etlichen in der Halb- und Unterwelt angesiedelten Balladen. Unter den österreichischen Lyrikern pflegten der Paradeexpressionist Albert Ehrenstein und Hugo Sonnenschein alias Sonka erfolgreich die Pose des fahrenden Gesellen, der die Ordnung mit revolutionärem Pathos herausfordert. Eine eher individualanarchistische Haltung vertrat das lyrische Ich des Wahlsalzburgers (und immerhin Kleist-Preisträgers) Jakob Haringer, von dessen fast kindlich schlichten Liedern Arnold Schönberg einige vertont hat.

Im literaturkritischen Lagerdenken der zwanziger und dreißiger Jahre erfüllten diese Autoren das Stereotyp des ‚Jüdischen', ‚Wurzellosen', ‚Kosmopolitischen' und ‚Bolschewikischen'. Gerade dass sie den Nichtsesshaften ins Zentrum ihres Interesses rückten, wurde von der deutschnationalen, christlich-sozialen und nationalsozialistischen Presse mit gutem Grund als Gegenprogramm zu ‚Blut und Boden', zu Scholle und Ahnenkult verstanden. In einem Kommentar zum Titelgedicht von *Die Gaunerzinke*, mit dem Kramer 1927 ein Preisausschreiben des *Berliner Tageblatts* gewonnen hatte, meinte der NS-Ideologe Alfred Rosenberg:

Wir kennen Herrn Theodor Kramer nicht. Aber *eines* wissen wir: die Einfühlung in die Ostjudenseele ist ihm gelungen. Denn was die marxistische Führerschaft tut, ist nichts anderes, als Gaunerzinken aufs deutsche Haus zeichnen. Anstecken tun's dann die angeführten Massen. Man sollte Th. Kramer zum Hofpoeten der Demokratie erheben.[5]

Als „Hofpoet der Demokratie" scheint Kramer aus heutiger Sicht als Fortschrittlicher. Die mehr oder minder bieder gereimte Strophe trennt ihn jedoch zeitlebens von der lyrischen Avantgarde, wiewohl *Die*

---

5   Rosenberg 1983: 92. Hervorhebung im Original.

Gaunerzinke im Vagantischen Extravaganz beweist und unverkenn-
bare Leuchtspuren Georg Trakls und Georg Heyms enthält, die im
späteren Werk verblassen. Kramer selbst empfand die protokollarische
Hinwendung an die Welt als Befreiung von seinen mystisch-ichver-
sponnenen Anfängen. Zunächst habe er beim Schreiben „immer mehr
einem wilden Individualismus" gefrönt, der ihn fast in die Schizo-
phrenie getrieben habe: „Dann, plötzlich [...] gelang mir das Unver-
mutete und ganz Einfache: ich schrieb nieder, was mir früher bloß
Anlaß zum Schreiben und Ursache meiner Stimmungen gewesen
war."[6] Einer eigentümlichen Handwerkerehre verpflichtet, gelobte er
sich unbedingte dichterische Redlichkeit, die er nicht zuletzt jenen zu
schulden glaubte, die er zu seinem Thema machte.[7] So bekennt er sich
auch in seiner Sprache zu den Besonderheiten des ‚kleinen', des
provinziellen und plebejischen Lebens. Im Erstling ist das Panoptikum
seines wildwuchernden Werks bereits vollständig angelegt. Diese
Landstreicher, Taglöhner, Bettgeher, Fleischergesellen, Bäcker- und
Schusterbuben, an den Rand gedrängt, verachtet, verzweifelt, bemäch-
tigen sich im Rollengedicht ihres Autors, dem man bald ihre Schicksale andichtet.

Theodor Kramer, 1897 im niederösterreichischen Dorf Nieder-
hollabrunn geboren, kannte freilich das Landleben. Als Sohn des
jüdischen Gemeindearztes sah er sich selbst an den Rand gestellt und
zu distanzierter Beobachtung gezwungen. Vom Kriegsdienst an Leib
und Seele verwundet, ließ er sich in Wien nieder, begann ein Studium,
brach es ab und ging in den Buchhandel. In den zwanziger Jahren
bereitete er mit ausgedehnten Wanderungen durch Niederösterreich
und das Burgenland den stofflichen Boden für seine Lyrik. Kramer
war das, was man einen ‚wilden Hund' nennt, ein Frauenheld und
Schwerenöter; auch in den Jahren der Emigration, während der seine
Ehe mit der Rezitatorin Inge Halberstam zerbrach, fanden sich stets
dienstbare weibliche Geister.

Anfang der dreißiger Jahre lebte Theodor Kramer ausschließlich von seinen Einkünften als Schriftsteller. 1931 erschienen
bei Paul Zsolnay seine Kriegsgedichte *Wir lagen in Wolhynien im
Morast ...*, die als peinlich genaue Dokumentation des Schützen-
grabenalltags Furore machten. Auf den ersten Blick sind das Gedichte
vom Krieg, nicht *gegen* den Krieg: keine Rede von Satire und

---

6   Kramer 1983: 109.
7   Vgl. Brief Kramers an Michael Guttenbrunner vom 12. 8. 1950, in:
     Briefwechsel Kramer – Guttenbrunner. Vgl. Strigl 1995.

Agitation (wie bei Erich Kästner und Kurt Tucholsky) oder von Aufschrei und Empörung (wie bei Albert Ehrenstein). Kramers Buch liefert unspektakuläre Schwarz-Weiß-Aufnahmen: „Es glichen sich, dem Licht gleich, auch die Stunden, / ganz ohne Inhalt und doch ungewiß", heißt es in *Wir lagen in geräumiger Kaverne* ... Krieg, das ist hier ein Leerlauf, durchbrochen von Augenblicken der Hochspannung und begleitet von einer dumpfen Angst:

> Und in den Nächten, wann aus allen Falten
> gerieben war der schweißdurchtränkte Staub,
> vermeinten wir das mähliche Erkalten
> der Ebene zu hören, und ihr Laub,
> des Dinkels Wurzeln, die wie Mäuse scharrten
> im Mergel, der uns zu erdrücken schien;
> und manche schoben aufgesparte Schwarten
> mit trockner Zunge ängstlich her und hin. (Kramer 1984: 107)

Solche Bewältigung des kollektiven Erlebens sperrte sich nicht nur gegen das heroische Ideal der Rechten, sondern erregte auch bei Kramers Gesinnungsgenossen Anstoß. Der sozialdemokratische Kulturfunktionär und Schriftsteller Josef Luitpold Stern warf dem Dichter öffentlich Herzlosigkeit und Idyllisierung des Schrecklichen vor, Kramer entgegnete seinem Kritiker tief gekränkt.[8] Die Kluft zwischen Kramer und manchen Offiziellen der Sozialdemokratie erwuchs nicht bloß daraus, dass er sich nie als Parteidichter verstand, nie lyrisch agitierte. Sie hatte auch mit Kramers sinnlichem, sachlichem Realismus zu tun, der sich so gar nicht mit dem asketischen Idealismus der Austromarxisten, mit ihrem Glauben an den Neuen Menschen vertrug.

So setzte sich Theodor Kramer auch mit seinem Verhältnis zur Neuen Sachlichkeit zwischen alle Stühle. Unverkennbar gibt es eine Verwandtschaft in der Methode, gelegentlich auch im Ton, und doch wollte Kramer mit der Gebrauchslyrik eines Erich Kästner nichts gemein haben. Aufschlussreich sind hier vor allem Kramers Gedichte über Frauen, über Huren und Obdachlose, Rollengedichte, aber auch – etwa in dem Zyklus *Zeitungsausschnitte* (Kramer 1984: 51-67, bes.: 53ff.) – quasi versifizierte Gerichtssaalberichte und Polizeiprotokolle, die stark an Brechts Balladen und Moritaten erinnern, jedoch tendenziell weniger Distanz zwischen Gegenstand und lyrischer Perspektive herstellen. Kramer versenkt sich ganz und gar in seine

---

8   Vgl. Strigl 1993: 162ff.

Figuren, ihm ist es um eine empathische Chronik zu tun. Die Sachlichkeit des Beobachters dient nur als Mittel zum Zweck, hier wirkt
ein „verhaltenes Pathos"[9] im Wortsinn eines Leidens, das gleichsam
für sich selber spricht.

Gegen die Unterbringung des Kramerschen Werks, das sich
immerhin zu einem guten Teil offensiv um Großstadt und Industrie-
arbeit annahm, in der Schublade ‚Neue Sachlichkeit' haben sich auch
Zeitgenossen ausgesprochen. So gehörte Theodor Kramer zu den
repräsentativen Autoren der Dresdner Zeitschrift *Die Kolonne*, die
sich zur Neuen Sachlichkeit in ebenso heftiger Opposition befand wie
zu jeglicher Form von Tendenzliteratur. Kramer publizierte dort nichts
Programmatisches, stand aber in einer Reihe mit Autoren, die als
Zeugen für eine unpolitische, also ‚reine' Dichtung aufgerufen waren:
Günter Eich, Georg von der Vring, Peter Huchel, Richard Billinger,
Karl Heinrich Waggerl oder Guido Zernatto. Die Österreicher
Billinger, Waggerl und Zernatto hatten freilich ihren Anteil an der
damals tonangebenden und alles andere als unpolitischen Schollen-
ideologie, die beiden ersten sollten sich widerstandslos in das Konzept
der NS-Literatur fügen, Zernatto war schon um 1930 Heimwehr-
Funktionär und sollte unter dem autoritär regierenden Bundeskanzler
Kurt von Schuschnigg zum Staatssekretär und Minister avancieren.

Selbst im stark polarisierten Literaturbetrieb der zwanziger und
dreißiger Jahre war der Frontverlauf also nicht so klar, wie man aus
heutiger Sicht zu vermuten geneigt ist. Mit seinen Dorf- und Land-
schaftsgedichten passte Theodor Kramer gut ins Repertoire der
Kolonne, mit dem Kärntner Guido Zernatto, auf dessen Lyrik er
starken Einfluss hatte, befreundete er sich zunächst über alle weltanschaulichen Gräben hinweg.[10]

Josef Weinheber, der als lyrischer Beiträger der *Arbeiter-
Zeitung* nicht reüssierte und mit seinen klassizistischen Gedichten
später zum Paradedichter des Dritten Reiches aufstieg, machte sich in
seinem Dialektband *Wien wörtlich* (1935) über den „Sieg der Provinz"
lustig: „Der ane is Dante fürs Burgenland, / der andre Tiroler
Horaz. / Der Dritte is Salzburger Repräsentant, / der vierte ein
Hamsun aus Graz."[11] Zwei Jahre später bediente Weinheber selbst den
Zeitgeschmack mit *O Mensch, gib acht. Ein erbauliches Kalender-
buch für Stadt- und Landleute.*

---

9   Schmidt-Dengler 1981: 27.
10   Vgl. Strigl 2003.
11   Weinheber 1972: 20.

Wendelin Schmidt-Dengler hat der Lyrik der Ersten Republik einen „Exodus aus der Geschichte" nachgesagt, wie ihn Oswald Spengler prophezeite, nämlich gekoppelt mit einem Rückzug in die Provinz: „Daß sich auf dem Lande etwas verändern könnte, wird als unmöglich empfunden." Das Bild der modernen Wirklichkeit sei zu Ungunsten der Stadt verzerrt: „Wollte man diese Gedichte zur Grundlage einer sozio-ökonomischen Analyse machen, würde Österreich als ein reiner Agrarstaat, als ein alpines Arkadien dastehen."[12] Das Österreich der Zwischenkriegszeit war aber in der Tat noch immer ein stark agrarisch geprägter Staat, das ländliche Proletariat stellte einen bedeutenden Teil der Arbeiterschaft. Auch wenn Kramer von Schmidt-Dengler vorschnell in die Reihe der Geschichtsflüchtlinge gestellt wird (die moderne Technik ist in seinem Werk ebenso Thema wie soziale Unzufriedenheit), so kann man ihm andererseits ein gewisses Beharrungsvermögen, ein zähes Festhalten am Althergebrachten nicht absprechen. Karl-Markus Gauß hat den von Ernst Bloch entwickelten Begriff der „Ungleichzeitigkeit" in die Kramer-Rezeption eingeführt.[13] Gemeint ist damit das widersprüchliche Nebeneinander von kapitalistischen und vorkapitalistischen Struktu-ren, die ganze Landstriche zu einem Nischendasein verurteilen – oder befähigen, je nachdem. Fasst man Kramers Werk als eines auf, das sich dem Ideal eines linearen Fortschritts widersetzt, dann wird man auch im Sprachlichen fündig: Angesichts der vielen schon zur Entstehungszeit der Gedichte ungebräuchlichen Begriffe kann man Kramer, wie Gauß, eine „Ästhetik des Besonderen"[14] attestieren.

Abgesehen von Zernatto, hat Kramer hierin vor allem den jüngeren Wilhelm Szabo (1901-1986) beeinflusst, der den Zwiespalt zwischen Mensch und Natur, zwischen dem Zugereisten und der gar nicht heilen ländlichen Welt in Bänden wie *Das fremde Dorf* (1933) eindringlich thematisierte, später zu einem der Vertreter der Inneren Emigration wurde und viel später mit seiner ökologisch engagierten Lyrik der siebziger Jahre direkt an Theodor Kramers Pionierarbeit der Zwanziger anknüpfte: Gedichte wie *Einem Birkengestämm* oder *Vergifteter Wald* stehen damals einzigartig da. *Die sterbenden Flüsse* (1928) endet mit einem düsteren Ausblick:

Schon regelt das schöne Gefälle

---

12   Schmidt-Dengler 1981: 20, 23, 26.
13   Vgl. Gauß 1983, bes. S. 18.
14   Ebenda: 19.

der Bäche ein landfremdes Maß;
Schon hängt vor der Stadt in die Welle
der Rampen zementenes Gras.
Die Landschaft der Bäche und Flüsse
ist heute schon vielfach dahin;
bald werden, trotz reichlicher Güsse,
dem Meer zu nur Fahrrinnen ziehn. (Kramer 1989: 218)

Wenn Theodor Kramer über das Leben auf dem Lande schreibt, dann ist der Mangel, der Verlust meist mitbedacht. Es gibt allerdings auch etliche Gedichte, die der reaktionären Rezeption nicht nur unverdächtig schienen, sondern sogar ins Konzept passten: Gedichte von Bauernstolz und Zähigkeit, vom Wert der Ahnen und von trotziger Erdverbundenheit, die Anklänge an die völkische, ,verwurzelte', ,deutsche', ,gesunde', sei es katholische, sei es heidnische, jedenfalls mystische Schollenliteratur aufwiesen. So gelangte Kramers Gedicht *Im Buckelland*, eine Hommage an das niederösterreichische Waldviertel („krumm wird der Rücken und die Haut wird rissig, / das Leben ist noch Zucht und Brunst und Schweiß", ebenda: 647), nicht zufällig in die Anthologie *Der ewige Kreis*, von welcher der völkische, später prononciert nationalsozialistische Germanist Josef Nadler in seinem Vorwort sagt, sie wolle „bekennen, daß Österreich sich in seinen Dichtern des deutschen Wortes und seines Adels wohl bewußt ist".[15] So verschwanden Kramers Beiträge mit der Machtergreifung Hitlers nicht automatisch aus den reichsdeutschen Zeitungen – ein Landschaftsgedicht (*Maifeuer*) erschien noch im April 1933 in der Berliner *Literarischen Welt* in der Aufmachung einer NS-Ergebenheitsadresse unter der Rubrik *Deutscher Frühling*.[16] Kramer protestierte (ähnlich wie Oskar Maria Graf mit seinem berühmten Aufruf *Verbrennt mich!*) in der Wiener *Arbeiter-Zeitung* gegen die Vereinnahmung, deklarierte sich als Sozialdemokrat und verbot jeden weiteren Abdruck in Deutschland.[17] Seine Verdienstmöglichkeiten wurden durch die Einstellung der sozialdemokratischen Zeitungen im Gefolge des Bürgerkriegs im Februar 1934 auch in Österreich weiter eingeschränkt, wenngleich seine Gedichte durchaus in offiziösen Zeitschriften des Ständestaats unterkamen. Freunde unterstützten den Dichter mit einer regelmäßigen Zuwendung (angeblich gab es mehrere „Theodor Kramer-Vereine", die voneinander nichts wussten).

---

15   Nadler 1935.
16   Vgl. Strigl 1993: 145.
17   Vgl. ebenda.

1936 gelang es Ernst Karl Winter, dem linkskatholischen Vermittler zwischen Regime und Arbeiterschaft, in seinem Verlag Kramers üppigen Band *Mit der Ziehharmonika* herauszubringen. Gemäß der programmatischen Widmung „Für die, die ohne Stimme sind" kommen darin Ziegelbrenner und „Rübenzupfer" zu Wort, Schrebergärtner und Arbeitslose, Mägde und Knechte – zum Beispiel *Der böhmische Knecht*, dem sein Lebtag jeder alles missgönnt hat:

> Immer hat im Wirtshaus sich beim Zechen
> wer gemuckt, der mir mein Bier nicht gönnte
> und ein andrer hat mir vorgerechnet,
> was ich am Tabak ersparen könnte.
> Doch der Rausch ist mir mein Recht gewesen
> und der Pfeifenrauch die eigne Hütte;
> sehr entbehr ich beides, seit ich Besen
> binden muß und schon den Napf verschütte.
>
> Meine Lungen sind belegt und heiser,
> niemand wird mich also freundlich pflegen
> wie sie hierzuland die Paradeiser[18]
> zwischen Doppelfenstern reifen legen.
> Drum im Sonntagsstaat bei voller Flasche
> laß ich wiederum die Pfeife qualmen,
> weiß die Rebschnur in der Außentasche
> und ein Holzkreuz vor den Schachtelhalmen. (Kramer 1984: 163)

Das Gebiet zwischen Stadt und Land, die Peripherie mit ihren Halden und „Gstätten" (verwahrlosten Brachflächen) rückt ins Zentrum der lyrischen Wahrnehmung. Der Autor selbst posiert in diesem Revier als Straßensänger: „Das dreht sich zutaub wie ein Drehorgellied", heißt es in *Die Orgel aus Staub* (ebenda: 191), und damit ist zugleich der eigenartig schleppende, scheppernde Rhythmus dieser Verse getroffen, ihre öde, spröde und doch mitreißende, ja herzzerreißende Leier. Der niederösterreichische Blues lässt sich auch *Mit der Ziehharmonika* begleiten:

> Seufzend schrumpft der Schwall bald ein,
> schöpft bald aus dem Vollen,
> zieht mit sich, was schwingt an Wein,
> und des Volkes Grollen.
> Immer, bis mich deckt der Sand,
> ohne viel zu rasten,

---

18   Paradeiser: Tomaten.

wünsch ich so zu gehn, die Hand
trunken an den Tasten. (ebenda: 288)

„Des Volkes Grollen" gehört zu diesem plebejischen Gesang, doch es
bleibt unterschwellig. Kramers Rebellen, die slowakischen und
Banater Erntearbeiter, die ihrem Patron fluchen, neigen dazu, die
wahren Abenteuer im Kopf zu suchen. Sie planen keine Revolution,
sondern ballen die Faust im Hosensack. So wie Kramer sich in der
Szenerie der Großstadt eher für den Stadtrand interessierte, so steht in
seinem Werk nicht das städtische, sondern das ländliche Proletariat
(und Subproletariat) im Mittelpunkt, für das der Beruf des Ziegel-
brenners als typisch gelten kann. Vor allem aber sind etliche Texte
den Arbeitslosen der großen Wirtschaftkrise gewidmet, Gedichte wie
Ein Krampenschlag vor Tag und *Lied eines Ausgesteuerten* bilden
statistische Größen als Einzelschicksale ab (ebenda: 233, 240). So hat
Kramer mit seinem Engagement für die Zukurzgekommenen in Zeiten
des Massenelends eindeutig Partei ergriffen. Seinem weiten Spektrum
zum Trotz war er im Kulturbetrieb der Zwischenkriegszeit für viele
als „Sozi" gebrandmarkt. Die einschlägigen Schimpfwörter legte er
sich als Ehrentitel zu: „Ich hoffe sehr, daß ich unter anderem auch ein
Asphaltdichter bin, ein Kohlenrutschendichter, ein Stundenhotel-
dichter, ein Freß- und Saufdichter."[19] „Unter anderem", das meint
wohl den auf eigensinnige Weise bodenständigen Heimatdichter, als
den er sich jedenfalls empfand. Die Austreibung aus Österreich durch
die Nationalsozialisten kam denn auch wie ein Fluch über Leben und
Werk. Kramer hatte das Gefühl, „mit dem eignen Messer" (Kramer
1984: 369) seine Wurzeln aus der Erde drehen zu müssen. Der nach
dem Krieg veröffentlichte Zyklus *Wien 1938* dokumentiert
beklemmend schlicht, wie in diesen Tagen eine Person zur Unperson
gemacht, wie einem Juden sukzessive die Luft zum Atmen genommen
wird. Mit zwei Gedichten daraus, *Die Wahrheit ist, man hat mir nichts
getan* und *Wer läutet draußen an der Tür?*, kam Kramer zu seltenen
Lesebuchehren.

Als College-Bibliothekar in Guildford, wohin es ihn schließlich
verschlug, verlor Kramer buchstäblich den Boden unter den Füßen.
Mit *Die untere Schenke* (1946) blieb er seinem Thema und seinen
Typen treu, als lägen nicht sieben Jahre und der Ärmelkanal zwischen
ihm und seiner Heimat. Wo er sich mit seinem Gastland oder höchst
privaten Sorgen lyrisch befasste, fehlte meist die poetische Substanz,

---

19   Kramer zit. in Zohn 1983: 82. Vgl. Hansel 2001.

die für ihn offenbar eins war mit der Erde seiner Heimat.

In Kramers Exilwerk werden persönliche Gedichte, Gedichte, in denen lyrisches Ich und Autorperspektive zusammenfallen, häufiger, Resignation und Todesahnung bestimmen die Motivik:

> In diesen Tagen, da ich rasch schon schwinde,
> wird längst Vergangnes wieder in mir wach;
> mein eignes Leben ist's, das ich empfinde,
> und es bestätigt ständig sich, doch schwach.
> [...]
> Es ist ein dunkles Strömen ohnegleichen,
> das nachts in meiner Schwäche mich befällt;
> und viel vom Schreibtisch halln die Morsezeichen
> der Schreibmaschine klappernd in die Welt. (Kramer 1989: 524)

Aus diesen Zeilen scheint die prekäre Situation eines alternden, eines alten Dichters zu sprechen, der ganz in seiner Vergangenheit lebt, auch die Ausgesetztheit am Exilort, von dem aus das Geschriebene als Morse-Botschaft in die Welt verschickt wird.

Die zitierten Verse – Anfang und Schluss eines dreistrophigen Gedichts – hat Kramer jedoch im Alter von 34 Jahren geschrieben, im Wien des Jahres 1931. Der Meister des Rollenfaches äußert sich hier autobiographisch: Er hat eine schwere Krankheit mit langem Spitalsaufenthalt hinter sich. Erwin Chvojka hat darauf hingewiesen, dass Kramer „sich mehr als zwanzig Jahre lang dem Tode nahe" fühlte, es waren eigentlich mehr als 25 Jahre. „Eingebildete und echte Krankeiten" hätten ihn „zu dieser Vorstellung getrieben".[20] In der Tat war Kramer ein Hypochonder, „Patient der gesamten Heilkunde"[21], als Sohn eines Arztes in den Gefilden der Medizin bewandert und mit Lust zu akribischer Selbstbeobachtung ausgestattet. Diese Krankheit aber war echt, und schließlich hat Kramer dann Jahrzehnte später das wahrhaft tragische Schicksal des Hypochonders erlitten, der ernsthaft und tödlich erkrankt. Nach Erwin Chvojkas Diagnose sind Kramer im Exil die Kräfte geschwunden. Der Dichter, der 1939 seine Manuskripte in Wien zurücklassen musste, habe zwar, bis in einzelne Motive und Wendungen hinein, in der englischen Emigration „sein Werk gleichsam zum zweiten Mal" geschrieben, seine Sprache habe aber „Farbe und Gewalt" verloren:

---

20   Chvojka, Nachwort zu Kramer 1989: 733.
21   Brief Kramers an Michael Guttenbrunner vom 21. 7. 1952, in: *Briefwechsel Kramer – Guttenbrunner.*

Matt glänzen die Worte. Die langen Zeilen, einst polternd, schiebend, stoßend wie ein ungestümes, Steine führendes Gewässer, werden kurz und zahm. Erschütternd wird sichtbar, wie das Exil dem Vereinsamten buchstäblich die Luft zum Atmen nimmt: an die Stelle der krafterfüllten achtzeiligen Stollen treten vierzeilige Strophen, und es kommt die Zeit, wo eine einzige von ihnen für ein ganzes Gedicht zu gelten hat.[22]

Chvojka sieht in Kramers Altersgedichten in erster Linie die „Deformation des schöpferischen Menschen"[23] durch die Exil-Einsamkeit dokumentiert, und zwar sowohl in dem Teil des Werks, in dem der Dichter Atmosphäre und Figuren der Zwischenkriegszeit wiedererstehen lässt, als auch in jenem, in dem Kramer unverhüllt von sich selbst, von seiner persönlichen, gegenwärtigen Misere spricht. Dazu kommt, dass der Dichter im Exil den Anschluss an die zeitgenössische moderne Lyrik gänzlich verliert, selbst kaum Gedichte liest. Einen Versuch, Kramers Spätwerk nicht allein unter dem Blickwinkel des Abgesangs zu betrachten, hat in letzter Zeit Primus-Heinz Kucher unternommen. Er definiert Kramers Lage als eine, „in der die erbärmliche Alltäglichkeit des Exils mächtiger zu Wort kommt als jede programmatische Reflexion über Exilerfahrung an sich", und versucht die lyrischen Schwundstufen – mit Kramer – als positiven Neuansatz, als zunehmende „Verdichtung und Verknappung nach innen" zu deuten.[24]

Betrachtet man Parallelgedichte aus Kramers Wiener und Londoner bzw. Guildforder Zeit, so findet man nun gerade in den Rollengedichten keineswegs immer die von Chvojka beschriebene poetische Verdünnung und Kraftlosigkeit. So liegen zwischen *Das Gehöft* (1927) und *Stromers Haus* (1947) genau zwanzig Jahre. Das Grundmotiv ist dasselbe: Ein Vagabund kommt auf einen (das eine Mal wegen einer Grippeepidemie, das andere Mal während der Erntezeit) verlassenen Hof und findet sich plötzlich in einer ungewohnten Rolle:

Die Forke stak im faulen Heu,
das Fürtuch[25] säumte blau mich ein;
zumaß ich Bock und Geiß die Streu
und fegte Stall und Fliesen rein.

---

22   Chvojka, Nachwort zu Kramer 1989: 729.
23   Ebenda.
24   Kucher 2000: 282, 294.
25   Fürtuch: Arbeitsschürze.

Kamin und Hausrat glommen blank,
kein Weberknecht beging die Wand,
und schartig schrie im Zaungerank
der Kauz, als ich zur Bettstatt fand. (Kramer 1989: 37)

Auch im späteren Gedicht, das statt vier Strophen nur deren drei hat, spielt der Stromer Bauer und versorgt, noch ehe er den eigenen Hunger stillt, die hungrigen Tiere:

Der Kettenhund verbellte mich,
es rasselte im Stall;
die blauen Fliegen lösten sich
vom Sims mit lautem Schwall.
Das Geißblatt duftete wie toll,
mir ward ich weiß nicht wie;
ich schöpfte alle Eimer voll
und tränkte still das Vieh. (ebenda: 690)

Die Unterschiede im Versbau sind hier nicht signifikant: Eher fällt in *Das Gehöft*, das aus Kramers allerfrühester „charakteristischer" Phase stammt, neben expressionistisch-metaphorischen Relikten der Detailreichtum der Beschreibung auf, bei der es der Autor auch bewenden lässt. Die Sehnsucht des Nichtsesshaften, einmal Hausherr zu sein, wird in beiden zitierten Strophen durch die Farbe Blau angedeutet. In *Das Gehöft* wird über die geheimnisvolle Spannung zwischen der Lust am Wirtschaften und der Lust am Gehen nichts weiter gesagt, sie wird gezeigt: „Der Knauf stand gut in meiner Hand / und kachelklar vor mir das Kar; / so schied ich aus dem Wannenland, / in dem ich dunkel Bauer war." (ebenda: 37) *Stromers Haus* hingegen deutet am Schluss eine Interpretation an: „So lag ich, bis im Grannenland / der Schatten wuchs ein Stück; / doch oft noch denk ich, wegverbrannt, / ans leere Haus zurück." (ebenda: 690) Das im Exil entstandene Gedicht ist eher als Resümee angelegt, als voll und ganz im Vergegenwärtigten aufzugehen, und scheint so den Typus zu vertreten, den Kramer in seinem Spätwerk angestrebt hat. Dass weder die Sinnlichkeit der Stimmung noch die Kompaktheit der Form hier unter der Vereinfachung leidet, mag etwas mit der Entstehungszeit zu tun haben.

1947 ist Kramer zwar schon fünfzig, aber doch durchaus in Aufbruchsstimmung und seiner Heimat auch emotional näher denn je: Gleich nach Kriegsende, im Juni '45, hat er in einem Brief (an Helmut Krommer) geschrieben: „Mein Café ist übrigens (ernsthaft) das Café

Schottentor gegenüber der Universität."[26] Sein Café „ist", nicht: „war" das Schottentor, das Stammcafé im Präsens verbürgt Theodor Kramers Heimatrecht, er scheint mit einem Fuß schon wieder auf österreichischem Boden zu stehen.

Im August 1945 wendet Kramer sich an den damaligen Wiener KPÖ-Stadtrat für Kultur Viktor Matejka (der eigentlich aus dem linkskatholischen Umfeld kommt, Leiter der Ständestaats-Arbeiterbüchereien war und den Kramer noch von früher her kennt) und legt ein eindeutiges Bekenntnis ab: „Ich finde, daß mein Platz in Österreich ist." Er brauche aber, da dauernd kränklich, „irgendeine Stellung" in einer Bibliothek oder ähnliches, um als „Dichter und kulturpolitisch" tätig sein zu können.[27] Kramer hat (wie er in einem Brief an Paul Elbogen feststellt) das Gefühl, „fast ganz in Vergessenheit geraten" zu sein: „Leben in der Provinz, politische Zänkereien, Freunderlwirtschaft, Vorherrschaft der Nichtskönner, die ihr Österreichertum plötzlich unter großem Geseires in London entdeckten, das mag einiges erklären."[28]

Kramer ist energisch entschlossen, sich zu Hause wieder ins Gespräch zu bringen. Noch im Jahr 1945 schreibt er mehrmals an Otto Basil, der in der ersten Nummer der von ihm neu gegründeten Zeitschrift *Plan* etliche Gedichte Kramers abgedruckt hat: „Ich möchte sobald als möglich endlich Kontakt bekommen und schon von hier aus am Kulturleben Österreichs teilnehmen." Kramer selbst spricht davon, „von all diesen Dingen ausgeschaltet" zu sein, und von seiner „Ungeduld". Zugleich geht es ihm darum, für sein umfangreiches Manuskript *Lob der Verzweiflung* einen Verlag in Österreich zu finden.[29] Im Frühling 1946 lässt Kramer sein Gespür für den Kairos erkennen, den es nun zu ergreifen gelte:

> Ich könnte jetzt wahrscheinlich eine Stellung in Wien durch Dr. Matejka haben, später dürfte sich sehr schwer dort etwas für mich finden. […] Ich sollte drüben Eindrücke aufnehmen und gestalten, ferner das Leben meiner Landsleute teilen, da ich fortfahre Gedichte in deutscher Sprache zu schreiben und mich noch immer als einen österreichischen Dichter betrachte.[30]

Dass Kramer sich dabei ein sogenanntes Hintertürl offen lässt, ist einem Brief an Viktor Matejka zu entnehmen:

26 Zit. in Chvojka/Kaiser 1997: 78.
27 Ebenda.
28 Ebenda: 79. *Geseres, Geseires* (jidd.): Gejammer, Aufregung.
29 Brief Kramers an Otto Basil vom 23. 12. 1945, in: *Briefwechsel Kramer – Basil.* Der Band wird erst 1972 publiziert.
30 Zit in: Chvojka/Kaiser 1997: 80.

Ich befinde mich in einem schweren und schmerzlichen Gewissenskonflikt. Meine Anwesenheit in Österreich wäre erforderlich, um am kulturellen Wiederaufbau teilzunehmen [...]. Ohne richtige Kost, Wärme und Medikamente würde ich im Augenblick aber wohl nicht lange arbeiten und schaffen können. Ich habe aber auch die Pflicht, meine vielen Gedichte zu sichten, anzuordnen und zu feilen, denn ihre Wirkung ist vornehmlich auf eine lange Sicht.[31]

Auf die Idee, dass er das auch in Wien tun könnte, kommt Kramer nicht, und von den genannten Bedingungen wird in den kommenden Jahren immer wieder die Rede sein, wenn es gilt, Gründe fürs Bleiben-müssen zu finden. Nach einer Krankheit im Winter 1946/47 rückt die Heimkehr für Kramer wieder weiter weg, er registriert auch, dass von seinem 50. Geburtstag am 1. Jänner 1947 „weder die Regierung noch die Stadt Wien, deren Preisträger ich war, noch irgendein Schriftsteller-verband in Österreich" Notiz genommen habe.[32] Dennoch schreibt Kramer im September desselben Jahres an Elbogen, Wien wolle nun seine Pläne wissen, und so werde er sich wohl „entscheiden, Ostern 1948 nach Wien zurückzugehen. Auch daß ich dort in einer großen Stadt lebe und daher nicht ganz einsam sein dürfte, spielt bei diesem Entschluß eine Rolle."[33]

Wenn es auch erst zehn Jahre später, unter viel schlechteren Voraussetzungen, dazu gekommen ist: 1947 schien der Gedanke an eine Rückkehr realistisch, und diese konkrete Hoffnung ist den Gedichten jener Zeit anzumerken. Mit Fortdauer der Emigration nehmen immer mehr Stücke den Charakter eines Eigenplagiats an, das mit Hilfe motivischer Versatzstücke die verlorene Heimat – und Jugend – beschwören soll. Auch während seiner Zeit in England hat Kramer das eine oder andere Exemplar zweimal verfertigt; unter den Wandergedichten, die grundsätzlich einen stärkeren autobiographischen Anstrich haben, etwa *Durchs Buckelland* (1949). Es beginnt: „Wir schreiten scharf und sonnverbrannt / seit Tagen schon durchs Buckelland" (Kramer 1989: 695); sein Pendant entstand 1956 und fängt ganz ähnlich an: „Wir schreiten scharf durchs Buckelland; / das Gras ist fahl, der Farn verbrannt" (Kramer 1985: 345). Die Motivik gleicht sich bis ins kleinste: Dem Ich wächst ein Bart, die Hand der Begleiterin wird schwielig vom Wanderstock, man kocht beim Bach,

---

31   Ebenda.
32   Ebenda: 81.
33   Ebenda: 84.

die Post wird nicht nachgesandt. Im Exil wandelt sich die Vorstellung, die heimatliche Landschaft zu durchwandern, zur Obsession, der Topos zur Utopie.

„Am Abend schmeckt zur Bauernkost / aus irdnem Krug der Apfelmost; / dann grab ich in der Kammer stumm / in deinem guten Acker um, / als wär das so für immer." So schließt das erste Gedicht und das zweite: „es schmerzt die Schärfe des Gesichts, / wie nie lebendig, schert uns nichts; / oh, nähm dies nie ein End!" Vor allem im ersten Gedicht bedeutet die Wanderung eine Rückkehr zur natürlichen, vorindustriellen Lebensweise ohne die Segnungen der Zivilisation (wie etwa die Post). Der perfekten Idylle im Zeichen des irdenen Krugs steht nur der Refrain entgegen: „als wär das so für immer". Das Wandern ist hier so etwas wie ein schöner Ver-zweiflungsakt; im späteren Gedicht ist das Schmerzhafte besonders akzentuiert. Das Glück, dem der Wandernde hinterherläuft, wird als flüchtig ausgewiesen. In der Beschwörung ist der Verlust bereits präsent. Angestrebt wird Selbstvergessenheit, doch zugleich nimmt das Ich, „wie nie lebendig", sich selbst gesteigert wahr, es erlebt im Gehen, im Über-Sich-Hinausgehen, in der schrittweisen Einverleibung von Welt eine Art Rausch.

Um die Feier des Exzesses im wörtlichen Sinn, um den „Überschwang", wie er es nannte, war es Kramer vor allem zu tun;[34] er sollte – im Schreiben – den Dichter an der Intensität des Lebens teilhaben lassen, sie in der Erstarrung der Emigration stets aufs neue erzeugen – sowohl im Ergebnis, als auch im Prozess, sagte Kramer doch in einem Brief an Michael Guttenbrunner, die Befriedigung beim Schreiben eines Gedichtes, von dem „man weiß, daß es gelingen wird", könne „an Heftigkeit nur mit dem Orgasmus verglichen werden".[35] Tatsächlich schrieb Kramer in England wie ein Süchtiger.

Zwischen dem Bekenntnis zum Produktionsexzess und der „buchhalterischen Schreibpraxis" des Dichters (Kucher),[36] muss man keinen Widerspruch vermuten: Was Kramer seine „lyrische Manu-faktur" nannte,[37] war durch die Erzeugung einer Art Drehorgelton gekennzeichnet, bei dem ja auch das Magische aus dem Mechanischen

---

34   Hierin sieht Kramer selbst eine Nähe zu Josef Weinheber. Vgl. *Requiem für einen Faschisten*, in: Kramer 1984: 399, und Strigl 2000.
35   Brief Kramers an Guttenbrunner vom 5. 9. 1951, in: *Briefwechsel Kramer – Guttenbrunner.*
36   Kucher 2000: 279.
37   Brief Kramers an Guttenbrunner vom 12. 8. 1951, in: *Briefwechsel Kramer – Guttenbrunner.*

zu entstehen vermag. Der Ausstoß eines Lebens beläuft sich bei Kramer auf 10.000 Gedichte, was einen Durchschnitt von einem Gedicht pro Tag ergibt. Ausschussware ist da unvermeidlich.

Vor diesem Hintergrund haben die lyrischen Reminiszenzen an die Vergangenheit nichts mit Einfallslosigkeit zu tun, sie sind vielmehr Lebenselixier: Rückgriff auf eine existentielle Erfahrung, die auch literarische Intensität verbürgt. In welcher Weise dieses Anzapfen der eigenen, teils versiegten Lebenssäfte bei Kramer funktioniert, zeigt eine Brief-Passage an Guttenbrunner vom Juli 1952, in der Kramer sich über die Hitze beklagt und von dem Entstehen eines Gedichts mit dem Titel *Sind wir nicht zwei fesche Buben* berichtet:

> Denn in Wirklichkeit ist es eine rauhe Herbstnacht, ich bin mit meinem Spezi aus den Gemüsefeldern vor Kagran in ein Tschoch in der Leopoldstadt gekommen, Pomade im Haar, in Glockenhosen, um Radau zu machen, weil in der Bretterhütte die Einsamkeit hockt und ein Gspusi sucht.[38]

„In Wirklichkeit" geschieht für Kramer ganz selbstverständlich das, was sich in der Vorstellungswelt des Gedichts abspielt, in der das Dichter-Ich sich in einen jungen Draufgänger verwandelt hat. Kramer hat seine Reminiszenzen freilich auch anderen Typen und Figuren gewidmet, nicht zuletzt, wie schon früher, alten Leute beiderlei Geschlechts. Diese Art von Altersgedichten gewinnt nun naturgemäß eine autobiographische Note – mitunter durchaus in der von Kramer angestrebten prägnanten Form wie in *Der alte Maler*, *Der alte Zither-spieler* („Werft mir was in meinen Lodenhut, / brauch nicht mehr, als was ihr hier vertut, / wär der Satz des Lebens nicht so bitter, / kläng nicht süß wie Silber meine Zither", Kramer 1985: 296) oder noch schlichter, kurzatmiger und lakonischer, mit jeweils gleichbleibender erster und letzter Strophenzeile, im fünfstrophigen *Lied des Stromfischers*: „Ich werde immer älter, / die Fische werden kleiner, / die Kormorane sterben / und lauter rauscht der Strom." (ebenda: 563)

Dass im Strom der große Strom des Todes rauscht, der anschwillt, um irgendwann alles mit sich zu reißen – so subtil hat Kramer sich nicht immer mit dem Thema Vergänglichkeit ausein-andergesetzt. Viele seiner persönlichen Gedichte vor allem der fünfziger Jahre haben den Ton einer barocken Klage, dem der Autor bisweilen auch seine nihilistischen Prinzipien zu opfern scheint.

---

38 Brief Kramers an Guttenbrunner vom 21. 7. 1952, in: *Briefwechsel Kramer – Guttenbrunner*. *Tschoch*: einfaches Lokal, *Gspusi*: Liebschaft.

Die meisten dieser Verse reden dennoch nicht von einem Sich-dreinfügen in Gottvertrauen, sondern von Selbstaufgabe ohne jede Hoffnung. „Ich hab mich fallen lassen, / mich völlig fallen lassen; / ich möchte endlich ruhn, / ich möchte nichts als ruhn." (Kramer 1989: 618) Mit dem barocken Bejahen des Todes und der Abwertung des Lebens als einer Form des Sterbens hat das nichts zu tun. Kramers Mystik ist eine durch und durch diesseitige, und zur *Verleugnung der Welt* (wie eine Ode von Andreas Gryphius heißt) lässt er sich auch in seinen Altersgedichten nicht hinreißen. Dieser Dichter hadert mit sich selbst, mit dem Versagen angesichts des eigenen Werks, das es zu ordnen, zu sichten gälte. Motivisch häufen sich Staub, Rost und Asche, Laub und Blüten als Signale des Vergänglichen, allesamt schon aus Kramers früher Lyrik bekannt, nun aber auch – oft plump – direkt apostrophiert. So achtbar die lyrische Qualität des einen oder anderen Vanitas-Gedichts sein mag: Dieser Typus entsprach gewiss nicht dem, was Kramer zeitlebens von seinem eigenen Schreiben verlangt hat. In einem Brief vom 3. Feber 1952 schreibt Kramer an Guttenbrunner: „Ich lasse mich nun in persönlichen Gedichten gehen, nach einer 25jährigen Praxis als Realist und Sparmeister."[39] Kein Zweifel, dass auch die Abschiedslieder in diese Kategorie fallen: In einem gänzlich anti-lyrischen Verständnis war für Kramer jede Nabelschau ein Sich-gehen-Lassen, ein Verrat auch an denen, zu deren Sprachrohr er sich gemacht hat. *Gespart* hat Kramer da nicht an Worten, sondern an Gefühl, an metaphorischer Ausschmückung, an gedanklichem Beiwerk.

Das Herunterschrauben der eigenen Ansprüche bringt eine Art von drastischen Gedichten hervor, die nicht bloß in derber Sprache das erotische Milieu der Halb- und Unterwelt behandeln, wie Kramer das etwa in der *Oh Marie*-Serie der späten vierziger Jahre getan hat. Schon seine Liebesgedichte im engeren Sinne nennen die Dinge zwar durchaus zart, aber doch so unverblümt beim Namen, dass Kramer seine zeit-genössische Zuhörerschaft bisweilen in ärgste Verlegenheit gebracht hat. Die Emigrantin Anna Krommer schildert eine Lesung Kramers in der Wohnung ihres Vaters, die den lauschenden englischen Fräulein die Schamröte ins Gesicht getrieben haben soll.[40]

Darüber hinaus huldigt Kramer der Drastik im Bereich persönlichster Erfahrung. Seine Situation ist jedenfalls ab 1950 in der

---

39   Brief Kramers an Guttenbrunner vom 3. 2. 1952, in: *Briefwechsel Kramer – Guttenbrunner.*
40   Zit. in Chvojka/Kaiser 1997: 72ff.

Tat bedauernswert: Ein Nervenzusammenbruch samt Klinikaufenthalt folgt dem anderen. Kramer hat körperliche Beschwerden. Von Österreich erwartet er sich inzwischen wenig, man gestehe dort nicht ein, am Sieg des Nationalsozialismus beteiligt gewesen zu sein und erwarte vom heimkehrwilligen Emigranten, er müsse „einen Buckel machen".[41]

Kramer schreibt vom Irrenhaus – und natürlich von Sex im Irrenhaus (Kramer 1989: 576). Er schreibt im Zyklus *Die Fratze* von der Gesichtslähmung (ebenda: 579ff.), die ihn im Gefolge eines Schlaganfalles heimsucht. Er tritt als Geschlagener die Flucht nach vorn an und versucht es mit Humor: „Wenn ich zu guter Letzt zur Hölle fahre, / wird dort das Wetter wie in England sein, / wo ich mein Leben frist ein Dutzend Jahre / und wo ich schwitze wie ein Warzenschwein." (ebenda: 557) In seinen drastischen Altersgedichten wird Theodor Kramer Opfer seines eigenen lyrischen Programms: die ganze Breitseite des Lebens zu gestalten, keinen Bereich davon auszunehmen. Kramers Hang zum Anrüchigen, ja Fäkalischen, den Robert Neumann schon in seinen Parodien der dreißiger Jahre aufs Korn genommen und über den sich Elias Canetti mokiert hat, führt ihn nun ungemildert mitten die – – – Bredouille.

Mag sein, dass Kramer, seinem Ruf als Dichter des Unaussprechlichen auf den Leim gehend, sich in seinem Elend dennoch an diesen Gedichten berauscht, mit ihnen betäubt hat. Ähnlich, wie er es in dem Gedicht *Wer zum Branntweiner kommt* beschreibt:

> Wer zum Branntweiner kommt, will sein Elend nicht tragen,
> er braucht einen Hieb auf den Schädel geschlagen,
> der wie einen störrischen Ochsen ihn fällt,
> und das kann der Branntwein wie nichts auf der Welt. (Kramer 1984: 541)

Auch solche Gedichte hat Kramer im Exil geschrieben – Gedichte, die den volkstümlichgroben Zugriff nicht scheuen, ohne auf sprachliche Gestaltung zu verzichten. Dem Dichter war es grundsätzlich weder um Erhebung noch um Erbauung zu tun, sein Anspruch hatte etwas Brachiales. Gegenüber Michael Guttenbrunner bekannte Kramer, er wolle „Gedichte schreiben, die wie ein Rasiermesser aus Solinger Stahl mit einem Schnitt die Gurgel durchschneiden. Ein Hieb auf den Kopf, ein Griff ans Geschlecht, ein Tritt in den Hintern."[42]

In seinen späten Briefen erwähnt Theodor Kramer des öfteren

---

41   Vgl. ebenda: 95.
42   Zit. in Sulzbacher 1984: 208.

bewundernd die Reproduktion eines Selbstportraits von Rembrandt, die bei ihm an der Wand hänge: Der Maler, „alt, versoffen, voll souveräner Verachtung".[43] Um diese Souveränität hat Kramer in seinem Exilwerk gerungen – nicht immer erfolgreich. Als die Heimkehr spät, fast zu spät, gelang, stellte sich bittere Ernüchterung ein. Das Wien der fünfziger Jahre ist nicht sein Wien: „erst in der Heimat bin ich ewig fremd", resümiert er in dem Gedicht *Wiedersehen mit der Heimat* (Kramer 1989: 590).

Kramers ureigene literarische Leistung liegt wohl in der Opulenz des Gegenständlichen, das stets aufs neue über sich hinausweist. Der Punkt, an dem gleichsam Materie in Atmosphäre umschlägt, ist dabei nicht leicht zu fixieren. Kramers Gedichte sind von der heimatlichen Landschaft geprägt, vom Lößland, vom Weinland, vom „Buckelland", vom Böhmerwald, und sie prägen sie wiederum auf ihre Weise: Wer diese Verse kennt, der wird diese Gegenden im Burgenland, im Wein-, Wald- und Mühlviertel nicht mehr anders als in ihrem Spiegel erleben:

> Schwarz steht auf den Höhen der herbstliche Wald,
> ein Steinfalke hängt in die Leere verkrallt
> und treibt still dahin bis zum Saum;
> der kalkige Raster der Steinraine trennt
> ein Grasstück vom andern, den Kamm entlang brennt
> in Reihen der Vogelbeerbaum.[44]

Der Sog des Nichts ist allgegenwärtig in dieser Lyrik, immer ist es, „als bräche hinterm nächsten Bühl / ins Bodenlose ab die Welt".[45] Als untrennbare Kehrseite der Melancholie manifestiert sich der „Überschwang" in Kramers Werk. Seine Protagonisten sind Getriebene und Triebgeplagte:

> Die Stoppeln schmerzen im Gesicht,
> süß kommt es aus den Wipfeln her;
> der Gurt ist eng, der Sack ist leer,
> das Hemd ist naß; du hältst mich nicht!
> Heut nacht gehn die Akazien auf. (Kramer 1984: 231)

Das irritierende Diktat des Leibes bedeutet Lust und Schmerz, bisweilen Verzückung und Entrückung. So ist in dieser realistischen

---

43 Brief Kramers an Guttenbrunner vom 18. 12. 1952, in: *Briefwechsel Kramer – Guttenbrunner.*
44 *November im Böhmerwald*, in: Kramer 1985: 100.
45 *Herbst im Buckelland*, in: Kramer 1989: 148.

Lyrik auch Platz für eine magische Unschärfe, eine irdische Mystik. Kramers sinnliche Anschaulichkeit und Anrüchigkeit verstört. In seinen Gedichten geht es nicht fein zu. Und viele Helden, die sich nach etwas verzehren, verzehren auch etwas. Der Anspruch auf ein Minimum an leiblichen Genüssen, wie ihn etwa *Der böhmische Knecht* verkörpert, diskreditiert letztlich die Verhältnisse, wie sie sind. Für Kramer gehört all das zu seinem Begriff von Wahrheit – wiederum kulinarisch: „Rosinen aus einem Kuchen zu klauben, hab ich stets verschmäht, und mein Kuchen ist ein Kletzenbrot."[46]

Literaturverzeichnis

Briefwechsel Theodor Kramer – Michael Guttenbrunner: *Nachlass Kramer, Erwin Chvojka,* Wien. Eine Kopie liegt im Archiv des Robert-Musil-Instituts, Klagenfurt.

Briefwechsel Theodor Kramer – Otto Basil: *Nachlass Basil,* Österreichisches Literaturarchiv der Österreichischen Nationalbibliothek, Wien.

Canetti, Elias. 1973. *Die Provinz des Menschen. Aufzeichnungen 1942-1972.* München: Hanser.

Chvojka, Erwin/Kaiser, Konstantin. 1997. *Vielleicht hab ich es leicht, weil schwer, gehabt. Theodor Kramer 1897-1958. Eine Lebenschronik.* Wien: Theodor Kramer Gesellschaft.

Doderer, Heimito von [d-r.]. 1929. 'Die Gaunerzinke.' In: *Der Abend,* 14. 2. 1929.

Gauß, Karl-Markus. 1983. *Natur, Provinz, Ungleichzeitigkeit. Theodor Kramer und einige Stereotypien der Literaturwissenschaft.* In: Kaiser 1983: 14-25.

Hansel, Michael. 2001. *Der Brief im 20. Jahrhundert. Dargestellt anhand eines Fallbeispiels: Der Briefwechsel des Dichters Theodor Kramer mit dem Literaturwissenschaftler Harry Zohn (1951 bis 1958).* Masch. Dipl. Wien.

Kaiser, Konstantin (Hrsg.). 1983. *Theodor Kramer 1897-1958. Dichter im Exil. Aufsätze und Dokumente.* Wien: Dokumentationsstelle für neuere österreichische Literatur (= Zirkular Sondernummer 4).

---

46 Brief Kramers an Guttenbrunner vom 11. 7. 1954, in: Briefwechsel Kramer – Guttenbrunner. *Kletzen*: getrocknete Birnen, *Kletzenbrot*: ländliche Spezialität mit Dörrfrüchten.

Kramer, Theodor. 1983. [Skizze für den Schlesischen Rundfunk, 4. 6. 1931]. In: Kaiser 1983, S. 109f.

Kramer, Theodor. 1984. *Gesammelte Gedichte in 3 Bänden*. Hrsg. v. Erwin Chvojka. Wien, München, Zürich: Europaverlag. Bd. 1.

Kramer, Theodor. 1985. *Gesammelte Gedichte in 3 Bänden*. Hrsg. v. Erwin Chvojka. Wien, München, Zürich: Europaverlag. Bd. 2.

Kramer, Theodor. 1989. *Gesammelte Gedichte in 3 Bänden*. Hrsg. v. Erwin Chvojka. Wien, München, Zürich: Europaverlag. Bd. 3.

Kucher, Primus-Heinz. 2000. *„Wie das Laub, das grün verdorrt [...] schwinde vor der Zeit ich fort." (1. 9. 1954) – Theodor Kramers Lyrik und „lyrische Manufaktur" in den 50er Jahren*. In: Staud/Thunecke 2000: 275-297.

Lissauer, Ernst. 1983. *Ein neuer Lyriker: Theodor Kramer*. In: Kaiser 1983: 89-92.

Nadler, Josef. 1935. *Vorrede* zu: *Der ewige Kreis. Eine Anthologie neuer österreichischer Lyrik*. Hrsg. v. Otto Brandt-Hirschmann. Wien-Leipzig: Deutscher Verlag für Jugend und Volk 1935.

Rosenberg, Alfred. 1983. *Die Lyrik der Gaunerzinke*. In: Kaiser 1983: 92.

Schmidt-Dengler, Wendelin. 1981. 'Gedicht und Veränderung. Zur österreichischen Lyrik der Zwischenkriegszeit.' In: *Formen der Lyrik in der österreichischen Gegenwartsliteratur*. Hrsg. v. Wendelin Schmidt-Dengler. Wien: Österreichischer Bundesverlag: 14-30.

Staud, Herbert / Thunecke, Jörg (Hrsg. im Auftrag der Theodor Kramer Gesellschaft). 2000. *Chronist seiner Zeit – Theodor Kramer*. Klagenfurt: Drava Verlag (= Zwischenwelt 7).

Strigl, Daniela. 1993. *„Wo niemand zuhaus ist, dort bin ich zuhaus". Theodor Kramer – Heimatdichter und Sozialdemokrat zwischen den Fronten*. Wien, Köln, Weimar: Böhlau (= Literatur in der Geschichte, Geschichte in der Literatur 25).

Strigl, Daniela. 1995. *Zwei ungleiche Gesellen – Michael Guttenbrunner und Theodor Kramer*. In: Michael Guttenbrunner. Hrsg. v. Klaus Amann und Eckart Früh. Klagenfurt: Ritter: 135-150.

Strigl, Daniela. 2000. *„Erschrocken fühl ich heut mich dir verwandt". Theodor Kramer und Josef Weinheber*. In: Staud/Thunecke 2000: 255-274.

Strigl, Daniela. 2003. 'Guido Zernatto (1903-1943).' In: *Literatur und Kritik 375/376 (Juli):* 95-110.

Sulzbacher, Irm. 1984. *Der Briefwechsel zwischen den Dichtern Theodor Kramer und Michael Guttenbrunner (1951-1958).* Masch. Diss. Wien.

Weinheber, Josef. 1972. *Wien wörtlich.* O.O.: Hoffmann & Campe.

Zohn, Harry. 1983. *Aus Theodor Kramers letzten Jahren.* In: Kaiser 1983: 81-87.

Arno Rußegger

CHRISTINE LAVANT – EIN PORTRÄT

Um vermitteln zu können, wer sich hinter dem Psyeudonym Christine Lavant verbirgt, ist es notwendig, den eigentlichen Ausführungen einige allgemeine Bemerkungen voranzustellen. Denn ihre Dichtung, um die es in erster Linie geht, ist „in der Welt noch nicht so [bekannt], wie sie es verdient [...]". Diese Ansicht vertrat im Jahre 1987 niemand Geringerer als Thomas Bernhard.[1] Seit damals sind die Vorstellungs- und Erinnerungs-bilder, die es von einer der bedeutendsten österreichischen Dichterinnen der Nachkriegszeit gibt, vielfältig und erstaunlich widersprüchlich geblieben: Befragt man Zeitzeugen, wie das im Rahmen eines vom österreichischen Forschungsfonds (FWF) geförderten Projekts mit dem Ziel einer kritischen Edition der Werke Christine Lavants[2] oft geschehen ist, dann verfestigt sich zum einen das Image der „einfachen Frau vom Lande", einer literarischen Autodidaktin, die künstlerisch eine Naturbegabung von urwüchsiger Spontaneität und Intuition gewesen sei. Verbreitet ist auch die Rede vom „Kräuterweiblein" und ihrer „Bauernschläue" oder davon, dass sie mitunter faszinierender Mittelpunkt von gesellschaftlichen Ereignissen war, sprühend vor Witz, Charme und Humor, durchaus in der Lage, verbal ganze Tischrunden zu unterhalten.[3] An Äußerlichkeiten blieben ihr an Selbststilisierung grenzendes Faible für dunkle Kleidung und Kopftücher im Gedächtnis, ebenso ihre Vorliebe für filterlose Zigaretten (insbesondere „Players Navy Cut"!) sowie ihre Angewohnheit, in Gesellschaft angestrengt und mit schiefgeneigtem Kopf den Gesprächen zu folgen. Einige nahmen sie zum anderen nur als „Bettlerin" wahr, ohne geregelte Einkünfte und auf das Wohlwollen anderer angewiesen, wieder andere als Frau mit einem

---

1   Lavant 1987: 91.
2   „Kritische Buch-Edition der Werke Christine Lavants", P15241, Laufzeit 2002 bis 2005, Leitung: Klaus Amann.
3   Vgl. Wigotschnig 1978: 18f.: „Wer Chr. L. näher kannte, weiß um ihre schillernde, viele Facetten des menschlichen Wesens beherrschende Persönlichkeit Bescheid; in Perioden großer Aktivität sprühte sie in Gesprächen von Geist und Witz und strahlte eine Überlegenheit aus, die alle Anwesenden faszinierte und in ihren Bann zog."

„philosophischen Kopf", die über fernöstliche Weisheiten Bescheid wusste. Auch las sie u.a. Werke von Martin Buber und führte mit ihm (und vielen anderen) eine niveauvolle Korrespondenz, wobei sie selbstbewusst und stolz ihre eigenen Ansichten vertrat. Die hier nur skizzierte Vielgesichtigkeit[4] der Christine Lavant spiegelt sich darüber hinaus auf psychischer Ebene: Einerseits wird von Niedergeschlagenheit, Melancholie, depressiven Stimmungen und Gefühlslabilität berichtet und andererseits von Vitalität, Lebenslust, Sinnlichkeit, Humor, Schlagfertigkeit, Witz und einem Zug ins Genialische. Ihre künstlerische Produktion war ebenfalls durch ein Auf und Ab gekennzeichnet: Phasen intensivster Kreativität wechselten mit solchen eines gänzlichen Verstummens, zumindest in literarischer Hinsicht. Denn in den letzten Jahren vor ihrem Tod hat Lavant bestenfalls noch Briefe geschrieben.

Welchen Einfluss aber hatten und haben die widersprüchlichen Klischees und Projektionen auf die Publikation und Rezeption ihrer Werke? Darüber kann bislang nur spekuliert werden, denn es gibt keine literaturwissenschaftliche Biographie der Dichterin, und an der Gesamtausgabe ihrer Werke wird, wie gesagt, noch gearbeitet.

Was ihr eigenes Selbstverständnis und ihren Lebensplan betrifft, fasste Christine Lavant einmal in folgende Worte:

> Ich glaube es gibt nur eine einzige wirklich zu bestehende Aufgabe hier für uns, diese: ‚Ich' zu sein. Ein – wenn auch noch so winziger – so doch konzentrierter durch und durch fester Stein, nicht bloß eine Hülse, durch die alles mögliche aus und ein kann und die sich jeder als nächstbestes Not-Obdach nehmen kann.[5]

Geboren am 4. Juli 1915 in Groß-Edling bei St. Stefan im Lavanttal (Bezirk Wolfsberg/ Kärnten), war „Christl" (= Kurzform für Christine) das neunte und letzte Kind des Bergarbeiters Georg Thonhauser (1866-1937) und seiner Frau Anna (1876-1938), einer Flickschneiderin. Das Milieu, in dem das Mädchen aufwuchs, war geprägt von Armut, Krankheit und Elend, bestimmt von provinzieller Enge, althergebrachten Normen und religiösen Dogmen. Es kommt nicht von ungefähr, wenn die spätere Dichterin ihre Familie selbst einmal als „degeneriert"[6] bezeichnete, obwohl sie ihre Kindheit keineswegs

---

4   Vgl. Taferner 1999: 143-163.
5   Lavant 1997: 87.
6   Lavant 1974: 134f.: „Wir sind eine große, arme und degenerierte Familie. [...] Wir sind nicht lebenstüchtig. Wir hätten nicht zur Welt kommen dürfen."

als unglücklich empfand.

Zu den allgemeinen äußeren Widrigkeiten kamen Erschwernisse persönlicher Art: Bereits im Alter von fünf Wochen erkrankte Christine zunächst an Skrofulose, einer für schlecht ernährte Kinder aus der Unterschicht damals typischen, heutzutage kaum mehr verbreiteten Haut- und Lymphknotentuberkulose. Die augenfälligsten Symptome waren eitrige, nässende Ausschläge am ganzen Körper, vor allem auf Brust, Hals und Gesicht, die bleibende Narben hinterließen. Außerdem führte die Krankheit infolge einer Verhornung der Bindehaut bei dem Mädchen fast zur Erblindung und zu einer lebenslangen Lichtempfindlichkeit. Als Kind spielte Lavant deshalb am liebsten im Dunkeln, und auch später hatte sie die kreativsten Stunden nachts. Als dann auch noch Mittelohr-, Lungen- und Rippenfellentzündungen auftraten und 1919 der erste längere Krankenhausaufenthalt nötig wurde, hielten wohl nur noch die wenigsten die kleine Patientin für lebensfähig. Zwar bewahrheiteten sich die schlimmsten Befürchtungen nicht, doch alles in allem war durch die erwähnten Leiden ein Lebensweg besiegelt, der Christine Thonhauser von Anfang an zur Außenseiterin stempelte – bemitleidet von den einen wegen ihrer Schwächlichkeit, ihrer Unansehnlichkeit und ihren körperlichen Beeinträchtigungen, verachtet und verspottet aber auch von jenen, die es nicht besser wussten und sich selber für ,gesund' hielten.

Man muss diese missliche persönliche und soziale Ausgangssituation in einem zurückgebliebenen und nahezu vergessenen Winkel Österreichs in der Zwischenkriegszeit bedenken, möchte man das Werk der Schriftstellerin einschätzen, die sich etwa Mitte der vierziger Jahre auf Anraten ihres ersten Verlegers nach dem Fluss, der auch ihrem Heimattal den Namen gibt, das Pseudonym ,Lavant' zulegte. Nur vor diesem Hintergrund ist auch zu ermessen, welche geistige und intellektuelle Wegstrecke sie letztlich zurückgelegt hat, ohne physisch kaum je weit aus ihrem Dorf hinausgekommen zu sein. Da sie dazu erzogen und angehalten wurde, die vorgegebenen und vorbestimmten Grenzen und Schranken zu akzeptieren und nur ja nicht nach dem Unerreichbaren, das zugleich natürlich immer auch das sozial Unangemessene ist, zu streben, entbehrt es nicht einer gewissen Ironie, dass sie selber als ihr hervorstechendstes Charaktermerkmal einen gewissen Hang zur Maßlosigkeit in allem feststellte, was sie tat, fühlte und dachte. Damit signalisierte sie jedoch nicht nur ihre Zerrissenheit, sondern auch, sich sehr wohl bewusst zu sein, dass sie mit dem, was sie tat, die eng gezogenen Grenzen ihrer Herkunft und ihres Milieus überschritt. Zu der durch Krankheit, Behinderung und Armut bedingten sozialen Außenseiterstellung kam so noch die selbst gewählte als ‚Künstlerin' hinzu, als jemand, der andere Fähigkeiten, aber auch andere Wünsche, Träume und Ängste hatte als die übrigen Bewohner des Dorfes. Doch zu diesem Anderssein bekannte sie sich freimütig. An ihre langjährige Freundin Ingeborg Teuffenbach (1914-1992) schrieb sie einmal: „[...] wenn ich – (vorausgesetzt daß ich es könnte!) – mich änderte d.h. plötzlich ein Maß annähme, glaube mir, es käme nur Verlust überall dabei heraus. Ich muß bleiben, wie ich bin, [...]".[7]

Ein regulärer Abschluss der Volksschule (1921 bis 1929) war trotz guter Leistungen aufgrund der zahlreichen durch Krankheiten bedingten Fehlzeiten nicht möglich. Christine fiel jedoch durch eine außergewöhnliche sprachliche Ausdrucksfähigkeit auf. Aus ihrer Schulzeit wird auch eine Episode berichtet, die in mehrfacher Hinsicht zukunftsweisend gewesen sein dürfte. Das Mädchen war während eines längeren Krankenhausaufenthalts in Klagenfurt von dem Arzt Dr. Adolf Purtscher (1882-1976) behandelt worden. Ihm gelang es, eine Linderung ihres Augenleidens herbeizuführen. Er entließ das Mädchen, zu dem er eine persönliche Zuneigung gefasst hatte, mit einem besonderen Geschenk, nämlich einer Ausgabe der Werke Goethes. Nicht nur, dass auf diese Weise eine lebenslange Freundschaft zwischen der Familie des Dr. Purtscher und der künftigen Dichterin gestiftet wurde, welcher sie in Zukunft Unterstützung, Zuspruch und viele wichtige Kontakte verdankte – hier scheint überdies so etwas wie ein *sozialer* und ein *poetischer Initiationsvorgang* stattgefunden zu haben, der dem Kind neue Welten erschloss. Eine weitere Etappe auf dem Weg zur Dichterin ist aus dem Jahr 1927 bekannt.[8] Damals hatte sich der Zustand der nunmehr Zwölfjährigen infolge einer schweren Lungentuberkulose sehr verschlimmert, und sie konnte nur durch eine Röntgentherapie gerettet werden, die allerdings schwere Verbrennungen am Hals und im Gesicht hervorrief. In dieser Situation griff Lavant zu Papier und Bleistift, um einen ersten, nicht erhaltenen literarischen Versuch zu unternehmen, indem sie die Geschichte einer Seelenwanderung in Romanform gestaltete.

Der beabsichtigte Besuch der Hauptschule in St. Stefan musste wegen anhaltender gesundheitlicher Beschwerden bald wieder abgebrochen werden. Christine lebte weiterhin bei ihren Eltern und

---

7   Lavant 1997: 41.
8   Vgl. Taferner 1999: 148.

verlegte sich aufs Stricken, das ihr Broterwerb werden sollte, weil sie nicht in der Lage war, schwerere körperliche Arbeiten zu verrichten. Bald beherrschte sie ihr Handwerk ‚blind', wie der Volksmund sagt, und konnte nebenbei lesen. So eignete sie sich als eifrige und ‚lesewütige' Benutzerin der örtlichen Leihbibliothek autodidaktisch eine ganz außergewöhnliche Bildung an. Das Bemerkenswerte ist, wie früh sie die Literatur als das entscheidende Hilfsmittel für sich entdeckte, um einen eigenen Standpunkt zu finden – und um ihn aus einer Haltung konsequenter Selbstdistanz heraus gleichzeitig auch wieder zu relativieren und in Frage zu stellen.

Vermutlich sind es gerade solche Paradoxien, die aus heutiger Perspektive Christine Lavants Qualität und ihr unleugbar vorhandenes Charisma als Person und Schriftstellerin ausmachen: Sie vereinigt das Nebeneinander von überaus drückenden Existenzbedingungen und innerer Emanzipation, ‚Rettung' durch die Kunst von verschrobenen, aber auch von allzu fortschrittlichen Verhaltensweisen, von literarischem Traditionsbewusstsein und ureigenem sprachlichen Ausdruck. Mit einem Fuß stand Lavant zweifellos noch in der alten, mit dem anderen in einer neuen Welt. Das gilt auch für ihr Selbstbild als Frau, das einerseits erstaunlich modern, andererseits konservativ war. Modern war ihr Selbstbild insofern, als sie sich als Frau häufig nicht den herrschenden Konventionen unterwarf. Sie verstand es durchaus, mit Erwartungen und Rollenbildern zu spielen; allein die Tatsache, dass sie sich auch in der Öffentlichkeit als Kettenraucherin darstellte, musste auf ihr Umfeld provokant wirken. Außerdem machte sie, oft unter dem Einfluss von Medikamenten, die Nacht zum Tag, blieb gerne bis zum Morgengrauen auf – und schrieb. Wenn sie sich dann erst zu fortgeschrittener Vormittagsstunde aus dem Bett erhob, war allerdings Arbeit angesagt, kein Schreiben mehr, denn das war ihrer Meinung nach keine Arbeit. Die eigentliche Bestimmung einer Frau lag für sie in der Mutterschaft in einer Rolle, der sie selber nie entsprechen konnte:

> Kritiken lese ich nie, ist mir so peinlich. Die guten fast mehr als die schlechten. Überhaupt ist mir das Dichten so peinlich. Es ist schamlos ... wäre ich gesund und hätte 6 Kinder, um für sie arbeiten zu können: das ist Leben! Kunst wie meine, ist nur verstümmeltes Leben, eine Sünde wider den Geist, unverzeihbar.[9]

Dennoch schrieb sie, weil sie schreiben musste, weil es gewisser-

---

9   Lavant 1974: 135.

maßen in ihr schrieb. Manchmal zupfte und biss sie dabei an Wimpern und Fingernägeln herum, bis sie sie – selbstvergessen und entrückt, in einem Zustand außer sich – völlig eingebüßt hatte.

In ähnlicher Weise paradox und widersprüchlich ging ihre gläubige Grundhaltung oft Hand in Hand mit einem kritischen Aufbegehren gegen den Katholizismus, dessen scheinbar unbefragbare Wahrheiten und Satzungen. Sie hegte Skepsis und Zweifel, ohne weder das Alte unmittelbar durch etwas anderes ersetzen zu wollen, noch ihm seine quälendsten Schrecknisse nehmen zu können. In vielen Gedichten, die ihr Mentor, der Herausgeber der Innsbrucker Literaturzeitschrift *Der Brenner*, Ludwig von Ficker (1880-1967), einmal treffend als „Lästergebete"[10] bezeichnete, haderte Lavant auf das Heftigste mit ihrem Gott – und pflegte Besuchern doch beim Abschied ein Kreuzzeichen auf die Stirn zu malen.

Anfang der 1930er Jahre schickte Christine Thonhauser ein Romanmanuskript an den Leykam-Verlag in Graz. Nachdem es abgelehnt worden war, vernichtete die Autorin nach eigener Aussage alles, was sie bis dahin geschrieben hatte. In der Folge geriet sie offenbar in eine Schreib- und Existenzkrise und durchlebte Phasen schwerster Depressionen, die 1935 in einem Selbstmordversuch gipfelten. Um abklären zu lassen, dass sie nicht verrückt sei, ließ sie sich in das Landeskrankenhaus Klagenfurt einweisen und wurde nach sechs Wochen Aufenthalt wieder entlassen (vgl. ihre *Aufzeichnungen aus einem Irrenhaus*, die um 1946 entstanden, aber erst 2001 erstmals publiziert worden sind[11]). Zu allem Unglück starben 1937 bzw. 1938, kurz hintereinander, beide Eltern, erst der Vater, dann die Mutter, an der Lavant in besonderer Weise gehangen hatte. Sie musste den kleinen Wohnraum, den die Familie bisher geteilt hatte, verlassen, zog in das winzige Dachzimmerchen eines Hauses in St. Stefan und versuchte, mit Strickarbeiten das Nötigste zum Leben zu verdienen. In dieser Situation lernte sie den 60-jährigen, geschiedenen Kunstmaler Josef Benedikt Habernig (1879-1964) kennen, einen um 36 Jahre älteren Mann, und heiratete ihn am 22.4.1939, angeblich „aus Sorge" und „purem Mitleid"[12].

Habernig, ein ehemaliger Gutsbesitzer, der im Zuge der wirtschaftlichen Turbulenzen Ende der 1920er Jahre alles verloren hatte, versuchte in der Folge vorwiegend als Landschaftsmaler sein

---

10   Wiesmüller 2001: 4.
11   Vgl. Lavant 2001.
12   Vgl. Lavant 1978: 16.

Auskommen zu verdienen, was ihm aber zeitlebens nicht gelang. Während des Krieges lebte das Ehepaar daher, von der Dorfgemeinschaft eher ablehnend behandelt, weiterhin in ärmlichsten Verhältnissen. Außer Lebensmittelmarken, über die Christine Lavant hin und wieder aufgrund familiärer Beziehungen zu einem Verwaltungsbeamten in größerer Anzahl verfügte, bildeten ihre Einkünfte als Strickerin die einzige Existenzgrundlage.

Äußerungen zum politischen Geschehen während des Nazi-Regimes sind nicht überliefert. Publikationen aus dieser Zeit sind ebenfalls nicht bekannt. Christine Lavant dürfte während des Krieges aber begonnen haben, religiöse, mystische, philosophische und okkulte Literatur zu lesen. Außerdem stieß sie auf Werke von Cervantes, Hamsun, Dostojewski, Hölderlin, Hesse, Trakl und vor allem auf die Lyrik von Rainer Maria Rilke, die sie tief beeindruckte. Wahrscheinlich gab ihr Rilkes Poesie den Anstoß, wieder mit dem Schreiben zu beginnen, obwohl Josef Habernig ihren nächtlichen Schreibexzessen ablehnend gegenüberstand. Man benötigte dafür Kerzenlicht, was mit hohen Kosten verbunden war. In den 1950er Jahren empfand Lavant selbst die Gedichte aus dieser frühen Periode als epigonal, was Rhythmus, Stil und Metaphorik betrifft, und sie distanzierte sich rückblickend vom Einfluss Rilkes.

1945 gelangten einige Gedichte über Vermittlung von Paula Purtscher (1884-1950), der Gattin des Arztes Dr. Purtscher, in die Hände der steirischen Schriftstellerin Paula Grogger (1892-1983). Diese wiederum empfahl die Gedichte dem Verleger Viktor Kubczak (1900-1967), der nach dem Krieg den Brentano-Verlag in Stuttgart gegründet hatte. Lavant war das Angebot, in Deutschland zu publizieren, sehr angenehm – nicht nur, weil die darnieder liegende österreichische Verlagsbranche kaum Zukunftsaussichten eröffnete, sondern auch, weil sie hoffte, auf diese Weise ihre literarische Tätigkeit zu Hause geheim halten zu können. So kam es, dass im Jahre 1948 zwar bereits ein Bürstenabzug für ein Buch mit dem Titel *Die Nacht an den Tag* existierte. Weshalb das Buch aber im Brentano-Verlag letztlich doch nicht herausgebracht wurde, ist nicht mehr festzustellen. Der Bürstenabzug ist verschollen.

Viktor Kubczak war es, der, wie bereits erwähnt, seiner Autorin sowohl den Rat gab, ein Pseudonym zu verwenden, als auch denjenigen, sich eher auf die Prosa zu verlegen. Als erstes Buch von Christine Lavant erschien deshalb die Erzählung *Das Kind*. Wie bei den meisten der späteren Erzählungen, ist auch in diesem Prosa-Erstling ein stark autobiographischer Hintergrund spürbar: Zwischen den Zeilen einer (stellvertretenden) „Ich"-Erzählerin lugt das verletzte, ausgestoßene, gequälte Kind Christine hervor, das sich in der seltsamen, furchteinflößenden Welt eines Krankenhauses zurechtfinden muss. 1949 folgen zwei weitere Bücher: die Erzählung *Das Krüglein*[13] sowie der Gedichtband *Die unvollendete Liebe*, in welchen Gedichte aufgenommen wurden, die ursprünglich für *Die Nacht an den Tag* vorgesehen waren.

Das Jahr 1950 bildet in zweierlei Hinsicht einen Einschnitt in Christine Lavants Leben. Im November dieses Jahres las sie bei den St. Veiter Kulturtagen zum ersten Mal öffentlich aus ihren Werken vor. Dieser Auftritt wurde in der literarischen Szene Kärntens wie ein Elementar-ereignis wahrgenommen. Von noch größerer Bedeutung für sie war jedoch, dass sie bei dieser Veranstaltung jenen Mann kennen lernte, der in ihrem Leben und für ihr Schreiben von entscheidender Bedeutung sein sollte, den Maler Werner Berg (1904-1981). Die Begegnung mit ihm muss als *das* Schlüsselerlebnis ihrer Existenz als Frau und Künstlerin angesehen werden. Mit Werner Berg – verheiratet wie sie, und noch dazu Vater von vier Kindern – verband sie, trotz vieler Krisen, Brüche und Enttäuschungen, bis zuletzt ein enges persönliches Verhältnis; so schrieb sie 1952 in einem ihrer Briefe an Ingeborg Teuffenbach, sie brauche „auf der ganzen Welt nichts mehr [...] als dieses eine Herz das – jetzt weiß ich es wohl – mich nie verlassen wird."[14] Wenn sie sich darin auch täuschen sollte, so führte die Bekanntschaft doch zu einer bemerkenswerten künstlerischen Beeinflussung und Bereicherung, und zwar auf beiden Seiten. Der Maler hielt seine Faszination in Bezug auf die Dichterin in einer beträchtlichen Anzahl von Ölporträts, Holzschnitten und Bleistiftzeichnungen fest, die alle 1951 entstanden, während Christine Lavant im Glück und in den Enttäuschungen ihrer Liebe zu jener unverwechselbaren poetischen Sprache fand, die den spezifischen Ton ihrer berühmten Lyrik-Sammlungen ausmacht, die ab 1956 im Otto Müller-Verlag in Salzburg erschienen.

Bevor jedoch die Dichterin ihre endgültige verlegerische Heimstätte fand (wo übrigens auch, vermutlich auf ihre Fürsprache

---

13 Vgl. Lavant 1974: 136: „Mich freut besonders, dass Sie das „Krüglein" mögen. Heimlich mag ich es ja auch, aber nicht so berechtigt und eindeutig wie die Romane einiger moderner Autoren." Und S. 135: „Das ‚Krüglein' sollen Sie nicht als Dichtung annehmen, sondern als – mir fällt das Wort nicht ein – damit sie das Milieu kennen lernen. Ist natürlich verkitscht geschildert, aber im wesentlichen ganz wahr."

14 Lavant 1997: 94.

hin, die frühen Gedichte Thomas Bernhards erschienen), kam 1952 im Grazer Leykam-Verlag noch *Baruscha*, eine Sammlung mit drei Erzählungen heraus: die Titelgeschichte, *Die goldene Braue* und *Der Messer-Mooth*. 1954 erhielt sie – gemeinsam mit Christine Busta, Michael Guttenbrunner und Wilhelm Szabo – zum erstenmal den Georg-Trakl-Preis zugesprochen, der in den Jahrzehnten nach dem Zweiten Weltkrieg zweifellos die angesehenste österreichische Auszeichnung für Lyriker darstellte. Anlässlich der Überreichung lernte Christine Lavant den Verleger Otto Müller (1901-1956) kennen, der sich in der Folge ihres Werkes annahm und wesentlich zu dessen Durchsetzung beitrug. Aus derselben Zeit stammt auch die Freundschaft mit Ludwig von Ficker. In seiner Laudatio anlässlich der zweiten Verleihung des Trakl-Preises an die Dichterin, die ihn 1964 alleine erhielt, sprach er von den bereits erwähnten „Lästergebeten" – eine Kategorisierung der Lavantschen Lyrik, die deren Rezeption nachhaltig beeinflusst hat.

Vieles, was die einzigartige Beziehung zwischen Christine Lavant und Werner Berg betrifft, ist aus heutiger Perspektive wahrscheinlich nicht mehr aufzuklären. Es scheint jedoch so zu sein, dass Christine Lavant zwar keine moralischen Bedenken gegen eine Liebesbeziehung zu einem verheirateten Mann, sehr wohl aber Bedenken gegen eine Scheidung hatte. Sie beendete deshalb das Verhältnis mit Werner Berg Anfang 1955 auf Drängen von dessen Ehefrau nach einem totalen psychischen Zusammenbruch seinerseits. Lose freundschaftliche Kontakte blieben jedoch weiterhin bestehen.

1957 lernte Christine Lavant den Komponisten Gerhard Lampersberg (1928-2002) und seine Frau, die Sängerin Maja Weis-Ostborn (geb. 1919), kennen:

> Es muß [...] 1957 gewesen sein, durch den Thomas Bernhard. [...] Er hat sie gekannt von irgendwelchen Dichtertagungen her. Dann haben wir sie einmal eines Tages besucht, eines Nachtmittags, eines schönen Sommernachmittags. [...] Wir waren auch nicht einen Moment per Sie miteinander. Es ging sofort los. [...] Ein paar Tage später haben wir sie dann auf den Tonhof schon geholt. Da blieb sie paar Tage gleich bei uns. [...] Sie war ja nicht so beweglich. Sie hatte ihren Mann zu versorgen [...] Er hat es auch nicht gerne gesehen, wenn sie weggefahren ist. Dann hat sich herausgestellt, dass ihr Mann einen Nachbarbesitz gehabt hat von meinen Großeltern. [...] Da hat er dann Vertrauen gefasst zu uns.[15]

Fortan verkehrte Lavant also regelmäßig am Tonhof, einem ehema-

---

15   Lampersberg 1987.

ligen Gerichtsgebäude und herrschaftlichen Gutshof[16] im Besitz der
Adelsfamilie Weis von Ostborn. Er liegt im Zentrum des Wall-
fahrtsortes Maria Saal zwischen Klagenfurt und St. Veit an der Glan.
Die Lampersbergs erhielten das Anwesen von Majas Eltern als Hoch-
zeitsgeschenk und lebten dort, vor allem in den Sommermonaten,
nicht nur ihren eigenen künstlerischen Neigungen, sondern unterstützten in großzügiger Weise junge Talente aus den Bereichen
Literatur, Musik, darstellende und bildende Kunst. Die Bescheidenheit
der beiden kommt in folgenden Worten zum Ausdruck: „Das wird
jetzt alles überinterpretiert. Mäzene waren wir doch nie. Wir waren
Freunde."[17] Unter diesem Motto funktionierten sie den Tonhof in der
zweiten Hälfte der 1950er Jahre zu einem Schauplatz regen kulturellen
Treibens um, zu einer Relaisstation des kreativen Geistes und einem
kulturellen Zentrum, das für die sonst im Kärnten der Nachkriegszeit
herrschenden Verhältnisse einzigartig war. Ein Großteil der künstler-
ischen Avantgarde Österreichs ging hier ein und aus, darunter fast die
gesamte so genannte ‚Wiener Gruppe', von H. C. Artmann, Konrad
Bayer und Gerhard Rühm bis hin zu Wolfgang Bauer, Thomas
Bernhard, Jeannie Ebner, Gert Jonke, Peter Turrini und Josef Winkler.
Weiters zählten zum lockeren Tonhof-Kreis unter anderen die
Komponisten Friedrich Cerha, Ivan Eröd, Ernst Kölz und Anestis
Logothetis, die bildenden Künstler Caroline, Jürgen Leskowa, Fritz
Riedl, Viktor Rogy, Sepp Schmölzer und Joanna Thul sowie die
Theatermacher Bibiana Zeller und Herbert Wochinz.[18]
        Der aus Maria Saal stammende Peter Turrini bestätigt Christine
Lavants großes Interesse an den Arbeiten jüngerer Kollegen: „Frau
Lavant förderte die jungen Autoren. Ich hab ihr immer meine
Gedichte vorgelesen, und sie war von unglaublicher Mütterlichkeit
und Ernsthaftigkeit mir gegenüber."[19] Tatsächlich stand die Dichterin
Ende der 1950er Jahre im Zenith ihres Schaffens und am Gipfel ihres
Ruhmes. Deshalb genoss sie die Gesellschaft von Gleichgesinnten und
hatte die Energie, andere zu ermuntern und zu unterstützen. Sie ließ
sich ihrerseits vom genius loci anregen und charakterisierte die
künstlerische Gegenwelt am Tonhof als „verzaubert"[20], in der man

---

16   Vgl. Amann/Strutz 1998: 560f.
17   Lampersberg 1987.
18   Vgl. Bernhard 1986.
19   Turrini 1990: 78.
20   Nach Lampersberg 1987.

lebe „wie die Sterntalerkinder"[21]. Lavant hatte ohne Zweifel eine Sonderstellung auf dem Tonhof inne, was durch die Bezeichnung ‚Christinenwinkel'[22] für ihren bevorzugten Schlafplatz im Wohnzimmer – wohl in Analogie zu ‚Christus-' oder ‚Herrgottswinkel' gebildet – überliefert ist.[23]

1956 erschien dann (gleichzeitig mit der letzten Prosapublikation im Brentano-Verlag, mit *Die Rosenkugel*) als erste der großen Lyrik-Sammlungen *Die Bettlerschale* bei Otto Müller in Salzburg. Sie enthielt zum Großteil Gedichte, die während der Zeit der Verbindung mit Werner Berg entstanden sind. Mit diesem Buch gelang Christine Lavant der literarische Durchbruch. Der expressiv-existenzialistische Ton vieler ihrer Gedichte traf offenbar einen Zeitnerv. Dazu kommt, dass ihr Image als literarische Naturbegabung vom Land, die durch keinerlei Hymnen an den ‚Führer' kompromittiert war, gut in die katholisch-konservative Kulturpolitik der 1950er und 1960er Jahre passte. Ein Indiz für diesen Zusammenhang ist zweifellos auch, dass sie in kurzer Zeit mit literarischen Auszeichnungen geradezu überhäuft wurde. Zu den erwähnten beiden Trakl-Preisen kamen nämlich außerdem die zweimalige Verleihung des Staatlichen Förderungspreises für Lyrik und der Lyrikpreis der Zeitschrift *Neue deutsche Hefte* hinzu, 1963 folgte der Preis der Bayerischen Akademie der Schönen Künste, 1964 der Anton Wildgans-Preis des österreichischen Industrienverbandes und 1970, gewissermaßen als Krönung, der Große Österreichische Staatspreis. Gewiss waren diese öffentlichen Erfolge ausschlaggebend dafür, dass Bund und Land ihr schließlich eine kleine Pension gewährten, die ihr den Kampf ums Dasein erleichterte. Dennoch blieb ihr das Publizieren immer etwas Unangenehmes, und sie lebte ständig in der Angst, aufgrund ihrer abnehmenden Produktivität und Präsenz im Literaturbetrieb wären die öffentlichen Zuwendungen nicht länger zu rechtfertigen.

Lavants Identität als Dichterin erwies sich demnach als etwas, das ihre Existenz zugleich sicherte und bedrohte. Sie war sich über diese Widersprüchlichkeit durchaus im Klaren. Gespräche über ihre Werke vermied sie mit dem Hinweis, es sei doch „immer derselbe

---

21   Fialik 1992: 103.

22   Ebenda: 108: „‚Du kannst im ‚Christinenwinkel' im Wohnzimmer schlafen!' Das war der Platz, wo Christine Lavant am liebsten geschlafen hat, da hat sie sich nicht gefürchtet. Das war ein Matratzenlager, aber ein gutes."

23   Vgl. Amann 1994: 1: „Waren (zumindest was die Schriftsteller betrifft) die Gäste meist von auswärts gekommen – Christine Lavant, die mehr als ein Gast war, stellte eher die Ausnahme dar."

Kaaas"[24]. Seit ihrer frühen Prosa peinigte sie das Gefühl, zu autobiographisch zu schreiben und zu viel von sich preiszugeben, denn „sie war das Gegenteil von exhibitionistisch."[25] Ihr Verständnis von Literatur erforderte ein hohes Maß an schöpferischer Überformung der Realität.

Ihre Lust am Rollenspiel zeigte sich aber auf zahlreichen, ganz verschiedenen Ebenen. Sie wollte wie Rilke aus altem Kärntner Adel abstammen, von Ablegern der Edlen von Thonhauser im südlichen Lavantal; vielleicht auch, um auf diese Weise Maja Lampersberg ähnlicher zu sein. Noch stärker war ihre Identifikation mit Außenseitern. Da sie von Kindheit an schlecht sah und hörte, widmete sie optischen und akustischen Reizen wie Stimme und Aussehen besondere Aufmerksamkeit. Ihr eigener Teint war gelb-braun, ihre Züge südländisch; da konnte sich ihre Phantasie schon eine türkische Ahnenreihe zusammenreimen.[26] Bezeichnenderweise erhielt Christine Lavant im Juni 1958 eine Einladung des St. Georg Klosters in Istanbul, und sie unternahm allein ihre einzige größere Auslandsreise. Die Türkei hinterließ einen nachhaltigen Eindruck, denn sie liebte türkische Muster und das „Kreiselnde"[27] türkischer Musik. Gegen den rassistischen Ungeist ihrer Zeit war sie ohnehin gefeit: „Jüdin wäre sie auch gerne gewesen".[28] Nicht anders verhielt es sich mit ‚Zigeunern' und ‚Negern', wie Jeannie Ebner zu berichten weiß;[29] und für Gerhard Lampersberg war sie „unsere schöne lavantinerische Indianerin".[30]

St. Stefan im Lavanttal blieb stets ein Gegenpol – zu Wien, zu Salzburg und vor allem zum Kunstort Tonhof. Lavant lebte zwar mit ihrem Maler-Gatten zusammen, mit ihm verbanden sie allerdings keine gemeinsamen künstlerischen Interessen, ja sie meinte, ihr Schreiben lange sogar vor ihm verstecken zu müssen. Als Habernig

---

24   Lampersberg 1987.
25   Ebenda.
26   Vgl. Teuffenbach 21994: 107: „Die Texte aus BARUSCHA liebte die Lavant, wohl auch, weil türkische Szenen darin enthalten waren und Christine meinte, einen Tropfen türkischen Blutes in den Adern zu haben. Das Lavanttal wurde ja von 1475-1480 immer wieder von Türkeneinfällen betroffen. Christine wollte aus ihren Träumen erfahren haben, daß sie türkische Vorfahren besaß."
27   Lampersberg 1987.
28   Ebenda. Vgl. Lavant 1997: 207, Brief an Gertrude Rakovsky: „Bitte nimm d. Ausdruck ‚Juden'-Mädel so wie ich ihn meine als Ehrentitel u. Anruf zu größtem Wiedergutmachungswillen, auch wenn ich nie naziverseucht war u.d. jüdische Volk für mich immer etwas geheimnisvoll anziehendes hatte."
29   Vgl. Fialik 1992: 34, und Ebner 1992, bes. 5.
30   Lampersberg 1987.

ihr Doppelleben als Dichterin entdeckte, war er entsetzt. Sommer für Sommer musste Christine Lavant erst abwarten, bis ihr Mann zu seiner Tochter nach Italien aufbrach, ehe sie St. Stefan verlassen konnte, um etwa den Tonhof zu besuchen. Die gemeinsame Einzimmerwohnung ließ wenig Bewegungsspielraum: „Meine Höhle ist immer auch für Dich [= Maja Lampersberg] da. Aber bring niemanden mit, außer dem Gerhard. Für Künstler und Aristokraten ist der Eintritt impassabel."[31]

Nach *Die Bettlerschale* erschienen ihre Bücher gleichsam im Jahresrhythmus: 1959 *Spindel im Mond* (Gedichte, Otto Müller Verlag), 1960 *Sonnenvogel* (Gedichte, Privatdruck Horst Heiderhoff, Wülfrath). 1961 brachte Wieland Schmied *Wirf ab den Lehm* (Gedichte und Erzählungen) im Stiasny-Verlag in Graz heraus; 1962 publizierte der Otto Müller Verlag unter dem Titel *Der Pfauenschrei* die dritte große Gedicht-Sammlung; in den *Lyrischen Heften* wurden *Dreizehn Gedichte* gedruckt. Alle weiteren Bücher, die noch zu ihren Lebzeiten erschienen sind, enthalten zum Großteil Texte aus den frühen 1950er Jahren. Es waren dies: *Hälfte des Herzens* (1967, Gedichte, Bläschke Verlag Darmstadt), *Nell* (1969, Erzählungen, im Otto Müller Verlag herausgegeben von Jeannie Ebner) und *Gedichte*, eine von Grete Lübbe-Grothues für den Deutschen Taschenbuchverlag München betreute Auswahl von bereits früher publizierten Werken.[32]

Als es Anfang der 1960er Jahre ihrem Mann immer schlechter ging, begannen für Lavant „kerkerähnliche[n] Jahre"[33], denn sie kam von zu Hause praktisch gar nicht mehr weg, was sich auf ihre Produktivität negativ auswirkte. Im Mai 1962 hält sie einmal mehr fest: „Ich hab mich ausgeschrieben, das weiß ich schon lang, aber es macht mir nicht viel Kummer. Natürlich kann früher oder später noch einmal eine Kraftwelle kommen, das weiß man nie."[34]

1963 erlitt Josef Habernig einen Schlaganfall und bedurfte fortan noch intensiverer Pflege; in dieser schwierigen Situation hatte Christine Lavant aufgrund der permanenten Überlastung selbst einen Nervenzusammenbruch,[35] begleitet von Schlaf- und Appetitlosigkeit.

---

31   Lavant 2003, Brief 14.
32   Zu den posthumen Publikationen nach 1973 vgl. das Literaturverzeichnis am Ende des Beitrags.
33   Lavant 1974: 150.
34   Ebenda: 141.
35   Vgl. ebenda: 148: „Mein Mann hat an seinem 84. Geburtstag – 4. Mai – einen Schlaganfall gehabt, ist über die Stiege hinunter gestürzt und wurde von seiner Tochter sofort ins Krankenhaus gebracht, 1. Klasse. Und es musste Tag und

Exzessives Rauchen und übermäßiger Tee-, Kaffee-, Alkohol- und Tablettenkonsum bedingten, dass sie selber stationär ins Klagenfurter Krankenhaus aufgenommen werden musste. Behandelnder Arzt war der Psychiater Dr. Otto Scrinzi (geb. 1918), der sie während ihres letzten Lebensjahrzehnts nicht nur als ihr Arzt, sondern auch als Freund und Ratgeber begleitete. Die Intensität der ärztlichen und der persönlichen Inanspruchnahme Scrinzis durch Christine Lavant muss ziemlich groß gewesen sein, da sie Scrinzi auch in literarischen Dingen in ihr Vertrauen gezogen haben dürfte. Immerhin hat sie ihm nicht nur eine Reihe von Gedichten gewidmet (die 1991 von Hans Haider unter dem Titel *Und jeder Himmel schaut verschlossen zu* publiziert wurden; vgl. Lavant 1991), sondern ihm auch umfangreiche unveröffentlichte Manuskriptbestände anvertraut, die auf diese Weise erhalten geblieben sind, während vieles andere, dessen ursprüngliche Existenz man rekonstruieren kann, verloren gegangen oder vernichtet worden ist. Scrinzi dürfte, begünstigt durch seine Rolle als Arzt, einer jener Menschen gewesen sein, denen Christine Lavant sich fast bedingungslos öffnete. Im Gespräch mit Verwandten und Bekannten gewinnt man immer wieder den Eindruck, Christine Lavant habe zeitweilig einige wenige ihrer Mitmenschen völlig vereinnahmt, ja fast verschlungen in ihrer Sehnsucht nach Verstandenwerden, nach Liebe und nach Geborgenheit. Den meisten anderen hingegen begegnete sie mit großer Distanz und Zurückhaltung, weshalb sie ihnen mitunter als jemand erschien, der kaum fähig war, einen richtigen deutschen Satz hervorzubringen, so sehr vermochte sie sich dann der Kommunikation zu verweigern:

> Seit zehn Jahren kann ich nur mehr mit Schlafpulvern und auch meist erst um 3 h früh einschlafen. Mit solcher Lebensweise kann ich nicht zu normalen Menschen auf Besuch fahren. Tagsüber lebe ich kaum und auch die leiseste Veränderung erscheint mir unmöglich, nachts wäre ich jeden Augenblick vom Fleck weg zu Weltreisen bereit.[36]

Nachdem Josef Habernig 1964 gestorben war, gab es von Seiten des Landes Kärnten wohlmeinende Bestrebungen, Christine Lavant die Übersiedlung in eine größere Wohnung in einem neuerrichteten Hoch-

---

36 Nacht wer bei ihm sein. Die Tochter wollte zuerst, dass ich mit ihm in ein Siechenhaus ziehen soll und ihn dort pflegen. Das alles ergab so viel Nervenabbau, dass ich vor einigen Tagen hier in Klagenfurt von einem Nervenspezialisten sofort nach der Blutsenkung ins Krankenhaus gehen musste." Ebenda: 150.

haus in Klagenfurt zu ermöglichen. Sie war anfangs von diesem Vorhaben durchaus angetan, zeichnete selber Einrichtungspläne und übersiedelte 1966 nach Klagenfurt. Bald fühlte sie sich jedoch isoliert, hatte Heimweh nach ihrer vertrauten Umgebung und kehrte deshalb 1968 nach St. Stefan zurück. Die ihr noch verbleibenden wenigen Lebensjahre waren immer wieder von Aufenthalten im Krankenhaus Wolfsberg unterbrochen. Dort stirbt Christine Lavant am 7. Juni 1973, 58-jährig, an den Folgen eines Schlaganfalls. Sie erhält ein Ehrengrab in St. Stefan.

Soweit ein paar Daten und Fakten, sofern man ein Menschenleben überhaupt damit erfassen kann. Der nun folgende Teil des Porträts wird sich zunächst exemplarisch mit zwei Erzählungen beschäftigen, um dann abschließend noch auf die Lyrik einzugehen.

Ausgangspunkt meiner Überlegungen ist Lavants erste Buchpublikation *Das Kind* (entstanden „um Weihnachten 1945", erschienen 1948[37]). In ihrem bereits 1989 veröffentlichten, nun neuerlich abgedruckten Nachwort[38] zu diesem Werk berichtet Christine Wigotschnig (1961-1994), eine Großnichte der Dichterin, über einen ca. 60 Kilometer langen Fußmarsch, den Lavant als zwölfjähriges Mädchen von ihrem Heimatort St. Stefan im Lavanttal nach Klagenfurt unternommen hat, um sich dort einer längere Zeit in Anspruch nehmenden Augenbehandlung zu unterziehen. Von dem stationären Krankenhausaufenthalt, von Lavants lebensbestimmender Begegnung mit dem Arzt Adolf Purtscher und von den Auseinandersetzungen mit anderen kranken Kindern handelt *Das Kind*.

Lavant kannte wie kaum jemand anders die Existenzbedingungen von körperlich beeinträchtigten Menschen aus eigener Erfahrung. So beschreibt sie schlicht, aber mit großem Einfühlungsvermögen, wie die triste Lebenssituation eines kleinen, aus ärmlichsten Verhältnissen stammenden Mädchens, das es ohnehin gewohnt ist, eine Außenseiterin zu sein, in der sterilen, unpersönlichen, als bedrohlich empfundenen Welt der Klinik noch verschärft wird: „Der Boden glänzt so verdächtig, und dunkelrot ist er auch! – Überhaupt: Es sind ja gar keine Bretter da und nicht einmal ein Mausloch, wie bei einem richtigen Boden. Etwas stimmt da nicht!"[39] Das namenlos bleibende Kind reagiert auf alle Verstörungen, Irritationen und Anwürfe mit einer verstärkten Aktivierung der Phantasie,

37   Vgl. die Neu-Edition Lavant 2000: 79.
38   Lavant 2000: 96-104.
39   Ebenda: 15.

die teils religiös bis abergläubisch, teils märchenhaft und überirdisch motiviert ist. Bemerkenswerterweise lässt Lavant ihre Protagonistin allein deswegen aber nicht als völlig hilflos erscheinen; keineswegs ironisiert sie oder distanziert sie sich von Formen der kindlichen Realitätsverweigerung, sondern enthüllt an einer Schlüsselstelle sogar die geradezu emanzipatorische Kraft, die auch aus solchen Über-lebensstrategien erwachsen kann. Als Liselotte, das dominante Mädchen in der Patientengruppe, einmal beim Ärzte-Spielen den vom „Kind" vergötterten Primarius imitiert, wird sie von der Kleinen tätlich angegriffen und beschimpft:

> „– – Du! Du! – Heute Nacht kommt zu dir der Teufel. Ja, wirst sehen! [...] – Weil du – du tust Gspötttreiben mit den heiligen Dingen!" Die Zöpfe werden weggeschleudert, und was nun dasteht, ist zwar klein und über und über verbunden, aber eine Feierlichkeit, eine Inständigkeit und zugleich Wildheit ist rundherum und läßt alle starr stehen wie Holzpuppen.[40]

Die sich im Zuge der Konzentration auf eine Sicht der Dinge aus einer (kindhaften) Frosch- bzw. Randperspektive ergebenden Verfrem-dungen (nicht zuletzt auch von literarischen Darstellungskonventio-nen) bewirken ein reizvolles „Transparentmachen von Wahrneh-mungs-, Versprachlichungs-, Ideologisierungs- und Hierarchisierungs-mechanismen."[41] Die Erzählerin bringt uns den inneren Vorstellungs-kosmos des Kindes nahe, indem in magischer Weise sein Zuhause, Mutter und Schwestern, Feen und Engel, der Teufel und der liebe Gott untrennbar miteinander verbunden werden.

Einzig in dem Herrn „Primariusdoktor", der im Glanz seiner „gläsernen Augen" zu schweben scheint, erkennt das Kind etwas Vertrautes: Er tritt auf wie ein Über-Vater, wie ein Heiliger. In ihm scheinen die innere Vorstellung und die äußere Welt des Kindes in Einklang zu stehen. Umso härter trifft das Mädchen dann die gewisse „Entzauberung" des Arztes, die in der oben zitierten dramatischen Szene zwischen den Kindern erfolgt.

Das besondere Leseerlebnis, das die Neuausgabe aus dem Jahr 2000 bietet, hängt ohne Zweifel mit dem Umstand zusammen, dass ihr Wortlaut nicht auf der Erstausgabe von 1948 bzw. der damit (fast) textidenten Lizenzausgabe durch den Suhrkamp-Verlag im Jahre 1989 beruht, sondern auf einer Originalhandschrift Lavants, die erst vor

---

40   Ebenda: 33.
41   Šlibar 1995: 89.

relativ kurzer Zeit der Forschung zugänglich geworden ist.[42]
Die Leser sind erstmals mit einer Textfassung konfrontiert, die
nicht durch redaktionelle Eingriffe und unsystematische sprachliche
Normierungsversuche seitens des Brentano-Verlags korrumpiert
worden ist, sondern viel unmittelbarer Lavants sprachliche Eigen-
willigkeiten wiedergibt. Was ursprünglich im Sinne hochsprachlicher
Verbesserungen gemeint gewesen sein mag, stellt sich vom heutigen
Forschungsstandpunkt aus eher als stilistische ‚Verböserungen'
heraus. Denn:

> Mein Hochdeutsch ist übersetzter Dialekt. Darf ihn nicht aufgeben, sonst
> geschieht mir ein Schaden, *wirklich!* Muß ihn immer behalten, auf den
> Verdacht hin, nicht Deutsch zu können – – ganz falsch ist der Verdacht nicht
> – kann es nur gefühlsmäßig.[43]

In dem Maße, in dem Christine Lavant Zugang zu gebildeten Kreisen
erhielt, wurde es für sie zur Notwendigkeit, sich auch auf Hoch-
deutsch zu artikulieren. Dafür boten sich die Lampersbergs als
Vorbild an, „denn er [= Gerhard Lampersberg] wie Maja sprachen ein
besonders schönes und völlig fehlerfreies Deutsch."[44] Auf erhaltenen
Tonbandaufnahmen[45] ist zu hören, dass Christine Lavant ihre
Gedichte in einem singenden Tonfall vorträgt, einer Mischung aus
„ihrem Lavanttalerischen Sing-Sang"[46] und einem an Maja Lampersberg erinnernden aristokratischen Duktus. Diese eigentümliche
Verbindung zwischen breitem Landdialekt und einer gepflegten Rede-
weise war Lavants spezifische Leistung. Die für ihre Prosa und vor
allem auch für ihre Briefe charakteristische Form verschriftlichter
Oralität, ihre große Nähe zum gesprochenen Wort, wurde zu Lebzeiten der Autorin als Beleg ihrer mangelnden Schulbildung eher
kritisch gewertet. Inzwischen gelten Regionalismen längst als Kennzeichen eines authentischen polyphonen Stils. Ebenso zeichnet sich
Lavants Dichtung durch ein reflektiertes Code-Switching[47] aus, ein

---

42 Vgl. vor allem den „Editorischen Bericht" von Steinsiek und Schneider. In:
    Lavant 2000: 76-95, hier vor allem 79 und 81.
43 Lavant 1997: 134. Hervorhebung im Original.
44 Burger-Scheidlin (o.J.): 2.
45 Vgl. Lavant 2001a.
46 Burger-Scheidlin (o.J.): 5.
47 „Code-Switching ist normalerweise ein Phänomen der face-to-face-
    Kommunikation, aber natürlich kann auch in einem schriftlichen Text der
    Code alternieren. [...] Gleichwohl könnte auch ein Dialekt gegenüber einer
    standardsprachlichen Varietät, ein ethnischer Akzent gegenüber einer

Phänomen der mündlichen Kommunikation, indem sie vorbedacht Töne und Lagen wechseln konnte. Es griffe entschieden zu kurz, dieses ästhetische Vermögen rein populärpsychologisch mit Stimmungsschwankungen zu erklären. Liest man ihre Prosa mit heutiger Distanz zur Entstehungszeit, so wird deutlich, dass Christine Lavant darin eine Art von Kunstdialekt verwendet hat, der nichts mit dem zu tun hat, was man gemeinhin unter ‚Mundartdichtung' (in einem rustikalen Sinn) versteht. Nicht zuletzt aufgrund der Forschungsergebnisse im Rahmen der aktuellen Bearbeitung von Lavants literarischem Nachlass muss man ihr mittlerweile ein hohes Maß an sprachlichem Gestaltungsvermögen zugestehen. Lavant wechselte zwar immer wieder ohne Signale zwischen einer auktorialen und einer perspektivischen Erzählweise oder setzte unversehens Darstellungsmittel des inneren Monologs ein. Meist werden die Leser jedoch durch geeignete Einleitungen und Übergänge – vgl. „So denkt das Kind, das schwer kurzsichtig ist und von numerierten Türen nichts weiß"[48] – dazu gebracht, Wunderlichkeiten wie etwa den „Teppich" oder die „Gläseraugen"[49] zunächst mit den Augen einer bestimmten Figur wahrzunehmen, bevor sie als alltägliche Dinge behandelt werden.

Die Umgangssprache ist ein wesentlicher konzeptueller Bestandteil einer solchen Poetik, der nicht ohne ästhetischen Verlust einer Standardisierung unterzogen werden darf. Gemessen an den kommerziell durchaus erfolgreichen Neueditionen einiger Werke Christine Lavants, hat es den Anschein, als hätten das Publikum und die Fachwissenschaft die Unkonventionalität der Texte, die jenseits normsprachlicher Regelhaftigkeit angesiedelt ist, dafür aber eine authentische, individuelle Tonart in die Literatur einbringt, erst in jüngster Zeit richtig schätzen gelernt – und zwar vor dem Hintergrund der Rezeption experimenteller und feministischer Schreibweisen in den vergangenen drei Jahrzehnten. Auf der Suche nach neuen Aussageweisen in und mit Hilfe einer Sprache, die vielen als ein Medium patriarchaler Hierarchien gilt, haben sich vor allem Autorinnen wie Ingeborg Bachmann, Friederike Mayröcker, Elfriede Jellinek oder Marlene Streeruwitz u.v.a. nicht länger den üblichen

---

neutralen Sprechweise oder ein lakonischer Stil gegenüber einem ausschmückenden Stil als deutlicher Codewechsel, als Code-Switching, verstanden werden". Vgl. Androutsopoulos/Hinnenkamp 2003.

48   Lavant 2000: 7.
49   Ebenda: 17, 21.

Methoden zur narrativen Herstellung von fiktiver Chronologie, Stringenz und Linearität unterworfen, sondern statt dessen – je auf ihre Weise – Lyrisches, Assoziatives, Fragmentarisches, Tagtraumartiges und Rauschartiges in ihre komplexen Textgewebe aus Wirklichkeit, Phantasie, Traum, Gegenwart, Vergangen-heit und Zukunft eingearbeitet. Im Zuge einer Entwicklung irritierender, die Leser herausfordernder, eine oberflächlich-hermeneutische Lektüre hintertreibender Stilmittel und ihres gezielten Einsatzes wurden weibliche Positionen bezogen, die den Anspruch auf einen Status von Aussage-Subjekten erhoben, ohne von vornherein als Objekte diskursiver Zusammenhänge vereinnahmt werden zu können.

Auch Christine Lavants Texte sind von einer Widersetzlichkeit geprägt, die nur bedingt gängigen Lese- und Interpretationsgewohnheiten entspricht und meist abgetan worden ist, wie vor allem die frühe, oft undifferenziert negative Kritik der Lavant-Prosa beweist.[50] Scheinbare Kleinigkeiten – wie die für Lavant typische Verkettung von Sätzen und Satzgliedern mit „und" (z.B.: „Und keine Wunden werden mehr sein, und nie mehr werde ich eingebunden sein müssen."[51]) – erhalten in diesem Zusammenhang plötzlich Gewicht. Während Sprachpuristen Vorbehalte anmelden, spiegeln derartige Fügungen doch nur wider, dass die mündliche Kommunikation nicht ausschließlich nach stilistischen Idealvorstellungen funktioniert, sondern in fragmentarischen, lockeren, ja sogar un-grammatischen Assoziationen, Aneinanderreihungen und Sprüngen. Wie die Leute beim Reden oft die Syntax missachten, ohne deshalb unverständlich zu werden, so leben Lavants Texte von manch kleiner Unebenheit und unorthodoxen, regellosen Formulierungen. Die Uneinheitlichkeit ihres Stils impliziert die Freiheit von den Zwängen eines formalisierten Sprachsystems.

Was bisher gesagt worden ist, gilt im Großen und Ganzen auch für das bis 1998 als verschollen geltende, in Wahrheit in privaten und Verlagsarchiven einfach in Vergessenheit geratene *Wechselbälgchen*. Diese Erzählung versetzt ihre Leser ohne Umschweife in eine ländliche Zwischenkriegswelt, die – zumindest literaturgeschichtlich betrachtet – wenig bekannt ist, zugleich verdrängt und ignoriert von einer idyllisierenden Blut- und Bodendichtung. Lavant zeichnet die Mägde, Knechte, Keuschler, Weiddirnen, Bauern, Pfarrer, Kinder und Kleinstbürger von einem Standpunkt unmittelbarster Betroffenheit

---

50   Vgl. Weinrich 1984, bes. 63.
51   Lavant 2000: 20.

aus, die man im Allgemeinen erst in den 1970ern an sogenannten Anti-Heimat-Literaten wie Franz Innerhofer oder Josef Winkler zu akzeptieren bereit war. Es geht um ein uneheliches, geistig zurückgebliebenes Mädchen, dem die abergläubischen Leute nachsagen, es sei der einäugigen Mutter bei der Geburt vom Teufel und seinen Helfershelfern untergeschoben worden. Zitha heißt das Kind, kann nicht sprechen, sondern höchstens ein paar Laute stammeln, die wie „Um!" oder „Ibillimutter" klingen.[52] Das müsste eigentlich gut in eine Gesellschaft passen, die – isoliert und als ganze an den Rand der Zivilisation verbannt – sich selber kirre macht mit Zaubersprüchen, Verwünschungen, einem animistischen Naturverständnis, katholischen Riten und Glauben an Gespenster und Wiedergänger. Dennoch verheddert sich Zithas Schicksalfaden unweigerlich in den fatalen Mechanismen, denen ein in sozialen und (sexual)moralischen Dingen so widersprüchlich und hierarchisch organisiertes Gefüge wie das geschilderte unterliegt.

Christine Lavant gibt in *Das Wechselbälgchen* freilich keine explizite Analyse zur politischen und sozialen Situation auf dem Lande zur Zeit des Austrofaschismus ab. Ihre Kritik tritt an keiner Stelle offen zutage, doch sie äußert sie – ebenso wie in *Das Kind* – implizit durch die Wahl der Erzählperspektive und des davon abhängenden Sprachstils. Es ist bemerkenswert, wie genau, sensibel und gelegentlich ironisch Lavant formuliert, ohne jemals irgendeine der Figuren zu denunzieren. Sie kennt deren Sprache mit ihrer eigentümlichen Idiomatik bis in die alltäglichsten, scheinbar selbstverständlichsten Wendungen und ist in der Lage, sie nicht nur in den Dialogpartien einzusetzen, sondern auch für den Erzählertext zu funktionalisieren: „Die darstellende Perspektive und die Nachempfindung der Perspektive einer Figur/Person sind oft ineinsgesetzt."[53] – so die beiden Herausgeberinnen Ursula A. Steinsiek und Annette Schneider, die diesem Buch durch Beigabe eines aufschlussreichen Glossars und eines knappen, aber informativen und anregend zu lesenden editorischen Anhangs außerordentlich dienlich gewesen sind.

Von zentraler Relevanz für die kleine Welt, die Christine Lavant in dieser wie in den übrigen Erzählungen stets zusammengebastelt hat, ist ein ‚Kunstdialekt', der auf starken Regionalismen beruht, ohne jemals volkstümelnd altbacken zu werden. Er ist sowohl

---

52   Lavant 1998: 21, 32.
53   Ebenda: 123.

ein Signal in Richtung der herkömmlichen Heimatliteratur österreichischer Provenienz, als auch aufgrund seiner Artifizialität und Hybridität ein Distanzierungsmittel davon. Man ist einmal mehr mit einem Paradoxon konfrontiert: Lavant schreibt scheinbar so, wie (nach einer geläufigen Vorstellung) jedermanns „Schnabel gewachsen" ist, das heißt: Ihr ge-samter Erzählduktus eines irgendwie verwahrlosten, ‚erdigen' Sprach-stils folgt dem Alltagsjargon einfacher Leute, deren Aussprüche schlampig und dahergetratscht wie vom Mund abgelauscht werden; und dennoch kommen letztlich durch die Verschriftlichung Texte heraus, deren Machart einzigartig ist innerhalb der österreichischen Nachkriegsliteratur, weil natürlich niemand tatsächlich auf die vorgeführte Weise spricht bzw. gesprochen hat. Das, was Heimatliteratur im allgemeinen ausmacht (das heißt: die ländliche Landschaft und ihre Menschen, das Dorf, das bäurische Volkstum, Hochlandabenteuer, das Programm von Anti-Modernismus und Zivilisationskritik usw.), wird von Lavant als eine Art von literarischem ‚Dispositiv' (frei nach Michel Foucault) benutzt, als eine bestimmte Vorgabe der Darstellung und des Ausdrucks, die es zugleich nachzuahmen und kritisch bzw. ironisch zu überwinden gilt. Übrigens ist Lavant in der – hochsprachlich ausgeführten! – Lyrik mit dem katholischen Glauben in ähnlicher Weise umgegangen. Die leichte Selbstverständlichkeit – nicht: Naivität, wie oft unterstellt –, mit der ihr das gelingt, fasziniert und untermauert den hohen Rang ihrer künstlerischen Leistung, auch in der Prosa.

Was ihre Lyrik angeht, so folgt nun exemplarisch ein kurzer Kommentar zu einem der typischsten Gedichte Christine Lavants. Es lautet:

> ICH WILL vom Leiden endlich alles wissen!
> Zerschlag den Glassturz der Ergebenheit
> und nimm den Schatten meines Engels fort.
> Dort will ich hin, wo deine Hand verdorrt,
> 5 ins Hirn der Irren, in die Grausamkeit
> verkümmerter Herzen, die vom Zorn gebissen
> sich selbst zerfetzen, um die tolle Wut
> hineinzustreuen in das Blut der Welt.
> Mein Engel geht, er trägt das Gnadenzelt
> 10 auf seinen Schultern, und von deiner Glut
> hat jetzt ein Funken alles Glas zerschmolzen.
> Ich bin voll Hoffart und zerkau den stolzen
> verrückten Mut, mein letztes Stücklein Brot
> aus aller Ernte der Ergebenheit.
> 15 Du warst sehr gnädig, Herr, und sehr gescheit,
> denn meinen Glassturz hätt ich sonst zerschlagen.

> Ich will mein Herz jetzt mit den Hunden jagen
> und es zerreißen lassen, um dem Tod
> ein widerliches Handwerk zu ersparen.
> 20 Du sei bedankt – ich hab genug erfahren.

In ihren *Aufzeichnungen aus einem Irrenhaus*, die 1946 entstanden, aber erst posthum im Jahre 2001 veröffentlicht worden sind, wird an mehreren Stellen die existentielle Bedeutung hervorgehoben,[54] die das Schreiben für die junge weibliche Protagonistin hat: Es bewährt sich in einer biographischen Extremsituation als Mittel der Bewusstseinsbildung und Selbstbehauptung. Die Ich-Erzählerin befindet sich nämlich – wie Lavant selbst im Jahre 1935 – nach einem missglückten Suizidversuch freiwillig in einer psychiatrischen Anstalt, um einen sechswöchigen Therapieaufenthalt zu absolvieren. Während die meisten Ärzte und Mitpatientinnen nur Hohn und Spott über das „Düchten mit Umlaut ü" äußern, hält die „nicht ans Ziel gekommene Selbstmörderin" unbeirrbar daran fest, alles in einer Art Tagebuch „fortzuschreiben".[55] Die notwendige Zeit dafür muss sie „geradezu erstehlen",[56] außerdem lebt sie in permanenter Angst, man könnte ihr das Schreiben verbieten.

Das vorliegende Gedicht, das 1959 in *Spindel im Mond*[57] veröffentlicht worden ist, bestätigt die kognitive Funktion, die – im oben skizzierten Sinne – mit-konstituierend für den Literaturbegriff Christine Lavants war. Sie entfaltet hier das ganze Spektrum ihrer Meisterschaft, weshalb sich der Text gut zur Einführung eignet. Schon im ersten Vers wird ein Erkenntniswunsch zum Ausdruck gebracht, nämlich „vom Leiden endlich alles wissen" zu wollen. Offenbar hat sich das lyrische Ich schon lange nach einer Klärung seiner prekären Situation gesehnt, die aber von außen nicht mehr zu erwarten ist. Nun unternimmt es von sich aus einen (vielleicht entscheidenden) Anlauf, reinen Tisch zu machen. In einem wütenden, vorwurfsvollen Monolog, der keine Gelegenheit zu antworten lässt, wendet sich das Ich an ein höheres lyrisches „Du", das in Vers 15 als „Herr" tituliert wird und – zusammen mit anderen Begriffen aus dem religiösen Bereich (z.B. „Engel", V. 3 und 9, „Gnadenzelt" für Himmel, V. 9, „Hoffart" als eine der sieben Sünden wider den heiligen Geist, V. 12, „mein letztes Stücklein Brot" als Anspielung auf die Eucharistie, V. 13) –

---

54 Lavant 2001: 130ff.
55 Ebenda: 33, 71, 106.
56 Ebenda: 103.
57 Lavant 1959: 155.

Assoziationen mit Gott nahe legt, oder zumindest mit einem Mann als Repräsentanten einer patriarchalen Weltordnung. Wie in vielen anderen Fällen[58] besteht das Incipit aus der Forderung „ICH WILL", die im Laufe des Gedichts noch zweimal wiederholt wird (V. 4 und V. 17). Dieser Nachdruck auf Durchsetzung eigener Standpunkte steht in starkem Gegensatz zu der resignativen Gemütsverfassung, auf welche die Dichterin wegen ihrer von Krankheiten geprägten Biographie nach wie vor oft reduziert wird.[59] Dabei sind ihre Werke beseelt von Auflehnung und Unbeugsamkeit, die sich gegen falsche Autoritäten und, vor allem, gegen fragwürdige moralische Ansprüche richten. Hier bietet sich meines Erachtens ein Ansatzpunkt für eine neue Lektüre Christine Lavants, auch in der Schule, weil ihre innere Haltung einer Befindlichkeit entspricht, die sich gerade jungen Leserinnen und Lesern erschließt.

Weitere inhaltliche und formale Aspekte des Gedichts lassen sich daraus entwickeln. Das „Ich" will nicht länger unter der trügerischen Sicherheit eines „Glassturz[es]" (V. 2) leben, es hat genug von vorgeblichen Gnadenbezeugungen, die eben gerade nicht aus reiner Gnade erfolgen, sondern die „Ergebenheit" des Nutznießers voraussetzen. Der Glassturz erweist sich als Sinnbild für die Grenze zwischen metaphysischer und empirischer Welt (vgl. V. 20: „ich hab genug erfahren"). Man kann durch ihn hindurchblicken, sich aber nicht ohne weiteres daraus befreien. Was einmal als Zeichen gläubiger Geborgenheit angesehen worden sein mag, ist zu einem unsichtbaren Gefängnis geworden, das vom „Du" beherrscht wird und am besten von ihm selbst zu beseitigen wäre, bevor das „Ich" in seiner Empörung losschlägt (vgl. V. 16). Schließlich kommt der „Herr" diesem Begehren nach, doch anders als erwartet (vgl. V. 11: „hat jetzt ein Funken alles Glas zerschmolzen"; es findet keine Zerschlagung statt). Dennoch sind es Bilder eines zunehmenden Glaubensverlusts, in denen Christine Lavant die geistige Disposition des sprechenden Ich fasst: Von seinem (Schutz-)Engel bereits verlassen, kann das „Ich" nun auch dessen „Schatten" (V. 3), dieses Signum der Abwesenheit, nicht mehr ertragen. Lieber ist es gänzlich ausgesetzt, aggressiv, hochmütig (vgl. V. 12) und versucht mit dem Mut der Verzweiflung (vgl. V. 13), das Leiden eigenverantwortlich zu rationalisieren. Diese Absicht macht das „Ich" auf einmal jenen Menschen ähnlich, die

---

58 Vergleichbare Gedichtanfänge verwenden häufig „Ich", „Ich will nicht", „Ich muß", „Ich kann/könnte (nicht)", „Ich weiß", „Ich bin", „Ich möchte".
59 Vgl. Strutz 1979: 28.

sowieso längst nicht mehr unter göttlicher Gnade stehen (wollen) und sich wie die „Irren" (V. 5) zerfleischen. Diese haben verkümmerte Herzen (vgl. V. 6), sind zornig und krank, als hätten tollwütige Hunde sie gebissen; sie verkörpern einen Ungeist und verbreiten gleichsam ‚böses' Blut in der Welt (vgl. V. 8). Das „Ich" nimmt einen solchen Verlust an Menschlichkeit in Kauf und entwickelt stattdessen im Schreibakt ein Selbstzerstörungsprogramm auf emotionaler Ebene, das aber – paradoxerweise – ein Weiterleben ermöglichen soll. Der symbolische Tod des eigenen Herzens wird antizipiert (vgl. V. 18/19), um die Sinnlosigkeit des Leidens erträglich zu machen und dadurch dem echten Tod die Spitze zu nehmen. Was übrig bleibt, ist das „Hirn" (V. 5), von dem nur anfänglich die Rede ist. Dessen Verstandeskräfte taugen allerdings höchstens zu ironischen Bemerkungen, mit denen der „Herr" (V. 15) letztlich bedacht und lächerlich gemacht wird.

Christine Lavant hat ihre Beschreibung der modernen *condition humaine* in bemerkenswert traditioneller Weise vorgenommen. Es hat den Anschein, als ob literarische Formen träger bzw. langlebiger seien als Inhalte, zumal transzendente. Jedenfalls ist *ICH WILL vom Leiden endlich alles wissen!* ... durchgehend gereimt (Schema: a/b/c/c/b/a/d/ e/e/d/f/f/g/b/b/h/h/g/i/i), stellt ein Musterbeispiel dafür dar, wie man Verse mit Hilfe von Enjambements gliedern kann, und weist – bis auf eine Stelle! – ein einheitliches Metrum auf (5-hebiger Jambus). Diese einzige Abweichung bezieht sich auf das zentrale Motiv „verkümmerter Herzen" (V. 6), deren „Grausamkeit" (V. 5) aufgrund des Glaubensverlusts geradezu hörbar gemacht wird. Lavant versteht es auch, erstarrte Metaphern und Sprachbilder zu reaktivieren (z.B. „tolle Wut", V. 7), End- und Binnenreime miteinander zu verketten (z.B. „Wut", V. 7, „Blut", V. 8, „Glut", V. 10, „Mut", V. 13) und ihren Texten eine ausgeprägte klangliche Struktur zu geben (vgl. die Assonanzen und Alliterationen in V. 10f.). Wiederholungen (z.B. „Ergebenheit", V. 2 und 14, „Glassturz", V. 2 und 16, „zerschlagen", V. 2 und 16) wirken bei ihr nicht redundant, sondern differenzierend. Bestimmte Wort- und Vorstellungsbilder werden kunstvoll aufgebaut, entfaltet und ineinander verwoben (z.B. „Hunde", V. 6f. und 17). Daraus ergibt sich ein kreisförmiger Aufbau des Texts, der die komplexe Aussage betont und ästhetische Kompaktheit signalisiert.

Um abschließend einen kleinen Ausblick auf die aktuelle Forschungslage zu geben, sei bloß angedeutet, dass sich in den letzten beiden Jahren die Rahmenbedingungen für das Projekt einer kritischen und kommentierten Gesamtausgabe der Werke Christine Lavants grund-legend geändert haben. Galt ursprünglich jener Bestand, der im „Robert Musil-Institut der Universität Klagenfurt / Kärntner Literaturarchiv" als „Nachlass Christine Lavant" archiviert ist, als Ausgangslage, so wurde mittlerweile die Materialbasis durch die Auffindung mehrerer bis dahin unbekannter Teilnachlässe wesentlich erweitert.

Die Auffindung und Sicherung dieser neuen Bestände, die für die Organisation und Planung der weiteren Arbeit zweifellos eine Erschwernis und eine Verzögerung bedeuteten, stellen aber auch einen ungewöhnlichen Glücksfall dar: Hatte sich schon durch die Erschließung des Hauptnachlasses gezeigt, dass die geplante Werkausgabe das bisher bekannte Textcorpus der Dichterin beträchtlich erweitern wird, so kommen jetzt noch einmal Hunderte von bisher unbekannten Texten (vorwiegend aus dem Bereich der Prosa) hinzu. Das bedeutet den wirklich einmaligen Fall, dass die Werkausgabe einer Dichterin vom Range Christine Lavants mehr als 30 Jahre nach ihrem Tode zu mehr als 50 Prozent Erstveröffentlichungen enthalten wird.

Literaturverzeichnis

Amann, Klaus. 1994. Vorwort. In: *Fidibus*. Zeitschrift für Literatur und Literaturwissenschaft 22, H.1: 1.

Amann, Klaus / Strutz, Johann. 1998. *Das literarische Leben*. In: Rumpler, Helmut / Burz, Ulfried (Hrsg.): Kärnten. Von der deutschen Grenzmark zum österreichischen Bundesland. Wien u.a.: Böhlau. (= Geschichte der österreichischen Bundesländer seit 1945, Bd. 6,2): 547-605.

Androutsopoulos, Jannis / Hinnenkamp, Volker. 2003. *Code-Switching in der bilingualen Chat-Kommunikation: ein explorativer Blick auf hellas und turks.* In:http://www.idsmannheim.de/prag/sprachvariation/tp/tp7/Bilingualer.Chat.final.pdf.

Bernhard, Thomas. 1986. *Holzfällen. Eine Erregung.* Frankfurt/M.: Suhrkamp.

Burger-Scheidlin, Kurt (o.J.): *Unveröffentlichtes Manuskript im Robert Musil-Institut der Universität Klagenfurt.*

Ebner, Jeannie. 1992. 'Was Christine Lavant mir erzählt hat.' In: *Fidibus*. Zeitschrift für Literatur und Literaturwissenschaft 20, H.4: 3-5.

186

Fialik, Maria. 1992. *Der Charismatiker. Thomas Bernhard und die Freunde von einst.* Wien: Löcker.

Lampersberg, Maja. 1987. Gespräch mit Christine Wigotschnig am 9. 9. 1987. Audiokassette. Audioarchiv des Robert Musil-Instituts der Universität Klagenfurt.

Lavant, Christine. 1959. *Spindel im Mond. Gedichte.* Salzburg: Otto Müller Verlag.

Lavant, Christine. 1974. Christine Lavant an Gerhard Deesen. In: *ensemble 5. Lyrik Prosa Essay. Internationales Jahrbuch für Literatur.* München: Langen Müller.

Lavant, Christine. 1978. 'Kunst wie meine ist nur verstümmeltes Leben.' *Nachgelassene und verstreut veröffentlichte Gedichte – Prosa – Briefe* ausgewählt und herausgegeben von Armin Wigotschnig und Johann Strutz. Salzburg: Otto Müller Verlag.

Lavant, Christine. 1982. *Sonnenvogel.* Ausgewählt und hrsg. von Roswitha Th. Hlawatsch und Horst G. Heiderhoff. Mit drei Linolschnitten von Erika Bartholmai. Waldbrunn: Heiderhoff. (= Das Neueste Gedicht N. F. 8).

Lavant, Christine. 1984. *Über Christine Lavant. Leseerfahrungen, Intertationen, Selbstdeutungen.* Hrsg. v. Grete Lübbe-Grothues. Salzburg: Otto Müller Verlag.

Lavant, Christine. 1984a. *Briefwechsel mit Hilde Domin.* In: Lavant 1984: 142-166.

Lavant, Christine. 1984b. *Versuchung der Sterne.* Erzählungen und Briefe. Hrsg. und Nachwort v. F. Israel. Leipzig: St. Benno.

Lavant, Christine. 1987. *Gedichte.* Hrsg. von Thomas Bernhard. Frankfurt/M.: Suhrkamp.

Lavant, Christine. 1991. *Und jeder Himmel schaut verschlossen zu.* Fünfundzwanzig Gedichte für O. S. Mit einer Einleitung von Hans Haider. Wien, München: Jungbrunnen.

Lavant, Christine. 1995. *Kreuzzertretung.* Gedichte, Prosa, Briefe. Hrsg. v. Kerstin Hensel. Leipzig: Reclam. (= Reclam-Bibliothek 1522).

Lavant, Christine. 1996. *Die Schöne im Mohnkleid.* Im Auftrag des Brenner-Archivs (Innsbruck) hrsg. und mit einem Nachwort versehen v. Annette Steinsiek. Salzburg, Wien: Otto Müller Verlag.

Lavant, Christine. 1997. *Herz auf dem Sprung.* Die Briefe an Ingeborg Teuffenbach. Im Auftrag des Brenner-Archivs (Innsbruck) hrsg. und mit Erläuterungen und einem Nachwort versehen v. Annette Steinsiek. Salzburg, Wien: Otto Müller Verlag.

Lavant, Christine. 1998. *Das Wechselbälgchen*. Hrsg. und mit einem Nachwort versehen v. Annette Steinsiek und Ursula A. Schneider. Salzburg/Wien: Otto Müller Verlag, 1998.

Lavant, Christine. 1999. *Bilder und Worte. Ein Postkartenbuch*. Hrsg. v. Annette Steinsiek. Salzburg, Wien: Otto Müller Verlag.

Lavant, Christine. 1999a. „„... nur durch Zufall in den Stand einer Dichterin getreten." Unbekannte autobiographische Texte von Christine Lavant. Briefe an Maria Crone. Hrsg. v. Ilija Dürhammer und Wilhelm Hemecker. In: *Sichtungen*. Archiv – Bibliothek – Literaturwissenschaft. Internationales Jahrbuch des Österreichischen Literaturarchivs der Östererichischen Nationalbibliothek 3: 95-126.

Lavant, Christine. 2000. *Das Kind*. Hrsg. nach der Handschrift im Robert-Musil-Institut und mit einem editorischen Bericht versehen v. Annette Steinsiek und Ursula A. Schneider. Mit einem Nachwort von Christine Wigotschnig. Salzburg, Wien: Otto Müller Verlag.

Lavant, Christine. 2001. *Aufzeichnungen aus einem Irrenhaus*. Hrsg. und mit einem Nachwort versehen v. Annette Steinsiek und Ursula A. Schneider. Salzburg, Wien: Otto Müller Verlag.

Lavant, Christine. 2001a. *Die Bettlerschale. Gedichte*. Christine Lavant und Elke Heidenreich lesen. Ausgewählt von Michael Krüger. München: Der Hörverlag.

Lavant, Christine. 2003. *Briefe an Maja und Gerhard Lampersberg*. Im Auftrag des Robert Musil-Instituts für Literaturforschung der Universität Klagenfurt / Kärntner Literaturarchiv hrsg. v. Fabjan Hafner und Arno Rußegger. Salzburg, Wien: Otto Müller Verlag.

Šlibar, Neva. 1995. 'Ein Kind Jesu: Jesukind und Krüppelchen – Die Kinderperspektive in Christine Lavants Erzählungen.' In: Rußegger, Arno / Strutz, Johann (Hrsg.): *Die Bilderschrift Christine Lavants. Studien zur Lyrik, Prosa, Rezeption und Übersetzung*. 1. Internationales Christine Lavant Symposion Wolfsberg 1995. Wien, Salzburg: Otto Müller Verlag: 87-123.

Strutz, Johann. 1979. *Poetik und Existenzproblematik*. Zur Lyrik Christine Lavants. Salzburg: Otto Müller Verlag.

Taferner, Uli. 1999. 'Die vielen Gesichter der Christine Lavant.' In: Rußegger, Arno / Strutz, Johann (Hrsg.): *Profile einer Dichterin. Beiträge des 2. Internationalen Christine-Lavant-Symposions*. Wolfsberg 1998. Wien, Salzburg: Otto Müller Verlag: 143-163.

Teuffenbach, Ingeborg. [2]1994. *Christine Lavant – „Gerufen nach dem Fluß."* Zeugnis einer Freundschaft mit einem Nachwort von Manon Andreas-Grisebach. Zürich: Ammann.

Turrini, Peter. 1990. „Heimat als lebenslange Hypothek". Peter Turrini im Gespräch mit Heiner Hammerschlag. In: *Die Brücke.* Kärntner Kulturzeitschrift 16, H. 4: 6-8 und 77- 80.

Weinrich, Harald. 1984. *Christine Lavant oder Die Poesie im Leibe.* In: Lavant 1984. 63-76.

Wiesmüller, Wolfgang. 2001. 'Christine Lavant.' In: *Kritisches Lexikon der deutschsprachigen Gegenwartsliteratur.* Hrsg. von Heinz Ludwig Arnold. München: edition text + kritik 67. Nlg. 2001 (KLG 3/01).

Wigotschnig, Armin. 1978. 'Erinnerungen an Gespräche mit Christine Lavant.' In: Lavant 1978: 9-26.

Jerker Spits

„DER HELLSICHTIGSTE ALLER NARREN".
STATIONEN DER BERNHARD-REZEPTION IN ÖSTERREICH UND IN DEN NIEDERLANDEN

Der Österreicher Thomas Bernhard ist noch immer einer der wichtigsten und am meisten diskutierten deutschsprachigen Gegenwartsautoren. Zu den wichtigsten Aspekten seines Werkes zählt zweifellos sein Verhältnis zu seinem Heimatland Österreich. Die in Bernhards Romanen und Theaterstücken mit einer gewissen Regelmäßigkeit wiederkehrenden Politiker-Beschimpfungen und Österreich-Tiraden waren oft mit handfesten Skandalen verbunden. So war sein Stück *Heldenplatz* (1988) Anlass für eine beispiellose Erregung in den Medien und in der politischen Öffentlichkeit. Auch in den Niederlanden wurden die Attacken, die sich gegen den „Nestbeschmutzer" und „Vaterlandsverräter" Bernhard richteten, mit großer Aufmerksamkeit verfolgt. Nach Bernhards Tod (1989) verstummte die Debatte um die Person des Autors und sein Werk keineswegs. Die zwei Gedenkjahre 1999 (10. Todestag) und 2001 (70. Geburtstag) rückten den Autor erneut ins Rampenlicht der Öffentlichkeit.

Dieser Beitrag will insbesondere über die kontroversen Reaktionen, die das Werk und das Auftreten Thomas Bernhards hervorrufen, informieren und dabei auch das die Wirkung ermöglichende kulturelle und politische Klima nachzeichnen. Besondere Aufmerksamkeit wird den Ereignissen um das Stück *Heldenplatz* gewidmet, das die österreichische Nation im Herbst 1988 über Wochen hinweg in Atem hielt.

Thomas Bernhard als „Skandalautor"

Thomas Bernhard wurde am 9. Februar 1931 im niederländischen Heerlen geboren. Er wuchs als uneheliches Kind bei seinem Großvater mütterlicherseits, dem österreichischen Heimatdichter Johannes Freumbichler (1881-1949) auf. 1951-1957 studierte Bernhard in Wien und am Salzburger Mozarteum Musik, Schauspiel und Dramaturgie und veröffentlichte Lyrik. In den sechziger Jahren erschienen die Prosabände *Frost* und *Verstörung*. Mitte der sechziger Jahre begann für Bernhard die Zeit der Ehrungen: 1965 erhielt der Schriftsteller den Bremer Literaturpreis, 1968 den Kleinen Österreichischen Staatspreis und 1970 den Georg-Büchner-Preis. In den siebziger Jahren eroberte Bernhard das Theater mit Stücken wie *Die Macht der Gewohnheit* und *Die Jagdgesellschaft* (beide 1974). Bis zu seinem Tod folgte fast jährlich ein neues Stück. Die meisten Uraufführungen überließ Bernhard dabei seinem bevorzugten Regisseur Claus Peymann. Neben den oben erwähnten Theaterstücken präsentierte Bernhard in den siebziger Jahren auch eine fünfteilige Autobiographie, die vielen als Zentrum seines gesamten Werks gilt.[1] Die achtziger Jahre zeigten Bernhard zunehmend in seiner Rolle als "Skandalautor". Seine Rigorosität Institutionen und Personen öffentlichen Interesses gegenüber führte zu Prozessen und Skandalen, die zu noch größerer Bekanntheit des Autors beitrugen.

Begonnen hatte die Kette regelmäßiger Irritationen durch öffentliche Auftritte Bernhards im März 1968, als der Roman *Frost* ihm internationale Anerkennung und den Kleinen Österreichischen Staatspreis für Literatur einbrachte. Bei der Dankesrede fielen jene Sätze, die man später immer wieder als Programm für Bernhards literarische Arbeit ansehen sollte:

> Es ist nichts zu loben, nichts zu verdammen, nichts anzuklagen, aber es ist vieles lächerlich; es ist alles lächerlich, wenn man an den Tod denkt [...]. Die Zeitalter sind schwachsinnig, der Staat ist ein Gebilde, das fortwährend zum Scheitern, das Volk ein solches, das ununterbrochen zur Infamie und Geistesschwäche verurteilt ist [...]. Wir sind Österreicher, wir sind apathisch [...]. Mittel zum Zwecke des Untergangs, Geschöpfe der Agonie.[2]

Der anwesende Unterrichtsminister Piffl-Percevic war empört und verließ mit dem Satz „Wir sind dennoch stolze Österreicher" wütend den Saal. Thomas Bernhard hatte an diesem Tag seinen ersten öffentlichen Skandal bewirkt und war von nun an auch für eine nicht primär literarisch interessierte Öffentlichkeit ein Begriff. Beim Erscheinen des ersten Bandes von Bernhards Autobiographie, *Die Ursache* (1975), gründete sich in Salzburg ein „Verein zur Rettung des internationalen

---

1 So betrachtete Marcel Reich-Ranicki Bernhards Autobiographie als einen „Höhepunkt der zeitgenössischen Literatur." Bernhard habe die „Sterilität überwunden und das Gespenst der Abstraktion gebannt." Die Autobiographie sei Bernhards „reichstes und tiefstes Werk" und gehöre „zu den großen literarischen Dokumenten unserer siebziger Jahre." Reich-Ranicki 1993: 58 und 50.

2 Bernhard 1968: 347.

Ansehens der Festspielstadt Salzburg", um der negativen Darstellung der Stadt durch Bernhard entgegenzuwirken. Der Salzburger Stadtpfarrer Franz Wesenauer meinte sich in der Figur des Onkel Franz zu erkennen und strengte einen Prozess gegen Thomas Bernhard an.[3] Aus Furcht vor einer erneuten Klage lehnte Bernhard seinen Beitrag zur Anthologie *Glückliches Österreich*, die anlässlich des österreichischen Nationalfeiertages 1977 erscheinen sollte, ab. In Polen wird *Die Ursache* wegen der darin enthaltenen Angriffe auf die katholische Kirche bis heute nicht veröffentlicht.

Form und Inhalt der Prosatexte und Stücke Bernhards forderten die Öffentlichkeit geradezu heraus. Die Reaktion der durch die Provokation herausgeforderten Öffentlichkeit wurde ein unabdingbarer Bestandteil des Werks. „Bernhards Werk scheint – und dies ist eine Qualität, die sehr wohl darin angelegt ist – zur Reaktion zu verpflichten", so der Wiener Germanist Wendelin Schmidt-Dengler.[4] Die Reaktionen erfolgen daher „meistens ohne Auftrag und doch an exponierter Stelle". So erklärte der damals frisch ins Amt tretende Vorsitzende der FPÖ, Jörg Haider, 1986:

> Wir dulden keine Österreichbeschimpfung, wie sie üblich geworden ist. Denn es ist traurig, daß subventionierte Künstler in diesem Land ihre Bücher damit füllen, so wie ein Thomas Bernhard kürzlich wieder mit seinem jüngsten Buch „Auslöschen" [gemeint ist *Auslöschung*, J.S.], in dem er Zensuren für diese Republik erteilt und alles in Grund und Boden verdammt, was die Grundlage auch seiner materiellen und geistigen Existenz in dieser schönen Heimat ist.[5]

Bernhard, der sich selbst gern als unpolitischen Autor bezeichnete, wurde auf diese Weise dennoch zum Politikum. Der Salzburger Germanist Manfred Mittermayer erkennt in Bernhard sogar den Erfinder einer neuen literarischen Gattung, der „Erregung".[6] Damit spielt Mittermayer auf Thomas Bernhards 1984 erschienenen Prosatext *Holzfällen. Eine Erregung* an. Das Buch wurde nahezu unmittelbar nach Erscheinen beschlagnahmt, weil der österreichische Komponist Gerhard Lampersberg sich in der Figur des Herrn Auersberger im Roman wiederzuerkennen glaubte. Juristische Grundlage für die Beschlagnahme bei der Auslieferungsfirma sowie in allen Buchhand-

---

3   Zu den Einzelheiten des Prozesses und der Berichterstattung in den österreichischen Medien vgl. Dittmar [2]1982: 73-84 sowie Huber 1987: 59-110.
4   Schmidt-Dengler 1987: 9.
5   *Falter* 10/1986, Nr. 19: 5. Es handelt sich hier um die Antrittsrede Haiders als FPÖ-Parteiobmann.
6   Vgl. Mittermayer 1995: 177.

lungen Österreichs waren 18 inkriminierende Stellen.[7] Die Richter stellten damit das Persönlichkeitsrecht des Bürgers vor die Freiheit der Kunst.[8] Bei näherem Hinsehen stellte sich allerdings heraus, dass alle 18 Stellen gegenüber dem Original unkorrekt wiedergegeben waren und zwei Stellen sich überhaupt nicht auf die vermeintliche Identität Auersberger/Lampersberg bezogen. Eine bessere Werbekampagne hätte aber auch der Verlag nicht starten können. Nachdem das Urteil in zweiter Instanz aufgehoben wurde, fand der Roman reißenden Absatz. *Holzfällen* ist – was die Verkaufszahlen angeht – bis auf den heutigen Tag Thomas Bernhards erfolgreichstes Buch. Zwei Wochen nach der Beschlagnahme waren 30.000 Bücher verkauft; noch im „Skandal-Jahr" 1984 erreichte Holzfällen die Auflage von 50.000 Stück.

Die Erregung um „Heldenplatz"

Im Herbst 1988 erreichten die „Erregungen" um den Autor Thomas Bernhard eine neue Qualität. Eine empörte Öffentlichkeit protestierte gegen die drohende „Nestbeschmutzung", die „Verschwendung von Subventionsgeldern" und die „Beleidigung des österreichischen Volkes", die von Bernhards neuestem Stück *Heldenplatz* ausging. Man forderte die Absetzung des Stücks vom Spielplan des Wiener Burg-theaters, das man von Bernhards Stück „geschändet" sah.

Im Folgenden werde ich die Entwicklungen um den Skandal nachzeichnen und die kontroversen Reaktionen, die das Stück hervorrief, analysieren. Zunächst aber scheint es mir sinnvoll, den historischen Kontext des Jahres 1988 in Erinnerung zu rufen. Nur so kann die Wirkung, die das Stück im angespannten Klima der achtziger Jahre in Österreich entfaltete, verstanden werden.

Das „Bedenkjahr" 1988

Dem Skandal um *Heldenplatz* gingen in Österreich zwei öffentliche Diskussionen voran, die sich innerhalb einer kurzen Zeitspanne ereigneten: der Streit um die Aufstellung des „Anti-Rassismus-Denkmals" von Alfred Hrdlicka[9] in der Wiener Innenstadt sowie die

---

7   Vgl. Schindlecker 1987; Van Ingen 1993.
8   In diesem Sinn ist das Verbot von *Holzfällen* mit dem Fall von Klaus Manns *Mephisto*, der nach einem Urteil des deutschen Gerichtshofes in der Bundesrepublik von 1966 bis 1980 verboten war, vergleichbar.
9   An der Stelle des 1945 zerstörten Philipphofs auf dem Albertinaplatz im ersten

Kontroverse um die Berufung des Deutschen Claus Peymann als Direktor des Burgtheaters. In beiden Auseinandersetzungen wurde die Kunst von großen Teilen der Öffentlichkeit als „Störfaktor" betrachtet, der gegen den gesellschaftlichen Konsens verstößt. Auch Politiker spielten in beiden Fällen eine wichtige Rolle. Die Debatten wurden als Wegmarke im Kampf um die kulturelle Hegemonie in Österreich empfunden.

1988 wurde auch die Diskussion um den österreichischen Bundespräsidenten Kurt Waldheim, den die Öffentlichkeit zwei Jahre zuvor mit seiner nationalsozialistischen Vergangenheit und seiner damaligen Rolle in der deutschen Wehrmacht konfrontiert hatte, heftigst wiederbelebt. 1988 nämlich legte eine internationale Historikerkommission einen Bericht über die Vergangenheit des mittlerweile zum Bundespräsidenten gewählten Waldheim vor. Dieser Bericht sprach Waldheim zwar von eigenhändig begangenen Kriegsverbrechen, keineswegs aber von einer „moralischen Mitschuld" frei. Dabei sollte das Jahr 1988 als sogenanntes „Bedenkjahr" der Erinnerung an die rassische und politische Verfolgung nach dem sogenannten ‚Anschluss' Österreichs an Hitler-Deutschland im März 1938 dienen. Burgtheaterdirektor Claus Peymann hatte bereits angekündigt, einen künstlerischen Beitrag zum „Bedenkjahr" liefern zu wollen. Im selben Jahr sollte auch der 100. Geburtstag des Wiener Burgtheaters gefeiert werden. Angesichts der repräsentativen kulturellen Bedeutung des Burgtheaters für Österreich wurde der neuen Inszenierung eine große Bedeutung beigemessen.

1988 kam also vieles zusammen: das Gedenkjahr, die Aufregung um Waldheim und den Historikerbericht, die Hundertjahrfeier des Burgtheaters. Erstmals wurde in diesem Jahr von einer breiten Öffentlichkeit über die bisher mangelnde Auseinandersetzung Österreichs mit der eigenen NS-Vergangenheit diskutiert. Es ist wichtig zu bedenken, in welch gereizter Atmosphäre die Diskussion um Thomas Bernhards *Heldenplatz* stattfand. Nur so kann erklärt werden, dass die Auseinandersetzung um das Stück eine derart große Aufmerksamkeit auf sich zog und die Diskussion monatelang mit einer ungewohnten Heftigkeit geführt wurde.

Vieles deutet darauf hin, dass im „Bedenkjahr" 1988 die Voraussetzungen für eine offene Debatte über die Auseinandersetzung

---

Wiener Bezirk wurde vom Bildhauer und Graphiker Alfred Hrdlicka 1988-1991 das Mahnmal gegen Krieg und Faschismus errichtet. Hrdlicka (*1928) löste in Deutschland und Österreich wiederholt öffentliche Diskussionen aus.

mit der eigenen Vergangenheit und die Rolle, die sie in der Gegenwart zu spielen habe, noch nicht gegeben waren. Auch die im selben Jahr stattfindende Debatte über Alfred Hrdlickas geplantes Mahnmal für den Albertinaplatz im ersten Wiener Bezirk zeigte das angespannte gesellschaftliche Klima und die in Österreich bestehenden Schwierigkeiten, mit dem Thema „NS-Vergangenheit" umzugehen.

Ich wende mich nun der unmittelbaren Entstehungsgeschichte zu. Der neue Burgtheater-Chef Claus Peymann, der 1986 die Intendanz des Hauses übernommen hatte, plante, anlässlich des Festaktes für das Jahrhundert-Jubiläum der „Burg" am 14. Oktober, die Inszenierung eines Stückes, das den „Anschluß und das heutige Denken darüber in Österreich" zum Thema haben sollte. Er beauftragte daher Thomas Bernhard, ein Stück, dass dieser Thematik entsprach, zu verfassen. In einem Gespräch mit Hellmuth Karasek erinnerte sich Peymann 1993:

> Peymann: „Im Gedenkjahr 88, das war in Österreich die ganz große Sache, die Österreicher hatten ja ein schönes Jubiläum, 50 Jahre Anschluß wird gefeiert. Die Österreicher haben das ja ganz geschickt gemacht, die Österreicher haben also sozusagen mit dem Hitler zusammen ganz schwer den Faschismus aufgebaut [und] nach dem Krieg waren sie sofort das erste Opfer [...] besetzt und besiegte Nation und waren das Opfer des Faschismus, das ist die große, schöne, lebendige Lebenslüge, und die wurde 88 in Frage gestellt [...] Da habe ich ihn [Thomas Bernhard – J.S.] gebeten, ‚Heldenplatz' zu schreiben, habe gesagt, schreiben Sie doch ein Stück [...] über diesen Anschluß und über das heutige Denken [...], Mensch, Bernhard, können Sie nicht ein Stück zu diesem Zweck schreiben.[10]

Nachdem Bernhard diesem Vorschlag zunächst scheinbar wenig Interesse entgegenbrachte, erschien er im Frühjahr 1988, so Peymann, „völlig überraschend" im Burgtheater, um Peymann die Rohfassung des vor einiger Zeit von ihm angeregten Stücks zu übergeben. Dass das Stück Gegenstand kontroverser Betrachtung sein würde, wie Claus Peymann es sich wünschte, dafür bürgte schon der Name Thomas Bernhard. Dass der Hass und die offene Feindschaft ein derartiges Ausmaß erreichen würde, damit hatten die „beiden Störenfriede"[11] Peymann und Bernhard jedoch nicht gerechnet.[12]

---

10 Zitiert nach Bentz 2000: 16.
11 Vgl. Steinmann [3]1991.
12 Vgl. Bentz 2000: 16.

„In Österreich ist alles immer am schlimmsten gewesen". Die
Österreich-Kritik in Heldenplatz

Das Stück *Heldenplatz* handelt von dem 1938 nach Oxford
emigrierten, jüdischen Mathematikprofessor Josef Schuster, der 50
Jahre nach seiner gezwungenen Ausreise im März 1938 nach Wien
zurückkehrt und durch den Sprung aus dem Fenster seiner Wohnung
am Wiener Heldenplatz Selbstmord begeht. Seine Frau hört im Jahr
1988 noch ständig die Geräusche vom Heldenplatz, jenes Schreien der
Massen, das sie auch 1938 vernahm. Sie war deswegen bereits in
Steinhof, der großen psychiatrischen Anstalt Wiens, die in vielen
Texten Bernhards thematisiert wird, in Behandlung. Das Stück, das aus
drei Szenen besteht, fängt mit den Vorbereitungen für das Begräbnis
des Professors Schuster an und endet mit einem Essen nach der
Beerdigung, bei dem die Witwe unter dem Massengeschrei vom
„Heldenplatz", das am Ende des Dramas „bis an die Grenze des
Erträglichen anschwillt"[13], am Tisch zusammenbricht.
    Wie viele Hauptfiguren Bernhards beschäftigt auch Professor
Schuster sich mit einer umfangreichen Studie: „Die Zeichen der Zeit".
Aber wie die meisten Hauptfiguren in Bernhards Texten kommt
Professor Schuster nicht über das Sammeln von Material und die
Aufzeichnung einzelner Gedanken hinaus. „Alles nur Stückwerk /
ganze Haufen von Zetteln sonst nichts", führt Professor Robert, der
Bruder des Toten, zu dessen Arbeit aus.[14]
    In der zweiten Szene des Stücks treffen sich die beiden Töchter
des Professors, Olga und Anna, im Volksgarten mit dem Bruder des
Toten, Robert, der gleichfalls Universitätsprofessor ist. In dieser
zweiten Szene macht Robert, Ansichten seines Bruders Josef verbal
aus- und weiterführend, einige Statements, die seine Verzweiflung
über die österreichische Vergangenheit und Gegenwart zum Ausdruck
bringen, gegen die direkten Widerstand zu leisten er sich aber zu
schwach fühlt. Roberts monomanischer Monolog steigert sich zu einer
virtuosen Schelt- und Spottrede, die seine Verzweiflung und Misanthropie zum Ausdruck bringt. Seine Verdammung ist eine totale: sie
gilt den Intellektuellen, dem Volk, dem Theater, den Ideen wie den
Institutionen und einzelnen Repräsentanten des Staates, sie gilt dem
Konservatismus wie dem Sozialismus, sie gilt sowohl der Kirche als
der Industrie, den Politikern wie den Künstlern:

---

13   Bernhard 1988: 165.
14   Ebenda: 162ff. Vgl. Bartmann [3]1991.

Professor Robert: [...] die Welt ist heute nur noch eine hässliche / [...] und eine durch und durch stumpfsinnige / alles verkommen wohin man schaut / alles verwahrlost wohin man schaut / am liebsten möchte man gar nicht mehr aufwachen / in den letzten fünfzig Jahren haben die Regierenden / alles zerstört / und es ist nicht mehr gutzumachen / die Architekten haben alles zerstört / mit ihrem Stumpfsinn / die Intellektuellen haben alles zerstört / mit ihrem Stumpfsinn / das Volk hat alles zerstört / mit seinem Stumpfsinn / die Parteien und die Kirche / haben alles mit ihrem Stumpfsinn zerstört / der immer ein niederträchtiger Stumpfsinn gewesen ist / und der österreichische Stumpfsinn ist ein durch und durch abstoßender. / Die Industrie und die Kirche / sind an dem österreichischen Unglück schuld / die Kirche und Industrie sind schon immer / am österreichischen Unglück schuld gewesen / die Regierenden hängen ja vollkommen / von Industrie und Kirche ab / das ist immer so gewesen / und in Österreich ist alles immer am schlimmsten gewesen [...].[15]

Österreich ist für Professor Robert nichts weiter als eine „Bühne / auf der alles verlottert und vermodert und verkommen ist", eine „in sich selbst verhaßte Statisterie / von sechseinhalb Millionen Alleingelassenen / sechseinhalb Millionen Debile und Tobsüchtige / die ununterbrochen aus vollem Hals nach einem Regisseur schreien." Dieser Regisseur wird kommen, so Professor Robert, und das österreichische Volk „endgültig in den Abgrund hinunterstützen." Diese Wut verbindet sich bei Professor Robert mit Trauer, Wehmut auch, über die verlorene Größe und Bedeutung Österreichs: „In ein paar Jahrzehnten ist alles verspielt worden / das ist in Jahrhunderten nicht mehr gutzumachen / wenn man bedenkt was dieses Österreich / einmal gewesen ist [...]."[16] Der Österreicher sei von Natur aus unglücklich, und sei er einmal glücklich, so schäme er sich dessen und verstecke sein Glück in der Verzweiflung.

Die Ausfälle des Professors – „in Österreich Jude zu sein / bedeutet immer zu Tode verurteilt zu sein [...]. Der Judenhaß ist die reinste und absolut unverfälschte Natur / des Österreichers"[17] – sind vor dem biographischen Hintergrund dieser Figur zu sehen. Wie andere Figuren Bernhards ist sein Weltbild durch eine lebenslange Auseinandersetzung mit dem Staat und durch die mühevollen Versuche, sich innerhalb seiner Umgebung als selbständiges

---

15   Bernhard 1988: 87ff.
16   Ebenda: 96. Der italienische Germanist und Romanautor Claudio Magris ist der Meinung, dass die Erinnerung an die untergegangene Donaumonarchie bestimmend für die österreichische Literatur sei. Vgl. Magris 1966.
17   Bernhard 1988: 96.

Individuum zu etablieren, geprägt. Auch Professor Robert ist eine typisch Bernhardsche „Kunstfigur", tief eingesunken in Selbstmordgedanken, fasziniert von physischem und psychischem Verfall, mit einer vergeblichen Sehnsucht nach Rettung in der „Geisteswelt", im Theater, in der Literatur und der Musik. Durch die Radikalität und Übersteigerung seiner Beleidigungen ist auch Professor Robert ein exemplarischer Vertreter des Bernhardschen „Geistesmenschen": skurril, monoman und gefangen in einem „unermüdlichen, teils tragischen, teils komischen Kampf mit Obsessionen und der alltäglichen Wirklichkeit."[18] Bernhards Figuren sind in ihrem Kampf mit der Wirklichkeit einerseits tragisch und vielleicht sogar bemitleidenswert, anderseits aber auch lächerlich. Einerseits sind ihre Aussagen – ungeachtet der „Übertreibungen" – nicht unberechtigt, andererseits sind sie ein Symptom der mentalen Beschädigung derer, die sie aussprechen. Mit seiner ironischen Perspektive durchschaut Bernhard die grotesken Urteile der Figuren und ermöglicht Betroffenheit und Lachen in einem. Er war dieses für Bernhards Poetik grundlegende und prekäre Verhältnis zwischen „tragischen" und „komischen" Seiten des Stücks,[19] das in der Folge in der öffentlichen Auseinandersetzung um *Heldenplatz* völlig unterging.

Eine Veröffentlichung und ihre Folgen

Die pauschalen und nicht argumentativ vorgetragenen Vorwürfe, die in vielen Bernhard-Texten zum Ausdruck kommen, richteten sich auch in *Heldenplatz* vorwiegend gegen Presse, Politiker und Klerus – gerade jene Instanzen also, die sich dann auch rasch zu Wort meldeten, als Auszüge aus Thomas Bernhards noch unveröffentlichtem Stück in die Öffentlichkeit gelangten. Sie gestalteten das Schauspiel, das um das Stück *Heldenplatz* herum aufgeführt wurde, wesentlich mit und wurden zu Hauptaktanten in einem in der Zweiten Republik nicht gekannten „Theaterskandal":

> Mit dem Fall „Heldenplatz" ist […] ein neues Kapitel aufgeschlagen: Niemals zuvor hat die Empörung über ein Stück, das heute, Freitag, im Burgtheater uraufgeführt wird, so viele beherzte Stellungnahmen des Unverstandes

---

18 Sorg 1992: 302. Es greift m.E. aber zu kurz, wenn man mit Sorg Bernhards Figuren ausschließlich als Sprachrohr der persönlichen, monomanischen Welterfahrung und -deutung ihres Autors auffasst. Vgl. Sorg 1990.

19 Hans Jürgen Schings hat am Beispiel des *Immanuel Kant* auf diese „Methode des Equilibrismus" hingewiesen. Vgl. Schings 1983.

hervorgerufen. Österreich hat sich zu einer einzigen Bernhard-Bühne gemausert, nahezu alle Politiker sind ins Rollenfach übergewechselt, und das Ausland lacht dazu. Bernhard hat in der Produktion seines Skandal-Kunstwerks eine neue Qualität erreicht.[20]

Es waren aus dem Zusammenhang gerissene Auszüge aus der zweiten Szene des vorläufigen Bühnenmanuskripts, die der österreichischen Presse den Stoff zur Skandalisierung boten. Die Vorwürfe bezogen sich vor allem auf die latente oder auch manifest faschistische Grundhaltung, die Bernhard seinen Landsleuten durch alle sozialen Schichten hindurch bescheinigte. Das Theaterstück wurde zum Anlass einer ideologischen Auseinandersetzung, in der konservative Vertreter der Presse, eine erregte Öffentlichkeit und Repräsentanten der Politik – von denen viele wohl annahmen, sich durch ihre Beteiligung an der populistischen Kampagne Vorteile zu verschaffen – gegen einen gehassten, weil unbequemen Autor mit aller Schärfe vorgingen.

Aus dem Stück wählte die österreichische Boulevardpresse die gepfeffertsten Kostproben aus, die beweisen sollten, „mit welcher fast pathologischen Abneigung Bernhard unserem Land gegenübersteht."[21] Die aneinandergereihten Aussagen der Figuren wurden zudem dem Autor Bernhard in den Mund gelegt und als „Bernhards neue Österreichbeschimpfung. Österreich 6,5 Millionen Debile" präsentiert. Es wurde außer Acht gelassen, dass es sich hier nicht um Aussagen des Autors, sondern um die Äußerungen seiner fiktiven Theaterfiguren handelt, dass Bernhards Stück als Literatur aufzufassen ist, also nicht der Autor auf der Bühne steht und zum Publikum spricht, sondern dass die Bühnenfiguren im Rahmen ihrer Dialoge diese Aussagen machen und sie somit als Teil der Handlung und Mittel der Charakterisierung betrachtet werden müssen. Mit anderen Worten: dass es sich bei diesen Aussagen nicht in jedem Falle um die Meinung des Autors handeln muss.[22]

Es entstand die bemerkenswerte Situation, dass „die Rezeption von Literatur bereits vor ihrem eigentlichen Erscheinen" mit Vehemenz einsetzte.[23] Über Wochen hinweg wurde der „Fall Heldenplatz"

---

20   Pfoser 1989.
21   Anonym 1988.
22   Auf der anderen Seite muss betont werden, dass Bernhard selbst immer wieder die Grenzen zwischen Fiktion und Realität verwischte: nicht nur in seiner Autobiographie und in den vielen Leserbriefen, die von ihm in österreichischen Tageszeitungen erschienen, sondern auch in seinen Theaterstücken sind die Aussagen des Autors denen seiner Figuren zum Verwechseln ähnlich.
23   Gropp 1994: 60.

in der Alpenrepublik zum bestimmenden Thema. Viele, die noch nie ein Buch Thomas Bernhards in den Händen hatten, fühlten sich zur Stellungnahme gezwungen. Die Gemüter erhitzten sich an einzelnen Passagen, die Lager polarisierten sich. „Das kann man sich außerhalb Österreichs nicht vorstellen, was hier ein wirklicher Theaterskandal ist", meinte Claus Peymann später in einem Gespräch mit Hellmuth Karasek.[24] Auch jetzt organisierten sich Bürgerinitiativen, um gegen die Aufführung zu protestieren. Die Öffentlichkeit wandte sich aber nicht nur gegen Thomas Bernhard, sondern auch gegen Claus Peymann, der als Burgtheaterdirektor den Österreicher Bernhard vor seinen Karren gespannt und den Skandal geschickt inszeniert hätte. Eine große Rolle spielte dabei, dass Peymann Deutscher ist. Das Stück sollte, so vor allem die *Neue Kronen Zeitung* und die *Wiener Zeitung*, von der Bühne des Burgtheaters verschwinden und der deutsche Regisseur am besten gleich mit dazu. Bernhards Gegner nahmen den Skandal als „Unterwanderung der Heimat" oder als „ausländische Infektion" wahr.[25] Man sah die nationale Identität Österreichs durch Peymann und die von ihm an die „Burg" geholten deutschen Schauspieler gefährdet. Man sprach vom „ruhrgermanischen Besatzungsregime" und von der „deutschen Theater-SA" am Burgtheater.[26]

Eine wichtige Rolle spielte auch die Subvention der Kunst. „Wie weit darf die Freiheit der Kunst gehen. [...] Sie als Steuerzahler sind aufgerufen, uns Ihre Meinung zum Thema ‚Heldenplatz und die Freiheit der Kunst' auf dem untenstehenden Kupon zum Ausdruck zu bringen", befragten die *Vorarlberger Nachrichten* am 18. Oktober ihre Leserschaft. Im Aufmacher auf der Seite 1 teilte man einige Tage später das Ergebnis mit: 70% der Leser sprachen sich gegen die Aufführung des Stücks – das noch niemand kannte, weil der

---

24   Karasek: 58ff. Die „Grundvoraussetzung" für den Skandal sieht Bernhards bevorzugter Regisseur in der besonderen Stellung kultureller Institutionen in Österreich. „Nach dem Verlust der Größe Anfang des Jahrhunderts" habe Österreich seine Identität nur noch über die kulturellen Errungenschaften finden können: „Staatsoper, Philharmoniker, Salzburger Festspiele, Burgtheater".

25   Vgl. Benz 2000: 83ff.

26   Wolfram Bayer verbindet diese Angst um die Bedrohung der nationalen Identität mit einer in Österreich immer latent vorherrschenden Opfertheorie: „Es fielen zum einen Worte wie die vom ‚ruhrgermanischen Besatzungsregime' oder der ‚deutschen Theater-SA' am Burgtheater, und zum anderen konnte in Waldheims drittem Amtsjahr die Parole von den ‚ausländischen Kreisen' und mit ihr die alte Verschwörungstheorie, die eine Opfertheorie ist, wie selbstverständlich reaktiviert werden." Bayer 1995: 73.

vollständige Text noch nicht vorlag – aus, dessen Absetzung zugleich auch von Seiten der Redaktion eingefordert wurde. Hätte man damals Kultur per Volksentscheid gemacht, wäre es nie zu einer Aufführung gekommen. Auch die *Wiener Zeitung* forderte die Absetzung des „von Steuergeldern finanzierten" Stücks:

> Die stumpfsinnige Österreich-Beschimpfung, die zwar manche Körnchen Wahrheit enthält, aber im ganzen [...] nur eine perverse Schamlosigkeit darstellt, die fast skrupellos mit Sensation kokettierende Beschimpfung aber auch in einem Theater aufzuführen, dessen Existenz erst durch die Steuergelder der Beschimpften möglich ist, das allerdings überschreitet die Grenzen des Zumutbaren.[27]

In der *Neuen Kronen Zeitung*, der auflagenstärksten österreichischen Tageszeitung, griff Gründer und Herausgeber Hans Dichand höchstpersönlich zur Feder – allerdings unter seinem Pseudonym „Cato" – und fragte mit Hinweis auf die Eigenständigkeit Österreichs, ob die Freiheit der Kunst nicht eingeschränkt werden sollte:

> Wenn wir Österreicher uns diese unflätigen Beleidigungen von Peymann und Bernhard gefallen lassen, dann brauchen wir nicht mehr weiter darüber zu diskutieren, ob wir der deutschen Nation zugehören oder eine eigene sind, denn dann haben wir uns selbst aufgegeben. Was da an Verunglimpfungen Österreichs in unserem Burgtheater geschieht, hat nichts mehr mit der Freiheit der Kunst zu tun. Das sind Ehrenbeleidigungen, Schmähungen und Verleumdungen am laufenden Band, also Gesetzesverletzungen. Wo bestehendes Gesetz gebrochen wird, enden auch in einer Demokratie Freiheiten, ob es sich nun um Pressefreiheiten oder Freiheit der Kunst handelt. Und diese Schmutzkampagnen gegen uns bezahlen wir auch noch durch gigantische Subventionen aus unseren Taschen.[28]

Kolumnist „Staberl" (Richard Nimmerrichter) unterstützte seinen Chef in derselben Ausgabe. Er sei zwar „gegen Zensur und Polizeimaßnahmen", da durch ein solches Eingreifen nur das Bild bestätigt würde, das Bernhard „von seinem Land entwirft", forderte aber zugleich die Absetzung Peymanns und protestierte gegen die Subventionierung der die Heimat beleidigenden Kunst:

> Herr Bernhard entnimmt seine Honorare und seine Tantiemen jenem Säckel, das von den sechseinhalb Millionen Debilen immer neu gefüllt wird [...] Die rüden Herrn Peymann und Bernhard sollen sich mit eigenem Geld ein Theater anschaffen. [...] Sie mögen sich ihren Unrat selber finanzieren.[29]

---

27 Tschulik 1988.
28 Cato 1988.
29 Staberl 1988.

Der Feuilleton-Chef der Wiener *Presse*, Hans Haider, nutzte die *Heldenplatz*-Kontroverse für eine große Attacke gegen Peymann und die deutschen Mitglieder des Burgtheaters, durch die, so Haider, eine systematische „Entösterreichung" des Burgtheaters betrieben werde.[30] Haider bekam für seine Vorwürfe Unterstützung in vielen Leserbriefen, geschrieben von den traditionellen Besuchern des Burgtheaters, der Wiener „besseren Gesellschaft", die seit Peymanns Antritt fürchteten, dass das Burgtheater seine Stellung als österreichisches Nationaltheater verlöre.

Gemäßigtere Betrachtungsweisen und moderatere Kommentare gab es zwar auch, aber in weitaus geringerer Zahl; sie gingen im Sturm der allgemeinen Empörung weitgehend unter. So waren in der *Presse* und der *Neuen Kronen Zeitung* fast ausschließlich die Stimmen der *Heldenplatz*-Gegner zu hören; die Verteidiger kamen vor allem in der *Neuen Arbeiter Zeitung*, einem sozialdemokratisch orientierten Blatt, und der *Volksstimme*, dem Organ der Kommunistischen Partei Österreichs (KPÖ), zu Wort.[31] Die Auflagen dieser Zeitungen sind weniger stark und ihr Einfluss auf die öffentliche Meinung entsprechend gering.

Durch die erregte Öffentlichkeit sahen sich auch Politiker gezwungen, sich an der Debatte über die Grenzen der Kunst zu beteiligen. In der Österreichischen Volkspartei (ÖVP) und der Freiheitlichen Partei Österreichs (FPÖ) schlossen sich die Reihen gegen Peymann und Bernhard. Die Sozialistische Partei Österreichs (SPÖ) und die Grünen waren geteilter Meinung, aber auch hier überwog die Zahl der *Heldenplatz*-Gegner.[32] Die Kulturministerin Hilde Hawlicek (SPÖ) und Rudolf Scholten, Generalsekretär des Österreichischen Bundestheaterverbandes, sprachen sich offen für eine Aufführung aus. Scholten betonte, „daß aus der Tatsache, daß die Burg mit Steuergeldern subventioniert wird, […] nicht ein Anspruch des Staates auf Zensur abgeleitet werden darf."[33] Auch Hawlicek lehnte jegliche Forderung nach Absetzung des Stücks strikt ab, und übte Kritik am Verhalten der Presse und ihrer Kollegen: „Die Freiheit der Kunst ist unteilbar."[34] Sie gab jedoch auch bekannt, „an Thomas Bernhards

---

30   Haider 1988.
31   So meinte Gerald Grassl in der *Volksstimme*, dass die *Heldenplatz*-Gegner jene „Attribute durchaus (verdienen), über die sie sich bei Bernhard und Peymann täglich beschweren." (Grassl 1988)
32   Vgl. Best 2000: 80ff.
33   Vgl. Kristan 1996: 128.
34   Dittlbacher 1988.

Stelle [...] ein anderes Stück geschrieben" zu haben. Auch Kurt Waldheim, in seinem dritten Amtsjahr als Bundespräsident, meldete sich zu Wort. Unter dem Titel *Ich rede, wenn dem Land Schaden droht*, veröffentlichte die *Wochenpresse* am 21. Oktober 1988 ein „Exclusiv-Interview" mit Waldheim:

> Wie Sie sich erinnern werden, habe ich betont, daß ich voll und ganz für die Freiheit der Kunst und der Wissenschaft bin. Aber es gibt Grenzen. Wird ein Land verunglimpft, bin ich der Meinung, ein solches Stück halte sich eben nicht in den Grenzen dieser Freiheit.[35]

Als Staatsoberhaupt könne er „nicht schweigen", wenn er diese „Beleidigung des österreichischen Volkes" sehe. Daneben werde das Stück nicht auf einer Privatbühne aufgeführt, „die ohne Steuerzahlerbeiträge auskommt", sondern auf „einer der bedeutendsten deutschsprachigen Bühnen". Als einer der entschiedensten Widersacher der Einforderung des Verbots sollte sich der damalige Bundeskanzler Franz Vranitzky (SPÖ) erweisen. Er widersetze sich den zahlreichen Forderungen, sich um die Absetzung des Stücks zu bemühen und lehnte jede Intervention ab.

Die große Anteilnahme der Öffentlichkeit am *Heldenplatz*-Skandal dokumentiert sich auch in einer gewaltigen Anzahl von Leserbriefen in der Presse und Briefen an Peymann und Bernhard. Die Pressedokumentation des Burgtheaters weist über hundert Leserbriefe in österreichischen Zeitungen und ungefähr die Hälfte an Schmäh-, Droh- und Protestbriefen an den Burgtheaterdirektor und den Autor aus, die von Beschimpfungen bis Morddrohungen reichen. „Bisher unbescholtene Steuerzahler" warnen davor, dass die „Reaktion nicht zu unterschätzen" sei, dass das Burgtheater „in die Luft" fliege, oder drohen damit, Bernhard und Peymann „zu Krüppeln" zu machen, sollte die Aufführung wirklich stattfinden. Auch tätliche Angriffe gegen Peymann, Bernhard, Schauspieler und die Beschädigung deren Eigentums waren zu verzeichnen.[36]

---

35   Waldheim 1988.

36   Vgl. Anonym 1988: „Peymann und Bernhard werden nicht nur besudelt, sondern auch auf der Straße gehetzt. Im Frühsommer war das Büro Peymanns im Burgtheater mit Hakenkreuzen beschmiert worden. Gert Voß [ein deutscher, von Peymann ans Burgtheater verpflichteter Schauspieler – J.S.] muß als treuer Diener geschlitzte Reifen an seinem Auto hinnehmen. Und nach Erscheinen der Krone am 10. Oktober durfte Thomas Bernhard den mutigen Straßenkampf des Wiener Bürgertums kennenlernen: Ein feiner Herr schlug auf der feinen Billrothstraße mit einem Spazierstock auf den Autor des

Mitten in der Debatte meldete sich auch Bernhard selbst zu Wort. In einem Gespräch, das er mit einem Mitarbeiter des Magazins *Basta* führte, antwortete Bernhard auf die Frage, „ob er sein Stück abgeschwächt habe":

> Aber nein! Ich hab' es noch verschärft! Ich habe es am ersten Jänner abgeliefert und seither nur ganz kleine Änderungen vorgenommen, weil ich mir gedacht hab', „Lügner" kann ein jeder sagen. Jetzt heißt es „verlogener Banause", das klingt doch gleich besser! Auch „pfiffiger Börsenspekulant" war mir zu billig, da kommt auch ganz was Anderes. Was noch Scheußlicheres [...]. Bitte, mein Stück ist schleußlich. Aber das Theater rundherum, das ist noch scheußlicher.[37]

Auf diese Weise heizte Bernhard die Stimmung noch weiter an. Bernhard bestand aber auf einer notwendigen Differenzierung seiner Österreich-Kritik. Seine Vorwürfe richteten sich nicht gegen das Land Österreich, so Bernhard: „Jeder mag sein Land. Ich auch. Nur den Staat mag ich nicht."[38]

Bemerkenswert in der öffentlichen Auseinandersetzung um *Heldenplatz* ist der erstmals von Kurt Kahl im *Kurier* geäußerte Antisemitismus-Vorwurf gegenüber Bernhard. Kahl machte Bernhard den Vorwurf, dass er seine Attacken einer jüdischen Figur in den Mund lege. Dass es Juden seien, die sich bei Bernhard „hierzulande unbehaglich, ja verfolgt fühlen, könnte man dem Autor als Vorschubleistung zum Antisemitismus ankreiden", so Kahl.[39] Die These, dass *Heldenplatz* auf diese Weise antisemitische Reaktionen geradezu herausfordern würde, wurde von Seiten der Aufführungsgegner sofort und dankbar aufgenommen. Auch Norbert Tschulik meinte in der *Wiener Zeitung*, die „pathologische Österreich-Beschimpfung" sei „besonders perfid", weil Bernhard sie „einem jüdischen Emigranten in den Mund legt und so quasi unter dem Schutz von ‚Auschwitz' einen Einwand dagegen abblockt".[40]

‚Heldenplatzes' ein."

37   Sichrowsky 1988. Bernhard bestätigte damit die Vermutung Waldheims, der in seinem Gespräch mit der *Wochenpresse* meinte, dass „die bekannte Fassung" eine „Mindestversion" des Bernhardschen Beleidigungspotentials darstellte.
38   Bischofsberger 1988.
39   Kahl 1988.
40   Tschulik 1988a: „Indem der Autor seine ganz persönliche manische Österreich-Attacke [...] einen jüdischen Heimkehrer in den Mund legt, so könnte dies – weil Volk und Regierung verallgemeinernd als zutiefst mief apostrophiert werden – zu einer Anstachelung antisemitischer Gefühle beitragen, die wir ja doch nicht wollen."

Bernhard verweigert durch die Schaffung seiner Kunstfigur das Identifikationsangebot eines „guten Juden", der als Opfer auftritt und das Publikum mit einem Versöhnungsangebot gegenübertritt. Professor Schuster nimmt, wie bereits betont, unter allen Dramenfiguren, also auch den nicht-jüdischen, des Autors Bernhard keine Ausnahmerolle ein. Diesen Aspekt betrachtete Klaus Nüchtern im *Forum* als entscheidende Stärke des Stücks. Das „Ethos der Kunst Bernhards" bestehe nach Nüchtern gerade darin, dass Bernhard „eine „synthetische Kunstfigur" geschaffen hat", nicht „mit dem theatralisch gewiß wirkungsvoll auszuschlachtenden Leiden der Juden hausieren geht" und "dem womöglich zu Tränen rührenden Identifikationstheater entsagt."[41]

Der Fall „Heldenplatz". Die Rezeption im Ausland

Die *Heldenplatz*-Gegner wussten um die mögliche Wirkung einer von ihnen befürworteten Absetzung des Stücks im Ausland: Ein „Verbieten" und „Absetzen" würde das Bild von Österreich, das Bernhard seinen Lesern und Zuschauern präsentierte, nur bestätigen. Auch „Staberl" erkannte in der *Neuen Kronen Zeitung*, durch Zensurmaßnahmen könnte das Bild im Ausland wahr werden, „das der professionelle Todfeind Österreich[s] und der Österreicher Bernhard von uns entwirft [...]. Dann erst wären wir ein Sumpervolk in einem 'Unstaat'".[42] Dieses Bild war im Ausland aber tatsächlich schon entstanden. Die internationale Presse berichtete in großen Lettern über die österreichischen Vorgänge. Vor allem in Frankreich schlugen die Wellen hoch. „L'Autriche de Waldheim mise en pièces", kommentierte die linksliberale *Libération*:

> 'Heldenplatz' pointe une fois de plus le nazisme ordinaire de l'Autriche d'aujourd'hui [...]. Le polémique auteur de 'Heldenplatz' met une fois de plus en lumière les difficultés qu'ont beaucoup d'Autrichiens à affronter leur passé nazi.[43]

Auch in den Niederlanden ging von der *Heldenplatz*-Debatte eine

---

41 Nüchtern 1988: „Den Antisemitismus", so Nüchtern, „wird das Stück wohl weder eindämmen noch verstärken. Was es aber vielleicht ermöglicht, ist einen Zuseher/Leser mit der eigenen ,Vorurteilslogigkeit', der eigenen Reaktion gegenüber einem Juden zu konfrontieren, dessen obsessive Wut über dieses Land „einem jetzt richtig auf die Nerven geht."
42 Staberl 1988.
43 Stolz 1988.

nachhaltige Wirkung aus. Während man sich hierzulande vor dem Herbst 1988 vornehmlich für formal-ästhetische Aspekte, etwa Bernhards Erzähltechnik, seine Rollenprosa, seine „Gedankenmusik"[44] interessierte, überlagerte das *Heldenplatz*-Modell nachträglich die gesamte Bernhard-Rezeption. Die Österreich-Thematik wurde von nun an zur führenden Lesart, der österreichische Kontext drängte stilistische, sprachliche und ästhetische Fragen in den Hintergrund. Darüber hinaus versuchte man, Bernhards Österreich-Kritik an der realen Gegenwart konkret festzumachen; eine Lesart, die in den Feuilletons außerhalb Österreichs die Bernhard-Rezeption bis heute maßgeblich bestimmt.

Vor allem in der linksliberalen Presse bestätigte die österreichische Aufnahme von *Heldenplatz* das negative Österreich-Bild, das durch die Waldheim-Kontroverse, den Aufstieg Jörg Haiders und die als unzureichend empfundene Bewältigung der NS-Vergangenheit verstärkt wurde. Während in der Rezeption seiner frühen Texte Bernhards Österreich-Kritik als literarische Wiedergabe der Sinnlosigkeit der menschlichen Existenz interpretiert wurde, stellt die Rezeption nach *Heldenplatz* in zunehmendem Maße eine Verbindung zwischen Text und österreichischem Kontext her, die durch die ablehnende Haltung vieler Österreicher Bernhard gegenüber nur noch verstärkt wurde. Für die niederländische Rezeption scheint erst recht das zu gelten, was Hartung über die deutsche Rezeption schrieb: „Wir genießen die Suada der Bernhardschen Negierungen und Beschimpfungen als ästhetische Phänomene, als Kunstgewitter – der Blitz wird uns nicht treffen."[45]

Es gab jedoch auch verschiedene Kritiker in den Niederlanden, die wie Reich-Ranicki[46] auf die Austauschbarkeit der Bernhardschen Österreich-Kritik hinwiesen.[47] Die Rezeptionsdokumente vor *Helden-*

---

44   Bayer 1995: 10.

45   Hartung 1984. Die Reaktionen auf Bernhards Stück *Vor dem Ruhestand* (1979), in dem Bernhard auf die Kontroverse um den baden-württembergischen Ministerpräsidenten Filbinger anspielt, entkräftet Hartungs These, dass man in der Bundesrepublik nicht von Bernhards Stücken betroffen sei.

46   Vgl. Reich-Ranicki 1993: 90: „Wie, wenn er, der doch in einem holländischen Ort geboren wurde, dort aufgewachsen wäre? Kann man sich ihn als einen holländischen Schriftsteller denken? Gewiß, nur wären dann für ihn, ich bin dessen sicher, die Niederlande eine einzige ‚geist- und kulturlose Kloake', dann hätten die Holländer von ihm allerlei Böses über, sagen wir, Rembrandt hören müssen."

47   Vgl. Decloedt 1997: 57-74, vor allem 59ff.

platz gehen vor allem auf Bernhards Darstellung von Krankheit, Tod, Verfall und Verzweiflung ein – eine Welt die, so Hans Bakx im *NRC-Handelsblad*, „einen Autor wie W.F. Hermans zu einem leichtherzigen Hanswurst verblassen läßt."[48] Die Kritiker interessieren sich vor allem für die formale Seite des Bernhardschen Werks, auch wenn man sich über die Qualität und Interpretation nicht einigen kann.[49] Nach dem Jahr 1988 richtet sich die Wahrnehmung vor allem auf Bernhards Österreich-Kritik, die als verständlicher Protest gegen ein Land, das sich seiner Vergangenheit nicht stellen will, interpretiert wird. So meinte Hanny van der Harst in der Tageszeitung *Trouw*, dass Bernhard vor allem in seinen Theaterstücken „in erbarmungslosen aber glänzend formulierten Tiraden die Lügenhaftigkeit der österreichischen Gesellschaft angeprangert" habe:

> Die kollektive Verdrängung der Rolle, die das Land im Zweiten Weltkrieg gespielt hatte, sah er als wichtigste Ursache der Verlogenheit, die in der Folge von der nicht ablassenden Heuchelei der kirchlichen und politischen Machthaber genährt wurde. Er verschonte weder links noch rechts, weder Bischof noch Präsident [...].[50]

Diese Popularität Bernhards ist vor dem Hintergrund der geteilten Rezeption, die vor der *Heldenplatz*-Kontroverse stattfand, bemerkenswert: Noch 1979 bezeichnete der Kritiker Wouter Tieges Bernhard in *Vrij Nederland* als einen „nahe am Lächerlichen hochgejubelten österreichischen Spaghettidreher";[51] der Schriftsteller Jan Willem Otten prophezeite 1980, dass Bernhards Werk in einigen Jahren wohl gänzlich vergessen sein dürfte.[52]
Das Spannungsverhältnis, in welchem Bernhard sich Österreich gegenüber befand, wird von allen Kritikern, die sich nach der

---

48 Bakx, Hans W.: 'Het gesloten universum van Thomas Bernhard' [Das geschlossene Universum Thomas Bernhards]. In: *NRC Handelsblad*, 13.6.1975. Zitiert nach: Decloedt 1997: 61.

49 Vgl. Decloedt 1997: 60: „Wie bei ihren ausländischen Kollegen werden Jubelreden immer wieder von Tiraden und radikaler Anprangerung begleitet. Während Bernhards eigensinniger Stil und eindrucksvoller Sprachgebrauch [...] für seine Gegner Anlaß zu Verärgerung und Unzufriedenheit sind, so werden sie von seinen Befürwortern als Beweis für seine Qualität gesehen."

50 Harst 1990.

51 Tieges 1979.

52 Otten 1980. Vgl. Decloedt 1997: 70ff.: „Erst als negative Äußerungen über Österreich in den Niederlanden zum „bon ton" wurden, entdeckte man den „anderen" Bernhard, der die Entwicklungen in der österreichischen Gesellschaft mit Bissigkeit kommentierte."

Waldheim-Affäre und der *Heldenplatz*-Kontroverse mit Bernhard beschäftigen, explizit angesprochen. Für seine „mutige" Haltung wird Bernhard dabei ausdrücklich gelobt. Auch nach Bernhards Tod ruft man seine positiv wahrgenommene, kritische Rolle in Erinnerung. „Österreich vermißt Thomas Bernhard", schreibt Oscar van Weerdenburg 1992 – drei Jahre nach Bernhards Tod – in der Amsterdamer *Volkskrant*. „Wie sonst kann man erklären, daß das tägliche Leben in diesem Land [...] immer mehr seinen Theaterstücken zu ähneln beginnt. Der ultrarechte Volksheld Jörg Haider, der einen Wahlsieg nach dem anderen erringt, und die erzkonservativen Bischöfe, die vor kurzem ernannt wurden, könnten ohne Problem in *Die Jagdgesellschaft* oder *Heldenplatz* mitspielen." Drei Jahre nach seinem Tod sei Bernhard „aktueller denn je".

Die niederländische Bernhard-Rezeption ist damit drei Jahre nach dem Tod des Autors dort angekommen, wo sie in Österreich Jahre zuvor angefangen hatte: Bei einer bedenklichen 1:1-Gleichsetzung von Literatur und Wirklichkeit. Die humoristische Seite Bernhards und seine Selbstironie werden kaum mehr wahrgenommen. Während zuvor vor allem die philosophische Reichhaltigkeit gelobt wurde, überwiegt nach *Heldenplatz* die Darstellung der Gesellschaftskritik Bernhards.[53] Bernhards Werk wird benutzt, um politische Kritik an Österreich zu üben. Auf diese Weise wird Bernhard indirekt wieder ein todernster Schriftsteller. Man spricht weniger vom Werk als von den Österreich-bezogenen Analysen. Dabei hängt die nun plötzlich einstimmig positive Einschätzung Bernhards natürlich eng mit dem Einfluss politischer Entwicklungen zusammen. Die Konstanten in der niederländischen Berichterstattung über Österreich in den achtziger und neunziger Jahren – Waldheim und Haider – stehen für die Niederländer gleichsam als personifizierte Symbole für ein Land, das sich seiner Vergangenheit nicht stellen will. Der bekannte niederländische Kolumnist J.L. Heldring ist sogar der Meinung, dass Österreich ab

---

53   Die niederländische Bernhard-Rezeption der neunziger Jahre ist damit der französischen vergleichbar. Der französische Germanist Jean-Marie Winkler antwortete 2001 im ORF auf die Frage, ob der 70. Geburtstag von Bernhard auch in Frankreich wahrgenommen wurde: „Die Bernhard-Rezeption in Frankreich ist vor allem auf die politische Aktualität bezogen. Da wird Bernhard rückinterpretiert und von gewissen Leuten so gedeutet, als hätte er heute gesprochen. Die Artikel waren schon – ich kann jetzt zwar nicht sagen österreichfeindlich – aber eine gewisse Skepsis ist da. Die Bewunderung für das Werk ist da. Sie wird aber überlagert durch die etwas kurzsichtige Rezeption." (Winkel 2001)

Anfang der neunziger Jahre die Rolle des „Anti-Landes" von Deutschland übernommen hat.[54] Durch die Waldheim-Affäre wurde das idyllische Image Österreichs als Land von Dirndl, Bergen und Musik abgelöst von einem Bild, in dem viele Österreicher unter ihrer normalen Kleidung plötzlich ein braunes Hemd tragen. Autoren wie Robert Menasse, Peter Turrini, Thomas Bernhard und Elfriede Jelinek bestätigen durch ihre Österreich-Kritik dieses negative Bild. Die österreichische Literatur wird von den niederländischen Medien denn auch vor allem als Möglichkeit eines kritischen Widerstandspotentials wahrgenommen.

Die österreichische Rezeption nach Bernhards Tod

Nur vier Monate nach der Premiere von *Heldenplatz* starb Bernhard am 12. Februar 1989 im oberösterreichischen Gmunden. Eine letzte Verweigerung stellte eine testamentarische Verfügung dar, in der er sämtliche Aufführungen (außer den laufenden), Drucklegungen und Rezitationen seiner Werke in Österreich verbot – eine Verfügung, die 1999 durch die Wiener Thomas-Bernhard-Stiftung aufgehoben wurde.

„Er hat ausgeschimpft!", konnte man in der *Kärntner Tageszeitung* in großen Buchstaben als Schlagzeile lesen. Und als Untertitel: „Heldenplatz-Autor Thomas Bernhard verließ diese Welt".[55] Als den „größte[n] zeitgenössische[n] Dichter Österreichs" nannten ihn jetzt aber auch diejenigen, die sich zuvor noch für eine Absetzung eines seiner Stücke eingesetzt hatten. „[J]etzt da er tot ist, beschließen die Österreicher: Er war ein lieber Mensch, und damit basta", kommentierte Günter Nenning die rasch vollzogene Wende in der öffentlichen Bernhard-Rezeption.[56] Diejenigen, die ihn vor einiger Zeit noch als „Nestbeschmutzer" und „Fall für die Psychiatrie" bezeichneten und

---

54 Die weitgehende Normalisierung der Beziehung zu Deutschland und die Empörung über die Wahl Waldheims als Ministerpräsidenten habe, so Heldring, zu einem „politischen Umdenken" geführt, bei dem Österreich die Funktion eines Landes, gegen das man sich abgrenzen kann, von Deutschland übernahm. Heldring ist der Auffassung, dass in der Diskussion um eine eigene niederländische Identität das Feindbild eines „Anti-Landes" konstitutiv sei. Dass Deutschland aber keineswegs das niederländische „Pro-Land" wurde, zeigte sich unter anderem in den niederländischen Reaktion auf die Wiedervereinigung sowie an der „Clingendael"-Studie (1993) zum Deutschland-Bild der niederländischen Jugend, die Deutschland ein sehr schlechtes Image bescheinigte.

55 Posch 1989.

56 Nenning 1989.

wüst beschimpften, rühmten sich nun, ihn immer bewundert oder sogar persönlich gekannt zu haben. „Ich habe ihn auch nie kritisiert", verkündete Jörg Haider in einem Interview mit *Profil*.[57] Auch Andreas Khol, Klubobmann der Österreichischen Volkspartei (ÖVP), streute nun Rosen für Bernhard:

> Daß der Alois Mock und der Erhard Busek früher den Thomas Bernhard kritisiert haben, halte ich für ganz schlecht [...]. Ich war auch in ‚Heldenplatz'. Ich fand es großartig, unglaublich schön, es hat mir sehr gefallen.[58]

Diese Praxis der nachträglichen Akzeptanz des Autors Thomas Bernhard zeigt sich auch an den vielen Bernhard-Nostalgika, die nach Bernhards Tod anlässlich der beiden Gedenkjahre 1999 (10. Todestag) und 2001 (70. Geburtstag) in österreichischen Verlagen erschienen sind. Verlage und Fernsehen geben jedem, der Thomas Bernhard gekannt hat, die Möglichkeit, seine Erlebnisse mit dem Schriftsteller publik zu machen. So erschienen nach Bernhards Tod Erinnerungsbücher von Gerda Meleta,[59] einer Freundin und Reisegefährtin früherer Tage, Karl Ignaz Hennetmaier,[60] Bernhards Immobilien-Makler, und Johann Maxglan, Bernhards Nachbarn und „Alt-Bauer" im oberösterreichischen Obernathal.[61] 1999 erschien sogar ein Thomas-Bernhard-Kochbuch; die Herausgeberinnen hatten Bernhards Œuvre nach kulinarischen Passagen gesichtet und diese in einem reizvoll gestalteten Band versammelt.[62]

Nach Bernhards Tod ist auf diese Weise eine beachtliche Erinnerungs- und Devotionalienliteratur entstanden. Claus Peymann sah diese Entwicklung bereits voraus: „Ich habe ihm mal gesagt, Sie werden das sehen, Sie sind so geliebt, das wird noch fürchterlich werden mit Ihnen".[63] Dass Bernhard sich posthum einer großen Beliebtheit erfreut, wird auch bei einem Besuch an sein Grab auf dem Wiener Grinzinger Friedhof deutlich: Mengen von Blumensträußen, wie man sie in Wien nur auf den Ruhestätten von Gustav Mahler und dem Popstar Falco findet, schmücken das einfache Grab mit dem

---

57 In: *Profil*, 30.10.1995.
58 Palme 1995.
59 Maleta 1992.
60 Hennetmaier, 1992; Hennetmaier 2000. Am 9. Februar 1999 war Hennetmaier sogar in der Sendung von Harald Schmidt, Deutschlands bekanntestem Talkshow-Moderator und begeistertem Thomas-Bernhard-Leser, zu Gast.
61 Maxglan 2002.
62 Haider-Pregler; Peter 1999.
63 In: Karasek: 32.

schmiedeisernen Kreuz ohne Namen. „Da liegt der Bernhard. Immer frische Blumen. Immer frische Blumen", sagte mir eine alte Frau, als ich, zum ersten Mal dort, auf der Suche nach Bernhards Grabstätte war. Auch auf den österreichischen Bühnen ist Bernhard nach wie vor präsent. Die meisten Zuschauer reagieren wohlwollend, ja sogar zustimmend auf Bernhards Österreich-Kritik und schätzen seine Stücke vor allem wegen ihres Humors. *Heldenplatz* wird heute, noch immer meist ausverkauft, jedoch, so Claus Peymann, „nur mehr als Komödie" gespielt. Dies könnte man als Zeichen dafür betrachten, dass viele Österreicher im Nachhinein verstanden haben, dass er doch nicht der „Todfeind" war, zu dem seine Gegner ihn in der *Heldenplatz*-Debatte stilisieren wollten. Vielleicht erkennen auch immer mehr Österreicher in Thomas Bernhards Österreich-Kritik ihre eigene, oft ambivalente Haltung ihrem Land gegenüber.

Während man früher die Aussagen der Bernhardschen Figuren für bare Münze nahm, stellt man Bernhard jetzt als „Übertreiber" oder gar „Übertreibungskünstler" dar, der seine Literatur dazu benutzt habe, auf gesellschaftliche Missstände hinzuweisen, die nicht nur für Österreich charakteristisch seien. Dieser „Entschärfung" stehen aber nach wie vor kritische Gegenstimmen gegenüber, die Bernhard als pathologischen Monomanen beschreiben, der aufgrund persönlicher Verletzungen ein ganzes Land in Grund und Boden verdammt hätte. Der Wiener Kabarettist Werner Schneyder hält Bernhard für „den größten Vereinfacher in der zeitgenössischen Literatur" und einen – wenn auch ungewollten – „Wegbereiter" Jörg Haiders: Durch seine „totalisierende" Art des Schreibens hätte Bernhard den Faschismus in Österreich salonfähig gemacht. Es gebe nichts Faschistischeres in der neueren Literatur als den zweiten Akt des *Heldenplatz*, so Schneyder.[64]

Doch der Wandel in der österreichischen Bernhard-Rezeption ist unübersehbar. Während man früher in der Öffentlichkeit – jedenfalls in Blättern vom Schlage der *Kronen-Zeitung* – Bernhard als Netzbeschmutzer und als Hass- und Skandalobjekt pur servierte, macht man sich jetzt mehr Mühe, man liest zwischen den Zeilen, und sieht in Bernhard einen Schriftsteller, der sein komplexes Verhältnis zu seinem Heimatland zum wichtigsten Thema seiner Literatur gemacht hat. Dabei dürfte natürlich auch die ausländische Rezeption eine Rolle gespielt haben. Wenn man in Deutschland, Frankreich und in zunehmenden Maße auch in England Bernhard als einen der

---

64   Glauber 1999.

wichtigsten deutschsprachigen Gegenwartsautoren betrachtet, wird es zunehmend schwieriger, am negativen Bild Bernhards als „Netzbeschmutzer" und „Skandalautor" festzuhalten. Auch wenn die Charakterisierung vom „Übertreibungskünstler" bereits in der Debatte um *Heldenplatz* auftauchte – als Hinweis darauf, dass man nicht naiv war und sehr wohl wusste, dass die hyperbolische Rede des Autors als Teil seiner „Poetik der Künstlichkeit" aufzufassen und nicht wörtlich zu nehmen sei – so wurden Bernhards Texte doch als Wirklichkeit verstanden und behandelt. Man beharrte auf dem Vorwurf, die in Bernhards Texten zum Ausdruck gebrachte Kritik sei haltlos, pauschal und entspräche nicht der Realität. Während man vorhin die nationale Ehre durch Bernhard besudelt sah, feiert man ihn jetzt stolz als „Nationaldichter". Die österreichische Nationalbibliothek ehrte Bernhard in den neunziger Jahren mit zwei Sonderausstellungen, anlässlich seines zehnten Todestags und seines 70. Geburtstags. In der Scherzhauserfeldsiedlung in Salzburg, dem Schauplatz seiner Autobiographie, wurde 1996 eine Straße nach Thomas Bernhard benannt. Der Autor, der sich dem österreichischen Staat immer wieder widersetzt hat, wird auf diese Weise posthum von ihm angenommen. Thomas Bernhard ist posthum zum Staatsdichter avanciert.

Schlussbemerkung

Die Wirkungsgeschichte Thomas Bernhards ist im wesentlichen eine Skandalgeschichte. Schon zu Anfang seiner literarischen Aktivität betrieb Bernhard bewusst die Provokation seiner Umgebung. Bei Veröffentlichung oder Aufführung seiner Texte kam es immer wieder zu öffentlichen Erregungen und Protesten. Dabei ist es kaum zu verkennen, dass Bernhard „– wenngleich in Form der Übertreibung – neuralgische Punkte im kulturellen und politischen Leben Österreichs berührt".[65]
Im Rückblick kann man sagen, dass im Verlaufe der *Heldenplatz*-Diskussion alle Charakteristiken der vorangegangenen Skandalisierungen sich in einem furiosen Finale vereinigten. Die *Heldenplatz*-Debatte kann denn auch – vor allem in Bezug auf das Ausland – als Markstein in der Beschäftigung mit Bernhards Schaffen betrachtet werden. Seitdem lässt sich sein Werk nicht mehr von der Wirkung lösen, die es gehabt hat.

---

65   Schmidt-Dengler 1987: 8.

Erst in der *Heldenplatz*-Debatte, die der Waldheim-Diskussion unmittelbar folgte, erschien Bernhard dem Ausland als „politischer" Schriftsteller, der als Kritiker der österreichischen Gesellschaft interpretiert werden konnte. In Österreich selbst hingegen könnte man nach Bernhards Tod von einer entpolitisierenden, „entschärfenden" Rezeption Bernhards sprechen: darauf deuten auch die vielen Publikationen hin, die uns Bernhard in seinem österreichischen Alltag präsentieren. Markus Kristan sah in seinem Vergleich des österreichischen Kunstskandals mit einer Theateraufführung den entscheidenden Dritten Akt wie folgt:

> […] entweder das Kunstwerk wird gegen den Widerstand einzelner Gruppen durchgesetzt, oder es bleibt bei dem Verbot – dann ist die Verhinderung gelungen. Dieses letztgenannte Ende eines Skandals entspricht etwa dem Hollywood-Klischee des Happyends: Es ist das zumeist von einem Großteil des Publikums erwünschte und erwartete Ende des Skandals […]. Sollte die Verhinderung nicht gelungen sein, und das Kunstwerk wird gegen den Willen der in diesem Fall verhinderten Verhinderer durchgesetzt, tritt häufig ein anderes Phänomen auf: die Akzeptanz. Nach einiger Zeit wird das Kunstwerk vom Publikum als liebgewordenes Kind angenommen, und der Künstler, ursprünglich Bösewicht, wird zum strahlenden Helden. Dieser Prozeß kann nur wenige Jahre, aber auch viele Jahrzehnte dauern.[66]

Thomas Bernhard ist dieses Kunststück gelungen. So wie Bernhard in seinen Romanen von Figuren erzählt, die ein großes, materielles und historisches Erbe anzunehmen haben, so hat Österreich das literarische Erbe Bernhards angenommen. Bernhard entpuppt sich dabei als ein radikaler Zeitkritiker, der mit mittlerweile vertrauten Attributen („scheußlich", „katholisch-nationalsozialistisch") und einem ironischen Unterton auf eine österreichische Wirklichkeit anspielt, dessen Kritik aber zugleich einen allgemeinen, existentiellen Charakter aufweist, und als scharfsinniger Schriftsteller, dessen überspannte Ausfälle in all ihrer Absurdität doch eine gewisse Berechtigung enthalten. Für eine Charakteristik des heutigen Bernhard-Bilds bietet sich somit die Formel an, die Thomas Bernhard in seinem Prosatext *Der Untergeher* (1983) für den genialen Klavierspieler Glenn Gould geprägt hat: die des „Hellsichtigsten aller Narren".

---

66   Kristan 1996: 109.

Literaturverzeichnis

Anonym. 1988. 'Riesenwirbel um Österreich-Beschimpfung.' In: *Neue Kronen Zeitung,* 9.10.1988.

Anonym. 1988. 'Mit Schirm, Stock und Krone.' In: *Falter,* 14.10.1988.

Bartmann, Christoph. ³1991. 'Vom Scheitern der Studien. Das Schriftmotiv in Bernhards Romanen.' In: *Thomas Bernhard.* Hrsg. v. Heinz Ludwig Arnold. München: edition text + kritik: 22-29.

Bayer, Wolfram. 1995. 'Das Gedruckte und das Tatsächliche. Realität und Fiktion in Bernhards Leserbriefen.' In: *Kontinent Bernhard. Zur Thomas-Bernhard-Rezeption in Europa.* Hrsg. v. Wolfram Bayer. Wien, Köln, Weimar: Böhlau: 58-80.

Bentz, Oliver. 2000. *Thomas Bernhard. Dichtung als Skandal.* Würzburg: Königshausen & Neumann.

Bernhard, Thomas. 1968. 'Der Wahrheit und dem Tod auf der Spur. Zwei Reden.' In: *Neues Forum* 173: 347-349.

Bernhard, Thomas. 1988. *Heldenplatz.* Frankfurt/M.: Suhrkamp.

Bischofsberger, Conny. 1988. 'Was haben Sie gegen Österreich?' [Interview mit Thomas Bernhard]. In: *Kurier,* 14.10.1988.

Cato. 198. 'Vor Sonnenuntergang.' In: *Neue Kronen Zeitung,* 11. 10. 1988.

Decloedt, Leopold R.G.. 1997. 'Thomas Bernhard „Der Schwierige". Gedanken zur Bernhard-Rezeption im niederländischen Sprachraum.' In: *Grenzenloses Österreich. Dokumentation 5: Ästhetik und Ideologie, Aneignung und Sinngebung, Abgrenzung und Ausblick.* Hrsg. vom österreichischen Bundesministerium für Wissenschaft und Verkehr. Wien: Österreichisches Ministerium für Wissenschaft und Verkehr: 57-74.

Dittlbacher, Fritz. 1988. 'Wirbel um Bernhards „Heldenplatz". Hawlicek: „Kunst muß provozieren".' In: *Neue Arbeiterzeitung,* 11.10.1988.

Dittmar, Jens. ²1982. 'Der skandalöse Bernhard. Dokumentation eines öffentlichen Ärgernisses.' In: *Thomas Bernhard.* Hrsg. v. Heinz Ludwig Arnold. München: edition text + kritik: 73-84.

Dittmar, Jens. 1990. *Thomas Bernhard. Werkgeschichte.* Frankfurt/M.: Suhrkamp.

Glauber, Ulrich. 1999. 'Gespräch mit Werner Schneyder.' In: *Frankfurter Rundschau,* 19.2.1999.

214

Grassl, Gerald. 1988. 'Karl Kraus und Nestbeschmutzer.' In: *Volksstimme*, 14.10.1988.

Gropp, Eckhard. 1994. *Thomas Bernhards „Heldenplatz" als politisches Theater. Postmoderne Literatur im Deutschunterricht.* Bad Honnef, Zürich: E. Keimer (= Keimers Abhandlungen zur deutschen Sprache und Kultur 7).

Haider, Hans. 1988. 'Geballte Faust, offene Hand. Was Peymann alles verkauft.' In: *Die Presse*, 18./19. 6. 1988.

Haider-Pregler, Hilde / Peter, Birgit. 1999. *Der Mittagesser. Das Thomas-Bernhard-Kochbuch.* München: Deuticke Verlag.

Harst, Hanny van der. 1990. 'Thomas Bernhard: De grootste shit der mensheid.' In: *Trouw*, 22. 3. 1990.

Hartung, Harold. 1984. 'Gerichtstag halten.' In: *Der Tagesspiegel*, 7. 10. 1984.

Hennetmair, Karl Ignaz. 1992. *Aus dem versiegelten Tagebuch. Weihnacht mit Thomas Bernhard.* Weitra: Bibliothek der Provinz.

Hennetmaier, Karl Ignatz. 2000. *Ein Jahr mit Thomas Bernhard. Das notariell versiegelte Tagebuch 1972.* Transkription Johannes Berchtold und Fritz Simhandl. Salzburg, Wien: Residenz.

Hoell, Joachim / Luehrs-Kaiser, Kai (Hrsg.). 1999. *Thomas Bernhard. Traditionen und Trabanten.* Würzburg: Königshausen & Neumann.

Höller, Hans. 1993. *Thomas Bernhard.* Reinbek: Rowohlt.

Honold, Alexander / Joch, Markus (Hrsg.). 1999. *Thomas Bernhard. Die Zurichtung des Menschen.* Würzburg: Königshausen und Neumann.

Huber, Martin/Schmidt-Dengler, Wendelin (Hrsg.). 1987. *Statt Bernhard. Über Misanthropie im Werk Bernhards.* Hrsg. v. Martin Huber und Wendelin Schmidt-Dengler. Wien: Verlag der Österreichischen Staatsdruckerei.

Huber, Martin. 1987. *„Romanfigur klagt den Autor". Zur Rezeption von Thomas Bernhards „Die Ursache. Eine Andeutung".* In: Huber/Schmidt-Dengler 1987: 59-110.

Ingen, Ferdinand van. 1993. 'Thomas Bernhards „Holzfällen" oder die Kunst der Invektive.'In: *Literatur und politische Aktualität.* Hrsg. v. Elrud Ibsch und Ferdinand van Ingen. Amsterdam, Atlanta: Rodopi (= Amsterdamer Beiträge zur Neueren Germanistik 36): 257-282.

Kahl, Jurt. 1988. 'Ein Grantnigl macht sich Luft.' In: *Kurier*, 6. 11. 1988.

215

Karasek, Hellmuth. 1993. *Claus Peymann im Gespräch. Manuskript der Sendung „Spiegel TV Special"*, 7. 8. 1993.

Kristan, Markus. 1996. *Kunst und Skandal in Österreich*. In: *Vom Ruf zum Nachruf. Künstlerschicksale in Österreich*. Hrsg. v. Helga Litschel. Linz: Veritas.

Lachinger, Johann / Pittertschatscher, Alfred (Hrsg.). [2]1994. *Literarisches Kolloquium Thomas Bernhard. Materialien.* Weitra: Bibliothek der Provinz.

Maxglan, Johann. 2002. *Mein Nachbar Thomas Bernhard. 24 Jahre neben dem Schriftsteller. Begegnungen, Erinnerungen und Gedanken. Eine Dokumentation.* Ohlsdorf: Eigenverlag.

Magris, Claudio. 1966. *Der habsburgische Mythos in der modernen österreichischen Literatur*. Salzburg: O. Müller.

Maleta, Gerda. 1992. *Seteais. Tage mit Thomas Bernhard*. Weitra: Bibliothek der Provinz.

Mittermayer, Manfred. 1995. *Thomas Bernhard*. Stuttgart: Metzler.

Nenning, Günther. 1989. 'Eine Enterbung im Versmaß. Thomas Bernhard provoziert die Österreicher noch posthum.' In: *Die Weltwoche*, 23. 2. 1989.

Nüchtern, Klaus. 1988. '„Heldenplatz". Der Kulturkampf, wegen großen Erfolgs: prolongiert.' In: *Forum*, 16. 12. 1988.

Otten, Jan Willem. 1980. 'Baal speelt om onbegrijpelijke redenen Thomas Bernhard.' In: *Vrij Nederland*, 22. 1. 1980

Palme, Liselotte. 1995. *„Schwinge keine Fahne". A. Unterberger ist neuer Chef der „Presse": Fällt sie, nach weltanschaulicher Öffnung durch Michael Maier, nun wieder in alte Zeiten zurück?* In: Profil, Dezember 1995.

Pfoser, Alfred. 1989. 'Das Reiz-Reaktionsspiel. Thomas Bernhard und seine Skandalkunstwerke.' In: *Salzburger Nachrichten*, 4. 11. 1989.

Posch, Manfred. 1989. 'Er hat ausgeschimpft.' In: *Kärntner Tageszeitung*, 17. 2. 1989.

Reich-Ranicki, Marcel. 1993. *Thomas Bernhard. Aufsätze und Reden.* Frankfurt/M.: Fischer.

Schindlecker, Eva. 1987. *Holzfällen. Eine Erregung. Dokumentation eines österreichischen Literaturskandals.* In: Huber/Schmidt-Dengler 1987: 13-39.

Schings, Hans Jürgen. 1983. 'Die Methode des Equilibrismus. Zu Thomas Bernhards „Immanuel Kant".' In: *Drama und Theater im 20. Jahrhundert. Festschrift für Walter Hinck.* Hrsg. v. Hans

Dietrich Irmscher und Werner Keller. Göttingen: Vandenhoeck & Ruprecht: 432-445.

Schmidt-Dengler, Wendelin. ³1997. *Der Übertreibungskünstler. Studien zu Thomas Bernhard.* Wien: Sonderzahl.

Sichrowsky, Heinz. 1988. 'Bernhard bricht sein Schweigen [Interview mit Thomas Bernhard].' In: *Basta*, 26. 10. 1988.

Sorg, Bernhard. 1990. 'Thomas Bernhard.' In: *Kritisches Lexikon der deutschsprachigen Gegenwartsliteratur.* Hrsg. v. Heinz Ludwig Arnold. (29. Nachlieferung, Stand vom 1.1.1990).

Sorg, Bernhard. 1992. 'Kunst ja, Politik nein. Thomas Bernhard in Österreich.' In: *Metamorphosen des Dichters. Das Selbstverständnis deutscher Schriftsteller von der Aufklärung bis zur Gegenwart.* Hrsg. v. Gunter E. Grimm. Frankfurt/M.: Fischer: 302-311.

Sorg, Bernhard. ²1992. *Thomas Bernhard.* München: C.H.Beck.

Staberl. 1988. 'Aber nicht auf unsere Kosten.' In: *Neue Kronen Zeitung,* 13. 10. 1988.

Steinmann, Siegfried. ³1991. 'Bernhard und Peymann – müssen sie ernst genommen werden? Realität und Fiktion zweier Störenfriede.' In: *Thomas Bernhard.* Hrsg. v. Heinz Ludwig Arnold. München: edition text + kritik: 104-111.

Stolz, Joëlle. 1988. 'L'Autriche de Waldheim mise en pièces.' In: *Libération*, 18. 10. 1988.

Tieges, Wouter. 1979. 'Vier manieren om met de dood om te springen.' In: *Vrij Nederland*, 3. 2. 1979.

Tschulik, Norbert. 1988. 'Peymann am „Heldenplatz". Grenzen des Zumutbaren.' In: *Wiener Zeitung*, 8. 10. 1988.

Tschulik, Norbert. 1988a. 'Bernhard: „Beitrag zum Antisemitismus"?' In: *Wiener Zeitung*, 14. 10. 1988.

Waldheim, Kurt. 1988. „Ich rede, wenn dem Land Schaden droht". In: *Die Wochenpresse*, 1. 10. 1988.

Winkel, Jeanne Marie. 2001. *Bernhard Heute [Radiosendung]*, ORF 1, 12. 3. 2001.

Martin A. Hainz

„HINTER DEN BÄUMEN IST EINE ANDERE WELT".
BERNHARDS LYRISCHE VERSTÖßE WIDER DIE
KLASSISCHE FORM

Thomas Bernhard, der wie nur wenige Autoren konsequent den
klassischen Normen, die an den Menschen herangetragen eine Zivilisation verwalteter Herzen und Hirne begründen, ihre Rechte absprach,
sein Werk als *Auslöschung* des Tradierten betrieb, wurde in den
vergangenen Jahren vor allem als Dramatiker, Romancier sowie
Erzähler rezipiert – der mit ihm schwerlich ganz zu Unrecht
assoziierte Furor schien dem, was er dennoch durch Jahre gleichfalls
verfasste, inadäquat: der Lyrik. Und tatsächlich ergibt sich hierbei
eine beträcht-liche Spannung – denn am Lyriker Bernhard zeigt sich
vielleicht noch deutlicher als am Dramatiker und Erzähler, dass diese
Texte natürlich von hoher Musikalität und bei allem Zorn keineswegs
traditionslos sind. Angesichts der Texte, in denen Bernhard seine
Schimpfer-Qualitäten ungehindert wirken zu lassen vermochte, konnte
man vergessen, was Bernhard – gerne als programmatisch, engagiert
und avantgardistisch (miss-)verstanden – sagte:

> Herr Bernhard, Sie zählen ja zur Avantgarde der österreichischen
> Prosa ...[...]
> Es gibt eigentlich gar keine Avantgarde bei uns, was viele Leut' da machen,
> das ist nicht avantgardistisch, das ist kindisch.[1]

Bernhards Lyrik also ist als ein Schreiben aufzufassen, das seine
Energien in der Spannung hat, welche sich ergibt, wenn die Wahrheit
des Neuen und die Schönheit der verbindlichen Form sich ineinander
verfangen. Denn natürlich ist Bernhard doch der Ansicht, jeder trage
etwas, dessen Auslöschung *conditio sine qua non* einer auch nur
unglücklichen Existenz sei, in sich: „Wir tragen alle ein Wolfsegg mit
uns herum und haben den Willen, es auszulöschen zu unserer
Errettung."[2] Dieses Hinaustreiben aus der *Heimat* von Sprache und
Ort ist eines aus der Ordnung; es bleibt nichts als

---

1   Bernhard 1992: 26. Vgl. auch ebenda: 82.
2   Bernhard 1988b: 199.

„Übertreibungskunst"[3] – „Übertreibungsfanatismus"[4], der sich im artistischen Akt vollendet, welcher ihn als eine Hyperbolik ausweist, die darauf gründet, der *Untertreibung* entgehen zu wollen, die doch das Resultat bleibe …: Sprache – „man muß ihr noch sein eigenes Opfer opfern."[5] Die so angesprochenen Probleme bestehen zweifelsohne nicht weniger, aber subtiler und als leichter zu übersehende Aporien auch in den Dramen- und Prosatexten Bernhards. Auch hier ist es die Ästhetik, die legitimiert, was sonst als paranoide Tirade missverstanden werden könnte, sich so aber auch gegen die Normen richtet, auf denen die Artikulation der Anklage basiert. Wer die Lyrik Bernhards (und mit ihr ein wesentliches Moment der Sprache Bernhards) begreifen will, wird ihre regelhafte Regelverachtung und sogar Regellosigkeit – man könnte Wieners nicht unproblematischere „Anomie"[6] bemühen – verstehen müssen. Paradoxerweise ist gerade in diesem Regelverstoß Bernhard Traditionalist, so ließe sich in der Folge behaupten. Denn „nach Tod und Thymian"[7] riecht Bernhards Welt, jede Stunde ist die *hora mortis*, die einem Gedichtband den Titel gab. Der Satz, der über allem Schreiben ruht, lautet: „Wie scheint doch alles Werdende so krank!"[8]

Zu verhandeln ist der moribunde „Blick, der das Leben nicht mehr versteht, weil er es verstanden hat"[9] – doch dies auszusagen nur in der Lage ist, indem er eine Form findet, die anders als aus Vorgegebenem ihre Stringenz schöpft. Dieses Problem ist eines, dem sich der Expressionismus wenigstens zum Teil schon stellte, weshalb es frappierenderweise notwendig ist, den moribunden Nonkonformismus als Erbe Trakls und ureigenes Ansinnen zugleich zu fassen.[10] Geerbt wurde der Wille, nicht Erbe zu sein, an den Vorbildern Vatermörder zu sein: „Der eigentliche Verstand kennt die Bewunderung nicht …"[11]

Bewunderung ist eine sich perpetuierende Schicklichkeit, über der das „Kulturlicht ausgegangen ist."[12] Bewunderung ist diametral dem entgegengesetzt, was wahr sein könnte – der Einsicht: „Wahrheit

---

3   Ebenda: 611f.
4   Ebenda: 611.
5   Derrida 1982: 270.
6   Wiener 1996: 16.
7   Bernhard 1993: 99.
8   Trakl [14]1995: 29, 199.
9   Szondi 1978: 259.
10   Vgl. zu Trakl und Bernhard auch Finck 1992, passim.
11   Bernhard 1988a: 122.
12   Ebenda: 184.

ist überhaupt nicht mitteilbar", sie „kennt nur der Betroffene".[13] Das zu sagen stört.

> Meine Existenz hat zeitlebens immer gestört. Ich habe immer gestört, und ich habe immer irritiert. [...] Die einen lassen die Menschen in Ruhe und die andern, zu diesen andern gehöre ich, stören und irritieren.[14]

Die Welt ist alles, was der Störfall ist – aber auch der „Wille zur Wahrheit [...] der rascheste Weg zur Fälschung":[15] „Die Vernunft hat es mir schon lange verboten, die Wahrheit zu sagen oder zu schreiben."[16] Natürlich ist auch darin ein Bekenntnis zum Wahren noch gelegen: „Nur die absolute Lüge hat noch die Freiheit, irgend die Wahrheit zu sagen",[17] heißt es bei Adorno. Jedoch vor allem ist Bernhard damit als einer identifiziert, der in seiner stolzen Devianz nun nochmals Erbe Benns, Trakls und Georges ist. Das erscheint im Falle Benns besonders pikant, da der Arzt Bernhard als Faktotum im Dienste des Normalen erscheint. Die Ärzte, die Bernhard skizziert, verfolgen *richterlich* nicht den Plan, für den Patienten zu sein, sind vielmehr gegen etwas, das an ihm nicht wunschgemäß ist; folglich kann es im Zuge der Therapie gar nicht sein, dass etwas *Absonderliches* vorge-fallen wäre, „es sei gutgegangen, nichts sei passiert, das *nichts* hatte er ausdrücklich betont"[18] – dies Zitat fasst die Kunst des Chirurgen, der etymologisch korrekt als Πγ4Δ≅ΛΔ(Ḥ, als (schlechter) *Handwerker* im Körper des Opfers fuhrwerkt, *in nuce*. Bernhard ist dennoch ein Erbe Benns; bei jenem heißt es: „es gibt nur zwei Dinge: die Leere / und das gezeichnete Ich."[19] Die Leere und ein Ich, das als sein eigener Entwurf zugleich lakonisch kommentierte Ruine ist, sind, was Benn so einerseits unterwandert, andererseits aber – im Zeichen einer Skepsis wider das *Wahrheit-Schreiben* – auch affirmiert. Ähnlich ist wenig Aufbegehren auch in Georges berühmten Worten: „So lernt ich traurig den verzicht: / Kein ding sei wo das wort gebricht."[20] Der Artist ist unproblematisch hier Demiurg – von Georges „Gestus des Esote-rischen"[21] schrieb schon Adorno. Dieser

13   Bernhard 1998b: 29.
14   Ebenda: 28.
15   Ebenda: 29. Vgl. Wittgenstein [9]1993: 11, § 1.
16   Bernhard 1998b: 30.
17   Adorno [22]1994: 139, Aph. 71.
18   Bernhard 1998c: 67. Vgl. ebenda: 62.
19   Benn 1996: 427.
20   George 2000, Bd. 1: 467.
21   Adorno [4]1989: 525.

Gestus ignoriert, dass ein Bruch bleibt und auch Georges Kunst selbst schon „einer neuen Krise entgegen[tobt]".[22] Benns lyrisches Ich hat das Betrauerte und das Trauern verloren, wiewohl es dieser Dichtung, die schon in der unpoetischen Terminologie einen anderen Anspruch anmeldet – die Annäherung an das „Somatische des Systems"[23] wird in ihr ja überaus konkret –, undenkbar ist, mit einem Bennschen „Kann keine Trauer sein"[24] zu schließen.

Wie ist zu transzendieren, was sich verehrt in eine geistverzehrende Bedrohung wandelt? Diese Transgression ist in einem Bild Bernhards, das wohl auch auf eine Poetologie weist, gefasst: „Hinter den Bäumen ist eine andere Welt",[25] so heißt es bei Bernhard. Das Fatale an dieser frühen Formulierung ist, dass sie ausdrückt, was sie nicht ist; sie ist ein Sehnen nach Innovation wider alles Präfigurierte, doch ähnlich auch anderswo zu lesen – „jenseits der Kastanien ist die Welt".[26] In der Tat ist dieser Vers, indem er die andere zur eigentlichen, zu *der* Welt macht und die Bäume als *Kastanien* konkret benennt, zudem eindrucksvoller; es war Celan – er reifte zum vielleicht wichtigsten Poeten in der zweiten Hälfte des zwanzigsten Jahrhun-derts –, der ihn verfasste. Bernhards Qualitäten hingegen sind dort besonders gegeben, wo er es mit Serner hält:

> Die Wahrheit [...] *kann* gar nicht zum Problem werden, weil man sie bereits sprachlich in die Prämissen nehmen muß. Jeder hat sich immer noch zu viel geglaubt: man hat sich auf *gar nichts* einzulassen.[27]

So schreibt Bernhard als gereifter Lyriker nur zwei oder drei Jahre später von der „*Legende* meiner Trauer"[28] – nach Serner ist Trauer „nur das schmerzhaft-intensive Bestreben [...], sich zu verbergen, daß sie nicht vorhanden ist",[29] nicht vorhanden sein kann. Trauer als virtuelle fasste unlängst Meckel in reichlich provokante Verse:

> Verwöhnen Sie Ihre Gefühle, na los – und wenn es
> keinen Grund zu trauern gibt, erfinden Sie einen
> überfahren Sie Ihre Katze und trauern Sie.[30]

---

22   Ebenda: 609.
23   Benn 1996: 131.
24   Ebenda: 476.
25   Bernhard 1993: 31.
26   Celan 1986, Bd. 3: 11.
27   Serner ²1990: 44. Hervorhebungen im Original als Kapitälchen.
28   Bernhard 1993: 251.
29   Serner ²1990: 29.
30   Meckel 2000: 37.

Bernhard traut der Trauer nicht mehr über den Weg, die freilich, indem sie zum Topos wird, nebst des Betrauerten auch ihrer selbst verlustig geht. Auch *das* sagt diese Trauer:

> Inmitten der Trauer [...] dieser Punkt: Aber die Metonymie ist kein Irrtum, keine Lüge, sie sagt nicht die Unwahrheit. Und buchstäblich gibt es vielleicht gar kein *punctum*. Was die ganze Aussage möglich macht, den Schmerz aber durchaus nicht verringert; es ist im Gegenteil eine Quelle, die Quelle des Schmerzes, unpunktuell, unbegrenzbar.[31]

Das ist *Trauer*: „von dem zu sprechen [...], was *nicht wesentlich* ist".[32]

> Jeder Tag wacht auf mit einer Mißhandlung,
>   in meine Rede ist
> *die Legende* meiner Trauer eingeschlossen,
>   mit tausendjähriger Trauer
> siegte ich über mein unflätiges Leben,
>   nicht aber über die Vernunft der Winterkälte ...
> In den Wirtsstuben reißt du
>   den Fetzen deiner Tragödie herunter,
> keine Wälder, kein Verdienst, keine Erzengel ...
> Über deinem Gedicht mähen Vögelschwärme,
>   mähen und mähen inständiges Leben ...
> nichts für alle
>   in der Nähe des Traums,
> nichts für diesseitig Liebende ...[33]

Das Poem, aus dem diese Verse stammen, steht zwischen Tradition und Erfahrung, vermittelt deren Möglichkeiten mit- oder gegeneinander. Die Punkte und das Abgerissene zeigen die Gesetzmäßigkeit des Nicht-Klassischen, einen Anflug von Angophrasie, der nicht Symptom, vielmehr poetologisch begründetes und verbindliches Abreißen der Sprache selbst ist. Diese ist das Vermögen des Ichs, Trauerarbeit zu leisten, und die Authentizität derselben, weshalb vor ihrem Richtstuhl das Trauern sich als Gerücht erweist, das „tausendjährig" sein muss, um wahr zu sein. Das lyrische Ich sieht: „*du* kehrst ein in die Bücher".[34] Das Du ist darin als etwas zu Papier und später weniger als sein Schatten Gewordenes allenfalls als die Absenz seiner

31   Derrida 1987: 50 (Hervorhebung im Original). Vgl. ebenda: 7f., 24.
32   Hainz 2000: 206 (Hervorhebungen im Original). Vgl. ebenda, passim.
33   Bernhard 1993: 251.
34   Ebenda: 258. Hervorhebung im Original.

222

selbst bewahrt; „*mich* hält die Erde zurück / mit ihren Gedanken",[35] sagt das lyrische Ich, das – unerlöst – dem Gespenst seines Gedenkens gleicht. Nichts deckt die „Fetzen" der „Tragödie" des Gegenübers, „kein Verdienst, keine Erzengel"; ein Zyklus Bernhards ist *Dein Tod ist nicht mein Tod*[36] betitelt, also eine Meditation über die unmögliche Trauer von Anfang an...

Thomas Bernhard schreibt, ihn habe, als er in den Jahren 59 und 60 diese Verse verfasste, Ezra Pound beschäftigt.[37] Annotiert wurde, dass Trauer Verlust und die Uneinholbarkeit dieser Erfahrung impliziert – ihr also der Verlust ihrer Essenz immanent ist, sobald sie sagt, was sie betrauere. Trauer ist Selbstverlust – und jener ist zugleich doch eine Grunderfahrung des Gewinns in der Moderne. Gerade Ezra Pound wäre hier zu nennen, der sich bekanntlich das nicht unzutreffende Epitheton „omniformis"[38] zulegte: „I would bathe myself in strangeness"[39]... Pounds *Allgestaltigkeit* wurde verschiedentlich als nur in ihren besten Momenten aus dem Gedicht zu begründende bezeichnet; denn seine Poesie feiert in ihrer Vielgestaltigkeit nicht so sehr ihre Unabhängigkeit von ihrem Schöpfer, sondern ebenso und noch mehr ihre Nähe zum *Maßstab*: „Sein schwaches Ich bewog Pound [...], jeden spontanen Impuls der Auflehnung [...] in einen Akt der Anpassung an angeblich bereits irgendwo vorhandene Realitäten [...] umzudeuten."[40] Konsequent ist er darin, dass er sich also „gegen alles kritische Denken auf die Seite des Seins schlägt"[41] – was sich an manchem Vers (ungeachtet oder doch wegen der besagten Freiheit vom *Schöpfer*) ablesen lässt. Es gemahnt dies an Cioran: „Antirevolutionär aus Nihilismus"[42] nannte sich jener und formulierte, was man nicht leicht dem Bereich des Ingeniösen oder aber jenem der skrupellosen Unvernunft zuzuordnen in der Lage ist: Nur „‚Besessene' [...] geben ihr ‚eigentliches Ich' preis, vielleicht sind nur sie *beschränkt* genug, um überhaupt eines zu besitzen."[43] Die Nähe

---

35 Ebenda. Hervorhebung im Original.
36 Ebenda: 259; im Original in Kapitälchen.
37 Vgl. ebenda: 277.
38 Pound 1992: 392.
39 Ebenda: 104.
40 Hesse 1978: 574.
41 Ebenda: 575. Vgl. zum Faschismus und Antisemitismus Pounds auch Lake 1985: 404ff.
42 Cioran 1983b: 62. Vgl. zu Ciorans *Herkunft* aus dem Faschismus auch Motzan 1997: 157ff.
43 Cioran 1983a: 276. Hervorhebung im Original.

Bernhards zu Pound und Cioran ist nicht eigentlich überraschend. Als verkappt reaktionär wurde er mehrfach (miss) verstanden. Nur wenige fassten wie Schmidt-Dengler die schwerlich in eine mögliche Praxis des Politischen mündende „in sich ruhende Kritik als Kunst"[44] als etwas auf, das – und mag Bernhard auch „der letzte echte Rappelkopf"[45] gewesen sein – etwas anderem als der Bewahrung dienen kann... Den desgleichen gerne und doch fälschlich als reaktionären Rebellen gelesenen Nietzsche hinzunehmend kann man freilich so fortfahren: Es gebe jenem zufolge „*Charaktere*, die sich nicht schämen, ihre Maske zu zeigen"[46] – die also eine ihrer *Möglichkeiten* zum *Faktum*, ihr Selbst zu einer Schwundstufe seiner selbst zu machen sich unterstehen. Nietzsche stellt das *Überreiche* dagegen – das sich bei Cioran insofern findet, als jener schreibt, man müsse, da man ein anderer geworden sei, „den Namen [...] nach jeder wichtigen Erfahrung [wechseln]."[47]

Langsam stellt sich die Frage, wie all das zusammengehen könne. Bernhard ist als Reaktionärer und Aufständischer, als Epigone, avantgardistisches Originalgenie und Ironiker, als Prosa-Schimpfer und -lästerer sowie als Lyriker vorgestellt worden – und all das mit jeweils guten Gründen. Ihm ist also unangemessen, was ihn beschreibt. Die Behauptung ist in zweierlei Weise zu verstehen: Bernhard ist als Unangemessener zu beschreiben, seine Beschreibung andererseits unangemessen. Sein Stil liegt zwischen dem, was bündig in eine Theorie sich überführen ließe. Doderer, den Bernhard nicht übermäßig geschätzt haben dürfte,[48] hat zu dieser prekären Lage der *Theorie* gegenüber der *Praxis* der Schrift die klassische Formulierung gefunden: Die „Praktiker sind den Theoretikern weit voran, sogar im Theoretischen"[49]... Solch reine Praxis ist Schrift freilich nur, wo ihr der Inhalt, dem sie dient, sekundär ist. Es sei in Erinnerung gerufen: „Die Vernunft hat es mir schon lange verboten, die Wahrheit zu sagen oder zu schreiben."[50] Wenn es Wahrheit in der Schrift gibt, so nicht ihren *Inhalt* betreffend, sondern in ihrer Form. Diese ist es, die ermöglicht, zu sagen, was im Diskurs nicht vorgesehen ist. Das

---

44 Schmidt-Dengler 21994: 117.
45 Ebenda: 118.
46 Nietzsche 1988ff., Bd. 9: 302; Hervorhebung im Original, dort gesperrt.
47 Cioran 1979: 55.
48 Vgl. etwa Schmidt-Dengler 1989: 13ff., 21.
49 Doderer 1996: 156.
50 Bernhard 1998b: 30.

betrifft Trauer und Glück gleichermaßen – von der „Narbe Glück"[51] spricht, wem „Nicht-Wiederholbares"[52] widerfährt. Das Schöne als Heim-suchung ist „so diskret, / wie es erschienen war, / dann [...] nicht mehr da"[53] – „Glück ist kein Wort"[54] und hat auch keines, ist darum unverfügbar auch jenseits seines Zuteilwerdens. Und auch das Lachen als überaus ambi-valentes wäre zu erinnern; von Beckett, in dessen Nähe die Kritik Bernhard früh rückte[55], schrieb Adorno, es sei „Humor selbst [...] albern: lächerlich geworden"[56] – „die Witze der Beschädigten sind beschädigt."[57] All diese *Momente* eint „der versäumte Augenblick",[58] vielleicht das leere Zentrum lyrischer Erfahrung. Das lässt doch, während es im Klappentext zu Bernhards Dichtung heißt, der *Lyriker Bernhard blieb bislang ungehört*, fragen, ob er, dessen Schreiben niemals recht narrativ war, nicht vielleicht immer Lyrik schrieb – – – ob man nicht selbst *Auslöschung* als eine Art von breit angelegtem Gedicht, an dem das Prosaische nur Schein ist, aufzufassen hat. Wendelin Schmidt-Dengler bemerkte das Problem mit dem *Epiker* oder *Romancier* Bernhard: „So läßt sich ohne Krampf fast das gesamte [...] vorliegende epische Werk Bernhards dem Komplex der Polemik gegen das Erzählen zuordnen."[59]

Will man den Weg des von Trakl beeinflussten Dichters verfolgen, so muss man es im angeblich erzählerischen Œuvre tun, wo Bernhard – der ab den frühen 60er Jahren wenig *eigentliche Poesie* schuf – zu seiner jedenfalls nicht unlyrischen Sprechweise fand. Den Eindruck, es handle sich bei seinen Publikationen stets um Lyrik, können auch die Faksimiles aus dem Nachlassband *Thomas Bernhard und seine Lebensmenschen* erwecken: In den Texten ist in einer Weise umgestellt und durchgestrichen, die das Strukturelle vor dem Inhaltlichen betont, Bilder ergibt, die an visuelle Poesie erinnern ...[60]

Das Lyrische des Œuvres Bernhards ist an das Wahrheitsproblem seiner Texte geknüpft – und darin eher als im spezifischen Zeilenumbruch des Gedichts realisiert. Der Aufbau in Reimen eignet

51   Reichert 2001: 9.
52   Ebenda.
53   Ebenda: 10.
54   Ebenda: 48.
55   Vgl. Hoell 2000: 63.
56   Adorno [4]1989: 300.
57   Ebenda: 301.
58   Ebenda: 290.
59   Schmidt-Dengler 1989: 31.
60   Vgl. Bernhard u.a. 2002, passim.

schließlich auch Formen wie Versepos und Ballade – gleichermaßen der Lyrik wenigstens nicht zuallererst zuzurechnen. Längst ist die Einsicht formuliert, dass eine enzyklopädische Annäherung an die Literatur, eine Systematisierung, die aus Symptomen untrüglich allgemeine und stets sinnvolle Zuordnungen ermöglichte, nicht machbar ist – wobei von Machbarkeit in bezug auf den literarischen Text vielleicht prinzipiell nicht aussichtsreich zu sprechen ist: Das „Gefühl der Hilflosigkeit und Ratlosigkeit einem literarischen Text gegenüber ist eines der kostbaren, die es gibt",[61] schreibt Klaus Weimar. Der Zeilenbruch und allgemeiner das Arsenal all dessen, was als lyrisch zu gelten hat, ist, so darf man angesichts der Celanschen *Todesfuge* als einer Polemik aus dem Material des Angegriffenen mutmaßen, nur noch bedingt oder parodistisch möglich: „Emphatisch heißt Parodie die Verwendung von Formen im Zeitalter ihrer Unmöglichkeit."[62] Das macht, dass die sich schöngeistig dünkende Bewunderung der *Todesfuge* von ihrem Gegenstand provoziert und desavouiert wird; verstanden hat dieses Poem dagegen, wer (wie Franz Josef Czernin unlängst) „das Schlagerartige"[63] aus ihm hört, es „fast unhörbar"[64] nennt, wobei die große Schar der Bewunderer mutmaßen lässt, dass dieses essentielle Moment von Polemik tatsächlich für viele *unhörbar* blieb...[65] Dieses Moment der *vorgeführten Reaktion* verbände das Gedicht Celans mit Bernhards Werk, insofern bei jenem gleichfalls ständig „Rezeption und Rezeptionsvorlage […] zu einem untrennbaren Ganzen [verschmelzen]"[66], freilich sozusagen invers: Bei Bernhard ist es der Skandal, den seine Arbeiten provozieren, welcher hernach seine Attacken legitimiert und stützt.

Das schöne Gedicht betreffend lässt sich jedenfalls mutmaßen: Vielleicht ist noch die unbestrittene Musikalität der rekurrierenden Satzschleifen Bernhards – „jedem Satz sein *da capo*"[67] –, die so obses-siv wie suggestiv sind, von einer grundlegenden Unmöglichkeit mitge-prägt. Gewiss ist der Vers Bernhards ihm selbst untragbar geworden, wäre derselbe doch immer ein zu *feiernder* – was doch hieße, „so ernst kann er es nicht gemeint haben."[68] Diese Befunde

---

61   Weimar [2]1993: 178. Vgl. hierzu auch ebenda: 9f., passim.
62   Adorno [4]1989: 302.
63   Czernin 2002: 14.
64   Ebenda.
65   Vgl. Hainz 2002, passim.
66   Pfabigan 1999: 420.
67   Görner 1997: 118.
68   Sulzer u.a. 1978: 254.

stützt Bernhards Aussage, „ein Schmarrn"[69] seien seine Gedichte gewesen: „Also hundert Gedichte und im Grunde ist es nichts."[70] Lyrik, die epigonal ist, und zu diesem Befund kam man bei Bernhards Dichtung verschiedentlich,[71] ist aber keine Lyrik. Lyrisch sind die Ausbrüche darin: „Dies ist das Laster meines Gehirns, das von Millionen / Vokabeln zerstört ist"[72] ...

Nach der Lyrik Bernhards zu fragen, das heißt: zu fragen, wie seine Sprache beschaffen ist, die zur Wahrheit weder in Antithese noch in Einklang ist; darin löst seine Prosa, ist ihr auch das Erzählen keines-wegs ein marginaler Bestandteil, radikal ein, was seine Lyrik ver-spricht. Über eine tragende Idee innerhalb dieser „Destruktions-ästhetik"[73] zu verfügen, eine Idee, die sich für möglich hielte, wäre im Kern schon Vergehen. „Das Widernatürliche in meinem Denken haßten sie",[74] so wird befunden. Dieses selbst sei das Wahre, die formulierbare Aussage dagegen Sache der – wider willen? – verlogen-en „Wahrheitsfanatiker",[75] die nicht sehen können und wollen, dass die „Wahrheit [...] immer ein Irrtum"[76] ist, so darf man mutmaßen ... Jene der *Gesundheit* des Wirklichkeitsbezugs Nachhängenden sehen in ihrer Rede nicht mehr das berühmt-berüchtigte „Heer von Metaphern, Metonymien, [...] Illusionen, von denen man vergessen hat, dass sie welche sind",[77] sie sehen die Welt als Appendix ihrer – und Bernhard lässt keine Zweifel bestehen: *beschränkten* – Geistestätigkeit. Dagegen stellt Bernhard eine Wahrheit, die in der Schonungslosigkeit begründet ist, die zugleich schön ist – was ein wenig an Nietzsche erinnern mag.[78] „Das Unvorgesehene ist das Schöne."[79]

Lieben im Sinne einer Heimatfindung lässt sich dieses Schöne nicht – der „Mensch liebt die Wahrheit nicht, alles andere ist

---

69 Hofman 1988: 28.
70 Ebenda.
71 Vgl. etwa Bozzi 1997: 68, passim.
72 Bernhard 1993: 51.
73 Schmidt-Dengler 1993: 77.
74 Bernhard 1986: 31.
75 Ebenda: 38.
76 Bernhard 1998c: 46.
77 Nietzsche 1988f., Bd. 1: 880f.
78 „Die Wahrheit ist häßlich: *wir haben die Kunst*, damit wir nicht an der Wahrheit zu Grunde gehn." – Ebenda, Bd. 13: 500; Hervorhebung im Original, dort gesperrt.
79 Bernhard 1988f: 69.

Lüge"[80] … Das Schöne ist latent bedrohlich; Behübschungsversuche dessen sind dagegen „Onanie der Verzweiflung"[81] der sogenannten Realität, die ihre Waffen streckt, so sie dies versteht: „Die Natur ist […] ein ungeheurer Universalsurrealismus."[82] Sie übersteigt, was *Wirklichkeit* und *Wahrheit* zu sein vermögen: „Die Wahrheit ist Tradition, nicht die Wahrheit."[83] Der anderen Wahrheit, die hier durch-schimmert, dient das Schreiben Bernhards. Untersteht es einem *Ismus*, dann dem „Skrupulantismus".[84] Wie aber ist dieser mit der Affirmation der *Natur* zu vereinbaren, ist doch die Berufung auf diese für gewöhnlich Beförderung des gerade nicht skrupulösen Denkens? Hier ist auf die Idee zu rekurrieren, die womöglich *das* Bildungsgesetz der Bernhardschen Poesis in allen literarischen Gattungen ist – aus der Natur flösse eine notwendige Formgebung, deren Regeln indes nicht vorgängig, vielmehr nachträglich bestünden; sie entstammt Kants *Genie*-Definition in der *Kritik der Urteilskraft*.

> Genie ist das Talent (Naturgabe), welches der Kunst die Regel gibt. […] Genie ist die angeborne Gemütsanlage (ingenium), durch welche die Natur der Kunst die Regel gibt. […] Man sieht hieraus, daß Genie […] ein Talent sei, dasjenige, wozu sich keine bestimmte Regel geben läßt, hervorzubringen […], seine Produkte zugleich Muster, d.i. exemplarisch sein müssen […], anderen […] zum Richtmaße.[85]

Das *Geniale* ist somit auch dem Genie selbst ein Rätsel, das doch sich selbst stets offenbart, indem es Lesbares schafft. Es ist die Notwendigkeit des zuvor Möglichen – und ein Sinn für das Fortbestehen dieser Öffnung des Realen; ist nicht erst, was nicht ist und unmöglich gerne geheißen wird, ein *Terrain des lebendigen Denkens* …? Es „müßte klargemacht werden, was unmöglich ist, und daß dieses Unmögliche gerade das ist, was man ‚Denken' nennen muß",[86] schreibt Wiener. Wahrheit ist Bernhard hiermit verbunden – sozusagen eine Verpflichtung zur Genialität, zur *Geistesarbeit*: „Arbeiten […] heißt: unternehmen, etwas anderes zu denken, als man zuvor dachte."[87] Diese Arbeit beginnt im begründeten Verzicht auf den unerschütterlichen

---

80   Bernhard 1998b: 58.
81   Bernhard 1988f: 132.
82   Ebenda: 160.
83   Ebenda: 164.
84   Sebald 1981: 296.
85   Kant [12]1992: 241f., B181f., A178ff.
86   Wiener 1990: 93.
87   Foucault u.a. 1989: 15. Vgl. ebenda: 25.

Punkt, aus dem Wahrheit möglich nicht wäre, aber doch schiene.

> Wir wollen die Wahrheit sagen, aber wir sagen nicht die Wahrheit. Wir beschreiben etwas wahrheitsgetreu, aber das Beschriebene ist etwas anderes als die Wahrheit. [...] Die Wahrheit, die wir kennen, ist logisch die Lüge, die, indem wir nicht um sie herumkommen, die Wahrheit ist. [...] Letzten Endes kommt es nur auf den Wahrheitsgehalt der Lüge an.[88]

Das zeigt, dass der Stoff der Erzählung wie auch das Urteil in ihr hinfällig ist. Wie aber die Aussage getroffen wird, dies ist entscheidend. Die Aussage selbst verdankt sich dagegen einem zweifelhaften Vorgang, einer Art von sozialem Reflex: „Manchmal erheben wir alle unseren Kopf und glauben, die Wahrheit oder die scheinbare Wahrheit sagen zu müssen und ziehen ihn wieder ein. Das ist alles."[89] Bernhard schließt mit dem Anfang, dem Aufriss des Möglichen. Er schließt mit der *Wahrheit oder der scheinbaren Wahrheit* – das ist auch: mit der *(scheinbaren) Wahrheit über die scheinbare Wahrheit ...* Darum sind Bernhards Schimpftiraden – und damit wird sichtbar, worauf von Anfang an hier abgezielt wurde – Poesie. Seine Kaskaden von Sätzen, die mit geballtem Ressentiment gegen alles und jeden verwechselt werden könnten, sind notwendig als Weg, das Wahre in einem Akt zu suspendieren, der in seiner unerhörten Art zugleich den Wahrheitsanspruch in sich als Hyperbolik angreift. Diese Grundstruktur ist in den folgenden Versen vorgezeichnet: „Du verstehst mich nicht. / Schlaf neben mir, sei ruhig ich muß trauern",[90] so heißt es in einem Gedicht von Bernhard – worin das lyrische Ich und sein Gegenüber in der Stille der nicht auszutragenden und folglich gleichsam melancholisch stimm-enden Wahrheitskritik um der Wahrheit willen schweigen. Das Gedicht will diesen gordischen Knoten in seinen Texturen umflechten – und zugleich der Orchideenexistenz aller intellektuellen Tätigkeit („Wir lieben die Philosophie [...] nur, weil sie absolut hilflos ist."[91]) entfliehen.

> Was bleiben soll, das ist die Frage oder das Rätsel, die gleichermaßen die Wahrheit als suspendierte als darin immerhin mögliche sozusagen konservieren. [Ich] höre [...] noch, wie mein Großvater sagte, *alles, was man schreibt, ist ein Unsinn.* Also wie kann er auf die Idee kommen, Tausende Seiten Unsinn zu schreiben. Er hatte immer die unglaublichsten Ideen, aber er

---

88   Bernhard 1998b: 30.
89   Ebenda: 107.
90   Bernhard 1993: 167.
91   Bernhard 1988a: 43.

fühlte, daß er an diesen Ideen scheiterte. Wir scheitern alle, sagte er immer wieder. Das ist auch mein fortwährender Hauptgedanke.[92]

Dieser Hauptgedanke prägt auch etwas, das an Bernhard meines Wissens nie hinreichend analysiert worden ist – die Interpunktion. Sie dient der Rhythmisierung des Sermons, steht aber etwa im Falle des Beistrichs weder mit der Grammatik noch der Logik völlig in Einklang. Auch sie ließe sich als Phänomen der Sprachverdichtung auslegen. Dieses gerät „immer kunstvoller und gleichzeitig natürlicher",[93] indem Bernhard die Poesie als seine Sprachmöglichkeit auch innerhalb des vorgeblich Dramatischen und Prosaischen findet, erhält und präzisiert. Über einen anderen Fall eigenwilliger Interpunktion schrieb einst Anders – über jene, die, indem sie *fehlt*, die Sprache in Döblins *Berlin Alexanderplatz* zum asyntaktischen Strom formt, „durch keinen Punkt beruhigt"[94]: „Kein Doppelpunkt perforiert die Einheit",[95] hülfe aus der Sprache als einem Geschick – im Falle Bernhards dem der wahrhaft (?) unmöglichen Wahrheit. Diese Schwebe ist noch in der chiastischen Struktur der Realitätsbeschreibung im folgenden Satz Bernhards zu fühlen:

[I]ch setzte, weil mir während des Schreibens so kalt geworden war, auf einmal die Mütze auf. Alle haben sie so eine Mütze auf, dachte ich, alle, während ich schrieb und schrieb und schrieb …[96]

Das Schreiben als Vernunft und zugleich Widerpart ist aber noch in einem anderen Sinne zu verstehen, der abschließend angedeutet sei. Ist, so argumentiert Foucault, Wahrheit eine Auskristallisation jenes Prozesses, in dem die Vernunft als Vermögen Begriffe in Verhältnisse bringt, so ist sie per definitionem statisch – und, ist doch Vernunft dynamisch, also der *Unvernunft* zuzurechnen. Da sie außerdem Folge eines Prozesses ist, der nach Intention und Funktionsweise auf *Wahrheit*, die sich ansonsten als vorläufige definierte, schwerlich zielt, ist sie nicht nur unvernünftig, sondern außerdem von genealogisch zu begründender Malice in Latenz. „Die Wahrheit liegt also auf der Seite der Unvernunft […]; hingegen die Vernunft auf der Seite der Chimäre",[97] der wenigstens die „elementare Grausamkeit"[98] ihres

---

92 Bernhard 1998e: 78. Hervorhebungen im Original
93 Bernhard 1998b: 90f.
94 Anders 1984: 12.
95 Ebenda: 15.
96 Bernhard 1988d: 80.
97 Foucault 1986: 18.
98 Ebenda.

Gegenübers nicht eignen mag ... Das *Wahre* wird zum unmöglichen Punkt in einem von List und *Wahrheit* aufgespannten Koordinatennetz; Vernunft und *Wahrheit* sind einander widersprechende Unzulänglichkeiten, wie sich mit Bernhard schließlich sagen lässt. Die Wahrheit ist von ihrem Objekt – deren „Logik verfallen"[99] – nur noch zu vollziehen, wie es in *Die Kälte* heißt. Bernhards Poesie begreift sich als und ist auch in der Tat die *vernünftige* Bewahrung hiervor. Das heißt zwar nicht, sie sei oder bewirke das Gute; doch sie ist, indem sie „auf der Seite der Chimäre"[100] sich findet, immer auch die *nicht zuletzt sich selbst einbegreifende* Frage nach der Legitimität des Realen und der Realität des Legitimen. Was bleibt zu dem zu sagen, was eine Spur des Poetischen im Œuvre Bernhards geheißen wurde? Was Manier war, das verging im erkundenden und darin schon Häresie an der *sancta veritas* betreibenden Schreiben Thomas Bernhards – das Bleibende ist das im besten Sinne Unmanierliche ...

Literaturverzeichnis

Adorno, Theodor W.. [4]1989. *Noten zur Literatur.* Hrsg. v. Rolf Tiedemann. Frankfurt/M.: Suhrkamp Verlag (= stw 355).

Adorno, Theodor W.. [22]1994. *Minima Moralia. Reflexionen aus dem beschädigten Leben.* Frankfurt/M.: Suhrkamp Verlag (= Bibliothek Suhrkamp 236).

Anders, Günther. 1984. *Mensch ohne Welt. Schriften zur Kunst und Literatur.* München: Verlag C.H. Beck 1984.

Benn, Gottfried. 1996. *Gedichte.* In der Fassung der Erstdrucke. Hrsg. v. Bruno Hillebrand. Frankfurt/M.: Fischer Taschenbuch Verlag (= Fischer Taschenbuch 5231).

Bernhard, Thomas. 1971. *Gehen.* Frankfurt/M.: Suhrkamp (= st 5).

Bernhard, Thomas. 1972. *Frost.* Frankfurt/M.: Suhrkamp (= st 47).

Bernhard, Thomas. 1986. *Einfach kompliziert.* Frankfurt/M.: Suhrkamp (= Bibliothek Suhrkamp 910).

Bernhard, Thomas. 1987a. *Der Stimmenimitator.* Frankfurt/M.: Suhrkamp (= st 1473).

Bernhard, Thomas. 1987b. *Wittgensteins Neffe. Eine Freundschaft.* Frankfurt/M.: Suhrkamp 1987 (= st 1465).

Bernhard, Thomas. 1988a. *Alte Meister. Komödie.* Frankfurt/M.: Suhrkamp (= st 1553).

---

99   Bernhard 1998c: 19.
100   Foucault 1986: 18.

Bernhard, Thomas. 1988b. *Auslöschung. Ein Zerfall.* Frankfurt/M.: Suhrkamp (= st 1563).
Bernhard, Thomas. 1988c. *Der Untergeher.* Frankfurt/M.: Suhrkamp (= st 1497).
Bernhard, Thomas. 1988d. *Erzählungen.* Frankfurt/M.: Suhrkamp (=st 1564).
Bernhard, Thomas. 1988e. *Korrektur.* Roman. Frankfurt/M.: Suhrkamp (= st 1533).
Bernhard, Thomas. 1988f. *Verstörung.* Frankfurt/M.: Suhrkamp (=st 1480).
Bernhard, Thomas. 1989a. 'Rede.' In: *Lächelnd über seine Bestatter: Österreich. Österreichisches Lesebuch. Von 1900 bis heute.* Hrsg. v. Ulrich Weinzierl. München, Zürich: Piper (= Serie Piper 1040): 409f.
Bernhard, Thomas. 1989b. *Ritter, Dene, Voss.* Frankfurt/M.: Suhrkamp (= Bibliothek Suhrkamp 888).
Bernhard, Thomas. 1991. *Eine Herausforderung.. Monologe auf Mallorca 1981.* Ein Film von Krista Fleischmann. Wien: ORF. Edition S. Österreichische Staatsdruckerei.
Bernhard, Thomas. 1992. *Von einer Katastrophe in die andere.* 13 Gespräche. Hrsg. v. Sepp Dreissinger. Weitra: Bibliothek der Provinz – publication PN°1.
Bernhard, Thomas. 1993. *Gesammelte Gedichte.* Hrsg. v. Volker Bohn. Frankfurt/M.: Suhrkamp (= st 2262).
Bernhard, Thomas. 1995. *Meine eigene Einsamkeit* [1965]. In: Schmied, Wieland / Schmied, Erika: Thomas Bernhards Häuser. Hrsg. v. der Nachlaßverwaltung Thomas Bernhard. Salzburg, Wien: Residenz Verlag: 5f.
Bernhard, Thomas. 1998a. *Der Atem. Eine Entscheidung.* Salzburg, Wien: Residenz Verlag.
Bernhard, Thomas. 1998b. *Der Keller. Eine Entziehung.* Salzburg, Wien: Residenz Verlag.
Bernhard, Thomas. 1998c. *Die Kälte. Eine Isolation.* Salzburg, Wien: Residenz Verlag.
Bernhard, Thomas. 1998d. *Die Ursache. Eine Andeutung.* Salzburg, Wien: Residenz Verlag.
Bernhard, Thomas. 1998e.*Ein Kind.* Salzburg, Wien:Residenz Verlag.
Bernhard, Thomas, u.a.. 2002. *Thomas Bernhard und seine Lebensmenschen. Der Nachlaß.* Hrsg. v. Martin Huber, Manfred Mittermayer und Peter Karlhuber. Frankfurt/M.: Suhrkamp.

232

Bozzi, Paola. 1997. *Ästhetik des Leidens. Zur Lyrik Thomas Bernhards*. Frankfurt/M., Berlin, Bern, New York, Paris, Wien: Peter Lang. (= Beiträge zur Literatur und Literaturwissenschaft des 20. Jahrhunderts 16).

Celan, Paul. 1986. *Gesammelte Werke in fünf Bänden*. Hrsg. v. Beda Allemann, Stefan Reichert und Rolf Bücher. Frankfurt/M.: Suhrkamp (= st 1331).

Cioran, Emile M.. 1979. *In der Klemme*. Übers. v. Rainer Schneewolf. In: Akzente, H. 1/2: 51-59.

Cioran, Emile M.. 1983a. *Die Faszination des Minerals. Über Roger Callois*. Übers. v. Verena von der Heyden-Rynsch. In: Akzente, H. 3: 275-279.

Cioran, Emile. 1983b. *Martyrium der Luzidität*. Übers. v. Verena von der Heyden-Rynsch. In: Akzente, H. 1: 59-67.

Czernin, Franz Josef. 2002. 'Das Wort "Liebe" ist leer'. In: *Falter 41*. Bücherherbst 2002: 14f.

Derrida, Jacques. 1982. *Die Postkarte von Sokrates bis an Freud und jenseits*. 1. Lieferung. Übers. v. Hans-Joachim Metzger. Berlin: Brinkmann & Bose.

Derrida, Jacques. 1987. *Die Tode von Roland Barthes*. Übers. v. Gabriele Ricke und Ronald Vouillé. Hrsg. v. Hubertus von Amelunxen. Berlin: Dirk Nishen (= Das Foto-Taschenbuch 10).

Doderer, Heimito von. [2]1996. *Die Wiederkehr der Drachen. Aufsätze, Traktate, Reden*. Hrsg. v. Wendelin Schmidt-Dengler. München: Verlag C.H. Beck.

Finck, Adrien. 1992. 'Im Zeichen Trakls. Die frühe Lyrik Thomas Bernhards.' In: *Antworten auf Georg Trakl*. Hrsg. v. Adrien Finck und Hans Weichselbaum. Salzburg: Müller (= Trakl-Studien 18): 130-146.

Foucault, Michel. 1986. *Vom Licht des Krieges zur Geburt der Geschichte*. Übers. u. hrsg. v. Walter Seitter. Berlin: Merve Verlag (= Internationaler Merve Diskurs 133).

Foucault, Michel u.a.. 1989. *Pariser Gespräche*. Übers. v. Walter Seitter, Marianne Karbe und Andreas Knop. Hrsg. v. François Ewald. Berlin: Merve Verlag. (= Int. Merve Diskurs 148).

George, Stefan. 2000. *Werke*. Ausgabe in zwei Bänden. Hrsg. v. Robert Boehringer und Georg Peter Landmann. München, Stuttgart: Deutscher Taschenbuch Verlag, Klett Cotta.

Görner, Rüdiger. 1997. 'Gespiegelte Wiederholungen: Zu einem Kunstgriff von Thomas Bernhard.' In: *Thomas Bernhard. Beiträge zur Fiktion der Postmoderne*. Londoner Symposion.

Hrsg. v. Wendelin Schmidt-Dengler, Adrian Stevens und Fred Wagner. Frankfurt/M., Berlin, Bern, New York, Paris, Wien: Lang (= Publications of the Institute of Germanic Studies. University of London 69): 111-125.

Hainz, Martin A.. 2000. 'Schrift der Hinfälligkeit.' In: *Unverloren. Trotz allem*. Paul Celan-Symposion Wien. Hrsg. v. Hubert Gaisbauer, Bernhard Hain und Erika Schuster. Wien: Mandelbaum Verlag: 206-242.

Hainz, Martin A.. 2002. 'Die Todesfuge – als Polemik gelesen.' In: *Stundenwechsel. Neue Lektüren zu Rose Ausländer, Paul Celan, Alfred Margul-Sperber und Immanuel Weißglas*. Hrsg. v. Andrei Corbea-Hoisie, George Gu und Martin A. Hainz. Konstanz: Hartung-Gorre Verlag (= Jassyer Beiträge zur Germanistik 9. GGR-Beiträge zur Germanistik 9): 165-188.

Hesse, Eva. 1978. 'Von der Spaltbarkeit des Menschen – zum Fall Ezra Pound.' In: *Akzente*, H. 6: 559-583.

Hoell, Joachim. 2000. *Thomas Bernhard*. München: dtv 31041.

Hofman, Kurt. 1988. *Aus Gesprächen mit Thomas Bernhard*. Wien: Löcker Verlag.

Kant, Immanuel. [12]1992. *Werkausgabe in 12 Bänden*. Hrsg. v. Wilhelm Weischedel. Bd. 10: Kritik der Urteilskraft. Frankfurt/M.: Suhrkamp (= stw 57).

Lake, Steve. 1985. *Ezra Pound. „Erhellendes Detail", aufhellende Fakten*. Übers. v. A. Schmitz. In: Akzente, H. 5: 404-429.

Meckel, Christoph. 2000. *Zähne. Gedichte*. München, Wien: Carl Hanser Verlag.

Motzan, Peter. 1997. 'Am Scheideweg. E. M. Ciorans letzte rumänische Schrift und ihre Vorgeschichte.' In: *Südostdeutsche Vierteljahresblätter 2*: 156-160.

Nietzsche, Friedrich. 1980ff.. *Sämtliche Werke*. Kritische Studienausgabe in 15 Einzelbänden. Hrsg. v. Giorgio Colli und Mazzino Montinari. München, Berlin, New York: de Gruyter (= dtv 2221-2235).

Pfabigan, Alfred. 1999. *Thomas Bernhard. Ein österreichisches Weltexperiment*. Wien: Paul Zsolnay Verlag.

Pound, Ezra. 1992. *Personae/Masken. Gedichte*. Übers. v. Eva Hesse. München: dtv 19013. (dtv studio).

Reichert, Klaus. 2001. *Wär ich ein Seeheld. Gedichte*. Salzburg, Wien: Jung und Jung.

Schmidt-Dengler, Wendelin. [2]1989. *Der Übertreibungskünstler. Zu Thomas Bernhard*. Wien: Sonderzahl.

Schmidt-Dengler, Wendelin. 1993. '25 Jahre Verstörung. Zu Thomas Bernhard.' In: *Neue Bärte für die Dichter? Studien zur österreichischen Gegenwartsliteratur.* Hrsg. v. Friedbert Aspetsberger. Wien: Österreichischer Bundesverlag (= Schriften des Instituts für Österreichkunde 56/57): 73-84.

Schmidt-Dengler, Wendelin. [2]1994. 'Bernhard – Scheltreden. Um- und Abwege der Bernhard-Rezeption.' In: *Literarisches Kolloquium Thomas Bernhard. Materialien.* Hrsg. v. Johann Lachinger und Alfred Pittertschatscher. Weitra: Bibliothek der Provinz – publication PN1: 95-118.

Sebald, W. G.. 1981. 'Wo die Dunkelheit den Strick zuzieht. Einige Bemerkungen zum Werk Thomas Bernhards.' In: *Literatur und Kritik 155*: 294-302.

Serner, Walter. [2]1990. *Gesammelte Werke in zehn Bänden.* Hrsg. v. Thomas Milch. Bd. 9: Letzte Lockerung. Ein Handbrevier für Hochstapler und solche, die es werden wollen. München: Goldmann Verlag (= Goldmann Buch 9215)

Sulzer, Dieter u.a.. 1978. *Der Georg-Büchner-Preis 1951-1978. Eine Ausstellung des Deutschen Literaturarchivs Marbach und der Deutschen Akademie für Sprache und Dichtung.* Darmstadt. Hrsg. v. Dieter Sulzer, Hildegard Dieke und Ingrid Kußmaul. Marbach am Neckar: Deutsche Schillergesellschaft.

Szondi, Peter. 1978. *Schriften.* Hrsg. v. Jean Bollack u.a. Bd. 1: Theorie des modernen Dramas (1880-1950). Versuch über das Tragische. Höderlin-Studien. Mit einem Traktat über philologische Erkenntnis. Frankfurt/M.: Suhrkamp (= stw 219).

Trakl, Georg. [14]1995. *Das dichterische Werk.* Hrsg. v. Walther Killy, Hans Szklenar und Friedrich Kur. München: dtv 2163.

Weimar, Klaus. [2]1993. *Enzyklopädie der Literaturwissenschaft.* Tübingen, Basel: Francke Verlag (= UTB für Wissenschaft 1034).

Wiener, Oswald. 1990. *Probleme der Künstlichen Intelligenz.* Hrsg. v. Peter Weibel. Berlin: Merve Verlag (= Internationaler Merve Diskurs 158. Perspektiven der Technokultur).

Wiener, Oswald. 1996. *Schriften zur Erkenntnistheorie.* Wien, New York: Springer-Verlag (= Computerkultur 10).

Wittgenstein, Ludwig. [9]1993. *Werkausgabe. Bd. 1: Tractatus logico-philosophicus.Tagebücher-1914-1916.Philosophische Untersuchungen.* Hrsg. v. Joachim Schulte u.a. Frankfurt/M.: Suhrkamp (= stw 501).

Dieter Hensing

PETER HANDKE
AUF DER SUCHE NACH DER GÜLTIGEN FORM

Handkes literarische Anfänge liegen in den 60er Jahren. Zu den dominierenden Tendenzen damals gehören Versuche realistischen Schreibens, bis hin zum Dokumentarismus. Vertreten wird der Realismus von einer Generation, die in den 50er Jahren jung war (geboren um 1925) und sich um 1960 gegen die ältere Generation durchsetzte (man denke an Günter Grass, Siegfried Lenz, Martin Walser, Tankred Dorst u.a.).

Handke, geboren 1942, ist gut 15 Jahre jünger und gehört einer neuen Generation an. Die Unterschiede werden sehr rasch deutlich. Als er 1966, erst 24 Jahre alt, zur Jahrestagung der Gruppe 47 eingeladen ist, wo die Grass-Generation vorherrscht, entrüstet er sich über den von ihr favorisierten Realismus und bringt das kurz und keck in dem Vorwurf der *Beschreibungsimpotenz* zum Ausdruck. Damit meint er nicht die Unfähigkeit der Realisten zu beschreiben, sondern die Schwächen, die im Beschreiben selber liegen, wenn man ihm ein zu direktes Verhältnis zur Wirklichkeit unterstellt.

In Aufsätzen von 1966 und 1967 hat er seinen Vorwurf begründet und dabei insbesondere auf zwei Dinge hingewiesen:[1] Zum einen werde von den Realisten verkannt, dass die Literatur mit der Sprache gemacht werde und nicht mit den Dingen, die mit der Sprache beschrieben würden. Zum andern komme es darauf an, wie mit der Sprache gearbeitet werde. Es sei zwar üblich, sich an vorgegebenen Mustern zu orientieren, an bekannten und beliebten Textformen und Gattungen, man übersehe dabei aber, dass solche Formen ihren Inhalt in einer bestimmten Weise schematisieren, dass sie mehr seien als bloße Form. In einer bekannten Form dargestellt, erscheine auch das inhaltlich Neue nur wieder bekannt: „Ein Modell der Darstellung, ein zweites Mal angewendet, ergibt keine Neuigkeit mehr, höchstens eine Variation.". (S. 20) Um dem Leser das Neue auch wirklich neu erscheinen zu lassen, bedürfe es einer ständigen Erneuerung der Form. Nur in dieser Potenz der Erneuerung sei Literatur im Stande, der

---

1   *Zur Tagung der Gruppe 47 in USA* (1966) und *Ich bin ein Bewohner des Elfenbeinturms* (1967). In: Handke 1972: 29-34 und 19-28.

Wirklichkeit auf den Fersen zu bleiben, nur so sei sie wahrhaft realistisch; was man allgemein als realistisch bezeichne, sei hingegen *manieristisch.*

Als Handke 1973 der Büchner-Preis verliehen wird, einer der angesehensten und begehrtesten Literaturpreise in Deutschland, bringt er die für ihn gravierende Unterscheidung noch einmal in der Gegenüberstellung des *politischen* und *poetischen* Denkens und Sprechens zum Ausdruck. Das sich realistisch dünkende politische Denken stehe in seiner Erstarrung zu festen Formeln und Begriffen weit ab von der Wirklichkeit. Es sei zum Ritual geworden, dessen einzige Fähigkeit die pure Wiederholung ist. Das poetische Denken hingegen besitze die Fähigkeit, Fixierungen aufzubrechen. Handke spricht von der „begriffsauflösenden Kraft des poetischen Denkens" und von dem „hoffnungsbestimmten poetischen Denken, das die Welt immer wieder neu anfangen lässt, wenn ich sie in meiner Verstocktheit schon für versiegelt hielt."[2]

Es fällt auf, dass Handke zwar vor allem an der Frage einer offenen, nicht fixierten und sich nicht wieder neu fixierenden *literarischen* Form interessiert ist, dass er aber das Problem der Erstarrungen in den *alltäglichen* Sprachmustern durchaus nicht beiseite lässt. Kennzeichnend dafür ist ein kleiner früher Sammelband mit kurzen Prosatexten aus den Jahren 1963-1967. Schon der Titel, übereinstimmend mit der Überschrift eines der Texte, klingt nicht gerade literarisch: *Begrüßung des Aufsichtsrats.* Handke nimmt die verschiedensten alltäglichen wie künstlerischen Sprachformen aufs Korn, um zu zeigen, was sie für einen in ihnen repräsentierten Inhalt bedeuten, wie sie ihn schematisieren.

Ich möchte das am Beispiel von *Augezeugenbericht* (1965) vorführen.[3] Handke fingiert einen Augenzeugenbericht, wie er nach der Wiedergabe einer zweiten Person von einer dritten mitgeteilt wird. Das ergibt sich aus der einleitenden Formulierung, die lautet: „Nach dem Bericht des Augenzeugen habe sich das Geschehen folgendermaßen abgespielt [...]." In der Wiedergabe der zweiten Person müsste es heißen: Nach dem Bericht des Augenzeugen *hat* sich ... . Der von Handke gebrauchte Konjunktiv *habe* verweist auf die indirekte Rede, in der ein Dritter die Mitteilung des Zweiten referiert. Jede Person hält sich offensichtlich streng und formgerecht an das, was ihr vorliegt.

---

2   Die Rede trägt den Titel *Die Geborgenheit unter der Schädeldecke.* In: Handke 1974: 71-80. Zitat 80.
3   Handke 1970: 97f.

Dabei wächst in der Staffelung die Distanz und strafft sich die strikte Sachlichkeit zur puren Aufzählung:

> [...] zunächst sei der geistig zurückgebliebene Halbwüchsige mit hängendem Kopf aus dem Anwesen getrottet, dann sei er, in sich hineinmurmelnd, zu der im Hof befindlichen Rübenhackmaschine gegangen, dann sei der Vormund des Schwachkopfs aus dem Anbau gekommen, dann habe [...].

Die solcherweise gestaffelte und gestraffte und dadurch befremdlich gewordene Form enthüllt ihren Charakter noch einmal mehr, indem Handke sie auf einen Vorfall anwendet, der reine Zeugenschaft nicht zulässt, weil er tatkräftiges Eingreifen erfordert. Der Schwachkopf fasst nämlich, nachdem er den Mechanismus der Maschine begriffen hat, den Kopf seines Vormunds, legt ihn unter das Hackmesser und hackt ihn ab. Handke akzentuiert die Frage des Eingreifens dadurch, dass er den Augenzeugen im falschen Augenblick und völlig unangemessen handeln lässt. Der Zeuge verhindert nicht die Tat, sondern greift ein, weil der Schwachkopf nach begangener Tat das Messer sinnlos weiterbewegt:

> [...] dann habe der Bursche [...] solange die Schneide in die Gurgel des Vormunds geschlagen, bis er, nach längerem Hin und Her, mit Ach und Krach dem letzteren den Kopf vom Rumpf getrennt hatte, worauf der Augenzeuge, da der Narr immer noch fortfuhr, das Beil zu bewegen, ihm endlich in den Arm fiel und entrüstet Einhalt gebot.

Es fällt übrigens auf, dass nach dem konsequenten Gebrauch des Konjunktivs am Ende zwei Indikative auftauchen: den Kopf vom Rumpf getrennt *hatte* (statt: *gehabt habe*), endlich in den Arm *fiel* (statt: *gefallen sei*). Es ist, als ob gerade für die entscheidende Pointe die im Konjunktiv festgehaltene Distanz des Drittberichtes plötzlich wegfällt.

Das Beispiel macht deutlich, dass Handke die Sprach- und Formmuster weniger analysiert als karikiert und persifliert; durch Übersteigerung und Verzerrung gibt er sie dem Spott preis. Zugleich bewirken die Texte so etwas wie einen Schock, im Falle des *Augenzeugenberichts* einen Schock des Entsetzens. Karikatur und Schock wirken zusammen. Plötzlich wird wieder fühlbar, was in der manieristischen Verwendung der Form zum Verschwinden kommt. So wollte Handke es auch; er war der Meinung, man könne die durch Gewöhnung und Bekanntheit in ihrer Wirkung geschwächten Formen nur noch fruchtbar weiterverwenden, wenn man sie gegen den Strich bürste. „Die Methode der Geschichte ist für mich nur noch anwendbar als reflektierte Verneinung ihrer selbst: eine Geschichte zur Verhöhnung der Geschichte."[4]

Besonders befriedigend ist dieses Verfahren freilich nicht. Es wirkt eher wie eine Notlösung, bestenfalls eine Übergangslösung. Jedenfalls erwartet man Bemühungen um etwas wirklich Neues. Aber das lässt einige Jahre auf sich warten. Was ist los?

II

Hinsichtlich dieser Frage möchte ich eine auf einen breiteren Kontext bezogene Erwägung einschalten. In den 60er Jahren unterscheiden sich in Deutschland zwei Auffassungen, genauer: zwei Philosophien zu der Frage, ob und inwieweit man sich die Wirklichkeit als einen *Zusammenhang* vorstellen dürfe und ob sich ein solcher Zusammenhang auf ein Prinzip zurückführen lasse. Das Wirklichkeitsbild eines Zusammenhangs herrschte in Ostdeutschland vor, das andere in Westdeutschland (und überhaupt in westlichen Ländern), und der Gegensatz war gerade in den 60er Jahren besonders markant. Die Auffassung von der Wirklichkeit als eines bestimmten Zusammenhangs basierte in Ost-deutschland auf dem Marxismus, und der Marxismus hatte in dieser Hinsicht Hegel beerbt. Georg Wilhelm Friedrich Hegel hatte eine Philosophie entfaltet, in der die Wirklichkeit durch die Selbstverwirklichung des Geistes geschichtlich bestimmt sein sollte. Das heißt, Wirklichkeit wurde von Hegel im umfassendsten Sinne als Zusammenhang, und zwar als ein ganz bestimmter *geschichtlicher* Zusammenhang aufgefasst. Schon bald nach Hegels Tod (1830) wurde seine Totalphilosophie in ihrem Anspruch zweifelhaft. Angesichts der Entwicklungen und Verwerfungen, wie sie die zweite Hälfte des 19. Jh. kennzeichnen, war sie nicht haltbar; die Wirklichkeit erwies sich als kontingenter und komplexer. Marx glaubte den umfassenden Anspruch jedoch in seine materialistische Geschichtsauffassung hinüberretten zu können, und in dieser Form hat er sich noch lange gehalten.

Für unsere Betrachtungen ist wichtig, dass sich aus den Zweifeln an der Hegelschen Philosophie keine wirkliche Gegenphilosophie entwickelt hat. Es ist nicht zu einem neuen Konzept gekommen, welches das alte hätte ablösen und einen Paradigmenwechsel hätte einleiten können. Alles, was geschah, war der Versuch,

---

das nicht mehr zu tun, was Hegel tat. Man verharrte in der Absage, in der Verweigerung und der Vermeidung. Schwerpunkte sind die Zeit um 1900, die 20er und 30er Jahre und dann wieder die Zeit nach 1945 und dort vornehmlich die 60er Jahre. Auch die Literatur dieser kritischen Tradition richtet sich auf Verweigerung und Vermeidung, eine Literatur, die darüber auch gar nicht unbedingt hinaus will, weil sie ihre Aufgabe sehr wesentlich darin sieht, sich der Tradition, alles in Zusammenhängen sehen und darstellen zu wollen, als deren notwendiger Widerpart entgegen zu stemmen.

Wenn man der Literatur der 60er vorwirft, sie habe sehr viel nicht gewollt und viel zu destruktiv gewirkt, sie habe revoltiert und verneint, ohne die Fähigkeit zur Erneuerung zu besitzen, verfehlt man allerdings oft den Sachverhalt. Denn es geht in der Vermeidung und Verweigerung um etwas, das als komplementäre Gegenkraft durchaus Sinn macht. Nehmen wir noch einmal den erwähnten Unterschied zwischen Ost- und Westdeutschland, der damals die Dimension eines Kulturunterschieds hatte. Es wird dann z.b. verständlich, warum die ostdeutsche Literaturkritik der 60er Jahre aus ihrer Sicht eines Denkens in geschichtlichen Zusammenhängen kein Verständnis für das aufbrachte, was die damalige westdeutsche und überhaupt die westliche deutschsprachige Literatur in ihren Vorbehalten gegen dieses Denken antrieb. In ostdeutscher Perspektive erwiesen sich an der westlichen Einstellung der Zusammenbruch der bürgerlichen Weltanschauung und die bürgerliche Unfähigkeit zu einer geschlossenen Weltanschauung überhaupt. Umgekehrt war in westdeutscher Perspektive das Verharren der ostdeutschen Literatur in einer umfassenden und unbezweifelten geschichtlichen Weltanschauung nichts anderes als ideologische Verblendung. Keine der beiden Seiten war ausreichend im Stande, die zugrunde liegende philosophische Spaltung, wie sie sich in der Zeit ab Hegel entwickelt hatte, genügend zu berücksichtigen und in die eigene Reflexion einzubeziehen.

Literarisch gibt es da noch eine ganze Menge aufzuarbeiten. So fällt z.b. auf den Umstand, dass in den westlichen deutschsprachigen Ländern das traditionelle Erzählen so viel Fragen aufrief und teils scharf abgelehnt wurde, während es in Ostdeutschland hoch favorisiert war, ein ganz spezifisches Licht. Das Erzählen ist prototypisch für eine weit hinter das Literarische zurückreichende allgemeine und alltägliche Denk- und Darstellungsweise, die ihrem Stoff die Anordnung einer Abfolge zwischen einem Anfang und einem Ende gibt, also eine Geschichte formt, als Story, aber auch als Historie. Sie ist eine in unserem Bewusstsein fest verankerte

Ordnungsform. Ein ostdeutscher Literaturkritiker (Kurt Batt), der sich ausführlich mit der westdeutschen Literatur der 60er Jahre beschäftigt hat, spricht anfangs der 70er Jahre voller Entrüstung von der westdeutschen „Exekution des Erzählers". Was er wahrgenommen hat, ist die Relativierung jener Erzählinstanz, die (vor allem in ihrer auktorialen Attitüde) einer jeden Erzählung ihren perspektivischen Zusammenhang verleiht und sichert, und gerade der war für das ostdeutsche Denken unentbehrlich.[5] Und nun zurück zu Handke. Wenn Handke sich eine Zeit lang, ebenso wie mancher andere westlich Erzähler, um eine Literatur der Vermeidung bemüht und literarische Strategien als Vermeidungsstrategien entfaltet, dürfte das sehr wohl mit dem skizzierten Kontext zu tun haben. Es geht nicht einfach darum, Altes mit Neuem zu überwinden und den Übergang so kurz wie möglich zu halten. Es geht um die Frage, ob und wie das vermieden werden kann, was die gewohnten alltäglichen und künstlerischen Formen als Widerspiegelung oder als Kreation von Zusammenhängen kennzeichnet. Und wenn ein Schreiben ohne Form nicht möglich ist, ohne dass sich eine Form bildet und mit ihr ein besonderer Zusammenhang, dann kann Schreiben immer nur der Widerspruch gegen dieses Unvermeidliche sein, gegen das, was dem Denken und Schreiben als Tendenz schlechterdings innewohnt. In diesem Sinne war der damalige Slogan, das Erzählen werde erzählt, es sei nur noch in der ständigen kritischen Rückwendung auf sich selbst möglich, gar nicht so dumm.

III

Für die weitere Entwicklung Handkes ist bezeichnend, von welcher Seite her ihm die entscheidenden Anregungen zukommen. Es sind vor allem zwei. Die eine kommt aus den besonders offenen und lockeren Schreibformen *Tagebuch* und *Notizbuch*. Diese werden jedoch nicht einfach übernommen, sondern dienen als Ausgangspunkt für Versuche eigener offener und freier Formen. Die andere Anregung kommt aus der *Malerei*, d.h. aus einem Medium, in dem nicht das erzählerische Nacheinander, sondern das anschauliche Nebeneinander herrscht.

Mit der Anregung durch Tagebuch und Notizbuch steht Handke nicht allein, er teilt sie z.b. mit seinen österreichischen Kollegen Hans

---

5   Vgl. den Titel von Batt 1972.

Carl Artmann und Peter Rosei. Die drei Autoren kennen sich, haben sich auch gegenseitig Bücher gewidmet. Die Übereinstimmung in der Anregung wird nicht zufällig sein. Artmann ist der Erste, der fündig wurde, und an ihm kann das Inspirierende von Tage- und Notizbuch auch besonders deutlich aufgezeigt werden.

Artmann stieß im Jahre 1961 auf das lappländische Tagebuch des Naturforschers Carl von Linné. Die Lektüre wurde zu einer Entdeckung: „Aber als ich es las, war mir sofort klar, daß ich hier etwas für mich ungeheuer Wichtiges gefunden hatte."[6] Die Entdeckung lässt sich wie folgt umschreiben: Linné hält in seinem Tagebuch, einer Art Arbeitsprotokoll, in rasch hingeschriebenen Notizen und also in sehr lockerer und vorläufiger Form fest, was ihm bemerkenswert erscheint: Gegenstände und Namen, Beobachtungen, Eindrücke, erste Gedanken – lauter „Vorfabrikate", wie Artmann sagt.[7] Und an diesen Vorfabrikaten fasziniert ihn, dass sie dastehen als „strahlende Momentaufnahmen", im „Strahlenglanz ihrer leuchtenden Faktizität", als „voluminöse Einzelheiten".[8] Als Momentaufnahmen sind sie noch nicht in ein Kontinuum eingebunden und als Einzelheiten noch nicht in einen Zusammenhang. Das „Voluminöse" und der „Strahlenglanz" verweisen auf die Fülle der noch offenen Möglichkeiten. Während das Erzählen Geschichten bildet, in denen sich das Material zusammenschließt und festen Stellenwert bekommt, eindeutig wird, zeigt Linnés Tagebuch die noch völlige Offenheit *vor* jeder Fixierung.

Artmann hat dann literarische Entsprechungen zu schaffen versucht. Das vielleicht interessanteste Ergebnis ist eine Technik freier Assoziation und Variation, wobei sich spontan kurze Bezugsketten bilden, aber immer nur vorläufig und vorübergehend, auf Probe und Widerruf, offen für Austausch, Rücknahme und Ersatz. Nichts wird dauerhaft fixiert, vielmehr bleibt alles Einzelne durch das Variationsspiel gerade in der Pluralität seiner Möglichkeiten erhalten.[9]

Peter Handkes erste Äußerungen über eine völlig offene, nicht fixierte und nicht fixierende Form stammen aus dem Anfang der 70er

---

6   Artmann berichtet hierüber 1967 anlässlich seiner Erläuterung des Gedichts *landschaft 8*, vgl. Artmann 1975.
7   Ebenda: 374.
8   Ebenda: 373 und 375.
9   Der Text *Nachrichten aus Nord und Süd* von 1978 zeigt diese Technik im Großformat, etwa 100 Seiten lang. Ohne Satz- und Absatzgrenzen, auch ohne jede Interpunktion, ein assoziativ fortrollender Text, der auf sinnsetzende Konturen verzichtet, sich dem Wechsel seiner Einfälle überlässt, ein *perpetuum mobile*.

Jahre. In einem Gespräch erläutert er 1973, man mache über einen langen Zeitraum Beobachtungen und die Erinnerung arbeite. Endlich habe man „unheimlich viele Einzelheiten". Eines Tages setze man sich hin und schreibe.

> Man weiß nur, was man hat, diese riesige Menge von dem, was man früher Zettelkasten genannt hat. Und man schreibt völlig ohne Plan, man läßt sich lenken von den Einzelheiten, und man kriegt nie Angst, daß es nicht weitergeht, es ist eine richtige Reise.[10]

Einige Jahre später spricht Handke abermals von einem solchen Konzept, und jetzt explizit mit Bezug auf Tage- und Notizbuch, oder, wie er sagt, Journal. 1979 stellt er der Taschenbuchausgabe seines Pariser Journals *Das Gewicht der Welt* (die Buchausgabe war 1977 erschienen) eine „Vornotiz" voran und erklärt, er habe mit den Aufzeichnungen zunächst in der Absicht begonnen, „sie in einen Zusammenhang zu bringen, etwa einer Geschichte oder [...] eines (stummen) Theaterstücks."[11] Als ihm dann das zweckbestimmt Selektive seiner Aufzeichnungen, aber auch schon seines Wahrnehmens und Denkens aufgefallen sei, habe er jede Planmäßigkeit fallen lassen. Von da an habe es „nur noch die spontane Aufzeichnung zweckfreier Wahrnehmungen" gegeben.[12] Und ausdrücklich fügt er hinzu, er habe mit dieser Offenheit seines Journals zugleich auch einen literarischen Formansatz gefunden:

> Je länger und intensiver ich damit fortfuhr, desto stärker wurde das Erlebnis der Befreiung von gegebenen literarischen Formen und zugleich der Freiheit in einer mir bis dahin unbekannten literarischen Möglichkeit.[13]

Diese Äußerung stammt, wie gesagt, von 1979, und das heißt, dass Handke sich beinahe fünfzehn Jahre lang mit dem Problem einer offenen Schreibweise, die sich nicht in bestimmten Mustern verfängt und damit ihren Stoff und Inhalt in regulierten Zusammenhängen festlegt, auseinandergesetzt hat.

---

10   In: Durzak 1976: 336.
11   Handke 1979: 7.
12   Ebenda: 7.
13   Ebenda: 7. – Peter Pütz hat den Umschwung, den Handke mit seinem Journal vollzog, wie folgt charakterisiert: „Damit unternahm Handke seinen bis dahin radikalsten Versuch, die Dinge von der Last ihrer apriorischen Sinnschichten, sowohl von denen traditioneller Vorverständnisse als auch von denen voraussinnender Verplanung zu befreien und der Welt ihr eigenes Gewicht zu belassen." (Pütz 2000: 6).

Auffällig ist nun allerdings, dass er den neuen Formansatz, die ihm „bis dahin unbekannte literarische Möglichkeit", nicht wie Artmann zu einer entsprechenden Schreibweise ,in Reinkultur' entwickelt. Offensichtlich spielt hier die zweite Anregung, die von der Malerei herkommt, eine wichtige Rolle. Was also hat es mit dem Einfluss der Malerei auf sich?

In demselben Jahr 1979, in dem Handke in der Vornotiz zu seinem Pariser Journal die Anregung aus Tage- und Notizbuch prägnanter als irgendwo sonst zum Ausdruck bringt, erscheint der Text *Langsame Heimkehr*, in dem sich bereits etwas ganz anderes verrät. Und direkt danach, im Winter und Frühjahr 1980, formuliert Handke in der *Lehre der Sainte-Victoire*, mit der Malerei Cézannes als Richtpunkt, wohin ihn die zweite Anregung führt. Die zeitliche Überschneidung ist evident.

In der Orientierung an der Malerei, und insbesondere an Cézanne, wird Folgendes für Handke wichtig: zunächst und vor allem, dass es in diesem anderen Medium nicht um ein erzählerisches Nacheinander, sondern um das bildhafte *Nebeneinander* geht. Das ist ein fundamentaler Strukturunterschied, und der kann nicht einfach übersprungen werden. Die Entsprechung für das Viele, das man in einem Bild gleichzeitig sieht, kann in einem Text doch nur wieder in einer Abfolge, einem Nacheinander also, zum Ausdruck kommen. Allerdings hat dieses Nacheinander dann nichts mit einem zeitlichen Ablauf, also dem Ablauf eines Geschehens, einer erzählerischen Handlung zu tun. Und zudem könnte man sich fragen, ob der Leser das Nacheinander einer Beschreibung nicht ganz von selbst rückverwandelt in das Nebeneinander und die Gleichzeitigkeit des zu Sehenden.

Wahrscheinlich ist es kein Zufall, dass Handke sich am Beispiel Cézannes für die in vielen Bildern zu beobachtende *Konzentration* auf einen bestimmten Gegenstand oder eine bestimmte Person interessiert (Cézannes Porträts, Stillleben und Landschaften). Handke bringt diese Konzentration in Zusammenhang mit Cézannes Kunstintention der *réalisation*, einer Verwirklichung, die die Wirklichkeit der Dinge in der Realität mit einer zweiten Wirklichkeit in der bildnerischen Repräsentation übersteigt, eine Dimension jenseits der Zeit und des Zeitverlaufs, eine Dimension der Dauer und der Intensität im Bild.[14]

---

14   Das erinnert sehr direkt an Rilkes Rezeption Cézannes und zudem Rodins. Auch Rilke richtete sich sehr stark auf die Verwirklichung der Dinge in der Kunst.

Zerstreut in das Viele eines Bildes könnte sich diese Konzentration und Realisation nicht ausreichend entfalten.

Weiter ist für Handke wesentlich, dass die Konzentration und ihre Absicht der Verwirklichung ein besonderes *Sehen* erfordern – ein Sehen, das in „äußerster Aufmerksamkeit" und „äußerster Versunkenheit",[15] wie er sich einmal ausdrückt, den Gegenstand in jenen Einzelheiten und Eigenschaften erfasst, die ihn im Bild verwirklichend zur Erscheinung bringen können. Und das sind, allem voran, Farbe und Form.

Zur Illustration einige Zitate, die die genannten Aspekte in Handkes eigenen Formulierungen wiedergeben:

> Cézanne hat ja anfangs Schreckensbilder, wie die Versuchung des Heiligen Antonius, gemalt. Aber mit der Zeit wurde sein einziges Problem die Verwirklichung (‚réalisation') des reinen, schuldlosen Irdischen: des Apfels, des Felsens, eines menschlichen Gesichts. Das Wirkliche war dann die erreichte Form; die nicht das Vergehen in den Wechselfällen der Geschichte beklagt, sondern ein Sein im Frieden weitergibt. – Es geht in der Kunst um nichts anderes. […]. (ebenda: 21)

1978 ist Handke von einer Ausstellung von Bildern Cézannes sehr beeindruckt:

> Es waren die Arbeiten seines letzten Jahrzehnts, wo er dann so nah an dem erstrebten ‚Verwirklichen' seines jeweiligen Gegenstandes war, daß die Farben und Formen diesen schon feiern können. […] Und trotzdem scheint auf den Bildern kein zusätzliches Licht. Die gefeierten Gegenstände wirken in ihren Eigenfarben, und selbst die helleren Landschaften bilden eine dunkelnde Einheit. Die namenlosen Landleute der Provence des späten 19. Jahrhunderts, die Helden der Porträts, sind ganz vorn und groß da, und thronen zugleich, ohne besondere Insignien, in einem erdfarbenen Grund, den sie als ihr Land besitzen. (ebenda: 35)

Interessant auch, dass Handke hervorhebt, wie sehr Cézanne an den Bildern anderer Maler die verwirklichte Dinglichkeit betonte:

> Als er im Louvre vor Courbets Bildern stand, rief er immer wieder nur die Namen der Dinge darauf aus: „Da, die Meute, die Blutlache, der Baum. Da, die Handschuhe, die Spitzen, die gebrochene Seide des Rocks." (ebenda: 33)

Handke bewundert Cézannes Malerei, aber ist Schriftsteller und sucht eine Schreibweise. Und die entwickelt sich, indem er sich das Kunstprinzip Cézannes zunächst als *Sehprinzip* aneignet und im Erlebnis

---

15   Handke 1980: 138. Im Folgenden stehen die Seitenangaben im Haupttext.

der Bildhaftigkeit von Landschaften praktiziert.[16] Dass er sich dazu anfangs im Gebiet der Sainte-Victoire bewegt, im Gebiet also von Cézannes Berg, bietet ihm die Möglichkeit, im Bewusstsein der Bilder des Malers die Landschaften selber sehen zu lernen und das Gesehene alsdann auszudrücken. Was sich entwickelt, ist eine Kunst der Beschreibung, die, eventuell von einem größeren Ganzen ausgehend, sich immer wieder und mit Vorliebe auf Einzelnes konzentriert, um dieses mit der schon genannten „äußersten Aufmerksamkeit" und „äußersten Versunkenheit" sehr genau zu studieren und alsdann zu formulieren.

Einiges an diesem Verfahren und der mit ihm verbundenen Absicht muss verblüffen: Zunächst fällt auf, dass Handke die *Beschreibung* feiert, nachdem er sie in den 60er Jahren der Impotenz beschuldigt hatte. Aber es handelt sich hier für ihn deutlich um zweierlei. Die von ihm neuerdings angestrebte Beschreibung ist aufgrund ihrer *ästhetischen Potenz* etwas anderes als die Beschreibung, die er früher verwarf. Es geht um die von Cézanne intendierte *Verwirklichung*, und die ist mehr als die realistische Wiedergabe einer vorausliegenden Wirklichkeit, die als solche nicht übertroffen zu werden braucht.

Ferner fällt auf, dass bei Handke die Frage der *Zusammenhänge* wieder auflebt und dass sie nun positiv angegangen wird. Er zitiert sogar einmal den Satz aus Grillparzers *Der arme Spielmann*: „Ich zitterte vor Begierde nach dem Zusammenhange" (Handke 1980: 100). In der Art, wie Handke Bilder betrachtet oder Landschaften wahrnimmt, geht es um ein zusammengesetztes Ganzes, eben als Bild oder Landschaft, und die werden auch als solche *studiert*. Und wenn sich die Aufmerksamkeit auf bestimmte Gegenstände konzentriert, erweist der Blick für das Einzelne an ihnen ebenfalls das Interesse dafür, wie sich etwas, nun eben der besondere Gegenstand, zusammensetzt. Jedoch auch hier wieder ist ein beträchtlicher Unterschied zwischen der älteren und der neueren Situation zu beachten. In den 60er Jahren richtete Handke sich gegen diejenigen Zusammenhänge, die als fixierte Denk- und Formmuster die Wirklichkeitsbilder

---

16 Das Interesse für ein neues Sehen war bei Handke übrigens vorbereitet. Peter Pütz hat es schon für die Zeit um 1972 festgestellt. Seine treffende Formulierung lautet: „Die Erfahrung, daß alles Sehen zu einem Wiedersehen einrastet, verbindet sich im *Kurzen Brief zum langen Abschied* (1972) mit der Forderung nach einem ganz neuen Sehen, das unter Vermeidung jeder Apriorität bereits vom bloßen Anblick die Erkenntnis erhofft." (Pütz 2000: 3).

prägen. Was er neuerdings anstrebt, sind Zusammenhänge, die aus
dem eigenen und authentischen Sehen gewonnen werden, einem
Sehen, das er denn auch nicht nur nebenbei und floskelhaft ein
Studieren nennt. Obendrein zielen das Sehen und Studieren in ihrer
besonderen ästhetischen Potenz auf eine Wirklichkeit, die der Realität
nicht schon von vornherein eigen ist, sondern ihr im Akt einer
spezifischen Verwirklichung erst hinzugefügt werden muss.

Und drittens fällt auf, dass sich ausgerechnet im Rahmen dieser
neuen Frage nach Zusammenhängen jene erste Anregung Geltung
verschafft, die von Tage- und Notizbuch ausgeht. Das ist die
Anregung, sich ganz und gar der freien und spontanen Wahrnehmung
von *Einzelnem* zu überlassen und völlig ohne Plan aus einer Menge
von Einzelheiten heraus zu schreiben. Die Frage der Zusammenhänge
erschien damit wie abgestreift. Allerdings hat Handke, wie ich das
oben auch erwähnt habe, dieses freie Schreiben im Unterschied zu
Artmann nie ,in Reinkultur' betrieben, obwohl er ausdrücklich von
einer ihm bis dahin unbekannten literarischen Möglichkeit sprach, die
ihn von den bekannten literarischen Formen befreite. Es scheint, dass
die so begeistert begrüßte Öffnung für sich allein nicht ausreichte; sie
bedurfte einer Anwendungsmöglichkeit, die Handke zunächst nicht
hatte. Dass sich die Anwendung dann ausgerechnet im Rahmen der
neuen Beschäftigung mit Zusammenhängen ergibt, erscheint wider-
sprüchlicher, als es ist. Die neuen Zusammenhänge sind ja nicht mehr
die in Mustern vorgegebenen, sondern solche, die im Sehen entdeckt
und im Verwirklichen geschaffen werden, und das vollzieht sich als
die genaue Wahrnehmung und Auflistung der den Zusammenhang
konstituierenden Einzelheiten. Es lässt sich sogar sagen, dass das neue
Sehen durchaus jenes freie und spontane Wahrnehmen ist, von dem
Handke 1979 schwärmte, nur dass jetzt wieder Zusammenhänge aus
ihm hervorgehen sollen.

Ich möchte an einigen Textproben das Gesagte zu zeigen
versuchen: Im ersten Textstück, das eine kurze Wegstrecke der Route
Cézanne beschreibt, finden sich nur ausnahmsweise längere Sätze, die
man als Ansatz einer Formierung von Zusammenhang lesen könnte.
Charakteristischer ist die *präzise Aufzählung und Benennung von
Einzelheiten*, die der Blick aus dem größeren Ganzen, das horizont-
weit wahrgenommen werden könnte, heraushebt:

> Erst nach Le Thonolet wird der Dreispitz [der Sainte-Victoire] als die westost-
> streichende Kette sichtbar. Die Straße begleitet diese eine Zeitlang unten in
> der Ebene, ohne Wellen und Kurven, steigt dann in Serpentinen zu einer Kalk-

scholle an, die ein Plateau am Fuß eines Steilabfalls bildet, und läuft darauf parallel neben dem in der Höhe gezogenen Gratkamm weiter. Es war Mittag, als ich die Serpentinen hinanstieg; der Himmel tiefblau. Die Felswände bildeten eine stetige hellweiße Bahn bis hinten in den Horizont. Im roten Mergelsand eines ausgetrockneten Bachbetts die Abdrücke von Kinderfüßen. Kein Geräusch, nur die im weiten Umkreis gegen den Berg anschrillenden Zikaden. Aus einer Pinie tropfte Pech. Ich biß von einem frischgrünen Zapfen ab, der schon von einem Vogel angenagt war und nach Apfel roch. Die graue Rinde des Stamms war aufgebrochen im natürlichen Vieleckmuster, das ich, seit es sich einmal im getrockneten Schlamm eines Flußufers gezeigt hatte, überall wiederfand. Von einer dieser Schollen kam ein besonders nahes Geschrill; aber die zugehörige Zikade war so gleichgrau wie die Rinde, daß ich sie erst sah, als sie sich bewegte und rückwärts den Stamm hinabstieg. Die langen Flügel waren durchsichtig, mit schwarzen Verdickungen. Ich warf ein Holzstückchen nach ihr, und es waren dann zwei, die davonflogen, schreiend wie Geister, die man nicht ruhen ließ. Im Nachschauen wiederholte sich an der Bergwand, mit den in den Felsritzen wachsenden dunklen Büschen, das Muster der Zikadenflügel (Handke 1980: 48f.).

Als zweites Textbeispiel eine Passage ebenfalls aus der Route Cézanne, aber diesmal springt die Beschreibung nach einem kürzeren Anlauf in die *Formierung eines Bildes* um, das die wahrgenommene Realität in einen eigenen, einen persönlichen Gegenstand verwandelt:

Der Berg wird schon vor Tholonet sichtbar. Er ist kahl und fast einfarbig; mehr ein Lichtglanz als eine Farbe. Manchmal kann man Wolkenlinien mit himmelhohen Bergen verwechseln: hier wirkt umgekehrt der schimmernde Berg auf den ersten Blick als eine Himmelserscheinung; wozu auch die wie vor keiner Zeit erst erstarrte Bewegung der parallel fallenden Felsflanken und der im Sockel horizontal weiterlaufenden Schichtfalten beiträgt. Dem Eindruck nach ist der Berg von oben, aus der fast gleichfarbenen Atmosphäre, nach unten geflossen und hat sich hier zu einem kleinen Weltraummassiv verdichtet.
Sonst ist an entfernten Flächen ja oft etwas Eigentümliches zu beobachten: diese Hintergründe, so formlos sie sind, verändern sich, sobald zum Beispiel auf der leeren Strecke davor ein Vogel aufflattert. Die Flächen entrücken, und nehmen andrerseits spürbar Gestalt an; und die Luft zwischen dem Auge und ihnen wird stofflich. Das zum Überdruß Bekannte, Ortsgebundene, auch durch Vulgärnamen wie gegenstandslos Gewordene steht dann für einmal in der richtigen Entfernung; als ,mein Gegenstand'; mit seinem wirklichen Namen. (ebenda: 45f.)

Man kann am zweiten Teil dieser Äußerung sehr schön ablesen, wie sich im Sehen durch eine bestimmte Wahrnehmung (das Aufflattern eines Vogels) die sichtbare Realität (die „leere Strecke") in ein Bild eigener Form und Wirklichkeit verwandelt (die „Flächen entrücken", „nehmen andrerseits spürbar Gestalt an", „die Luft [...] wird stofflich"), sodass an die Stelle der Vulgärerscheinung und des für sie üblichen Vokabulars der eigene Gegenstand tritt („*mein* Gegenstand" und „sein *wirklicher* Name").

An früherer Stelle nannte ich schon den Text *Langsame Heimkehr*, der im gleichen Jahr wie die Vornotiz zum Pariser Journal erschien (1979) und ein Jahr vor der erläuternden Darstellung der *Sainte-Victoire* (die 1980 erschien und im Winter und Frühjahr 1979/80 geschrieben wurde). Und ich sagte, dass sich am zeitlichen Zusammenlauf dieser Texte zeige, wie sehr sich die damaligen Anregungen, einerseits aus dem Tage- und Notizbuch, andrerseits aus der Malerei, überschneiden. Die Textbeispiele aus der *Sainte-Victoire* lassen sich denn auch umstandslos mit solchen aus der *Langsamen Heimkehr* ergänzen.

Langsame Heimkehr wird im Untertitel *Erzählung* genannt, was man jedoch nicht ohne das nötige Unterscheidungsvermögen zur Kenntnis nehmen sollte. Die Hauptgestalt Valentin Sorger ist Geologe, ein Mann, der sich *qualitate qua* mit der Geformtheit bestimmter abgegrenzter Räume befasst. (Zwar ist hier nicht von Bildern die Rede, aber Räumliches ist immer auch Bildliches. Handkes Landschaften sind Räume, aber immer auch Bilder.) Schon auf der ersten Seite der *Langsamen Heimkehr* wird betont, Sorger sei „durchdrungen von der Suche nach Formen, ihrer Unterscheidung und Beschreibung".[17] Und wie in dem Textbeispiel aus der Sainte-Victoire davon die Rede ist, dass eine Landschaft in der Betrachtung zu einem eigenen Gegenstand wird und damit auch ihren Bildcharakter bekommt, so heißt es von Sorger, dass das, was zunächst noch ungeformt als „Wildnis" wahrgenommen wird, „durch die Monate der Beobachtung, in der (annähernden) Erfahrung ihrer Formen und deren Entstehung, zu einem höchstpersönlichen Raum geworden war [...]." (Handke 1984: 11) Und im gleichen Sinne wird hervorgehoben, dass Sorger es seit einigen Jahren nötig hatte,

> [...] genau zu fühlen, wo er in jedem Augenblick war: die Abstände gewärtig zu haben; sich der Neigungswinkel sicher zu sein; Material und Schichtung des Grunds, auf dem er sich jeweils befand, zumindest in einige Tiefe hinunter zu ahnen; durch Messen und Begrenzen sich überhaupt erst Räume herzustellen, als ‚bloße Formen auf dem Papier', mit deren Hilfe er aber, jedenfalls auf eine kleine Dauer, auch sich selber zusammenfügte und unverwundbar machte. (ebenda: 13)

---

17 Handke 1984: 9. Im Folgenden stehen die Seitenangaben nach dieser Ausgabe im Haupttext.

Interessant ist nun, wie Handke für das, was Sorger (als sein zweites Ich) aus Einzelheiten zu einem Raum zusammensetzt bzw. überhaupt erst als Raumzusammenhang herstellt, eine adäquate schriftliche Ausdrucksform zu finden versucht. Er versucht es, indem er den Raumzusammenhang als *Satzzusammenhang* wiedergibt, z.b., wenn Sorger an „seinem" Gestade steht und es als ein Ganzes überschaut:

> An dessen Lehmsockel [dem Lehmsockel des Gestades] begann der ungeheu-
> re Bereich des zum gesamten Horizontrund wegfliehenden, menschenleer
> glänzenden, den Kontinentschild von Ost nach West durchflutenden und zu-
> gleich stetig in dem wohl punkthaft besiedelten, doch eigentlich unbewohnten
> Tiefland nach Nord und Süd mäandernden Stroms, welcher zu Sorgers Füßen,
> infolge der jahreszeitlichen Trockenheit und gestoppten Schneeschmelze
> hinter eine breite Kiesel- und Schotterbankfläche und noch einen feuchten
> Schlammabhang zurückversetzt, mit leichten, langgestreckten Seewellen an
> Land schlug. (ebenda: 10)

Es versteht sich, dass solche Satzgebilde nur Ausnahmen sein können. Sie zeigen Höhepunkte und Resultate in einem längeren Verlauf von Beobachtung an.[18]

IV

In den gut 20 Jahren nach 1979/80 hat sich Handkes Position nicht mehr grundsätzlich geändert, obwohl sich beachtliche *Akzent-verschiebungen* wahrnehmen lassen, die einiges von dem Schub, der sich 1979/80 so deutlich abzeichnete, zurückdrängen. Es scheint, dass von den Versuchen mit Zusammenhängen, mit Bildern und Räumen wieder Abstand genommen wird und die Aufmerksamkeit sich nachdrücklicher auf das *Einzelne* richtet.

In dem umfangreichen Buch *Mein Jahr in der Niemandsbucht*

---

18   Christoph Bartmann hat die hübsche Beobachtung gemacht, dass Handke in *Langsame Heimkehr* auffällig oft „konkave Objekte" als Metaphern für Überwölbung, Zusammenschluss und Versöhnung verwendet. Solche Objekte sind: Kuppel, Muschel, Arkade, Gewölbe, Empfangsschirm, Hallen der Kontinente, Torbogen, Erwartungsgewölbe, Säulenraum, Nische. Der größere Zusammenhang aber ist selten. „Die Synopse des einzelnen zur Totalität einer ‚Kuppel' ist das angestrebte, aber nur manchmal gelingende Ergebnis der phantastischen Topographie Sorgers, von der es heißt: ‚[…] im Glücksfall aber, in der seligen Erschöpfung, fügten sich alle seine Räume, der einzelne, neueroberte mit den früheren, zu einer Himmel und Erde umspannenden Kuppel zusammen, als ein nicht nur privates, sondern auch den anderen sich öffnendes Heiligtum.'" (Bartmann 1985: 118)

(1994, 629 Seiten) finden sich Ausführungen, die ausdrücklich auf die frühere „Verwandlung" (wie Handke sagt) referieren und darüber zweifelnd reflektieren. Auffällig ist, wie nachdrücklich die *Einzelheit* des Einzelnen in den Vordergrund der Betrachtung rückt und auf die Frage der Zusammenhänge keine rechte Antwort mehr gegeben wird. Einerseits scheint Handke anzeigen zu wollen, dass er in der Frage der Zusammenhänge gescheitert ist, andrerseits deutet er an, dass nach Zusammenhängen auch gar nicht gesucht werden könne, weil es sie nicht gibt oder weil sie immer nachträglich sind, Konstruktionen, produzierte Bilder oder Räume. Jedenfalls spricht er von einer „Sehnsucht nur noch auf das Kleinste, das Gewöhnlichste, den Alltag",[19] und er betont die Notwendigkeit eines Einverständnisses, eines großen und umfassenden Einverständnisses, das das Kleinste und Gewöhnlichste belässt als das, was es ist, ohne es über sich hinauszuheben in ein Ganzes (vgl. Handke 2000: 232/233). Davon abzusehen, bedeutet dann aber auch, die Anregung Cézannes fallen zu lassen und nicht mehr nach einer besonderen Verwirklichung in Bildern zu streben, ebenso wie Sorgers Bemühungen um Räume fraglich werden. Die neue Parole lautet: „Die Welt in der Form von Einzelheiten" (ebenda: 241).[20]

Ganz sicher ist Handke sich aber offensichtlich nicht. Die Verwirklichung von Zusammenhängen wird ihm suspekt, aber er tut sich schwer damit, im Schreiben davon abzusehen. Immerhin war für ihn damit ein gut Teil der ästhetischen Potenz verbunden, wie er sie Cézannes Kunstprinzip abgewonnen hatte. Keine Zusammenhänge zu verwirklichen, erscheint ihm denn auch als ein *Mangel* – eigentlich müsste es den Zusammenhang geben. Seine neueren Texte nennt er *fragmentarisch* – sie entbehren der Einheit. Andrerseits stimmt er dem Fragmentcharakter zu und macht er sich deutlich, dass die Vorstellung des Fragments noch immer das Ideal der Einheit voraussetzt, was nicht länger gerechtfertigt ist, sodass auch der Begriff Fragment nicht mehr zutrifft. Das führt zu der folgenden Bemerkung:

> Mit einem Mal griff da jedenfalls auf mich über, daß mein Buch ein Fragment bliebe, und daß es auch recht so war. Und das war dann noch nicht alles: Es war kein Fragment, sondern, von mir unbemerkt, fertig erzählt. (ebenda: 237)

---

19 Handke 2000: 232. Im Folgenden stehen die Seitenangaben nach dieser Ausgabe im Haupttext.

20 Peter Pütz spricht davon, dass bei Handke je länger je mehr „Langsamkeit und Bedächtigkeit den Vorrang vor Hast und Ungeduld" gewinnen, „weshalb Stifters Prosa, ihre ‚Litanei der Phänomene', zum Inbegriff der Dingfrömmigkeit, des freisetzenden Sein-Lassens wird." (Pütz 2000: 21)

Acht Jahre nach *Mein Jahr in der Niemandsbucht* erscheint 2002 das ebenfalls sehr seitenreiche Buch *Der Bildverlust* (759 Seiten). Der Begriff Bildverlust macht sofort stutzig. Geht tatsächlich verloren, was mit Cézanne gewonnen worden war? Merkwürdigerweise hätte schon zehn Jahre früher ein Buch den Titel *Der Bildverlust* bekommen, wenn der Verleger nicht Einspruch erhoben hätte. Handke macht eine diesbezügliche Bemerkung in *Mein Jahr in der Niemandsbucht*.[21] Er macht sie, als er davon spricht, dass ihm in bestimmten Augenblicken die Fähigkeit verloren gehe, die Gesichter von Fremden, Vorbeigehenden, Überlandreisenden – Leuten, denen er sich eigentlich immer sehr nahe gefühlt habe – als lebendige Gesichter zu sehen. Plötzlich sind sie nichts anderes

[…] als die Masken von Maschinenmenschen; und mein eigenes Gesicht gehört dann dazu. Selbst unsere Umrisse und Schatten begegnen mir so nur noch als Unförmlichkeiten. Nur noch eine tote, eine totgeborene Menschheit begegnet mir; Elende, an denen kein Weg spürbar wird. (Handke 2000: 34)

Der Bildverlust ist hier ganz unverkennbar ein Schwund an Wirklichkeit und Lebendigkeit – ein zwar vorübergehender, aber ein erschreckender Verlust.

Anders in dem späteren Buch, für das Handke den Titel *Der Bildverlust* offensichtlich wohl durchsetzen konnte. Da sich inzwischen Zweifel eingestellt haben an dem, was *Bild* ist, erfährt auch der Begriff ,Bildverlust' eine Umwertung, und zwar ins Positive. Bilder erfüllen unser Bewusstsein von früh auf, ob es nun Bilder aus dem kulturellen Vorrat oder der persönlichen Erinnerung und Erfahrung sind. Handke beargwöhnt an ihnen die Gefahr der Erstarrung, etwa so, wie ihm in den 60er Jahren Denk-, Sprach- und Schreibmuster verdächtig wurden. Aber er beargwöhnt offensichtlich auch jene Bilder, die man selber produziert, einschließlich der künstlerischen im Sinne Cézannes, denn auch sie können wieder der Ansatz zu Verfestigungen sein.

In diesem späteren Buch kommt eine Gruppe von Menschen vor, die sich aus der ihnen angestammten Welt mit ihren Gewohnheiten

---

21 „[…] und hätte mein Verleger mir das nicht ausgeredet, so wäre vorn auf meinem letzten Buch ,Der Bildverlust' gestanden." (Handke 2000: 34) Das letzte Buch vor *Mein Jahr in der Niemandsbucht* war (soweit ich weiß) die Textsammlung *Langsam im Schatten. Gesammelte Verzettelungen 1980-1992*, erschienen 1992.

zurückgezogen haben und an einem Ort mit dem Namen Hondareda in der spanischen Sierra de Gredos zusammentreffen. Für sie alle ist der Bildverlust kennzeichnend, den sie jedoch nicht bedauern, sondern als notwendig erfahren. Es geht ihnen darum, ohne Bilder auszukommen. Wichtig ist ihnen das *Anschauen*, ein Anschauen, das bei der Sache bleibt, ohne sie in ein Bild zu transformieren und darin zu fixieren. Ein Berichterstatter, der von der Haltung und Einstellung dieser Hondareda-Gruppe nichts begreift und sich deshalb auch völlig unangemessen über sie erregt, sagt Folgendes:

> Hören Sie also: An der Todhäßlichkeit dieser Robinsonrotte Anfang steht der Bildverlust. Und der weiterführende Auftrag meiner hierher entsandten Mannschaft geht so: die neuartige und gefährliche, weil epidemische oder gar pandemische Krankheit des Bildverlustes zu heilen oder zumindest einzudämmen. Quarantäne Hand in Hand mit Therapie. Heilung der bedrohlich Häßlichen, aber wie und wodurch? Durch Bildzuführung, Bildimport, Bilderinjizierung, in einem fort. Produziere, liefere und bring an den Mann nur ein Bild, und so wird seine Seele gesund, seine Sprache wieder beseelt, seine Stimme wieder herzhaft, und sein Auge klar, zugänglich und schön.[22]

Es ist evident, dass sich diese Rede durch Übersteigerung *ad absurdum* führt und damit zugleich ihr Bilderglaube *ad absurdum* geführt wird.

Allerdings gibt der Berichterstatter auch an, was die Zugewanderten selber meinen, wenngleich er das mit dem nötigen Unverständnis vorträgt:

> Jeder von ihnen behauptet von sich, keinen Bildverlust habe er erlitten, wahr sei vielmehr: er habe den Bildern abgeschworen. Es gebe und gelte, und das allgemein und nicht allein für ihn, jedenfalls für diese Zwischenzeit, kein Bild mehr, kein einziges. Was für ihn aber, gerade jetzt in der Zwischenzeit, in Frage komme, das sei die Anschauung. Verlorengegangen seien ihm, mit seinem Leben dort, von wo er hier eingewandert sei, nicht etwa die wie immer gearteten Bilder, die natürlichen oder die gemachten, die geträumten oder gelebten, die äußeren oder die inneren, verlorengegangen oder zumindest bedroht worden sei ihm das Anschauenkönnen.
> Und was ihm immer schmerzlicher fehle auf der Welt und an dieser Welt, das sei das Anschauen. Und das Anschauen wiederzugewinnen, treibe es ihn […].[23]

Fazit: Handkes nicht ablassende Bemühung um eine angemessene Schreibweise besteht letztendlich darin, dass er immer weniger darauf

---

22   Handke 2002: 570.
23   Ebenda: 573. Es lohnt sich, den gesamten Passus 570-575 zu lesen.

aus ist, im Sinne Cézannes das Sehen zur Kreation von Bildern zu steigern. Er übt das *absichtslose Anschauen* und versucht es im Schreiben wiederzugeben, einzufangen, auszudrücken. Dieses Anschauen ist ein *offener Vorgang*, in dem vieles ungezwungen zusammenkommen kann: die Genauigkeit im Einzelnen, extensiv wie intensiv; die Lockerheit der Aufzählung mit zwanglosen partiellen Verknüpfungen ohne Referenz auf Muster und ohne den Anspruch, als Modell zu wirken; die Freiheit von Wechsel und Übergang in Gegenstand und Thema; das freie und beliebige Einfließen von Gedanken, Erinnerungen, Vergleichen; das Fluktuieren von Beschreiben und Betrachten, von Erzählen und Reflektieren, von Erzählung, Essay und Notizbuch. Handke kommt zu einer Prosa, die völlig frei ist und die man nicht näher rubrizieren kann. Man kann sie denn auch nicht lesen wie eine bestimmte Prosagattung oder eine bestimmte Textform, man muss ihr von Moment zu Moment in dem, was sie gerade ist, folgen. Man muss vor allem beschaulich lesen, mit der Muße zum Innehalten. Und man muss sich der meisterhaft geführten Sprache überlassen, ihrer Genauigkeit und ihrer Eindring-lichkeit, einer Sprache, die wie die Anschauung ein Akt und Vorgang ist. Handke selber: „Ich brauche etwas, das ich *Wort für Wort* lesen könnte – und nicht diese Sätze, die man auf den ersten Blick erkennt und überspringt, wie in Zeitungen fast immer und leider auch fast immer in Büchern!"[24]

Literaturverzeichnis

Artmann, H.C.. 1975. *Ein Gedicht und sein Autor*. In: Reichert, Klaus (Hrsg.) (1975): The Best of H.C. Artmann. Frankfurt/M.: Suhrkamp (= st 275): 372-376.

Bartmann, Christoph. 1985. *Der Zusammenhang ist möglich. Der kurze Brief zum langen Abschied im Kontext*. In: Fellinger 1985: 114-139.

Batt, Kurt. 1974. 'Die Exekution des Erzählers.' In: ders.: *Revolte intern – Betrachtungen zur Literatur in der BRD*. Leipzig: Reclam: 191-272. (= Reclam UB Ost 590.) – Erstmals gedruckt in der Zeitschrift *Sinn und Form* 1972.

Durzak, Manfred (Hrsg.). 1976. *Gespräche über den Roman. Formbestimmungen und Analysen*. Frankfurt/M.: Suhrkamp (= st 318).

---

24   Zitiert bei Volker Graf 1985: 276. Hervorhebung im Original.

Fellinger, Raimund (Hrsg.). 1985. *Peter Handke*. Frankfurt/M.: Suhrkamp (= st materialien 2004).

Graf, Volker. 1985. *Verwandlung und Bergung der Dinge in Gefahr. Peter Handkes Kunstutopie*. In: Fellinger 1985: 276-314.

Handke, Peter. 1970. *Begrüßung des Aufsichtsrats. Prosatexte*. Neue, bearbeitete Ausgabe. München: dtv (= dtv sr 87). – Die Originalausgabe erschien 1967 im Residenz Verlag Salzburg.

Handke, Peter. 1972. *Ich bin ein Bewohner des Elfenbeinturms*. Frankfurt/M.: Suhrkamp. (= st 56).

Handke, Peter. 1974. *Als das Wünschen noch geholfen hat*. Frankfurt/M.: Suhrkamp. (= st 208).

Handke, Peter. 1979. *Das Gewicht der Welt. Ein Journal (November 1975-März 1977)*. Frankfurt/M.: Suhrkamp (= st 500). – Die Buchausgabe erschien 1977.

Handke, Peter. 1980. *Die Lehre der Sainte-Victoire*. Frankfurt/M.: Suhrkamp.

Handke, Peter. 1984. *Langsame Heimkehr. Erzählung*. Frankfurt/M.: Suhrkamp (= st 1069). – Die Buchausgabe erschien 1979.

Handke, Peter. 2000. *Mein Jahr in der Niemandsbucht. Ein Märchen aus den neuen Zeiten*. Frankfurt/M.: Suhrkamp (= st 3084). – Die Buchausgabe erschien 1994.

Handke, Peter. 2002. *Der Bildverlust oder Durch die Sierra de Gredos*. Frankfurt/M.: Suhrkamp. – Eine Taschenbuchausgabe liegt zur Zeit noch nicht vor.

Pütz, Peter. 2000. 'Peter Handke.' In: *Kritisches Lexikon zur deutschsprachigen Gegenwartsliteratur (KLG)*. Hrsg. v. Heinz Ludwig Arnold. München: edition text + kritik.

Yvonne Delhey

LISA LIEBICH IN EXOTISCHER UMGEBUNG -
ZUM HEIMATBEGRIFF IM WERK VON MARLENE
STREERUWITZ

For today's Austrians, citizens of a national country whose borders and
population have changed with each turn in modern European history, there
ought to be something ghostly in feeling at home.[1]

In seinen weniger bekannten, darum nicht uninteressanteren Essays
zur österreichischen Literatur, die unter dem bezeichnenden Titel
Unheimliche Heimat erschienen, bemerkt der inzwischen verstorbene
britisch-deutsche Schriftsteller W.G. Sebald (1944-2001), dass sich

[...] die Auffassung vertreten [ließe], daß die Beschäftigung mit der Heimat
über alle historischen Einbrüche hinweg geradezu eine der charakteristischen
Konstanten der ansonsten schwer definierbaren österreichischen Literatur
ausmacht.[2]

Es seien diese „historischen Einbrüche", das Insistieren auf ihnen, die
die österreichische Literatur bis in die Gegenwart bestimmen. Sebald
jedenfalls, der neben seiner Arbeit als Schriftsteller an der University
of East Anglia in Norwich Neuere Deutsche Literatur lehrte und als
Kenner der österreichischen Literatur gelten darf, sucht den Grund in
der besonderen, vielfach traumatischen Entwicklung, die Österreich
von dem weit ausgedehnten Habsburger-Imperium zur diminutiven
Alpenrepublik und von dieser über den Ständestaat und den ‚Anschluss' an das unselige Großdeutschland bis zur Neubegründung in
den Nachkriegsjahren durchlaufen hat.[3] Daraus resultiere eine besondere Aufmerksamkeit für Themen, die Sebald „mit Begriffen wie
Heimat, Provinz, Grenzland, Ausland, Fremde und Exil"[4] beschreibt.
Vielleicht haben wir es dieser Präokkupation mit dem Thema
Heimat zu verdanken, dass in der österreichischen Literatur die Hei-

---

1   W.G. Sebald in einem Interview mit dem Literaturkritiker und Schriftsteller
    Michaël Zeeman für den niederländischen Fernsehsender VPRO in der
    Sendung *Kamer met Uitzicht*, ausgestrahlt am 12. Juli 1998.
2   Sebald 1991: 11.
3   Ebenda.
4   Ebenda.

matliteratur, spezifischer noch, der Heimatroman seit dem 19. Jahrhundert eine solche Verbreitung fand, dass er zu einem der bestimmenden Faktoren in ihrer weiteren Entwicklung wurde. Der damalige Erfolg des Heimatromans – man denke an Bücher wie *Schloß Hubertus* (1895) oder das *Das Schweigen im Walde* (1899) von Ludwig Ganghofer –, lässt sich zweifelsohne als Reaktion auf die Industrialisierung und zunehmende Mobilität verstehen. Angelegt im eng umgrenzten Raum des Dorfes wurden mit ihm ‚Heimat' und ‚Natur' Wertbegriffe, in denen antimodernistische Sentimente ihren Ausdruck fanden. Heimat als „Residuum", so nennt es Friedrich Fürstenberg in dem von Konrad Polheim herausgegebenen Sammelband *Wesen und Wandel der Heimatliteratur*; Heimat als das, „was im ständigen Wandel bleibt".[5] Auch wenn dabei zunächst der ländliche Lebensraum, das Dorf und seine Umgebung den Hintergrund der Erzählung bildeten, sollte man mit der Festlegung auf den ländlich-agrarischen Raum als bestimmendes Merkmal der Gattung, wie Andrea Kunne es in ihrer Studie *Heimat im Roman: Last oder Lust?* getan hat, dennoch vorsichtig sein.[6] Vom heutigen Standpunkt aus betrachtet, lässt sich die literarische Besonderheit kaum noch aus der Tatsache erklären, dass Österreich ein Land in den Bergen ist. Kunne reflektiert in ihrer Darstellung der historischen Entwicklung der Gattung den durch die nationalsozialistische Ideologisierung verursachten Bruch in der Tradierung, der in der Anti-Heimatliteratur nach dem Zweiten Weltkrieg seinen entschiedensten Ausdruck fand. Die Thematisierung der politischen Dimension bleibt durch den Verweis auf die geografische Besonderheit Österreichs jedoch eher unberücksichtigt. Sicher ist es schwierig, das Thema innerhalb literarischer Kategorisierungsversuche ausreichend zu erörtern. Dennoch sollte nicht vergessen werden, dass die politischen, sozialen und kulturellen Umstände zweifellos eine ebenso wichtige Rolle spielen wie die schon genannten „historischen Einbrüche", auf die Sebald verwies.

Zuzustimmen ist Andrea Kunnes Feststellung, dass es in der Heimatliteratur zum einen um die Darstellung erfahrener und selbst vorstellbarer Realität und zum anderen um den Identifikationsraum ‚Heimat' geht. Heimat lässt sich nicht nur räumlich, sondern auch sozial bestimmen: als abgegrenzter Erkenntnis- und Handlungsraum,

---

5   Fürstenberg 1989: 196.
6   Kunne 1991. Dort findet sich auch eine umfassende Darstellung zum Stand der Forschung zur Heimatliteratur.

der der Denk- und Gedächtniskapazität des Menschen einen festen Bezugsrahmen setzt. Einen wichtigen Impuls für die hier vorgenommene Analyse des Heimatbegriffs im Werk Marlene Streeruwitz' lieferte Andrea Kunnes Versuch, die in der Literaturwissenschaft oft beschriebene Dichotomie zwischen Heimat- und Anti-Heimatroman aufzuheben.[7] Kunne will mittels semantischer und formaler Analyse die Transformationen der Gattung beschreiben und damit „zwischen gesellschaftskritischen und experimentellen (zum Teil postmodernistischen) Varianten der traditionellen Gattung"[8] unterscheiden. Der Versuch erscheint sinnvoll, nicht zuletzt weil mit der Benennung gattungsspezifischer Konstanten die Analyse von literarischen Texten, die nicht von vornherein der Heimatliteratur zuzuordnen sind, spezifischer und auf dieses Thema hin gelesen werden können.[9] Im Folgenden sei das am Beispiel von Marlene Streeruwitz ausgeführt, wobei die genauere Betrachtung des Heimatbegriffs im Werk der österreichischen Autorin eine klarere Differenzierung in Hinblick auf seinen Ursprung in der Autorposition ermöglicht. Es zeigt sich dann, dass ‚Heimat' in Streeruwitz' feministisch geprägtem Ansatz als Ideal, wenn nicht im utopischen Sinn, dann doch als Eutopie, als Gut-Ort, verstanden werden kann, mit dem Geborgenheit und die Aufhebung der Differenz zwischen innerer und äußerer Welt assoziiert werden. Die Frage ist, inwieweit es sich um, und das ist wertneutral im Hinblick auf die literarische Qualität gemeint, feministischen Kitsch oder einen – in der ironischen Brechung postmodernen Erzählens – eigenständigen Raum authen-tischen Erfahrens handelt, in dem sich die von Streeruwitz geforderte Weiblichkeit behauptet. Heimat entspricht dann nicht mehr der ländlich, natürlichen Idylle, sondern einem moralischen-ästhetischen Ideal im Sinne Friedrich Schillers Definition der Natur in *Über naive und sentimentalische Dichtung* (1795).

---

7   Zur Diskussion und Definition von Heimat- und Anti-Heimatliteratur vgl. ebenda: 14ff.
8   Ebenda.
9   Zu den typischen Merkmalen der Heimatliteratur vgl. Ebenda: 25ff. Kunne geht von der Typologie Karlheinz Rossbachers aus und erweitert diese. Vgl. auch Rossbacher 1975.

Ortsnamen – die Welt als Möglichkeit

Marlene Streeruwitz (Baden bei Wien, *1950) ist eine Autorin, deren Name einem sicher nicht sofort einfällt, wenn man an den *Heimatroman* denkt. In den neunziger Jahren erlangte sie als Dramaturgin international Bekanntheit. Ihre Theaterstücke kamen unter anderem am Deutschen Theater in Berlin, im Kölner Schauspielhaus, in den Münchner Kammerspielen und bei den Wiener Festwochen zur Uraufführung. Seit Mitte der neunziger Jahre, seit der Veröffentlichung ihres ersten Romans *Verführungen* (1996), trat sie stärker als Prosaautorin in Erscheinung. Breite Anerkennung fand ihr 1999 erschienener Roman *Nachwelt*, in dem sie sich mit dem Leben Anna Mahlers, der Tochter Gustav und Alma Mahlers, beschäftigt. Dieser Roman, dessen Handlung wie auch die des nachfolgenden Buches *Partygirl* (2002), zum großen Teil in den Vereinigten Staaten situiert ist, scheint die Grenzen Europas – im wörtlichen wie im übertragenen Sinne – weit hinter sich gelassen zu haben. Die USA, Amerika, das Land der unbegrenzten Möglichkeiten – im Werk der Marlene Streeruwitz, in der geografischen Landkarte ihrer Theaterstücke und Romane, ist es fest verankert. Es steht für vieles. Es kann Sehnsucht nach dem anderen Leben sein wie in der Romanfolge *Lisa's Liebe* (1997), es kann Exil und neue Heimat sein wie in *Nachwelt*, es kann auch Endstation einer unerfüllten Suche und Reise sein wie in *Partygirl*. Amerika als das Andere, als die Entgrenzung des Gewohnten, Bekannten und Vertrauten. Amerika als der Traum, als die Utopie, dessen Wirklichkeit einen anders als erwartet trifft. Amerika als Inbegriff eines aus seinen ursprünglichen Grenzen gelösten kosmo-politisierten, postmodernen Lebensgefühls.[10] Amerika auch einfach nur als Name ohne geographischen Bezug, hinter dem sich nichts als die die eine schon hinlänglich vertraute Welt verbirgt. So verstanden wird das Amerika in der Darstellung Streeruwitz' schnell zur österreichischen Gegenwart, genauer noch zum Wiener Alltag. Sie knüpft damit, und ihr Roman *Verführungen* beweist es, an eine weitere Variante der Heimatliteratur, die der Wienromane, an. Ein typisches Beispiel dieser spezifischen Form ist Heimito von Doderers Roman *Die Strudlhof-stiege* (1951), in dem die Welt in ihrer Komplexität auf die Dimension eines Wiener Treppenaufgangs reduziert wird. Die Stiege wird „zur Bühne des Lebens".[11] Ähnliche

10   Vgl. Huyssen 1997: 13-44.
11   Donnenberg 1989: 66. Die Vorstellung, den Wienroman als Teil der

Schauplätze des Welttheaters im Wiener Taschenformat lassen sich bei Ingeborg Bachmann oder Elfriede Jelinek finden; zwei Autorinnen, die Marlene Streeruwitz in Hinblick auf ihre Autorposition und ihre Kritik der literarischen Sprache stark beeinflusst haben. Die Verschiebung zwischen Hand-lungsorten und den damit verbundenen Wirklichkeitsebenen konnte man bei Marlene Streeruwitz bereits in ihren früheren Theaterstücken beobachten, in denen die Titel wie irrtümlich geklebte Etikette wirken, weil sie nicht den eigentlichen Handlungsort wiedergeben. So kann es nicht verwundern, wenn man in Theaterstücken mit Titeln wie *Waikiki-Beach.* (Uraufführung 1991) oder *New York. New York.* (Uraufführung 1993) einer Frau Bürgermeister mit dem sehr wienerisch klingenden Namen Helene Hofmeister begegnet oder einer ‚Strotterin‘ und wenn der Ort der Handlung ein Abrissviertel oder eine öffentliche Bedürfnis-anstalt, ein unterirdisches Pissoir, in Wien sind. Hier zeigt sich die Tendenz, dass Orte und Personen nicht zwingend etwas mit Amerika, eher aber mit Österreich, mit Wien im besonderen, zu tun haben.

„Ortsnamen", so Streeruwitz in ihren Tübinger Poetikvor-lesungen „stehen [...] für die Welt als Möglichkeit".[12] Was entspricht dieser Aussage mehr als die weitverbreitete Vorstellung, Amerika sei das Land der unbegrenzten Möglichkeiten? Streeruwitz spielt mit solchen Illusionen, lässt sie jedoch nicht zu. In den genannten Vorlesungen, die unter dem vielsagenden Titel *Sein. Und Schein. Und Erscheinen.* (1997) veröffentlicht wurden, gibt es das Sein höchstens als Erscheinen, indem der Schein mehr oder weniger perfekt inszeniert wird. Die Waikiki Beach kann dann durchaus zum erreichbaren Freizeitspaß für jedermann werden – als „Waikiki Sun" zum Beispiel, wie in der Romanfolge *Lisa's Liebe* (1997), ein Sonnenstudio mit „der dazugehörigen Beachbar" in G., einer österreichischen Kleinstadt.[13] Waikiki wird so zum Inbegriff all dessen, was man unter angenehm,

---

Heimatliteratur zu lesen, stammt von Donnenberg, der in seiner Behandlung des Themas sehr großzügig verfährt, in dem er die Unterscheidung eines natürlichen Zustands in unserer kultivierten Welt schlicht eine falschen Annahme nennt. Wenn es ein Kriterium in der menschlichen Kultur gäbe, so sei dies der Wandel. Wenn man dies akzeptiere, könne man aber kaum noch von dem „Wesen des Menschen" im Sinne eines unveränderlichen, naturhaften Zustands sprechen. Heimatliteratur im engeren Sinne ist für Donnenberg, und dabei bezieht er sich auf Peter Rosenegger, *Provinzliteratur.*

12   Streeruwitz 1997: 74.
13   Streeruwitz 2000: 42.

unterhaltsam und exotisch versteht. Dass der Ort nur wenige Kilometer von dem ebenso bekannten, aber völlig anders konnotierten Pearl Harbor, wo der japanische Überfall im Dezember 1941 zur amerikanischen Kriegserklärung an Japan führte, entfernt liegt, macht die Willkürlichkeit der Vorstellung nur noch anschaulicher.

Marlene Streeruwitz scheut nicht davor zurück, Klischeevorstellungen wie die vom „Waikiki Sun", die das Leben in modernen westlichen Industriegesellschaften hervorbringt, einzusetzen. Die Darstellung des Alltäglichen, Trivialen gehört erklärtermaßen zu ihrem literarischen Anspruch, mit dem sie sich die „Ent-Auratisierung der Literatur" zum Ziel setzt.[14] Nicht zuletzt aus diesem Grunde gilt sie als Schriftstellerin der Postmoderne, die sich gleichwohl dem traditionellen Kanon sehr verpflichtet weiß.[15]

Lisa's Liebe – die postmoderne Variante des Anti-Heimatromans

Im Hinblick auf das hier erörterte Thema und die spezifisch österreichische Tradition, vor der es zu sehen ist, ist vor allem die schon genannte Romanfolge *Lisa's Liebe* interessant. Die dort verwen-deten Stereotypen entsprechen in Form und Inhalt klischeehaften Elementen des Heimatromans in der Art von Groschenheften, wie sie in unendlicher Folge an jedem Kiosk zu kaufen sind. Neben der thematischen Ähnlichkeit wird die Parallele formal und durch paratextuelle Elemente, durch den verlegerischen Peritext, wie Titelseite, Formate und Umschlag, durch Mottos, Titel, Untertitel und durch den Epitext erzeugt.[16] Auch eingefügte Bilder und Bildzitate, in Form von Polaroid-Aufnahmen oder anderem authentischen Bildmaterial (z.B. Zeitungsausschnitte) sind hier zu berücksichtigen. Durch sie können ebenfalls inhaltliche Aussagen gemacht oder intertextuelle Beziehungen hergestellt werden, die im Gesamtzusammenhang des Texts analysiert werden müssen. Zur

---

14 Zitiert nach Baumgartl 1998: 65.
15 Die Überwindung des autonomen Kunstanspruchs, der in der Moderne geprägt wurde, zählen wie die Darstellung der (in diesem Falle: weiblichen) Alltäglichkeit, durch die sich auch formal der Unterschied zwischen trivialer und hoher Literatur auflöst, zu den wesentlichen Kennzeichen postmoderner Literatur. Vgl. u.a. Sanders 1987 und Fehér 1987. Zu der „Verweigerung von *Meisterschaft*" in der Literatur, die mit Streeruwitz' „Ent-Auratisierung" auch gemeint ist und spezifischer auf den feministischen Diskurs in der Postmoderne zielt, vgl. Owens 1997.
16 Zu Funktion und Bedeutung des Paratexts vgl. Genette 2001.

Demonstration sei zunächst eine Abbildung der Titelseite des zweiten Teils von *Lisa's Liebe* eingefügt, danach ein Foto aus Ludwig Ganghofers *Hochlandzauber* (1931), auf dem sein Haus in den Bergen abgebildet ist, sowie eine Seite aus dem ersten Teil von *Lisa's Liebe*. Der Hinweis auf Ganghofer könnte als etwas provo-kant gewähltes Beispiel verstanden werden, das die Überspitzung des von Marlene Streeruwitz' beabsichtigten Zitats typischer Elemente des Genres deutlich macht. Sicherlich nimmt *Lisa's Liebe* wegen der formalen und paratextuellen Besonderheiten eine gesonderte Position im Werk Marlene Streeruwitz' ein.[17] In der von ihr gewählten Montagetechnik gehen Inhalt und Form eine Verbindung ein, die man wohl kaum voneinander losgelöst betrachten kann. Das Zitat ist kein rein sprachliches mehr, sondern steht auf dem Schnittpunkt zwischen Ikonografie und Intertextualität.[18] Die Frage ist, welche Funktion diese Abbildungen im Zusammenhang mit dem Text einnehmen, welche Beziehung zwischen Bild und Text besteht. Außerdem sollte die Bild-aussage selbst – die Abbildung auf der Titelseite ist zweifellos eine Montage – auf ihre Bedeutung hin betrachtet werden (vgl. Abb. 1). Vorlage ist das Haus in den Bergen als schützender Hort, in dem der Mensch in dieser rauen Umgebung sein Heim hat, so wie es sich beispielhaft bei Ludwig Ganghofer findet (vgl. Abb. 2). Betrachtet man die Titelseite von *Lisa's Liebe* vor diesem Hintergrund, dann bildet das Haus in den Bergen unmissverständlich den zentralen Bezugspunkt im Bild. Rein vom Bildarrangement wird dieser Eindruck noch durch den Blick der abgebildeten Frau hergestellt.

---

17 Im Hinblick auf postmoderne Autorpositionen ist der Epitext besonders interessant, der die Fortsetzung der Romanfolge suggeriert. In den angeblichen Titelblättern der Fortsetzungen, die nacheinander für Lisas Glück, die Kinder- und die Mädchenjahre werben, wird konsequent die Auflösung der Identität von Autor, Erzähler und Protagonistin betrieben. Einmal abgesehen von der Tatsache, dass es immer die Autorin ist, die auf den Fotos abgebildet ist, finden sich zwischen diesen Fortsetzungsankündigungen auch zwei Hinweise auf die Erzählung *Majakowskiring* und den Roman *Nachwelt* von Streeruwitz.

18 Vgl. Bal 1999: 8ff. Zu der Ikonologie, der Bildtheorie und der Beziehung von Text und Bild, für die Mitchell den Begriff „imagetext" einführt, vgl. Mitchell 1994.

Abb. 1: Titelseite des zweiten Teils von
Marlene Streeruwitz' Romanfolge *Lisa's Liebe*

Wiewohl sie im Vordergrund erscheint und damit viel dominanter anwesend ist, stellt die Richtung ihres nach unten gerichteten und leicht abwesenden Blicks die Verbindung zum Haus wieder her. Bedeutsam ist darüber hinaus *wie* die Frau, bei der es sich übrigens um die Autorin handelt, dargestellt ist: der heitere, jugendliche Ausdruck und das von oben einfallende (Sonnen-)Licht lassen eine Aura von jugendlicher Natürlichkeit, Reinheit, Harmonie und Einfachheit entstehen, ohne dass das eindeutig aus-gesprochen wird.[19] Die Tatsache, dass auf den Fotografien, die Illustra-tionen zum (fiktiven) Text sind, die Autorin abgebildet ist, ließe sich im postmodernen Diskurs als Verweigerung des Autonomieanspruchs der Kunst deuten, in dem gesellschaftlicher und ästhetischer Bereich nicht zu trennen sind. Zugleich ist damit die Frage nach der Subjektkonstitution verbunden, die im Text indirekt zur Sprache gebracht wird. Indem Marlene Streeruwitz ihrer Protagonistin Gesicht und Handschrift leiht, spielt sie mit ihrer eigenen Identität als Autorin wie mit der ihrer Protagonistin.

Damit verweigert der Text eindeutige Identifikationen, was einerseits zur Aufhebung der Autorität des Autors führt, andererseits jedoch auch den fiktiven Charakter des Dargestellten in Frage stellt, ohne dass die subjektive Perspektive in Gefahr geriete. Aufgehoben wird lediglich die eindeutige Grenze zwischen der Fiktion und ihrem realen Gegenwartsbezug, was im Gegenzug wieder zu interessanten Frage-stellungen hinsichtlich der Wirksamkeit der Autorposition im litera-rischen Text führt. Das Verfahren bringt allerdings eine gewisse Selbstthematisierung mit sich, die in die Richtung eines „narzisstischen Erzählens" führt.[20] In der Selbstbezogenheit des Narzissmus schwingt, und das ist in Hinblick auf das von Streeruwitz immer wieder thematisierte Ideal einer reinen, heilen Welt interessant, eine gewisse Xenophobie, eine Abkehr gegen alles Fremde mit. Wie sich dieser Aspekt mit Marlene Streeruwitz' Autorposition vereinbaren lässt, wird weiter unten geklärt.

Die Frage, die hier im Vordergrund steht, ist, wie schon erwähnt, welche Funktion die Abbildungen im Text einnehmen.

---

19   „Undoubtedly, too, it is difficult to separate distinctly an iconic sign into its elements of primary articulation. An iconic sign […] is nearly always a *seme* – i.e. something which does not correspond to a word in the verbal language but is still an utterance." (Eco 1982: 35) Eco gibt dort einen kurzen Überblick über die bildlichen Kodierungen.

20   Vgl. Hutcheon 1980.

Fotografien können einen dokumentarischen Wert haben, können – müssen aber nicht zwingend – die (historische) Realität dokumentieren.[21] Deutlich wird das zum Beispiel an den Polaroid-Aufnahmen im tagebuchartigen Eintrag aus der ersten Folge von *Lisa's Liebe* (vgl. Abb. 3). Gleich-zeitig wird die Realität im Bild transformiert und unterliegt den Gesetzmäßigkeiten visueller Repräsentation. Der Aussagewert löst sich in Mehrdeutigkeit auf,[22] ohne dass die verschiedenen Bedeutungen zur Sprache kämen: Fotografien, so Run Burnett in *Cultures of Vision* (1995), schweigen, sind unlesbar und wesenlos („Photographic images are silent, blind, unseeing").[23] Interessant ist der Vergleich, den Burnett zwischen Fotografie und Theaterbühne zieht, weil er eine Parallele zu Streeruwitz' Theaterstücken ermöglicht und eine Möglichkeit der Interpretation eröffnet, die über die formalen Aspekte postmoderner Ironiespiele hinausgeht:

> Like a theatrical stage, the photographic image foregrounds the mise-en-scène of a hypothetical world, but unlike the stage, everything is reduced until what is left are pieces of paper, flattened, unmoving, which subsist on our yells and screams, on our invocations to the image to speak and on our desire to be heard and to be seen. The ‚enjeu' here is *desire*, which can remain embedded and unexpressed, but for which no fantasy is the final outlet and for which no image or discourse provides a simple or complete answer.[24]

In der Gegenwärtigkeit der damit imaginierten Welt kann also ein Verlangen, eine Absicht ausgedrückt werden, *ohne* dass diese genau benannt werden müsste. Für Burnett ergibt sich daraus, und auf diesen Punkt sei weiter unten zurückgekommen, die Frage nach der Autorität des Autors, auch wenn er einräumt, dass die Intentionalität in sich selbst eine Projektion ist, die wiederum auf Subjektivität und Identität der künstlerischen Aussage verweist.[25] Was die Intentionalität betrifft, so geht es im Vergleich zwischen den Heimatbildern Ludwig Ganghofers und Marlene Streeruwitz' nicht nur um die formale Übereinstimmung, sondern eher schon um die mitzudenkende Kritik, die Streeruwitz in der Bildaussage arrangiert. Im Bild liegt der ganze

---

21   Vgl. Wolf 2002.

22   "In the still photograph, time and space are abstractions. Although the image has a presence, it neither partakes of nor describes the present. Indeed, the photograph's fascination is that it is a figure of transcendental time made avail-able against the ground of a lived and finite temporality." Sobchack 1992: 59.

23   Burnett 1995: 17.

24   Ebenda. (Hervorhebung von Y.D.)

25   Vgl. Ebenda: 28.

Komplex von (verlorener) Heimat in der Natur und seiner genre-typischen Repräsentation beschlossen. Die Fotografie aus Ganghofers *Hochlandzauber*, das als Beschreibung des einfachen, ländlichen Lebens zu lesen ist, hat dokumentarischen Wert, oder soll ihn zumindest haben. Sie illustriert, wie alle übrigen Abbildungen in dem Buch, eine Welt, in der der Mensch in friedlicher Eintracht mit und in der Natur lebt. Der Unterschied zwischen beiden Positionen lässt sich auch in der Darstellung der Menschen auf den Abbildungen zeigen: bei Ganghofer sind sie der Natur und nicht der Linse der Kamera und damit dem Betrachter zugewandt (ein Wanderer vor einer Gletscherwand zum Beispiel), oder sie sind ,eingebettet' in die Landschaft (vgl. Abb. 2). Bei Streeruwitz stehen sie abgewandt von der Landschaft im Vordergrund (vgl. Abb. 1) oder fehlen völlig, auch wenn sie abgebildet sein sollen (vgl. handschriftliche Bildunterschrift in Abb. 3). Das hat, wie schon erwähnt, mit der Konstitution von Subjektivität im Text, in der Erzählung zu tun, die von Streeruwitz indirekt thematisiert und in Frage gestellt wird. Im Hinblick auf die schon erwähnten Polaroid-Aufnahmen in *Lisa's Liebe* (vgl.Abb. 3), ist die besondere ästhetische wie dokumentarische Funktion interessant, die Burnett ihnen als visuelles Medium einräumt. Seiner Ansicht nach sind es gerade die Polaroids, die die Imagination beflügelten, weil ihre Ästhetik auf Zufälligkeit baue, woraus sich ein gewisser willkürlicher Experiment-charakter ergebe. So sei das Polaroid wie eine Fundsache im Sinne Marcel Duchamps, das zugleich eine erneute Inbesitznahme der Welt als Bild ermögliche:

> As a result of the Polaroid, everyday life can be transformed into an image without any pretence, while at the same time all of the pretensions of photography as an art form can be marginalized.[26]

Kitsch unter feministischem Banner

Es geht hier letztlich um Klischees, die ein Stilelement sind, dessen sich Marlene Streeruwitz oft und in durchaus kritischer Weise bedient. Die Kritik ist in ihrer Aussage allerdings – und das trifft nicht nur auf die Bildelemente zu, sondern schließt ebenso die von ihr benutzten ,Alltagsmythen' ein – schwer zu orten, da die Spiegelfunktion, die

---

26   Ebenda: 35.

Abb. 2: Ganghofers stiller Bergsitz, aus: Ludwig Ganghofer:
Hochlandzauber

dem Klischee dabei zukommt, keinen eindeutigen Kommentar enthält.

Roland Barthes, auf den das Stichwort ‚Alltagsmythen' verweist, nannte sie schlicht „entpolitisierte Aussage[n]".[27] Sie spiegeln Emotionen, Haltungen, Verlangen, ohne dass diese genau benannt werden müssen. So artikuliert eine Vorstellung wie die weiter oben erwähnte des „Waikiki Sun" lediglich die Sehnsucht nach einem anderen, in diesem Fall exotischen Leben, aus der letztlich ein Bedürfnis nach Harmonie und Glück spricht. Die Neigung zum Kitsch ist dann nicht weit, denn eines seiner wichtigsten Merkmale ist es, positive Gefühle zu erzeugen. Mit Kitsch, das sei nochmals betont, wird hier keine qualitative Wertung im Sinne von hoher und niedriger Literatur vollzogen, da sich die Unterscheidung im postmodernen Diskurs und unter dem Einfluss der Massenkultur ohnehin nicht aufrechterhalten lässt.[28] Kitsch ist trivialer Literatur nicht gleichzusetzen, wie es die Romanfolge *Lisa's Liebe* sicherlich nahe legen würde. „Kitsch", meinte der italienische Politologe Carlo Mongardini einmal in einer Diskussion über *Kitsch als soziales Produkt*, „ist die Unfähigkeit, sich von sich selbst zu distanzieren, in meinem Leben Distanz zu halten. Ich werde eingewickelt, werde eingenommen von den Realitäten der Objekte."[29] Das trifft ziemlich genau das Problem, das Lisa Liebich, die Protagonistin und Antiheldin aus *Lisa's Liebe* mit sich und der Welt hat. Lisa Liebich wird nicht nur von anderen gelebt, sie *wird* ebenso *erzählt*, wobei der Erzähler in distanzierter Weise über sie berichtet. Dem Erzähler in Gernot Wolfgrubers Anti-Heimatroman *Verlauf eines Sommers* (1981) ähnlich werden die Schwierigkeiten, die Lisa im Leben erfährt, als ihr Mangel an Selbstcourage, als Mangel ihrer Person dargestellt. Die Perspektive ist damit schon im Ansatz die Negation zu der Geschichte, die in der Tradition des Heimatromans üblicher Weise zu erwarten wäre. Die formalen und paratextuellen Elemente, auf die bereits hingewiesen wurde, verstärken noch diesen Gegensatz zwischen vorgegebener Erwartung und Erzähltem, zwischen Schein und Erscheinen. Die Perspektive ist der Elfriede Jelineks in *Die Liebhaberinnen* (1975) – ein anderes Beispiel des Anti-Heimatromans – vergleichbar, auch wenn der Erzähler dort noch kritischer die Distanz zu seinen Protagonistinnen, den beiden Frauen Brigitte und Paula, behält. Bei Marlene Streeruwitz ist die Erzählung auf Lisa und ihre Gedanken und Erfahrungen fixiert. Die Spannung, die dadurch zwischen der distanzierten Position des

---

27   Vgl. Barthes [4]1976: 131.
28   Vgl. Klüger 1996: 8f.
29   Spaich 1985: 141.

Erzählers und seinem Gegenstand, Lisa, entsteht, verstärkt den Eindruck der Leere. Man könnte auch von einem Hang zum Nihilismus sprechen. Dabei ist das vollständig aus der Negation entstehende Selbstverständnis nicht ausschließlich aus der Tradition des Anti-Heimatromans zu erklären. Es ist die Kehrseite eines ästhetischen Postulats, das die Trivialität des Bestehenden zur entscheidenden Erfahrung erhebt.

Der Kitsch muss hier als eine andere Ausdrucksform neben den (traditionell geprägten) Künsten und der Pop-Kultur verstanden werden.[30] Im Kitsch zeigt sich, wie Hans-Dieter Gelfert das unter Bezug auf Carl Baumann und dessen *Literatur und intellektueller Kitsch. Das Beispiel Stendhals. Zur Sozialneurose der Moderne* (1964) formulierte, „dass das Kitschige einer sentimentalen Stimmung entspringt, die charakteristisch für den modernen Intellektuellen ist".[31] Zieht man Äußerungen wie die folgende von Marlene Streeruwitz dazu heran, wird man diese Aussage, in einer wenn auch – es kann kaum überraschen – desillusionierten Form bestätigt finden:

> Wahrscheinlich ist es eine der unerträglichen Lasten unserer Zeit, daß wir mit den Sehnsüchten des vorigen Jahrhunderts ausgestattet werden und dann ein ganz anderes Leben zu bestreiten haben. Immer noch. Und spätestens seit der Etablierung des Monotheismus ist es einzig die Sehnsucht nach Erlösung, die als Leitmotiv herrscht. Die Sehnsucht nach dem immer währenden Augenblick.[32]

In einem Gespräch mit Claudia Kramatschek bezieht sich Marlene Streeruwitz explizit auf die Melancholie, die große Schwester der Sentimentalität, die ihrer Meinung nach „ein wunderbares Instrumentarium der Erkenntnis ist".[33] Und weiter heißt es:

> Ich sehe kein großes Malheur darin, dass das Leben ein wenig traurig und schwierig ist, ja, an den meisten Stellen sogar unerträglich. Aber ich würde

---

30   Vgl. Gelfert 2000: 11f. Ein Hinweis, dass Streeruwitz diesen Ansatz teilt, findet sich in einem Interview mit ihr: „Unsere Sprachen leisten viel, um Analysen zu erstellen, aber Ausdruck kann vielem nicht verliehen werden. Außer durch Kitsch. Auch die Sprachlosigkeit der Männer ist groß. Stammeln wäre in vielen Situationen der richtigere – und ehrlichere – Ausdruck." (vgl. Hakker/Höbel 1996: 263)

31   Gelfert 2000: 10.

32   Streeruwitz 1991: 28.

33   Vgl. Kramatisch 2002: 30f.

eher ausziehen, die politischen Umstände zu ändern, um anderes Glück zu ermöglichen.[34]

Die Aussage ist bemerkenswert, weil sie die Bedeutung der Autorintention in den Blickpunkt der Betrachtung rückt. Kitsch entsteht – etwas salopp formuliert – aus einem Missverhältnis von ästhetischem und ethischem Anspruch, weshalb die Frage, ob etwas kitschig ist, sich nicht an der Originalität eines Werkes entscheidet, sondern an seiner Intention. Der Kitsch zielt auf Harmonisierung der Welt, er ist, wenn man so will, das regressive Kind der sozialen Emanzipationsbewe-gungen des 19. Jahrhunderts. „Der Kitsch erfüllt Menschheitsträume, die die christliche Welt seit alters her mit dem Paradies assoziiert", so Gelfert in seiner Studie *Was ist Kitsch?* (2000), für den der Kitsch eine „unaufrichtige Utopie" ist.[35] Soweit sollte man im vorliegenden Fall nicht gehen. Marlene Streeruwitz präsentiert keine bessere Gut-Welt, sie nimmt den Kitsch jedoch sehr ernst, setzt ihn an die Stelle der Realität, die sich jetzt nur noch als eine im Grunde kitschige präsentiert und macht ihn damit zur Schablone ihrer Wahrnehmung. Damit funktionalisiert sie ihn auf ihre Kritik an der Gesellschaft hin. Die drei psychologischen Kategorien Regression, Projektion und Fixierung, die nach Gelfert das Wesen von Kitsch bestimmen, haben indes auch Gültigkeit in Bezug auf Streeruwitz' Werk: Es ist der Rückzug auf eine feministische Position, die nicht, wie man es von einem solchen Standpunkt erwarten würde, emanzipatorisch ist, sondern regressiv und auf die Fixierung der Gegensätze ausgerichtet.

Der feministische Ansatz in Marlene Streeruwitz' Autorposition

Ihr Schreiben, so formuliert sie es in den Frankfurter Poetikvorlesungen von 1998, entwickelte sich „parallel zur politischen Auseinandersetzung des Feminismus in den 70er Jahren".[36] Gleichwohl folgt sie mit ihrer Kritik nicht eigentlich einem politischen Programm, auch wenn es auf den ersten Blick so scheinen mag:

> Das Patriarchat, heute repräsentiert durch das Geld, will Kunst für die Masse. Die Masse soll vor dem Altarbild durch die Arbeit des Künstlers in einen Anbetungsseufzer ausbrechen. […] Will man oder frau nicht in der Erstickung

---

34 Ebenda.
35 Gelfert 2000: 80ff.
36 Streeruwitz 1998: 53.

der vorgeschriebenen Sprache untergehen, muß der Weg zu einem anderen Entwurf des Selbst gefunden werden. Einem Selbst, das sich eine eigene Sprache bahnt. [...] Die Kolonisierung unserer Grammatik lässt ja keinen Gedanken außerhalb der Antinomie von Täter und Opfer in aktiv und passiv zu. Das bedeutet, daß mit der Hilfe der zu entledigenden Sprache eine neue Sprache geboren werden muß.[37]

Ihr geht es nach eigener Aussage um das weibliche Sprechen, um die Befreiung der weiblichen Sprache, die es ihrer Ansicht nach bereits einmal gegeben haben soll. Ihre Vorstellung davon ist jedoch sehr spekulativ angelegt und verweist auf archaische, beinahe schon mythische Gesellschaftsformen. Neben Gesang und Tanz als Ausdruck hoch ritualisierter Kommunikationsformen, so Streeruwitz dazu in den Tübinger Vorlesungen, sollen Essen und Trinken zu den Ausdrucks-möglichkeiten weiblichen Sprechens gezählt haben. Fortpflanzung und Sexualität seien in diesen Sprachen keine Tabus gewesen.[38] Wie merk-würdig es auch klingen mag, das erinnert entfernt an einen unzer-störten, reinen Naturzustand, wie er in Jean-Jacques Rousseaus *bonté naturelle* zum Ausdruck kommt, in dem der Mensch als *homme de nature* in vormoralischer und vorrationaler Einheit mit der Natur lebte. Ist Streeruwitz eine Romantikerin in postmodernem Gewand? Das wäre wohl zu einfach und würde ihre Kritik an der männlich geprägten Zivilisation zu stark nivellieren. Andererseits ist ihr feministischer Ansatz auch im Hinblick auf die von ihr vertretene Vorstellung von ‚Weiblichkeit' problematisch, da sie wenig zu reflektieren scheint, dass Weiblichkeit bereits ein rationales Konzept ist. Streeruwitz will die Selbstentfremdung des Individuums als eine spezifisch weibliche verstehen, deren Ursache im Männlichen liegt. Gleichwohl ist die Lösung, die sie anbietet, trotz ihres erheblichen utopischen Gehalts, eine rein ästhetische:

> Einschleichende Dosen von Kulturrevolution müssen in das Noch-Nicht-Und-Erst-Wenn-Gewonnen-Zu-Denkende der Entpatriachalisierung führen. Erst da ließe sich ein Bewußtsein von Freiheit entwickeln. Uns ist ja nur ein Bewußtsein von Befreiung zur Hand. In diesem Bewußtsein von Freiheit erst ließe sich das Archiv des Frauenhasses vergessen. Von allen. Männern und Frauen. Feindschaftslos wäre das Schöne möglich, das auch das Richtige wäre.[39]

Sie versteht das Patriarchat als dominierendes Ordnungsprinzip, als

---

37   Ebenda: 32f.
38   Vgl. Streeruwitz 1997: 28.
39   Streeruwitz 1998: 33.

System, dem sich alles, auch die Sprache fügt. Seine Wirkungskraft erklärt Marlene Streeruwitz mit der ordnenden Struktur, die ihm zugrunde läge, und die unserer Sehnsucht nach Ordnung, nach Einsicht, Übersicht, Ruhe und Gültigkeit entgegenkomme. Ihre Kritik richtet sich also einerseits gegen die gesellschaftliche Ordnung als System und zugleich gegen deren patriarchalisch geprägte Machtstrukturen. Auf-fallend ist zum einen der Ordnungsgedanke, der dem Menschen als charakteristisch und eingeboren unterstellt wird:

> Ordnung ist das Ziel aller Versuche, die Menschheit zu bändigen. In Religionen, totalitären Regimen und realisierten Utopien entscheidet die Zuteilung der Modalen über den Zugang zur Welt. Entschieden wird, was einer kann und darf. Muß oder lassen muß. Lassen kann. Was sollen und was mögen. Und immer ist es eine je nach Bedarfslage adaptierte patriarchale Weltordnung, die diese Zuteilung vornimmt.[40]

Streeruwitz' Erklärung ist etwas einfach – so lässt sich schnell jede Ungerechtigkeit in der Welt als eine zwischen den Geschlechtern deuten. Sie spricht eher für das Verlangen nach einer einfachen und plausiblen Antwort, womit die Behauptung, dass es sich hier letztlich um feministischen Kitsch handelt, zu rechtfertigen wäre. Sie erhebt einen politischen Anspruch, behandelt diesen jedoch als ästhetisches Problem, was an sich noch kein Widerspruch sein muss. Schwierig ist nur die Funktionalisierung der Literatur auf diesen Anspruch hin, weil sich dann eben jenes Missverhältnis zwischen ästhetischer und ethischer Intention einstellen kann, die kennzeichnend für den Kitsch ist. Exemplarisch lässt sich das an der Subjektkonstitution in ihrem Werk zeigen.

Das Ich als Ausdruck schematisierten Sprechens

In *Lisa's Liebe* werden alle Klischees des Groschenromans bemüht, deren Basis das Verhältnis des potentiellen Liebespaares formt: Die nicht mehr ganz unschuldige Unschuld vom Lande, allein und einsam, die sich nach ihrer großen Liebe verzehrt, und der Arzt als personifizierte, aber unerreichbare Erfüllung aller Wünsche. Dass bei Streeruwitz über diese Grundkonstellation hinaus alles ganz anders ist, ändert nichts an der Tatsache, dass die unterliegende Kritik sich auf dieses Problem des Einzelnen, seiner Identität mit sich und seiner Glückserwartung richtet. Der Anspruch, der sich darin ausdrückt, ist nicht zu

---

40 Ebenda: 11.

unterschätzen, was insofern bemerkenswert ist, als ihm nichts gegenüber gestellt wird. Es bleibt bei der nicht explizit ausgesprochenen, aber doch vorausgesetzten und daher mitzudenkenden Erwartungshaltung, gegen die sich die Erzählung und die sich in ihr entwickelnde Subjektivität richtet. Ungeachtet der streckenweise versuchten ironischen oder zynischen Relativierungen scheint es, dass es Streeruwitz bei der Subjektkonstitution im Text um eine beinahe romantisch anmutende Kritik an der gebrochenen Identität des modernen Individuums geht. Die Grundkonstante bleibt im Prinzip in allen ihren Büchern die gleiche. Sie dreht sich um das einsame, weibliche Individuum, die Frau als Opfer, die in Streeruwitz' Perspektive immer die Unterlegene ist.

In *Lisa's Liebe* ist das Subjektverständnis, nicht zuletzt wegen der beschriebenen paratextuellen Elemente und Bildelemente, ambivalent. In ihren anderen Prosawerken gelingt diese Ambivalenz weniger. So ist in *Verführungen* die Beziehung zwischen Autorin, Erzähler und Protagonistin viel eindeutiger und hat die Protagonistin viel individuellere Züge als in ihren nachfolgenden Romanen. In *Partygirl* ist es eher andersherum. Wiewohl der Roman als biografischer Bericht angelegt ist, der die einzelnen Lebensstationen der Madeline Ascher nachzeichnet, bleibt diese als Person, als individueller Charakter, flach, was aber durchaus im Anliegen der Autorin lag.[41] Das Ich löst sich in Beliebigkeit auf. Das entspricht der Definition des Orts der Handlung als beliebiges ‚Irgendwo', an dem sich ebenso austauschbare ‚Irgendwer' treffen, wie ihn Streeruwitz in den Tübinger Poetikvorlesungen beschreibt:

> Kontingente Lebenszusammenhänge finden im öffentlichen Raum statt. Die Sprecher-Subjekte können ohne Vorgeschichte und ohne private Prägung herbeizitiert werden. Entfremdetes Treffen. Reisen an alle Orte, die möglich sind, werden möglich. Und. Machtlose Menschen sind ohnehin überall der Öffentlichkeit ausgesetzt.[42]

Dabei ist die auffallende Raummetaphorik, die in *Partygirl* mit der Konstitution des Subjekts zusammenfällt, einem literarischen Ansatz geschuldet, der dem Strukturalismus verpflichtet ist. Der Struktura-

---

41 In dem Interview mit Claudia Kramatschek nennt Streeruwitz die Protagonistin Madeline Ascher eine „Kunstfigur", die durch ihr Nichtstun „anarchisch" sei: „Sie sieht alle diese Ansprüche, verharrt aber reglos dazwischen und macht keine Anstrengungen, diesen Abstand zu verringern […]." (Kramatschek 2002: 42ff.)

42 Streeruwitz 1997: 74.

lismus blendet, und das ist bemerkenswert im Zusammenhang mit der Geschichte, die in *Partygirl* erzählt wird, die Zeitdimension des Erzählens – die Sprache und die Literatur als temporales Medium – aus.

Verfolgt man diesen Gedanken und versucht man zu klären, wer – oder was – Madeline Ascher eigentlich ist, dann führt das zu interes-santen Fragestellungen in Hinblick auf die eigenständige Identität, die Steeruwitz für die Frau in der Literatur fordert: Die Gegenwärtigkeit im Zeiterleben schließt Erinnerung aus. Durch diese aber konstituiert sich Individualität. *Partygirl* kommt ohne diese aus und eröffnet dennoch eine historische Dimension. Gleichwohl wird, und hier beginnt die Schwierigkeit des subjektbezogenen Schreibens, aus ihrer – subjektiven – Perspektive berichtet. Das Problem liegt, wie erwähnt, in der Zeitkonzeption. Darüber hinaus mag hier auch eine Parallele zum fotografischen Wahrnehmen bestehen, das ihre Texte kennzeichnen soll.[43] Fotografien enthalten ein statisches Moment; im Gegensatz zur gelebten und endlichen Zeitlich-keit sind sie, wie Vivian Sobchack meinte, „a figure of transcendental time".[44] Diese in gewisser Weise statische Perspektive prägt die Erzählhaltung in den meisten Werken Marlene Streeruwitz': Ihre Protagonisten in den Theaterstücken und prosaischen Texten sind an die Gegenwärtigkeit des Augenblicks gebunden. Das findet seinen Ausdruck in der Erzählperspektive, die jede Identifikation mit den fiktiven Personen ausschließt, wiewohl sie andererseits ganz auf die subjektive Erfahrung fokussiert ist. Objektivierung und damit zeitliche Relativierung schließen sich aus. Das zeigt sich in *Nachwelt* und ist besonders auffallend in *Partygirl*, in dem die Verweigerungshaltung der Protagonistin, die laut Streeruwitz „alle so nervös" mache, von ihr als „hochpolitisch" gedeutet wird.[45] Literarischer Anspruch und Intention der Autorin stehen hier in einem Widerspruch, was von Streeruwitz allerdings – das nur nebenbei – der Literaturkritik als fehlendes Bewusstsein angerechnet wird:

> Das macht mich an dem Buch geradezu glücklich, dass ich das an einer literarischen Figur geschafft habe. Und darin ist das Buch *hochpolitisch. Das allerdings habe ich noch nirgendwo erkannt gesehen.* Die düstere Ästhetik des Buches hat genau mit dieser Verweigerung zu tun. Diese Düsternis aber wird noch das Beste sein, was wir im Leben haben. Jedenfalls das Intensivste. Ich habe das nun wieder in New York studieren können. Und darin sehe ich

---

43   Kramatschek 2002: 36.
44   Sobchack 1992: 59.
45   Kramatschek 2002: 41 und 44.

das Buch geradezu prophetisch an. Auch in Madelines Verweigerung, das herzige Mädel zu sein, das *wirklich politisch feministisch* ist.[46]

Die Verweigerungshaltung der Madeline Ascher findet ihre Entsprechung in dem Schweigen, das Streeruwitz in den Tübinger Vorlesungen programmatisch zum Mittelpunkt ihrer Poetik erklärt: Da es die von ihr geforderte Sprache, die nötig sei, um die Existenz umfassend zu beschreiben, nicht gäbe, müsse – und hier finden sich Anklänge an die Poetik Ingeborg Bachmanns – das Schweigen, „das zentraler Lagerort patriarchaler Muster ist", umso mehr in den Mittelpunkt unseres Interesses gerückt werden.[47] In ihm seien „alle Informationen enthalten [...], die zur Entschlüsselung der Aufträge notwendig sind."[48] Und an anderer Stelle fügt sie an: „In dem, was nicht gesagt werden kann. Oder nicht gesagt werden darf, bleibt jeder und jede allein. Jeder schweigt ein anderes Schweigen."[49] Daraus erklärt sich auch Streeruwitz' stakkato-artiger Satzbau, denn:

> Der vollständige Satz ist eine Lüge. Im Entfremdeten kann nur Zerbrochenes der Versuch eines Ausdrucks sein. Das Ich des Aktivsatzes müsste leerelos über sich verfügen. Das Ich eines Passivsatzes müsste alle Tiefen kennen, in denen es getroffen werden könnte. Die Formel Subjekt / Objekt / Verb ist ein Angriff.[50]

Aber auch wenn es um das Schweigen und das Nicht-Reden-Können geht – Streeruwitz spricht, und das ist nicht unwichtig, vom ICH, das seine Sprache sucht, auch wenn es diese nicht findet kann:

> Mit dem Punkt kann der vollständige Satz verhindert werden. Der Punkt beendet den Versuch. Sätze sollen sich nicht formen. Nur im Zitat findet sich selig Vollständiges. Im Stakkato des Gestammels. In den Pausen zwischen den Wortgruppen ist das Suchen zu finden. Nach sich. Nach Ausdruck.[51]

Sublimierung religiöser Erfahrung

In den Frankfurter Poetikvorlesungen erzählt Marlene Streeruwitz eine Anekdote aus ihrer Kindheit, in der sie vom frühen Scheitern ihres Glaubens an die Wahrheit, an die Absolutheit ihres

---

46 Ebenda: 44. (Hervorhebungen Y.D.)
47 Streeruwitz 1997: 45.
48 Ebenda.
49 Ebenda: 76.
50 Ebenda.
51 Ebenda.

Geltungsanspruchs berichtet. Streeruwitz erzählt dort, wie sie als Sechsjährige aus Wut einen zwei Kilo schweren Senftopf auf den Boden geschmissen habe. Sie war von ihrer Großmutter zur Hilfe ermahnt worden und das, obwohl sie diese ihrer eigenen Ansicht nach bereits hinlänglich geleistet hatte. Das Problem lag also in der unterschiedlichen Wahrnehmung des Geschehens zwischen den beiden. Für Streeruwitz war das ein Schlüsselerlebnis: „Ich hatte an das Absolute geglaubt. Glauben wollen. Ich hatte es verspielt."[52] Interessant ist der Kommentar, den Streeruwitz daran anschließt, weil es einen anderen Zugang zu ihrem Schreiben, auf die dahinterliegende Intention ermöglicht:

> Ich erzähle diese Geschichte als Bericht, daß sehr früh begonnen werden kann, im Widerstand zu leben. Daß ich von dem Widerspruch einer patriarchalisch religiösen Erziehung zu den Lebenswirklichkeiten in den Widerstand getrieben wurde.[53]

An anderer Stelle klagt sie das Patriarchat an, „unsere Seelen zu kolonisieren". Die Vorstellung ist bemerkenswert. Nicht wegen der etwaigen Kolonisierung, sondern wegen dem, was da kolonisiert werden könnte – die Seele. In der Vorstellung verbirgt sich, von der religiösen Dimension noch ganz zu schweigen, der Gedanke von Reinheit und Unberührtheit, der zurückweist auf das, was weiter oben zum Kitsch als kulturellem Ausdruck gesagt wurde. Nein, um einen politischen Standpunkt geht es Streeruwitz kaum. Ihr Schreiben ist eher von dem Verlangen nach ‚Heimat' als einem „identitätsgewähr-enden Lebensraum" (Friedrich Fürstenberg) geprägt.[54] In *Lisa's Liebe* gibt es eine Metapher für diesen ‚Raum'. Das Buch, dessen Handlung sich letztlich um die Einsamkeit der neununddreißigjährigen Lehrerin Lisa Liebich dreht, beschreibt das fehlende Gleichgewicht in Lisas Verhältnis zu der sie umgebenden Welt. Das äußert sich zum Beispiel in ihrem Mangel an Distanz, wie im Falle ihrer Liebe zu Dr. Karl Adrian, dem Arzt in ihrem Dorf, den sie kaum kennt, aber auf den sie ihre Glücksvorstellung projiziert. Das kann auch ein zuviel an eigener Welt sein, die sich allerdings nur zögernd und zunächst kaum bewusst im Schreiben artikuliert. Bezeichnend dafür ist die Vorstellung vom „idealen Ort", den Lisa eine halbe Autostunde von ihrem Dorf entfernt

---

52   Steeruwitz 1998: 20.
53   Ebenda: 21.
54   Ebenda: 194.

gefunden haben will.[55] „An dieser Stelle war nichts zerstört" lautet der Kommentar und lässt vermuten, dass dies ein Ort für Lisa ist, an dem sie sich im Einklang mit ihrer Umgebung fühlen kann: „An einem Bach setzte sie sich auf einen Felsbrocken und sah dem Wasser zu."[56] Der ideale Ort als Metapher für den Ort der Kunst? Oder, anders gefragt: Bietet die Kunst eine Lösung für den Konflikt, den Marlene Streeruwitz in ihrer Poetik entwirft?

In ihren Poetikvorlesungen findet sich der Versuch, eine eigenständige weibliche Identität im literarischen Text und in der Sprache zu entwickeln. Gleichzeitig ist sie sich des Anspruchs, den sie damit an die Kunst stellt, insoweit bewusst, als sie einen solchen Ausdruck für unwahrscheinlich hält. Die Vorstellung bleibt daher widersprüchlich; sie will kritisieren und ist zugleich mystifizierend. Das hängt mit den immer auch präsenten christlich-abendländischen Glaubensmustern zusammen, die hier aber am ehesten noch als Sehnsucht nach Harmonie in der Transzendenz – der ästhetischen –, der Entgrenzung des Subjekts vom Realen zu verstehen ist. Die tiefere Dimension des Glaubens, die Sehnsucht nach Erlösung, ist bei Streeruwitz indes immer zu vergegenwärtigen, was sicherlich mit ihrer eigenen Biografie zu tun hat. – Interessant ist im übrigen, dass die Autorin ihre eigene Biografie dort ins Spiel bringt, wo sie der Argumentation für ihre literarische Konzeption dient. In dem Gespräch mit Claudia Kramatschek heißt es dazu nicht ganz unbescheiden: „Es gibt nach wie vor überhaupt nur diese über die Persönlichkeit der Autorin sich ins Weibliche entpersönlichende Leseform für Frauen."[57]

Marlene Streeruwitz wuchs auf einem Bauernhof in der Steiermark in einer katholisch geprägten Umgebung auf, in der auch archaisch-heidnische Züge stark gegenwärtig waren. Das habe dazu geführt, dass sie als Fünfjährige bereits Märtyrerin werden wollte.[58] Darauf, so berichtet sie in den Tübinger Vorlesungen, seien auch ihre ersten Gedichte ausgerichtet gewesen. Sie kommentiert dies mit der Feststellung, dass sie in ihrer ganzen Erziehung „auf Sehnsucht programmiert" gewesen sei, auf „Selbstaufgabe".[59] Ob die tiefere religiöse Erfahrung, die Streeruwitz damit verbindet, sich tatsächlich auch so objektivieren lässt, wie sie es im Gespräch mit Kramatschek

---

55   Streeruwitz 2000: 35.
56   Ebenda.
57   Kramatschek 2002: 35.
58   Vgl. Streeruwitz 1997: 14.
59   Ebenda: 15.

tut, ist anzuzweifeln. Marlene Streeruwitz jedenfalls will im Bild des „ersten Vaters" dem Gottvater begegnen, dessen Geschichte die unsere vorwegnehme. Dem will Streeruwitz Widerstand bieten:

> Es war [lies ‚es galt', Y.D.] der Geschichte des ersten Vaters und des in ihr transportierten, aber nie preisgegebenen Geheimnisses mit der Suche nach einem eigenen Geheimnis zu entkommen. […] Es war die Sprache zu zersplittern und daraus einen neuen, einen anderen Glanz zu retten. Und. Es ging darum Mittel der Beschreibung dieser Vorgänge und der Abgrenzung zu finden. Die Grenzsetzung zwischen mir, dem Text und der Welt.[60]

Der ideale Ort

Ihr Ansatz – wie feministisch und zeitkritisch er oberflächlich auch erscheinen mag – ist mit seinem an Lord Chandos und Wittgenstein erinnerndem Sprachzweifel im Grunde der Moderne verhaftet. Dem entspricht auch ihre Suche nach Identität in der Sprache. Heimat – Streeruwitz' Adaption und Weiterführung des Heimat-motivs kann als Variation auf dieses Thema gesehen werden. Den reinsten Ausdruck dieser, im Grunde dem utopischen Denken verhafteten, Autorposition findet die Vorstellung von Heimat in der Metapher des unberührten Bergs, den die Schauspielern Elizabeth Maynard in dem Theaterstück *Ocean Drive* (1994) in den Alpen kauft. Dieser Ort, „eine Idylle in Weiß und Himmelblau",[61] ist – ebenso wie der ‚ideale Ort' in *Lisa's Liebe* – ein Platz, an dem das Ich sich auf sich selbst zurückziehen kann. Die Natur dient hier im Idealfall als Ort, an dem die Einheit zwischen der inneren und der äußeren Welt – in diesem durchaus romantischen Sinn – erfahren werden kann. Maynard ist, genau wie Lisa Liebich, auf der Suche nach dem ‚idealen Ort'. Eine Art Paradies in gewisser Weise, in der das Ich sich in Überein-stimmung mit der Natur befindet. In dem es in der Landschaft aufgeht, mit ihr verschmilzt und so zur Einheit mit der Welt findet. Elizabeth im Sonnenstuhl auf dem Gipfel ihres Berges, auf dem sie sich mit dem Journalisten Leonard Persival trifft: „Viel höher kann man nicht. Leider."[62] Das klingt auch wie der Versuch einer Transzendenz ins himmlische Jenseits über uns. „Aber finden Sie nicht. Es ist so. So unberührt. Man kann es nicht anders nennen. Unberührt. Und einsam.

60   Streeruwitz 1998: 55.
61   Streeruwitz 1994: 8.
62   Ebenda: 13.

Als wäre man allein. Auf der Welt.“[63] Und auf seine ironische Frage, welchen Film sie da drehen wolle, antwortet sie irritiert und entrüstet: „Aber. Mein Lieber. Das hier Das kann man nicht. Wie wollten Sie das. Das ist. Heilig ist das. – Das kann man nicht. Wie wollten Sie das. Diese Ruhe. Diese Einsamkeit. Diese Majestät.“[64] Ganz entfernt erinnert das – ironisch verpackt – an Friedrich Schillers Definition der Natur als moralischer Größe, die er der Kunst beziehungsweise der Kultur gegenüberstellte. Unser Wohlgefallen an ihr wäre kein eigentlich ästhetisches, sondern ein moralisches, in dem zugleich eine Sehnsucht nach der ursprünglichen Übereinstimmung mit der Natur zum Ausdruck kommt. Aber schon Schiller räumt ein, dass „[u]nser Gefühl für die Natur […] der Empfindung des Kranken für die Gesundheit [gleicht]“, dass wir, mit anderen Worten, nur unserer Vorstellung folgen, wenn wir über Natur reden.[65] Ob die Lösung, die Marlene Streeruwitz Elizabeth Maynard offerieren lässt, soviel mehr Grund zur Hoffnung auf Erlösung bietet, sei dahingestellt. Entscheidend ist die Tatsache, dass es hier letztlich um einen der Grundkonflikte des modernen Individuums geht, für die Marlene Streeruwitz ungeachtet aller postmodernen Attitüde die Lösung in der Sublimierung des Alltäglichen in der Literatur, in der Kunst sucht.

> Elizabeth Maynard: Der Alltag. Der Alltag. Das ist doch das Allerschwerste. Wenn man den Alltag nicht in ein. In ein Paradies verwandeln kann. Dann hat man es nicht. – Verstehn Sie nicht?[66]

---

63   Ebenda.
64   Ebenda.
65   Schiller 1962: 431.
66   Streeruwitz 1994: 88.

Abb. 3: Seite 27 aus der ersten Folge
von Marlene Streeruwitz' *Lisa's Liebe*

280

Literaturverzeichnis

Bal, Mieke. 1999. *Quoting Caravaggio: Contemporary Art, Preposterous History*. Chicago, London: Univ of Chicago Press.

Barthes, Roland. [4]1976. *Mythen des Alltags*. Übers. v. H. Scheffel. Frankfurt/M.: Suhrkamp. (Original: *Mythologies*, Paris 1957).

Baumgartl, Annette. 1998. ',,Poetik des Schweigens." Marlene Streeruwitz' Prosa.' In: Stadt- und Universitätsbibliothek Frankfurt/M. (Hrsg.): *Marlene Streeruwitz*. Begleitheft zur Ausstellung der Stadt- und Universitätsbibliothek Frankfurt/M. 14.1 bis 20.2.1998. Frankfurt/M.: 61-65.

Bürger, Christa (Hrsg.). 1987. *Postmoderne: Alltag, Allegorie und Avantgarde*. Frankfurt/M.: Suhrkamp.

Burnett, Ron. 1995. *Cultures of Vision: Images, Media, and the Imaginary*. Bloomington, Indianapolis: Indiana University Press.

Donnenberg, Josef: *Heimatliteratur in Österreich nach 1945 – rehabilitiert oder antiquiert?* In: Polheim 1989: 39-68.

Eco, Umberto: *Critique of the Image*. In: Burgin, V. (Hrsg.): *Thinking Photography*. London, Basingstoke: Macmillan Press: 32-38.

Fehér, Ferenc. 1987. 'Der Pyrrhussieg der Kunst im Kampf um ihre Befreiung. Bemerkungen zum postmodernen Intermezzo.' In: Bürger 1987: 13-33.

Fürstenberg, Friedrich. 1989. *Die soziale Vermittlung von Heimat*. In: Polheim 1989: 193-206.

Gelfert, Hans-Dieter. 2000. *Was ist Kitsch?* Göttingen: Vandenhoeck & Ruprecht.

Genette, Genette. 2001. *Paratexte. Das Buch vom Beiwerk des Buches*. Übersetzt von Dieter Hornig. Frankfurt/M.: Suhrkamp. (Original: *Seuils*, Paris 1987)

Hakker, Doja / Höbel, Wolfgang. 1996. '"Daisy Duck hat gesiegt". Marlene Streeruwitz über ihren Roman "Verführungen", die Arbeit am Theater und feministische Heldinnen.' In: *Der Spiegel 11*: 260-263.

Hutcheon, Linda. 1980. *Narcissistic Narrative. The Metafictional Paradox*. New York, London: Methuen.

Huyssen, Andreas. 1997. *Postmoderne – Eine amerikanische Internationale?* In: Huyssen/Scherpe [5]1997: 13-44.

Huyssen, Andreas / Scherpe, Klaus R. (Hrsg.). [5]1997. *Postmoderne. Zeichen eines kulturellen Wandels*. Reinbek bei Hamburg: Rowohlt Taschenbuchverlag.

Klüger, Ruth. 1996. *Von hoher und niedriger Kultur*. Göttingen: Wallstein Verlag.

Kramatschek, Claudia. 2002. 'Das Jetzt der Existenz. Gespräch mit Marlene Streeruwitz.' In: *neue deutsche literatur 5*: 24-46.

Kunne, Andrea. 1991. *Heimat im Roman: Last oder Lust? Transformationen eines Genres in der österreichischen Nachkriegsliteratur*. Amsterdam, Atlanta: Rodopi.

Mitchell, W.J.T.. 1994. *Picture Theory: Essays on Verbal and Visual Representation*. Chicago, London: University of Chicago Press.

Owens, Craig. 1997. *Der Diskurs der Anderen – Feministinnen und Postmoderne*. In: Huyssen/Scherpe [5]1997: 172-195.

Polheim, Karl Konrad (Hrsg.). 1989. *Wesen und Wandel der Heimatliteratur. Am Beispiel der österreichischen Literatur seit 1945. Ein Bonner Symposion*. Bern, Frankfurt/M., NY, Paris: Lang.

Rossbacher, Karlheinz. 1975. *Heimatkunstbewegung und Heimatroman. Zu einer Literatursoziologie der Jahrhundertwende*. Stuttgart: Klett.

Sanders, Hans. 1987. *Postmoderne. Alltäglichkeit als Utopie*. In: Bürger 1987: 72-83.

Schiller, Friedrich. 1962. *Schillers Werke. Nationalausgabe*. Band 20: *Philosophische Schriften*, Teil 1. Unter Mitwirkung von Helmut Koopmann hrsg. von Benno von Wiese. Weimar: Böhlau.

Sebald, W.G.. 1991. *Unheimliche Heimat. Essays zur österreichischen Literatur*. Salzburg, Wien: Residenz.

Sobchack, Vivian. 1992. *The Address of the Eye: A Phenomenology of Film Experience*. Princeton: Princeton University Press.

Spaich, Herbert (Red.). 1985. 'Kitsch oder „Suche ist ein Abenteuer". Die Diskussion der Vorträge im Rahmen des Internationalen Kornhaus-Seminars „Kitsch als soziales Produkt".' In: Pross, Harry (Hrsg.): *Kitsch. Soziale und politische Aspekte einer Geschmacksfrage*. München: List: 141-154.

Streeruwitz, Marlene. 1992. 'Passion. Devoir. Kontigenz. Und keine Zeit.' In: *Theater heute*. Jahrbuch 1992: 28-31.

Streeruwitz, Marlene. 1994. *Ocean Drive. Ein Stück*. Frankfurt/M.: Suhrkamp.

Streeruwitz, Marlene. 1997. *Sein. Und Schein. Und Erscheinen. Tübinger Poetikvorlesungen*. Frankfurt/M.: Suhrkamp.

Streeruwitz, Marlene. 1998. *Können. Mögen. Dürfen. Sollen. Wollen. Müssen. Lassen. Frankfurter Poetikvorlesungen*. Frankfurt/M.: Suhrkamp.

Streeruwitz, Marlene. 1999. *Nachwelt*. Frankfurt/M.: Fischer.

Streeruwitz, Marlene. 2000. *Verführungen*. Frankfurt/M.: Suhrkamp. (Erstveröffentlichung 1996)

Streeruwitz, Marlene. 2000. *Lisa's Liebe. Romansammelband*. Frankfurt/M.: Fischer Taschenbuchverlag. (Erstveröffentlichung Frankfurt/M.: Suhrkamp 1997).

Streeruwitz, Marlene. 2002. *Partygirl*. Frankfurt/M.: Fischer.

Wolf, Herta. 2002. *Paradigma Fotografie. Fotokritik am Ende des fotografischen Zeitalters*. Frankfurt/M.: Suhrkamp.

Henk Harbers

DIE ERFINDUNG DER WIRKLICHKEIT
EINE EINFÜHRUNG IN DIE ROMANWELT VON CHRISTOPH RANSMAYR

In Christoph Ransmayrs literarischen Werken verschwinden am Ende die Romanhelden aus der Welt. Manchmal wird eindeutig dargestellt, dass sie sterben, manchmal bleibt das etwas in der Schwebe. Aber nüchtern betrachtet, ist es in allen Fällen klar: Sie gehen in den Tod. In den meisten Fällen scheinen sie diesen Tod bewusst gesucht zu haben. Mehr noch, sie scheinen erst in diesem Tod so etwas wie eine eigene Identität zu finden.

Was ist das für eine Welt, die hier dargestellt wird? Wie kann man diese Werke verstehen? Sind sie am Ende des zwanzigsten Jahrhunderts eine Neuauflage von morbider *Fin de Siècle*-Literatur, in der die einzige Antwort auf eine als sinn- und zusammenhanglos erfahrene moderne Zivilisation eine Ästhetisierung von Tod und Untergang ist? In einem Band über österreichische Literatur könnte man geradezu versucht sein, hier ein typisches Charakteristikum österreichischer Literatur zu sehen: Untergangs- und Todesstimmung. Vielleicht mag so etwas für die erste Hälfte des zwanzigsten Jahrhunderts im Zusammenhang mit dem Untergang der österrreichisch-ungarischen Doppelmonarchie eine gewisse Plausibilität haben, für das Werk von Ransmayr aber scheint mir eine deutliche Verwandtschaft mit gewissen Tendenzen aus der ganzen deutschsprachigen Literatur um die achtziger Jahre viel eher auf der Hand liegen. In vielen Texten kommt in diesen Jahren eine starke Untergangsstimmung, ein apokalyptisches Denken zum Ausdruck. Um nur einige Beispiele zu nennen: Hans Magnus Enzensbergers Langgedicht *Der Untergang der Titanic* (1978), Christa Wolfs Erzählungen *Kein Ort. Nirgends* (1979) und *Kassandra* (1983), Günter Grass' Roman *Die Rättin* (1986). Die Ursachen dafür sind in Ost und West teils dieselben: die neue Welle atomarer Aufrüstung im kalten Krieg und ein zunehmendes ökologisches Bewusstsein, teils verschiedene: die Enttäuschung nach der Politisierung durch die 68er Bewegung im Westen, die Folgen der Biermann-Affäre im Osten. Ransmayrs Werk ist unverkennbar ein Teil dieser von Untergangsvisionen bestimmter

Literatur – und hat zugleich ganz eigene Charakteristiken. Eines der auffälligsten ist das postmoderne Verwirrspiel von Wirk-lichkeit und Fiktion. Viele Reaktionen auf das Werk von Ransmayr zeigen gerade hier eine gewisse Ambivalenz: Man findet es eindrucksvoll, faszinierend, gut geschrieben, aber zugleich bleibt man ein wenig ratlos zurück. Gibt es eigentliche eine tiefere Bedeutung – oder ist alles letzten Endes doch nur ein postmodernes, ästhetisches Spiel? In seiner Rezension zu Ransmayrs bisher letztem Roman, *Morbus Kitahara*, nennt Ulrich Greiner das Buch eine „Mythos-Maschine", die unablässig Bedeutung produziere – aber nur um des ästhetischen Reizes willen. Die Rezension endet mit den Sätzen:

> Der ganze Aufwand, den das Buch treibt, gemahnt an jenen Mann, der den Eiffelturm noch einmal mit Streichhölzern erbaute, so daß jedermann sagte: Grandios, wer macht ihm das nach? Und jedermann im Stillen sich fragte: Wozu?[67]

Im Folgenden werde ich versuchen, einige Konstanten im Bedeutungsreichtum der Ransmayrschen Werke aufzuzeigen – ohne damit eine gewisse Lesart festlegen oder den Anschein wecken zu wollen, die Interpretationsmöglichkeiten auch nur annähernd erschöpft zu haben.

Christoph Ransmayr wurde 1954 in Oberösterreich geboren und wuchs auf in Roitham bei Gmunden am Traunsee. Er besuchte das Stiftsgymnasium in Lambach und studierte von 1972 bis 1978 Philosophie und Ethnologie an der Universität Wien. Von 1978 bis 1982 war er Kulturredakteur der Wiener Monatszeitschrift *Extrablatt* und freier Mitarbeiter bei verschiedenen bundesdeutschen Zeitschriften. Seit 1982 ist er freier Schriftsteller. Das literarische Werk Ransmayrs umfasst bis jetzt vier Texte. 1982 erschien die Erzählung *Strahlender Untergang*, in einem Bändchen mit Photographien von Willy Puchner. Der Text blieb lange fast unaufgemerkt, bis er nach dem Erfolg der Romane Ransmayrs bei Fischer neu aufgelegt wurde. Einige Bekanntheit erlangte Ransmayr mit seinem ersten Roman, *Die Schrecken des Eises und der Finsternis*, aus dem Jahre 1984. Der zweite Roman, *Die letzte Welt* (1988), wurde dann zum Welterfolg – und ist inzwischen auch Gegenstand einer umfassenden literaturwissenschaftlichen Forschung geworden.[68] 1995 erscheint sein bisher letzter Roman, *Morbus Kitahara*. Bei der Analyse der literarischen

---

67   Greiner 1995.
68   Vgl. Fröhlich 2001: 175-195.

Werke Ransmayrs werde ich mit dem Roman anfangen, der seinen literarischen Ruhm begründet hat: *Die letzte Welt*. In diese Analyse werde ich dann die früher erschienenen Werke einbeziehen, um schließlich den Blick auf seinen letzten Roman zu richten. *Die letzte Welt* ist ein Spiel mit einem anderen Werk aus der Weltliteratur: mit Ovids *Metamorphosen*. Ursprünglich sollte Ransmayr eine neue Übersetzung von Ovids Werk schreiben, aber schon bald wurde ein eigener Roman daraus. Ausgangspunkt für die Romanhandlung wurde Ovids Verbannung durch Kaiser Augustus. Aus historisch nicht mehr eindeutig rekonstruierbaren Gründen wurde der erfolgreiche Dichter Ovid im Jahre 8 n.Chr. – er war 51 Jahre alt – aus dem luxusverwöhnten Rom nach dem unwirtlichen Tomis am Schwarzen Meer (dem heutigen Konstanza in Rumänien) verbannt – und musste da bis an sein Lebensende bleiben. Die Hauptfigur im Roman von Ransmayr ist Cotta, eine Person aus dem früheren Freundeskreis um Ovid. Cotta verlässt Rom, nachdem er das Gerücht von Ovids Tod gehört hat. Er will versuchen, wenn möglich Ovid selber zu finden, aber vor allem will er den Text der *Metamorphosen* finden und sicherstellen. Das Manuskript hatte Ovid nämlich (im Roman Ransmayrs) aus Protest gegen die Verbannung noch in Rom verbrannt.

Cotta kommt nach einer schweren Schiffsreise in Tomi (so heißt der Ort bei Ransmayr) an. Tomi ist ein düsteres Städtchen, wo die Bewohner insbesondere von der Gewinnung von Eisenerz leben. Tomi zeigt, wie alles in dieser Umgebung, deutliche Zeichen des Verfalls; die ‚eiserne Stadt' rostet langsam dahin. Im Laufe des Romans stellt sich heraus, dass Tomi bewohnt wird von Figuren, die fast alle irgendwie aus Ovids *Metamorphosen* stammen. Cotta entdeckt, dass Ovid irgendwann Tomi verlassen hat und nach Trachila, einem einsamen Dorf in den Bergen über Tomi, gezogen ist, und macht sich auf den Weg dahin. Trachila ist inzwischen völlig verlassen, nur Pythagoras – bei Ransmayr der Knecht Ovids, in den *Metamorphosen* der Philosoph, der eine wichtige Rolle im letzten Kapitel spielt – lebt da noch. Dieser sammelt hier Steine und Stofffetzen, die mit Textbruchstücken (aus den *Metamorphosen*) beschrieben sind.

Inzwischen wird erzählt, wie unten in Tomi Filme gezeigt werden – die auch wieder Geschichten aus den *Metamorphosen* zum Inhalt haben. Zugleich erfährt der Leser die Vorgeschichte der Verbannung: Ovid, der sich mit seinem frivolen literarischen Werk bei der römischen Behörde ohnehin schon verdächtig gemacht hatte, hat bei der festlichen Eröffnung einer neuen Arena eine Rede gehalten, die er nicht mit der vorgeschriebenen Anrede an den Kaiser anfing, sonder schlicht und einfach mit den Worten „Bürger von Rom",[69] und in der er die Bevölkerung Roms als ein Volk von fleißigen aber auch gehorsamen und beherrschbaren Ameisen kennzeichnete.

Oben in Trachila wird Cotta aus dem schon etwas senilen Pythagoras nicht viel klüger (er weiß immer noch nicht, ob Ovid nun tot ist oder nur in den Bergen verschwunden ist) und kehrt nach Tomi zurück. Dort wird er mit der Zeit ein akzeptierter Einwohner; er lernt – und mit ihm der Leser – mehrere Mitbewohner kennen: Echo, die Stadthure, die ihm die Geschichten erzählt, die sie von Ovid gehört hat und mit der er sich anfreundet; Arachne, die die Geschichten Ovids in ihre Teppiche webt; die Ladenbesitzerin Fama, deren Sohn Battus süchtig wird nach den Projektionen eines Epidiaskops und dann versteinert; Cottas Vermieter Lycaon, der nachts heimlich ein Wolfsfell anzieht und sich am Ende des Romans (höchstwahr-scheinlich) in einen Wolf verwandelt; Thies, der Deutsche mit Auschwitz-ähnlichen Erfahrungen; Tereus, der Schlächter. Alle sind zugleich Figuren aus den *Metamorphosen*.

Auch in Ransmayrs Roman finden alle möglichen Verwandlungen statt: Je mehr der Roman sich dem Ende nähert, desto mehr sieht die Welt Tomis der Welt der *Metamorphosen* ähnlich. Die grässliche Geschichte von Tereus, die hier am Ende erzählt wird, stammt sogar fast buchstäblich aus Ovids Text: Tereus hat früher die Schwester seiner Frau vergewaltigt und ihr die Zunge ausgeschnitten; diese Frau kehrt zurück, und aus Rache ermorden sie und ihre Schwester Itys, das Kind von Tereus; wenn dieser die beiden mit einer Axt verfolgt, verwandeln sich alle drei in Vögel.

Cotta besucht noch einmal Trachila, in einem letzten Versuch, Ovid und dessen Buch zu finden. Das Dorf ist nun fast völlig durch eine Lawine zerstört. In einer Art Halluzination glaubt Cotta einen Augenblick, dass er Ovid und Pythagoras sieht – aber es sind nur Steine und ein Baumstamm. Cotta sammelt Stofffetzen mit Ovid-Texten und kehrt zurück nach Tomi. Da versucht er vergeblich, die Textfragmente zu ordnen. Durch den außerordentlich warmen Sommer – auch das Klima ändert sich – fängt die Natur an, alles zu überwuchern; Tomi verfällt mehr und mehr. Am Ende des Romans, am letzten Morgen, ist plötzlich ein neues Küstengebirge entstanden,

---

69 Ransmayr 1988: 60. Im folgenden stehen die Seitenangaben nach dieser Ausgabe im Haupttext.

mit schneebedeckten Gipfeln. Diese Geschehnisse wurden alle schon beschrieben auf den Stofffetzen, die Cotta eingesammelt hatte, auch der Name des neuen Gebirges: *Olymp*. Literatur wird ‚Wirklichkeit', ‚Wirklichkeit' wird Literatur. Cotta hängt sich die beschrifteten Stofffetzen um und geht zum letzten Mal ins Gebirge, seinem unvermeidlichen Tod entgegen. Er geht nun endgültig den Weg Ovids, auf der Suche nach der letzten Inschrift, die er noch entdecken muss, eine kurze Inschrift, aus nur zwei Silben bestehend. Diese Silben ruft Cotta in der Stille gegen die Berge, und wenn das Echo zurückhallt, ruft er: *hier!* (Ransmayr 1988: 288; Hervorhebung im Original) Das Echo trägt seinen eigenen Namen.

Es ist beim Lesen des Romans von Anfang an klar, dass Ransmayr keinen historischen Roman schreiben wollte. Die Romanhandlung spielt sich um 18 n.Chr. ab, aber es fahren Busse, Filme werden gezeigt, in Rom erscheinen Zeitungen, Ovid spricht in Mikrophone, und mit den historischen Tatsachen und den Figuren aus Ovids *Metamorphosen* wird sehr frei umgegangen. Kurz, Ransmayr vermischt bewusst die Zeiten, um so den Anschein von Zeitlosigkeit zu vermitteln und den Eindruck zu erwecken, dass hier eine für alle Zeiten gültige Geschichte erzählt wird.

In der Forschung sind inzwischen viele Aspekte des Romans ausgeleuchtet worden: die kulturkritische Tendenz des Romans, die in der Darstellung des Augustäischen Machtsystems und in der Verarbeitung von Mythen zum Ausdruck komme; das postmoderne Verwirrspiel von Literatur und Wirklichkeit; die philosophischen Grundlagen – wobei die Nähe zu Gedankengängen von Schopenhauer, Nietzsche, Adorno und Derrida genannt wird.[70] Ich möchte hier vor allem den kulturkritischen Interpretationsansatz aufgreifen – um von da aus auch die philosophischen und metafiktionalen Aspekte kurz zu beleuchten. Im Roman *Die letzte Welt* gehen, so könnte man sagen, gesellschafts- und autoritätskritisches Denken im Stil von Adorno und Foucault eine komplexe Verbindung mit einer Faszination für den Untergang ein. Diese Komplexität lässt sich erst begreifen, wenn man die zwei Alternativen, die der Roman für eine bürokratische und autoritäre Gesellschaft bereit hält, miteinander verbindet. Die eine Alternative heißt ‚Kunst', die andere ‚Natur'.

Gleich am Anfang des Buches, als Cotta erfahren hat, dass Ovid sich in die Berge, nach Trachila, zurückgezogen hat, macht sich Cotta

---

70 Für eine aktuelle Übersicht vgl. auch Fröhlich 2001: 39-42.

auf den Weg dorthin und findet da beschriftete Stofffetzen und beschriftete Steine mit Zeilen aus den *Metamorphosen*. Zwei solcher Bruchstücke werden ausdrücklich genannt; beide stammen aus dem letzten Buch der *Metamorphosen*. Auf einem Stofffähnchen steht der zentrale Satz aus der großen Rede des Pythagoras im 15. Buch: „Keinem bleibt seine Gestalt" (Ransmayr 1988: 15). Und auf Steinen stehen – etwas verkürzt – die allerletzten Sätze aus den *Metamorphosen*: jene, die davon sprechen, dass der Autor ein unzerstörbares Werk vollendet hat. Diese letzten Sätze werden vom Roman selber sowohl widerlegt als auch bestätigt. Widerlegt, weil hier das konkrete Werk sehr wohl zerstörbar ist: Ransmayrs Ovid hat – im Gegensatz zum historischen Ovid – in Rom, vor der Abreise, die einzige Kopie verbrannt. Was bei Ransmayr noch vom Text übrig ist, sind lose, vom Knecht Pythagoras gesammelte Bruchstücke, die Cotta am Ende vergeblich zu ordnen versucht, oder Steininschriften, die schon von der wuchernden Natur überdeckt werden. Zugleich aber werden diese letzten Sätze in einem höheren Sinne bestätigt: weil nämlich die Welt in Tomi mehr und mehr zur Welt der *Metamorphosen* wird, so dass der zentrale Satz „Keinem bleibt seine Gestalt" hier fortwährend Wirklichkeit wird.

In einer Rezension von *Die letzte Welt* hat Salman Rushdie im statischen Prinzip den von Tyrannen bevorzugten Mythos gesehen, im Prinzip der Verwandlung dagegen die treibende Kraft der Kunst.[71] Ob das immer und für alle Kunst zutrifft, mag dahingestellt bleiben; auf jeden Fall hat Rushdie damit einen zentralen Gegensatz in Ransmayrs Buch getroffen. Denn was interessiert Cotta so an Ovid und dessen Werk, dass er zum „Staatsflüchtigen" (Ransmayr 1988: 125) wird und sich ohne die Zustimmung des römischen Machtapparates auf die Suche nach ihnen begibt? Natürlich ist da auch eine gewisse Ruhmsucht im Spiel: „[...] er, *Cotta*, würde . . . die Anerkennung für die Wiederentdeckung einer großen Poesie fordern" (ebenda: 147; Hervorhebung im Original). Aber schon während der Reise wird ihm bewusst, dass er „diese Reise wie alles, was er bisher in seinem Leben getan hatte, aus Langeweile unternahm". (Ebenda) Überdruss an einer durchorganisierten Zivilisation, Unbehagen in der Kultur – das ist es, was Cotta treibt:

> Cotta war einer von vielen: In diesen Jahren der augustäischen Herrschaft verließen immer mehr Untertanen und Bürger Roms die Metropole, um der

---

71   Rushdie 1991: 291-293.

Apparatur der Macht zu entgehen, der allgegenwärtigen Überwachung, den Fahnenwäldern und dem monotonen Geplärre vaterländischer Parolen; manche flohen auch vor der Rekrutierung oder bloß vor der Langeweile eines bis in die lächerlichsten Pflichten vorgeschriebenen Staatsbürgertums.

Weitab von der Symmetrie eines geordneten Lebens suchten sie irgendwo an den verwildernden Grenzen des Imperiums nach ihrer Selbstbestimmung oder auch den Bildern einer romantischen Phantasie, vor allem aber nach einem Leben ohne Aufsicht. (ebenda: 124f.)

Deswegen also sucht Cotta Ovid und dessen Buch. Ovid wird bei Ransmayr zum dissidenten Dichter, die *Metamorphosen* werden zum dissidenten Buch stilisiert. Und auf der anderen Seite wird die zivilisierte Welt Roms als ein bürokratisch-totalitärer Staatsapparat beschrieben:

Allein der Titel dieses Buches war in der Residenzhauptstadt des Imperators Augustus eine Anmaßung gewesen, eine Aufwiegelei in Rom, wo jedes Bauwerk ein Denkmal der Herrschaft war, das auf den Bestand, auf die Dauer und Unwandelbarkeit der Macht verwies. (ebenda: 43f.)

In Tomi sieht Cotta in einem Karnevalsumzug Bilder aus den *Metamorphosen* auftauchen, und er weiß wieder: „[...] war es nicht Naso gewesen, der mit seinen Elegien, mit seinen Erzählungen und Dramen wieder an das Vergessene gerührt und das zum Staat verblaßte Rom an archaische, unbändige Leidenschaften erinnert hatte?" (ebenda: 93) Hier, in Tomi, ist der Mythos noch lebendig; in Rom ist er längst „zu Denkmälern und Museumsstücken erstarrt" (ebenda: 94). Ransmayr setzt in seinem Rom als dem „Reich der Notwendigkeit und der Vernunft" (ebenda: 287) Vernunft und totalitäre Herrschaft gleich. Als Alternative bleibt nur die Kunst: und zwar solche Kunst, die den Mythos zum Inhalt macht. Ransmayrs Roman lässt sich auf diese Weise lesen als eine Auseinandersetzung mit dem seit der Romantik wohlbekannten Thema: Kunst und Mythos gegen die bürgerliche Gesellschaft, gegen Vernunft und Vernunftherrschaft.

Die Welt der Kunst ist im Roman nicht die einzige Alternative zu der Machtwelt Roms. Es gibt zumindest noch ein zweites, ähnlich wichtiges und zentrales Gegensatzpaar: den Gegensatz zwischen der Zivilisation (Rom) einerseits und andererseits der ungebändigten Natur (Tomi). Nachdem Cotta ziemlich impulsiv Rom verlassen hat, merkt er schon auf dem Schiff, was es bedeutet, die Bequemlichkeiten eines zivilisierten Lebens aufzugeben. Nun wird es ernst; er gerät in einen Sturm, und schon bald bedauert er, aus Rom weggegangen zu sein:

> Aber wie schwierig wurde es, der Wut des Wassers ausgesetzt zu sein und
> sich dabei den Überdruß an der luxuriösen Behaglichkeit und Sicherheit einer
> römischen Existenz auch nur vorzustellen [...] und schließlich schrumpfte
> jeder Grund, die Pracht Roms zu verlassen, zur Bedeutungslosigkeit. (ebenda:
> 147f.)

Nicht zufällig wird sofort nach diesen Erinnerungen an den Entschluss, Rom zu verlassen, und an die Überfahrt nach Tomi die Geschichte von der Vergewaltigung Echos durch Cotta erzählt. Zwischen Cotta und Echo, der „Dorfhure" (ebenda: 123), entsteht allmählich so etwas wie eine wirkliche Freundschaft. Aber dann muss Cotta in diesem Tomi, wo das Leben härter, wilder und barbarischer ist als in Rom, erfahren, dass er auch „nicht anders als ein Viehhirt oder Erzkocher der eisernen Stadt war": nur „einer von vielen und roh wie die meisten" (ebenda: 150). Wer der Zivilisation den Rücken kehrt, begibt sich nicht in irgendeine bukolische Idylle, sondern in ein übermächtiges Naturgeschehen, eine unbarmherzige Welt, wo alles auf Untergang angelegt ist.

Tomi ist die eiserne Stadt, entsprechend der letzten, der eisernen Zeit aus dem Anfang von Ovids *Metamorphosen*, einer Zeit des Frevels, des Lasters, des Krieges. In dieser Welt lebt in den *Metamorphosen* Lykaon, der von Jupiter in einen Wolf verwandelt wird, weil er ihm Menschenfleisch vorgesetzt hat. In Tomi hingegen ist Lykaon derjenige, bei dem Cotta zur Miete wohnt. Er verwandelt sich allmählich in einen Wolf und macht damit sinnfällig, was im Laufe des Geschehens stets deutlicher hervortritt und schließlich in der schrecklichen Geschichte von Tereus und Philomela kulminiert: Hier gilt das von Thies, dem Totengräber (Thies = Dis = Pluto, Gott der Unterwelt), dem Deutschen, der Auschwitz-ähnliche Erfahrungen gemacht hat, ausgesprochene Gesetz: *homo homini lupus*, „der Mensch ist dem Menschen ein Wolf" (ebenda: 266).

Die Welt Tomis ist eine letzte Welt auch insofern, als sie eine Welt des Untergangs ist. Die eiserne Stadt rostet; sie wird verfallen, wie Limyra, die Stadt der Kupferminen, unterging und wie Trachila, wo durch die Lawinen Silbererz sichtbar wird, schon lange zur Ruine zerfallen ist (offenbar wird hier angespielt auf die silberne, bronzene und eiserne Zeit aus dem Anfang der *Metamorphosen*). Durch die rätselhafte Klimaänderung überwuchert die Natur allmählich alles; große Lawinen bedrohen Tomi; ein Unwetter richtet große Zerstörungen an – bezeichnenderweise sofort, nachdem Echo ausführlich die Sintflutgeschichte von Deukalion und Pyrrha als

Weltuntergangsgeschichte Ovids nacherzählt hat. Und so könnte man versucht sein, *Die letzte Welt* auch als ein Lehrstück zur Philosophie von Thomas Hobbes zu lesen: entweder herrscht der Naturzustand, also das Prinzip des *homo homini lupus*, oder es gibt eine autoritäre Staatsgewalt.

So einfach macht es der Roman einem nicht. Denn die ‚letzte Welt‘, die dem Untergang geweihte Welt Tomis, ist, so wie Cotta sie erfährt, nicht einfach eine realistische Welt, sondern zeigt zunehmend phantastische Züge. Genauer gesagt: Sie wird zunehmend den von Ovid in den *Metamorphosen* erzählten mythischen Geschehnissen ähnlich. Es geht, wie es ganz am Ende heißt, um die „Erfindung der Wirklichkeit" (ebenda: 287). Folglich, so könnte man sagen, ist die hier beschriebene Welt gar keine reale Welt, sondern nur die Phantasiewelt der Kunst und des Mythos, die Welt der Erzählungen Ovids, in die Cotta sich in seinen Wahnvorstellungen immer mehr verstrickt. Cotta entflieht Rom, um die *Metamorphosen* zu suchen, und findet zwar nicht das Buch, aber eine Welt, die mit dem Buch immer mehr identisch wird. Damit hieße der Gegensatz also doch wieder eher ‚Kunst gegen Zivilisation‘ als ‚Natur gegen Zivilisation‘. Cotta verlässt die Welt Roms, um sich auf die Suche nach dem Kunstwerk zu begeben – und er wird zum Schluss Teil dieser Welt, der Kunst- und Mythenwelt. Eine ästhetische Existenz aus Unzufriedenheit mit dem Zivilisationsalltag, allerdings bezahlt mit einem Verlust an Wirklichkeit: Das ist eine seit der Romantik nicht unbekannte Form der (künstlerischen) Kritik des Bestehenden.

Es gibt tatsächlich zahlreiche Stellen im Text, die eine solche Interpretation zu stützen vermögen. Dabei spielt das Motiv des Verrücktwerdens ein zentrale Rolle. Schon als Cotta nach Echos Erzählung von der Weltvernichtung durch die Sintflut nachts das Unwetter wahrnimmt, weicht seine Wahrnehmung ganz offensichtlich von derjenigen der Bewohner Tomis ab: „[...] niemand wollte die Donnerschläge gehört oder auch nur ein Wetterleuchten gesehen haben. [...] Da habe er wohl schlecht geträumt, der Römer" (ebenda: 175). Und nach Battus' Versteinerung bekommt Cotta endgültig das Gefühl,

> [...] daß sein Ort weder in der eisernen noch in der ewigen Stadt lag, sondern daß er in eine Zwischenwelt geraten war, in der die Gesetze der Logik keine Gültigkeit mehr zu haben schienen, in der aber auch kein anderes Gesetz erkennbar wurde, das ihn hielt und vor dem Verrücktwerden schützen konnte. (ebenda: 220)

Cotta bekommt das Gefühl, „als ob alle seine gegenwärtigen und vergangenen Träume und Ängste in der Tiefe [des] grollenden Gebirges ihren Ursprung hätten. Das Innerste dieses Gebirges aber hieß Trachila." (ebenda: 223) Und Trachila, das heißt Ovid und seine *Metamorphosen*, sind die Welt des Mythos. Am Ende des Romans wacht Cotta morgens auf und sieht, dass aus ebendiesem Gebirge ein neuer Berg entstanden ist, ein schneegekröntes Massiv namens *Olymp*, und so begibt er sich, „erfüllt von einer Heiterkeit, die mit jedem Schritt wuchs und manchmal kichernd aus ihm hervorbrach" (ebenda: 286), auf den Weg zum neuen Berg. Er ist nun offensichtlich wahnsinnig geworden. Das Gefühl, verrückt geworden zu sein, beschlich ihn selber schon, als er in einer Art Halluzination den lebendigen Ovid wahrzunehmen glaubte (ebenda: 240). Nun, wo er sich, behängt mit den Stofffetzen, auf seinen letzten Weg ins Gebirge macht, ist er für die Bewohner Tomis ein klarer Fall: „Phineus [...] tippte sich an die Stirn, als er den Römer durch die Gassen gehen sah: Der war verrückt; der mußte verrückt geworden sein" (ebenda: 286). Die Kunst als letzter Trost, allerdings um den Preis des Verrücktseins, des Verlustes von Welt.

Also muss, so könnte man glauben, die Schlussfolgerung lauten, dass es in Ransmayrs Roman weder ausschließlich um die Alternative ‚Kunst oder Zivilisation', noch ausschließlich um die Alternative ‚Natur oder Zivilisation' geht, sondern dass hier die Kunst die Alternative für beides ist: sowohl für die rational-totalitäre Zivilisation Roms als auch für die barbarische Natur Tomis. So lautet auch etwa die interessante Interpretation, die Thomas Epple vorgeschlagen hat.[72] Sie hat, wie sich eben zeigte, viel für sich. Und trotzdem scheint auch sie nicht ganz zuzutreffen. Denn es kann ja nicht so ganz stimmen, dass die Kunst die Alternative für die barbarische Welt Tomis ist, wenn das Barbarische (Tereus) gerade selber den Inhalt der gesuchten Kunst ausmacht. Die wunderliche, sich verwandelnde Welt Tomis, die dem Buch Ovids immer ähnlicher wird, wird von Ransmayr auch nicht ausschließlich als Cottas subjektive Sicht der Dinge beschrieben, sie wird zugleich – in der Fiktion des Romans – als durchaus reale Welt dargestellt. Von Anfang an treten Elemente in Erscheinung, die oft aus den *Metamorphosen* stammen und die normale physikalische Welt sprengen. Das fängt schon beim Früchte tragenden Maulbeerbaum im Schnee an

---

72   Vgl. Epple 1990 und 1992.

(ebenda:15). Auch die ganze, völlig unnormale Klimaänderung gehört dazu, wie dann schließlich in aller Deutlichkeit die Versteinerung von Battus. Und all diese Ereignisse spielen sich nicht nur in Cottas Phantasie ab, sondern sind durchaus Teil der (fiktiven) Realität Tomis. Der versteinerte Battus muss von fünf Männern transportiert werden. Man versucht zwar, die Versteinerung noch halbwegs logisch zu erklären, aber sie bleibt beides zugleich: eine unübersehbare Tatsache und ein unerklärliches Wunder. Außerdem bleiben bei dieser Interpretation einige Dinge ungeklärt. Erstens das immer stärker den Roman beherrschende Bild vom Untergang der Menschheit, d.h. die Tatsache, dass die Verwandlung der Welt als eine Verwandlung zum Tode und in eine menschenleere Welt beschrieben wird. Warum muss eine ästhetische Existenz, warum müssen die Bilder des Mythos und der Kunst notwendig in Tod und Untergang enden? Und zweitens, unmittelbar damit verbunden, die Frage nach dem Schluss des Romans. In dessen letzten Zeilen sucht Cotta nur noch eine einzige Inschrift, die seinen eigenen Namen trägt. Am Ende, so wird uns suggeriert, findet Cotta wirklich zu sich selbst. Aber warum werden Selbstfindung und Untergang ineins gesetzt?

Solche Fragen scheinen nur beantwortbar, wenn man die beiden anfangs skizzierten Lesarten des Textes miteinander kombiniert. Natürlich ist die hier beschriebene Welt Tomis keine ‚realistische‘ Welt in einem alltäglichen Sinne. Und natürlich wird aus dem Weggang aus Rom ein Gang in die Welt der Kunst und der Phantasie:

> Aus Rom verbannt, aus dem Reich der Notwendigkeit und der Vernunft, hatte der Dichter die *Metamorphoses* am Schwarzen Meer zu Ende erzählt, hatte eine kahle Steilküste, an der er Heimweh litt und fror, zu *seiner* Küste gemacht und zu *seinen* Gestalten jene Barbaren, die ihn verdrängten und in die Verlassenheit von Trachila vertrieben. (ebenda: 286f.; Hervorhebungen im Original)

Aber zugleich soll uns, den Lesern, diese Phantasie, dieser Mythos, diese Kunst eine tiefe Wahrheit über uns und über die Beschaffenheit der Welt und der Natur eröffnen. Die „Erfindung der Wirklichkeit" ist zugleich Erfindung *und* Wirklichkeit. Das ist letztlich der erzählerische Anspruch Ransmayrs. Und genau das macht die beiden genannten Gegensätze von ‚Natur versus Zivilisation‘ bzw. ‚Kunst versus Zivilisation‘ zu einer unauflöslichen Einheit. Diese These lässt sich erhärten, wenn man die beiden Werke, die Ransmayr vor *Die letzte Welt* geschrieben hat, zur Interpretation mit heranzieht:

den Roman *Die Schrecken des Eises und der Finsternis* und die Erzählung *Strahlender Untergang*, denen für das Verständnis von *Die letzte Welt* höchste Bedeutung zukommt.

Der Roman *Die Schrecken des Eises und der Finsternis* besitzt eine ähnliche Struktur wie *Die letzte Welt*. Wie Cotta auf den Spuren Ovids die zivilisierte Welt verlässt und am Ende seinem unvermeidlichen Tod entgegengeht, so verlässt Josef Mazzini am 26. Juli 1981 Wien, um sich auf die Spur einer österreichischen Nordpolexpedition aus den Jahren 1872-74 zu begeben. Noch im selben Jahr geht er „in den Gletscherlandschaften Spitzbergens verloren".[73] Auch ihm kommt es auf die „Erfindung der Wirklichkeit" an (Ransmayr 1987: 21), und hier wird nun der ambivalente Charakter dieses Begriffes vollends deutlich:

> Er entwerfe, sagte Mazzini, gewissermaßen die Vergangenheit neu. Er denke sich Geschichten aus, erfinde Handlungsabläufe und Ereignisse, zeichne sie auf und prüfe am Ende, ob es in der fernen oder jüngsten Vergangenheit jemals *wirkliche* Vorläufer oder Entsprechungen für die Gestalten seiner Phantasie gegeben habe. [...] Es sei ein Spiel mit der Wirklichkeit. Er gehe aber davon aus, daß, was immer er phantasiere, irgendwann schon stattgefunden habe müsse. (ebenda: 20; Hervorhebung im Original)

Mazzini entdeckt dann irgendwann „die mehr als hundert Jahre alte Beschreibung einer Eismeerfahrt, die so dramatisch, so bizarr und am Ende so unwahrscheinlich war wie sonst nur eine Phantasie" (ebenda, S. 22). Es ist die authentische Beschreibung (aus dem Jahre 1876) der historischen Nordpolexpedition. Mazzini ist fasziniert, denn hier findet er etwas, das mit seinen Kindheitsphantasien, als seine Mutter ihm von anderen Polexpeditionen erzählte, aufs genaueste übereinstimmt. Das waren Phantasien über ein Leben unter extremsten Umständen, Phantasien auch über den Tod (ebenda: 18). Und nun will Mazzini für sich den Beweis antreten, dass diese Phantasien Wirklichkeit sind. Er bricht zum Schluss allein (mit seinem Schlittengespann) in die Welt des Eises auf und geht darin verloren.

Was treibt Mazzini eigentlich? Dem Roman ist ein kurzer Prolog mit dem Titel *Vor allem* vorangestellt. Dieser Prolog beginnt mit der Frage: „Was ist bloß aus unseren Abenteuern geworden, die uns über vereiste Pässe, über Dünen und so oft die Highways entlang geführt haben?" (ebenda: 9) Die Menschen haben, so der Prolog, mit

---

73 Ransmayr 1987: 11. Im folgenden stehen die Seitenangaben nach dieser Ausgabe im Haupttext.

all ihren Reportagen und Berichten inzwischen die „Illusion gefördert", dass die ganze Welt „zugänglich sei wie ein Vergnügungs-
gelände" (ebenda). Das sei aber ein Irrtum, heißt es weiter, denn
„physiognomisch gesehen" bleiben wir „Fußgänger und Läufer", und
die Entfernungen bleiben riesig (ebenda). Das besagt somit, dass wir
mit den Möglichkeiten unserer technischen Zivilisation zu Touristen
geworden sind, die die Dinge nur noch oberflächlich, zum Vergnügen
und zur Unterhaltung erleben. Genau dem will Mazzini entkommen
(so wie Cotta aus Langeweile und Zivilisationsüberdruss Rom
verlässt). In seinem Eismeertagebuch schreibt Mazzini:

> Dem Unterhaltungsbedürfnis ist ohnedies alles gleich [...]. Abenteuer bleibt
> Abenteuer. Uns bewegt ja doch nichts mehr. Uns klärt man auch nicht auf.
> Uns bewegt man nicht, uns unterhält man ... (ebenda: 22)

Darum will er die Extreme der Polexpedition, die er in seiner Phantasie schon erlebt hat, in der Wirklichkeit nachleben. Beim Beginn von
Mazzinis Reise ins Eismeer gibt Ransmayr „Hinweise für Touristen"
(ebenda: 66). Genau ein solcher Tourist möchte Mazzini nicht sein.
Und er wird es auch nicht, genauso wenig wie Cotta der luxus-
verwöhnte Römer bleibt. Dafür freilich gehen beide verloren: in der
wirklichen Welt ihrer Phantasie.

Aber warum müssen sie verloren gehen? Was bringt Ransmayr
dazu, seine Helden im Untergang, im Tod ihre eigentliche Selbstbestimmung finden zu lassen? Über diese Frage kann vielleicht seine
Erzählung *Strahlender Untergang* Aufschluss geben. Ihr Untertitel
lautet: *Ein Entwässerungsprojekt oder die Entdeckung des Wesentlichen.* Im ersten Kapitel wird berichtet, wie in der Sahara etwa
siebzig Quadratkilometer Wüste eingeebnet und mit einer vier Meter
hohen Aluminiumwand umschlossen werden. Danach wird ein etwa
vierzigjähriger Mann mit einem Hubschrauber in dieses Gelände
eingeflogen und dort allein zurückgelassen. Das alles „diene dem
Projekt und so der Zukunft".[74] Im zweiten Kapitel, „Lob des
Projekts", wird in einer Rede das Projekt verteidigt und begründet. Es
gehe um eine „neue Wissenschaft" (Ransmayr 1982/2000, Kap. 2), die
den Menschen verschwinden lassen will, indem sie ihn unter der
heißen Sonne buchstäblich entwässert. Das dritte Kapitel gibt
Anweisungen für den Bau von riesigen Wüstenterrarien, wo die

---

74 Ransmayr 1982/2000, Kap. 1 (Eine Seitennummerierung gibt es in dieser
   Ausgabe nicht). Im folgenden stehen die Kapitelangaben nach dieser Ausgabe
   im Haupttext.

Entwässerung zu erfolgen hat. In Kapitel vier schließlich spricht ein Mann, der sich in einem solchen Terrarium befindet und also kurz vor seinem Tod steht. Er berichtet von großen Menschen Massen, die dem Aufruf der „neuen Wissenschaft" gefolgt und freiwillig in die Terrarien gegangen sind. Offenbar hat er das selber auch getan. Aber jetzt schimpft er auf die Vertreter der neuen Wissenschaft, nennt sie „Idioten, Fanatiker bestenfalls, versessen auf ihre Untergangstheorien" (ebenda, Kap. 4). Er leidet Schmerzen; sein Bewusstsein gerät ins Schwanken; zum Schluss halluziniert er über Schlachthäuser, wo Schweine geschlachtet werden, um Experimente für Sonnen-schutzmittel durchzuführen. Die Schlachthäuser scheinen ihm in seinen Halluzinationen kalt, die Schlachterschürzen aus „Packeis" zu sein. Er sieht „Schlittenhunde" und „eine gewaltige Eisprozession" (ebenda): Der nächste Roman kündigt sich bereits an.

Was ist nun die Ideologie der Vertreter der „neuen Wissen-schaft", was sind ihre Gründe für das „Entwässerungsprojekt"? Sie richtet sich gegen die ‚normale' Wissenschaft, die aus der Welt nur „eine unübersehbare Ansammlung von Gegenständen der Beobachtung, der Definition, der Nachahmung, Beherrschung und Manipulation" gemacht habe (ebenda, Kap. 2). Dabei übersehe die traditionelle Wissenschaft – und Ransmayr spielt hier offenbar auf das Gesetz der Entropie an –, dass sie gerade mit all ihrer Arbeit Verwüstung betreibe. Der moderne Mensch wolle, „gleichwohl er Verwüstung betreibt, sich in die Zukunft verlängern" (ebenda). Das sei ein Widerspruch, und diesen Widerspruch löse erst die neue Wissenschaft, indem sie dem Menschen die Bedingungen für seine eigene Auflösung schaffe. Die Zukunft der Welt heiße so oder so: Wüste. Mithin wende sich die neue Wissenschaft gerade wieder dem Wesentlichen zu: „der Wüste und dem Verschwinden" (ebenda). Die neue Wissenschaft organisiere das Verschwinden und liefere die Voraussetzungen für „den Endzweck: die Identität" (ebenda). Denn, so läuft die Argumentation, wenn das Verschwinden des Menschen das Wesentliche ist, dann findet der Mensch seine wahre Identität erst im Verschwinden. Eben dies sei die Einsicht der Lemminge, nämlich dass sie durch

[…] entschlossenes Drängen nach dem Untergang [...] das Ärgste [...] verhindern: die tragische *Allmählichkeit* des unausweichlichen Verfalls, den unkontrollierten, lächerlichen Verlust von *Identität*, des Wissens von sich. (Ebenda, Kap. 4; Hervorhebungen im Original)

Also liege, so lautet die Schlussfolgerung, nichts näher, als

[…] ein wäßriges Wesen, das sich den Blick auf das Wesentliche mit Gerümpel verstellt, unter Entzug aller Ablenkung zu *entwässern*, damit es wenigstens im raschen Verlauf seines Untergangs zum ersten Mal *Ich* sagen kann. (Ebenda, Kap. 2; Hervorhebungen im Original)

Liest man statt ‚Entwässerung' nun ‚Versteinerung', so fällt sofort die strukturelle Ähnlichkeit zu *Die letzte Welt* ins Auge: in ihr geht alles auf Versteinerung zu, und gerade Cotta, der das am Ende akzeptiert hat, ja sogar mit einer großen Heiterkeit bejaht, findet am Ende auf ebendiese Weise zu sich. Sogar das Motiv der Lemminge taucht in *Die letzte Welt* wieder auf: nach seinem ersten Besuch in Trachila gerät Cotta in Tomi in einen Fastnachtszug, der sich „wie ein Zug Lemminge" (Ransmayr 1988: 94) zum Meer hin bewegt. Und gerade in diesem Fastnachtszug erkennt Cotta Bilder aus den *Metamorphosen* wieder; er ist ihm der erste Beweis, dass Ovid hier seine Geschichten weitererzählt hat. Im selben Zug auch wird der betrunken gemachte Cotta zum ersten Male ein wirklicher Einwohner Tomis: „[...] er [war] nun einer von ihnen" (ebenda: 90). Hier sieht er plötzlich einen „Abglanz" der alten Mythen Roms (ebenda: 93); hier sind die Geschichten Ovids, mit denen er „wieder an das Vergessene gerührt und das zum Staat verblaßte Rom an archaische, unbändige Leidenschaften erinnert hatte" (ebenda), noch lebendig – und hier werden sie sogar immer mehr zur Wirklichkeit. Diese Wirklichkeit ist eine des Untergangs. Echo erkennt das genau:

Der Untergang! schrie Echo, das Ende der wölfischen Menschheit – Naso habe die katastrophale Zukunft wie kein anderer erkannt, und vielleicht sei diese Prophetie auch der wahre Grund seiner Vertreibung aus Rom gewesen; wer wollte denn ausgerechnet in der größten und herrlichsten Stadt der Welt an das Ende aller Größe und Herrlichkeit mit jener Leidenschaft erinnert werden, mit der Naso den Untergang vorhergesagt hatte? (ebenda: 162)

Das Buch, das in der Darstellung Ransmayrs – es gilt keineswegs für die historischen *Metamorphosen* – diesen Untergang beschreibt, kommt Cotta wie eine „Geschichte der Natur" vor (ebenda: 198). Diese Geschichte, so hieß es schon in *Strahlender Untergang*, bedeute das Verschwinden des Menschen. Ransmayrs Ovid nun hat sie „zu Ende erzählt"; er hat schließlich „seine Welt von den Menschen und ihren Ordnungen befreit, indem er *jede* Geschichte bis an ihr Ende erzählte" (ebenda: 287; Hervorhebung im Original).

Nun wird man sicherlich den Aufruf der ‚neuen Wissenschaft' in *Strahlender Untergang* nicht als Ransmayrs Aufruf zur Selbst-

298

vernichtung der Menschheit lesen wollen. Die Reaktion der Person, die tatsächlich ‚entwässert' wird und die die ‚neuen Wissenschaftler' Idioten und Fanatiker schimpft, zeigt das schon. Aber zugleich bestätigt diese Gestalt am Ende irgendwie auch die These von der Identitätsfindung im Verschwinden, indem sie Sätze äußert wie: „Ich *bin* [jetzt] der Zusammenbruch der Thermoregulation, ich *bin* der allumfassende Verlust. Ich konzentriere mich in allem und werde weniger" (Ransmayr 1982/2000, Kap. 4; Hervorhebungen H.H.). Es geht hier offenbar doch um Gedanken, die eine große Faszination auf Ransmayr ausüben und daher in seinem Werk eine zentrale Rolle spielen. In einem Interview aus 1988 spricht Ransmayr von dem „faszinierend schöne[n]" Bild einer menschenleeren Welt: „Was aber ist so schrecklich an einer wuchernden, blühenden Wildnis ohne uns?"[75] Die drei jetzt besprochenen Werke haben eine ähnliche inhaltliche Struktur: Ausgangspunkt ist eine starke (romantische) Kritik an der rational-wissenschaftlichen, technischen Zivilisation, die dem Menschen zwar eine behagliche Existenz ermöglicht, ihn letzten Endes aber der wesentlichen Dinge entfremdet. Die Hauptpersonen verlassen diese Welt der Zivilisation, um schließlich im Untergang, im Verschwinden zu einer Art Selbstverwirklichung zu gelangen. Das braucht man einerseits nicht allzu buchstäblich, allzu realistisch und ernst zu nehmen – schließlich mag der Untergang der Welt unvermeidlich sein; aber es kann noch lange dauern, bis es so weit ist: „vier, fünf Milliarden Jahre vielleicht, bis die Wasserstoffvorräte dieser Sonne, der Himmel ist weiß, erschöpft sind und sich der Stern zum Riesenstern rot aufbläht und schließlich in einem Heliumblitz verschwindet" (ebenda, Kap. 4). Wer da, wie Cotta, wie Mazzini, Rom oder Wien verlässt, um sich auf Spitzbergen oder in Tomi an die unerbittliche Natur zu verlieren, muss ein ‚Spinner', muss verrückt geworden sein. Aber andererseits wird nicht weniger deutlich, dass gerade solche Personen eine tiefe Wahrheit gefunden haben. Die ‚Erfindung der Wirklichkeit' ist ein literarisches Spiel mit der Wirklichkeit, ist ein Verbleiben im Ästhetischen – und zugleich unerbittlich wahre Wirklichkeit.

Das Verschwinden der Romanpersonen aus der Welt und die

---

75 Die Zeit, 16. 12. 1988: 50. Zitiert nach: Fröhlich 2001: 64. Für eine vehemente Kritik eines solchen Denkens, dass Geschichte mit einem unentrinnbaren Naturprozess gleichsetze, vgl. Knoll 1997.

Identitätsfindung im Untergang kann man, wie Thomas Epple[76] argumentiert, sehr wohl mit der Philosophie Schopenhauers in Zusammenhang bringen; genauso berechtigt ist eine Interpretation, die Einflüsse von Adornos und Horkheimers *Dialektik der Aufklärung* und von der Subjektkritik im poststrukturalistischen Denken von etwa Foucault oder Derrida zum Ausgangspunkt macht, wie es etwa Monika Fröhlich tut.[77] Ich meinerseits möchte hier nur kurz auf einige Parallelen zu zentralen Begriffen und Inhalten aus Nietzsches Gedanken hinweisen. „Unsinnig heiter wie ein Kind" (Ransmayr 1988: 285) macht Cotta sich auf seinen letzten Weg ins Gebirge, zum Olymp. Er hat nach einem mühsamen Prozess, zuletzt in einem körperlichen „Krampf, der ihn schüttelte" (ebenda: 241), die unerklärliche, sich verwandelnde, versteinernde, untergehende, letzte Welt akzeptieren gelernt. In Nietzsches Sprache: er hat Jasagen gelernt zum Unvermeidlichen, er hat den *amor fati*, die Liebe zum Schicksal erreicht. Und genau das ist die dritte, die letzte Verwandlung des Geistes aus dem Anfang des *Zarathustra*: der Geist hat im Jasagen wieder die Unschuld des Kindes erreicht.[78] Diese Philosophie wird von Nietzsche in Bildern beschrieben, die sehr an Ransmayrs Bücher erinnern: sie ist ihm „das freiwillige Aufsuchen auch der verabscheuten und verruchten Seiten des Daseins", vergleichbar einer „Wanderung durch Eis und Wüste".[79] Das Jasagen zu allem, auch zu den weniger angenehmen Seiten des Daseins, nennt Nietzsche dionysisch, so wie schon in der *Geburt der Tragödie* die tragische Einsicht in das „Absurde des Seins"[80] dionysisch heißt. Und diese Einsicht sei nur ertragbar im apollinischen Medium der Kunst. Nur in den beruhigenden, tröstlich schönen Bildern der Kunst, nur in der kunstschönen Sprache in *Die letzte Welt*, nur als Kunst, im Aufgehen in der Kunst ist die Wahrheit zu ertragen. Ransmayrs ‚Erfindung der Welt' ist, wie Nietzsches Kunstkonzept in der *Geburt der Tragödie*, apollinisch und dionysisch zugleich.

Diese Interpretationslinie lässt sich noch weiter verfolgen, wenn man die Funktion des Mythischen in *Die letzte Welt* erwägt. Aus der allgemeinen Frage nach der Funktion von Mythen lässt sich vielleicht auch etwas für das Verständnis von Ransmayrs Roman ableiten. Auf

---

76   Siehe Epple 1990 und 1992.
77   Fröhlich 2001.
78   Nietzsche 1969, Bd. 2: 293f.
79   Ebenda, Bd. 3: 834.
80   Ebenda, Bd. 1: 48.

die Frage nach der Funktion von Mythen gibt Manfred Frank[81] eine klare Antwort: diese Funktion bestehe in der Rechtfertigung, der Beglaubigung von bestimmten, in ihnen dargestellten Gesellschafts- oder Lebensformen. Damit stellt sich zugleich die Frage, welcher Art die Lebensformen der griechisch-römischen Mythologie in ihrer literarischen Form sind, auf die hier zurückgegriffen wird. Nach Heinrich Dörrie[82] besteht die Funktion des Mythos in der griechischen und römischen Dichtung in der Aufgabe, „Aussagen über das Menschliche, insbesondere über die Deformation des Menschlichen durch Trieb und Leidenschaft möglich zu machen"; an den Darstellungen des mythischen Stoffes werde „die zerstörende Gewalt der Leidenschaften dargetan".[83] Genau das geschieht auch in Ransmayrs Roman; der Satz „Der Mensch ist dem Menschen ein Wolf" am Ende des 13. Kapitels bringt das noch einmal konzentriert zum Ausdruck. Dabei werden Zerstörung und Untergang als zentrale Prinzipien noch betont durch die Darstellung der alles über- wuchernden Natur. Wenn man das mit Franks These kombiniert, so ergibt sich genau die Konstellation, die den Kern unserer Inter- pretation ausmachte: Zerstörung und Untergang werden nicht nur dargestellt, sie werden im Grunde auch gerechtfertigt und bejaht, ähnlich der Nietzscheschen Denkfigur des *amor fati*. Und zugleich kann der Leser sich beruhigend sagen, dass alles doch nur – schöne – Kunst sei.

Auch Ransmayrs letzter Roman, *Morbus Kitahara*, erfindet eine Wirklichkeit. Und auch hier geht es auf den Untergang zu. Es gibt trotzdem auch Unterschiede. Der Untergang ist nicht das, was gesucht wird; im Gegenteil, man will ihm entkommen. Das gelingt zwar nicht, aber der Untergang ist auch nicht total; es wird hier vorsichtig eine Alternative angedeutet. Und die emotionale Distanz zum Ganzen, die in den früheren Texten durch das postmoderne Spiel der Meta- fiktionalisierung (‚es ist eben alles nur Literatur') verursacht wird, bekommt hier viel weniger eine Chance. Hier wird – innerhalb der Fiktion – nachempfindbar gelebt und gelitten.

Ort der Handlung ist Moor, ein fiktives Bergdorf an einem See irgendwo in Süddeutschland oder Österreich, wo während der Nazizeit in einer Steingrube Gefangene Zwangsarbeit verrichten mussten und misshandelt wurden. (Ransmayr benutzt hier eigene

---

81   Frank 1982 und 1988.
82   Dörrie 1978.
83   Ebenda: 9.

Erinnerungen: Mit seinem Vater besuchte er als Junge mehrmals Ebensee, ein ehemaliges Außenlager des KZs Mauthausen.) Die Fiktion besteht insbesondere darin, dass im Roman große Teile von Deutschland und Österreich in Anlehnung an den Morgenthau-Plan bestraft worden sind: Die Kriegsverlierer haben eine Dauerbesatzung bekommen, sind ihrer Industrie und Maschinen beraubt und in eine präindustrielle Welt zurückversetzt worden. Der früher mondäne Badeort Moor verkommt und wird ein trostloses Loch. Zugleich wird den Bewohnern eine Art permanenter Bußgang auferlegt. Die Menschen sollen sich partout erinnern an alle schrecklichen Dinge, die hier geschehen sind.

Der Roman zentriert sich um das Leben der drei Hauptpersonen: Bering, Ambras und Lily. Die wichtigste ist Bering (dessen Vorname unbekannt bleibt): Der Roman fängt mit seiner Geburt an und endet mit seinem Tod. Bering wird während eines Bombardements in den letzten Kriegstagen geboren. Der Kleine will fortwährend geschaukelt werden und verbringt sein erstes Lebensjahr vor allem in einer Hängematte zwischen den Hühnern. Seitdem hat er eine besondere Beziehung zu Vögeln. Bering arbeitet als junger Mann in der Schmiede seines Vaters. Eines Tages passiert ihm etwas, das ihn seit dieser Zeit verfolgt: Er bringt einen Menschen um. Er wird von herumstreunenden Rowdies bis in sein Haus verfolgt, und er erschießt einen der Verfolger mit der versteckten Armeepistole seines Vaters. Er verlässt schon bald die Schmiede und wird Chauffeur und Leibwache von Ambras. Dieser war im Krieg Häftling des Arbeitslagers der Steingrube, wo er gefoltert wurde. Er war verhaftet worden, weil er sich der Deportation seiner jüdischen Freundin widersetzte. Nun ist er von den Besatzern als Kommandant der immer noch funktionierenden Steingrube eingesetzt worden. Bering hat sich mit seiner neuen Stelle in den Augen der Bewohner Moors ins Lager der Besatzer begeben. Sowohl Ambras wie auch Bering sind also Außenseiter.

Bei Ambras lernt Bering die dritte Hauptperson kennen, eine junge Frau, Lily, auch eine Außenstehende. Sie ist im letzten Kriegsjahr als fünfjähriges Mädchen nach Moor gekommen, in einer Gruppe von Flüchtlingen, die nach Brasilien wollten. ‚Brasilien' hat für sie immer noch einen magisch-utopischen Klang. Lily ist in Moor geblieben und wohnt da allein im Wetterturm – eine äußerst selbständige, autonome Person. Sie ist auch zu Hause in den Bergen, wo sie ein altes Waffendepot aus dem Krieg entdeckt hat. Mit einem Gewehr daraus erschießt sie – aus einer Art Jägervergnügen – ab und zu ein Mitglied der herumstreunenden Plünderbanden. Bering verliebt sich in sie. Eines Tages besucht er zusammen mit ihr ein Popkonzert (für Moor ein außerordentliches Ereignis). Hier fühlt er sich zum ersten Mal in seinem Leben ganz und gar glücklich. Er geht auf in der Musik, hat das Gefühl, dass er fliegt (das Vogelmotiv!), und Lily scheint seine Liebe zu erwidern. Aber in dem Moment des höchsten Glücks offenbart sich bei ihm ein Augenleiden (das später als *morbus kitahara* diagnostiziert wird): Er hat blinde Flecken in seinem Gesichtsfeld. Nach diesem Popkonzert ist Lily wieder ganz kühl zu ihm. Der definitive Bruch entsteht, als Bering auf einer Reise in den Bergen mit Lilys Gewehr einen Skinhead, der Hühner (Vögel!) gestohlen hat, erschießt. Lily erkennt, dass Bering, der ihr durch seine vermeintliche kindliche Unschuld sympathisch war,[84] auch in der Kette von Rache und Gewalt gefangen ist. Zugleich sieht sie ein, dass ihr eigenes ‚Jagen‘ kein Sport, sondern Mord war. Sie wirft ihr Gewehr weg und will vom weiterhin unglücklich verliebten Bering nichts mehr wissen.

In Brand, einer größeren Stadt, stellt ein Sanitäter fest, dass Bering an *morbus kitahara* leidet, einer Augenkrankheit, die Flecken oder Wolken auf der Netzhaut verursacht bei Menschen, die sich allzu stark auf etwas konzentrieren, die sich „aus Angst oder Haß oder eiserner Wachsamkeit ein Loch ins eigene Auge starren".[85] Die Lage richtig einschätzend, fragt der Sanitäter: „Hast du [...] [e]ine Braut? Mach dich nicht verrückt. Was immer es ist, laß es los. Schau anderswo hin." (Ransmayr 1995: 350) Übrigens sehen die Flecken auf Berings Netzhaut der pilzförmigen Wolke ähnlich, die – in der Fiktion des Romans – in dieser Zeit (etwa Ende der sechziger Jahre) beim Abwerfen einer Atombombe auf Japan entstand.

Wenn Moor und die Steingrube dann auf Geheiß der Besatzer geräumt werden müssen, begleiten Bering, Ambras und Lily die Förderanlagen aus der Steingrube nach Brasilien. Hier hofft jeder auf seine Weise, dem ewigen Nach-Krieg zu entkommen. Aber die Geschichte wiederholt sich: Die Steingrube in Brasilien liegt in Pantano – was ‚Moor‘ bedeutet. Bering findet zwar eine neue Freundin, aber die Vergangenheit holt ihn ein. Wieder hat er ein Gewehr in den Händen, wieder muss er fast zwanghaft schießen. Dabei glaubt er, Lily vor sich zu sehen, erschießt aber in Wirklichkeit,

---

84   Für einen Vergleich der Bering-Figur mit Parzival vgl. Landa 1998: 142.
85   Ransmayr 1995: 349. Im folgenden stehen die Seitenangaben nach dieser Ausgabe im Haupttext.

ohne es zu wissen, seine neue Freundin. Ambras wird inzwischen ganz von seinen schrecklichen Lagererinnerungen beherrscht; er glaubt sich im Lager, glaubt sich in den elektrischen Stacheldraht zu stürzen, fällt aber in einen Abgrund, wobei er Bering, der seine Freundin sucht, mit sich reißt. Alle sind tot – nur Lily scheint entkommen zu sein. Sie wollte ohnehin weg, nach Santos. Und wieder gibt es am Ende der Romanhandlung eine menschenverlassene Natur. Ein Vermessungsflugzeug fliegt über die Insel, wo die drei Toten unerkannt liegen, und der Pilot meldet: „*Deserto*. Unbewohnt." (ebenda: 8; Hervorhebung im Original)

Auch in diesem Roman findet sich also das Motiv der Regression aus der zivilisierten Welt in die harte, mitleidslose und oft barbarische Welt der Natur. Aber das halbwegs Utopische, dass dieser Regression in den vorigen Romanen noch anhaftete, ist hier verschwunden. Es ist eine auferlegte Regression, eine Rache- und Strafaktion. Der Weg von der Zivilisation in die menschenleere Natur ist ein negativer, ist mit Krieg und Beschädigungen durch den Krieg verbunden. Fast alle Hauptpersonen sind gefangen im Krieg, können dem Kreislauf von Gewalt und Gegengewalt nicht mehr entkommen. Zwar empfindet auch hier am Ende des Romans Ambras im tödlichen Absturz so etwas wie eine Erlösung, aber deutlicher noch als in den vorigen Romanen ist dies eine rein negative ‚Erlösung'.

Andererseits – auch anders als in den anderen Romanen – ist der Untergang hier nicht total. Es sieht so aus, als ob Lily am Leben bleibt, nach Santos entkommt, in die zivilisierte Welt also. Sie hat nach Berings tödlichen Schüssen in den Bergen bei Moor ihr Gewehr weggeworfen, sie kann sich dem tödlichen Kreislauf entziehen. Den anderen gelingt das nicht – aber anders als in den vorigen Romanen wird nun wenigstens die Sehnsucht, der Regression und dem Untergang zu entkommen, in den Mittelpunkt gestellt. Und: dem eng an Gewalt geknüpften Motiv der Hunde steht hier das Motiv der Vögel und des Fliegens entgegen.

Das Motiv der Hunde steht für die Gewalt, die Aggression, die wilde grausame Natur, die sich nur mit Gegengewalt bezwingen lässt. In diesem Motiv kehrt das Prinzip des *homo homini lupus* aus *Die letzte Welt* zurück. Ambras wird der ‚Hundekönig' genannt. Er lebt in einer alten Villa mit einem Rudel halb wild gewordener Hunde, die er sich mit brachialer Gewalt unterworfen hat. Bering lebt auch zwischen diesen Hunden; er wird von Lily manchmal wie ein Hund angesprochen oder von den Einwohnern Moors wegen seinem Wolfsblick gefürchtet (ebenda: 367). Die brasilianische Insel, auf der

Ambras und Bering den Tod finden, heißt „*Ilha do Cão*. Hundsinsel."
(ebenda: 425) Gegenüber dem Motiv der Hunde steht das des Vogels
und des Fliegens: Im Symbol der Befreiung von der Erde und vom
Irdischen wird die Sehnsucht nach einem anderen, besseren, wenn
man so will, paradiesischen Leben thematisiert. Diese Sehnsucht wird
hier, anders als in *Die letzte Welt*, wo die römische Zivilisation fast
ausschließlich negativ besetzt ist, gerade mit dem Zivilisierten, mit der
Technik verbunden, etwa in dem Kunstwerk, das Bering aus dem
Auto von Ambras macht: der „Krähe" (ebenda: 84ff.).

Von Liebe war in den ersten Texten von Ransmayr kaum die
Rede (kleine Ausnahme: die Beziehung Cottas zu Echo in *Die letzte
Welt*). Das ist in *Morbus Kitahara* anders: Nun wird gerade die
Sehnsucht nach einem besseren Leben mit Liebe verbunden, mit der
Liebe von Bering zu Lily, mit der Liebe von Ambras zu seiner
ermordeten jüdischen Freundin. Aber hier zeigt sich zugleich die
große Komplexität und Ambivalenz der Romanhandlung, die *Morbus
Kitahara* doch auch wieder in die Nähe der vorigen Romane bringt.
Ambras' Liebe ist tot, gefangen im Kreislauf der Gewalt – wie die von
ihm bewunderten, in Bernstein gefangenen Insekten. Berings
Liebesgefühle für Lily beleben in ihm das glückliche Vogel- und
Nestgefühl aus seiner Jugend (ebenda: 166, 250). Aber durch
Einkreuzen eines weiteren Leitmotivs wird das höchste Glücksgefühl
mit der schrecklichsten Gewalt verbunden: dem glückseligen
Schaukelgefühl Berings (ebenda: 18, 166) steht das ‚Schaukeln' von
Ambras gegenüber: eine der schlimmsten Foltermethoden aus dem
Lager (ebenda: 173f.). Und es ist gerade die übergroße Sehnsucht
nach Liebe selber, die Bering doch wieder an Krieg, Gewalt und
Untergang kettet: Sie verursacht die Flecken auf seiner Netzhaut, die
der Atomwolke in Japan so ähnlich sehen; eben diese Flecken sieht er
wieder im Visier des Gewehrs, mit dem er auf die vermeintliche Lily
zielt (ebenda: 435f.). Bering und Ambras entkommen nicht dem
Kreislauf von Gewalt und Tod – weil die Beschädigungen zu groß
sind *und* gerade in der Suche nach dem Paradies auch die Hölle
steckt.[86] Aber es wird wenigstens gesucht; Alternativen zu Untergang
und Tod sind wenigstens denkbar. Die Logik des Untergangs aus den
früheren Werken verliert hier etwas von ihrer unentrinnbaren
Stringenz.

Am Anfang dieses Aufsatzes wurde schon die ambivalente

---

86 Vgl. den Leitspruch der Band, die die für Bering so paradiesische Musik
spielt: „Hell on Wheels" (Ransmayr 1995: 160, 166).

Haltung der Kritik gegenüber Ransmayrs Werk erwähnt: Man bewundert seinen Stil, kritisiert aber in vielen Fällen auch das allzu ästhetische, postmoderne Spiel mit Wirklichkeit und Fiktion. Manche stehen der dadurch kreierten Vielfalt an (Be-)Deutungsmöglichkeiten etwas ratlos gegenüber – wie der anfangs zitierte Seufzer von Ulrich Greiner in der *Zeit* schon zeigte. So auch Eske Bockelmann in einem Beitrag im *KLG*, wo es in Bezug auf *Die letzte Welt* und *Morbus Kitahara* heißt, dass es hier nicht darum gehe, „*was*, sondern *daß*" etwas bedeute.[87] Dass ein solches Urteil einer eingehenden Lektüre nicht standhält, hoffe ich im Vorhergehenden gezeigt zu haben. Oft lautet der Vorwurf aber auch, dass durch das postmoderne Spiel die literarischen Figuren eben ‚literarisch' blieben, nicht zu lebendigen Menschen würden. Dieser Vorwurf ist sicherlich für die ersten Romane nicht ganz unberechtigt. Auch wenn Monika Fröhlich[88] mit ihrer These recht haben sollte, dass Ransmayrs Romane mit Bedacht Teil des poststrukturalistischen Diskurses vom Verlust des Subjekts sind, so ist damit die Kritik, dass Ransmayrs Figuren manchmal etwas blutleer sind, noch nicht widerlegt. Gerade die Richtung, die Ransmayrs Erzählen mit *Morbus Kitahara* eingeschlagen hat, zeigt, dass da einiges in Bewegung geraten ist.

Literaturverzeichnis

Bockelmann, Eske. 1996. 'Christoph Ransmayr.' In: *Kritisches Lexikon zur deutschsprachigen Gegenwartsliteratur*. Hrsg. von Heinz Ludwig Arnold. München: edition text + kritik (Stand: 1. 4. 1996).

Dörrie, Heinrich. 1978. *Sinn und Funktion des Mythos in der griechischen und römischen Dichtung*. Opladen: Westdeutscher Verlag.

Epple, Thomas. 1990. 'Phantasie contra Realität – eine Untersuchung zur zentralen Thematik von Christoph Ransmayrs "Die letzte Welt".' In: *Literatur für Leser*, H. 1: 29-43.

Epple, Thomas. 1992. *Christoph Ransmayr. ,Die letzte Welt'*. München: Oldenbourg.

---

87   Böckelmann 1996: 8. Hervorhebungen im Original.
88   Fröhlich 2001. Ihre Ausführungen bestehen vor allem aus einer genauen Analyse der von Ransmayr benutzten erzählerischen Mittel, die die Autonomie der Hauptpersonen in Frage stellen.

306

Frank, Manfred. 1982. *Der kommende Gott: Vorlesungen über die Neue Mythologie*. I. Teil. Frankfurt/M.: Suhrkamp.

Frank, Manfred. 1988. *Gott im Exil: Vorlesungen über die Neue Mythologie*. II. Teil. Frankfurt/M.: Suhrkamp.

Fröhlich, Monica. 2001. *Literarische Strukturen der Entsubjektivierung. Das Verschwinden des Subjekts als Provokation des Lesers in Christoph Ransmayrs Erzählwerk*. Würzburg: Ergon.

Greiner, Ulrich. 1995. 'Eisen Stein und Marmor. Christoph Ransmayrs neuer Roman "Morbus Kitahara".' In: *Die Zeit*, 13. 10. 1995, Literaturteil: 3.

Knoll, Heike. 1997. 'Untergänge und kein Ende: zur Apokalyptik in Christoph Ransmayrs "Die letzte Welt" und "Morbus Kitahara".' In: *Literatur für Leser*, H. 4: 214-223.

Landa, Jutta. 1998. 'Fractured Vision in Christoph Ransmayr's "Morbus Kitahara".' In: *The German Quarterly 71/2*: 136-144.

Nietzsche, Friedrich. 1969. *Werke in drei Bänden*. Hrsg. v. Karl Schlechta. München: Hanser.

Ransmayr, Christoph. 1982/2000. *Strahlender Untergang. Ein Entwässerungsprojekt oder die Entdeckung des Wesentlichen*. Wien: Christian Brandstätter, 1982. Neuausgabe: Frankfurt/M.: Fischer 2000.

Ransmayr, Christoph. 1987. *Die Schrecken des Eises und der Finsternis* [1984]. Frankfurt/M.: Fischer (= Fischer Taschenbuch 5419).

Ransmayr, Christoph. 1988. *Die letzte Welt*. Nördlingen: Greno.

Ransmayr, Christoph. 1995. *Morbus Kitahara*. Frankfurt/M.: Fischer.

Rushdie, Salman. 1991. *Imaginary Homelands: Essays and Criticism 1981-1991*. London: Granta Books.

Wittstock, Uwe (Hrsg.). 1997. *Die Erfindung der Welt. Zum Werk von Christoph Ransmayr*. Frankfurt/M.: Fischer (= Fischer Taschenbuch 13433).

Guillaume van Gemert

DIE KEHRTWENDUNG DES ENGELS DER GESCHICHTE - ZU ROBERT MENASSES ÖSTERREICH-BILD

‚Österreichische Literatur' ist ein heikles Konstrukt, insofern der Begriff kurzerhand mit Literatur aus Österreich oder von Österreichern verfasster Literatur gleichgesetzt wird. Nicht jedes literarische Werk, das aus Österreich stammt oder dessen Verfasser einen österreichischen Pass besitzt, in Österreich geboren wurde bzw. dort lebt, kann allein deswegen schon als spezifisch österreichisch gelten. Manch österreichischer Autor dürfte sich in erster Linie einer übergreifenden Literatur deutscher Sprache zuzählen, für die jegliche staatlich oder regional eingefärbte Unterteilung unerheblich sein sollte. Geographisch-räumliche Kriterien sowie das der Staatszugehörigkeit scheinen somit nicht zu greifen beim Versuch der Ausdifferenzierung einer eigenen österreichischen Literatur. Auch die Sprache muss als unterscheidendes Merkmal versagen; um es bündig– und daher in unerlaubter Weise verknappt– zu formulieren: Austriazismen oder welche sonstigen österreichischen sprachlichen Eigenheiten auch immer sind keine Voraussetzung für österreichische Literatur.

Nationales, und damit Zeitliches, kommt bei der Unterscheidung einer österreichischen Literatur innerhalb des größeren Ganzen der Literatur deutscher Sprache insofern zum Tragen als die Vorstellung einer österreichischen Literatur das Vorhandensein einer staatlichen Entität Österreich voraussetzt. Eine solche gibt es allerdings erst seit dem frühen 19. Jahrhundert, als der Habsburger Franz II., Kaiser des Heiligen Römischen Reichs seit 1792, 1804 seine Erbländer zum Kaisertum Österreich vereinte und 1806 der deutschen Kaiserwürde entsagte, um unter dem Namen Franz I. als Kaiser von Österreich weiterzuregieren. Wer Literatur aus der Zeit vor 1804, die in den Gebieten entstand, die von da an zu Österreich zählten und nachher zum Staatengebilde Österreich gehört haben, als österreichische Literatur bezeichnen würde, geriete in Erklärungsnot. Österreichisches, wie auch immer verstanden, wäre hier nur insofern zur Geltung zu bringen, als es sich um Literatur handelt, die aus dem

Hoheitsgebiet Österreichs hervorgegangen ist, bevor es dieses als solches gab.[1]

Das nationale Moment, das in solchen Definitionsbemühungen anklingt, impliziert keineswegs, dass österreichische Literatur als ‚Nationalliteratur' im Sinne des 19. Jahrhunderts zu verstehen wäre.[2] Das ‚Nationalliteratur'-Konzept wurde damals von den sich herausbildenden Nationalstaaten zur Selbstprofilierung in Anspruch genommen: In der ‚Nationalliteratur' sollte die Wesensart der Volksgemeinschaft, die die jeweilige Eigenstaatlichkeit konstituierte, durchscheinen. Die Geschichte der ‚Nationalliteratur' sollte die Schlüssigkeit und die Kontinuität des Nationalcharakters erkennen lassen und aufzeigen, wie sich dessen Wesensmerkmale zunehmend herausgebildet und von einer Generation auf die andere vererbt hätten. ‚Nationalliteraturen' eignete Wertung in mehrfacher Hinsicht; sie dienten der Aufwertung der Nationalität, der sie zugeordnet waren; anderen Ethnien boten sie aber die Möglichkeit, über die implizite oder explizite Abwertung fremder ‚Nationalliteraturen' selber mit der eigenen ‚Nationalliteratur', und somit auch als nationale Identität, besser dazustehen. Solche facettenreichen Wechselspiele liefen wesentlich auf dem Wege der Abgrenzung ab.

Diffuse Konzepte regionaler oder mit Eigenstaatlichkeit konnotierter Literaturen, wie das der österreichischen Literatur, leben auch heute noch aus dem Spannungsverhältnis von Selbstprofilierung oder Selbstinszenierung eigener Identität einerseits und Abgrenzung andererseits. Sie fragen aber kaum noch explizit nach nationalen Wesensmerkmalen als Selbstzweck, und erst recht nicht mehr nach solchen, die innerhalb der jeweiligen Ethnie vererbbar wären. Das gilt auch für das, was heute gemeinhin als ‚österreichische' Literatur angesehen wird – der bestimmte Artikel sei hier bewusst ausgespart. Österreichische Literatur im postnationalen Verständnis sollte Österreichisches thematisieren, aber nicht im Sinne des Nachweises oder der Festschreibung vermeintlicher nationaler oder volksinhärenter Wesensmerkmale. Sie sollte sie vielmehr, indem sie sie thematisiert, gleichzeitig auch hinterfragen. Zur Thematisierung des Eigenen in der Literatur gehört heutzutage – im Zeitalter der Globalisierung und des zusammenwachsenden Europas – dessen Problematisierung und Kontextualisierung entschieden mit dazu. Ein

---

1   Zu den unterschiedlichen Auffassungen über das Wesen einer österreichischen Literatur vgl. Schmidt-Dengler 1993.
2   Zum Nationalliteratur-Konzept vgl. u.a. Hermand 1994: 43-51.

Heimatroman, der selbstvergnügt in der angeblich heilen Welt österreichischer Dörflichkeit schwelgt und dabei nicht über den Tellerrand schaut, kann heute, wo die Medien tagtäglich von der Brüchigkeit ländlicher Lebensgemeinschaften berichten, nur verlogen wirken. Österreichische Literatur sollte heute, um es in imagologischen Kategorien zu formulieren, etwas vermitteln von der Dynamik des österreichischen Selbstbilds und dem Fremdbild, das österreichische Vorstellungen vom Anderen sowie von den Anderen ergeben. In österreichischer Literatur sollte österreichische Befindlichkeit aufscheinen, aber nicht als statische Apostrophierung vermeintlicher österreichischer Wesenheit, sondern vielmehr als sensible Seismographie sämtlicher Verlagerungen und Verkrustungen an den Bruchrändern österreichischer Sozialstrukturen in ihrer europäischen und globalen Verflochtenheit.

II

Kaum ein österreichischer Autor dürfte sich in den letzten Jahrzehnten derart intensiv und umfassend bemüht haben, die Wesensmerkmale österreichischer Literatur herauszustellen, und kaum einer hat deren Eigenheiten wohl derart bis in die letzten Konsequenzen durchreflektiert wie der 1954 in Wien geborene Robert Menasse.[3] Der promovierte Germanist Menasse versucht, die Grundzüge und die Selbsteinschätzung der österreichischen Gegenwartsliteratur aus politisch-sozialen Bedingtheiten der Zweiten Republik zu erklären. Zu einem solchen Ansatz war er aufgrund seines zusätzlichen Studiums der Politikwissenschaften und der Philosophie gleichsam prädisponiert. Ein langjähriger Aufenthalt in Brasilien als Lektor für österreichische Literatur und Gastdozent für Literaturtheorie an der Universität São Paulo hatte ihm zudem zu der Außensicht verholfen, die objektivierende Distanz ermöglicht.

In seinem Essay *Die sozialpartnerschaftliche Ästhetik* mit dem Untertitel *Das Österreichische an der österreichischen Literatur der Zweiten Republik*, der in den Jahren 1981 und 1982 in São Paulo entstand und 1990 erstmals in Europa veröffentlicht wurde,[4] greift er Überlegungen von u.a. Herbert Eisenreich, Claudio Magris und Ulrich Greiner zum Typischen, das die österreichische Gegenwartsliteratur als solche kennzeichnen würde, aus den sechziger und siebziger

---

3   Zu Menasse vgl. u.a. Strehlow 1978ff.
4   Menasse 1997b: 11-110.

Jahren auf, um sie weiter auszubauen, zuzuspitzen oder zu Ende zu denken. Eisenreich hatte 1964 als spezifisch für die österreichische Literatur der damaligen Zeit neben deren Theoriefeindlichkeit und dem konservativen Grundzug vor allem eine generelle Distanzhaltung, den Verzicht auf unmittelbare Gesellschaftseinwirkung sowie die Abneigung gegen alles Marktschreierische und Umwälzerische dingfest gemacht:

> Österreichisch ist zuerst einmal und überhaupt das Bemühen um Distanz. [...] Österreichisch ist sodann der freiwillige Verzicht auf aktuelle Wirksamkeit; [...]. Österreichisch ist ferner die Aversion gegen alles Große, gegen alles Laute, gegen alles Gewaltsame, gegen jede erzwungene Veränderung, [...] das Interesse am konkreten Sachverhalt, an der anschaulichen Wirklichkeit, und damit der praktische Protest gegen alles Spekulative, Konstruierte, Theoretische, Abstrakte, ja gegen die Philosophie selbst. [...] Österreichisch ist das Bewahren, die Evidenthaltung des Überkommenen, solang dieses lebt und gilt, [...]. Österreichisch ist eo ipso die Reserve gegenüber jedweder Modernität; [...]. Österreichisch ist endlich der Zweifel an der faktischen und der Glaube an die sprachliche Realität. [...] Österreichisch ist, alles in allem, eine spezielle Art von Mißtrauen; ein Mißtrauen in alles, was gemeinhin für wichtig und richtig, was gemeinhin für existent und in seiner Faktizität für unbezweifelbar gilt; [...].[5]

Magris monierte etwa zur selben Zeit den „Evasions- und Flucht-charakter vor der Wirklichkeit", der die damalige österreichische Literaturproduktion insgesamt kennzeichne,[6] und Greiner sah noch anderthalb Jahrzehnte später, 1979, somit zwei Jahre vor dem Erscheinen von Menasses Essay, den Verzicht auf politische Einfluss-nahme, die Flucht in die Zeitlosigkeit und den Wirklichkeitsentzug als typisch für sie an. Stifter sei bis in die damalige Gegenwart mit dem *Nachsommer* Pate und Übervater der österreichischen Literatur:

> Die Unmöglichkeit oder Aussichtslosigkeit, im gesellschaftlichen Leben handelnd oder verändernd aktiv zu werden, führt in Österreich zu einer Literatur, die sich hermetisch gegen die als frustrierend empfundene Wirklichkeit abriegelt. Sie schafft sich einen utopischen, zeitlosen Raum, der nun aber nicht wie literarische Utopien sonst, sich als befriedigendes, glückbringendes Ersatzhandeln erweist, sondern in dem das reale Veränderungsverbot in einer literarischen Handlungslosigkeit verklärt wird. Stifters *Nachsommer*, das Hohelied des schönen Nichthandelns, ist Inkarna-tion österreichischer Literatur.
> Diese Art von Wirklichkeitsbewältigung: nämlich Wirklichkeits-verweigerung und Handlungsverzicht, ist konstituierendes Merkmal

---

5   Eisenreich 1964: 84-86.
6   Magris 1966: 10.

österreichischer Literatur. [...] Österreich heute ist weltpolitische Provinz, in der die krisenhaften Erscheinungen, von denen die Industriemächte heimgesucht werden, nur als ferne Beben spürbar sind; ein Land, gekennzeichnet durch die Übermacht der Tradition und die Last der Geschichte einerseits, durch reduzierte Chancen politischer und kultureller Selbstverwirklichung für die Intelligenz andererseits. Führte der labile Status quo der Monarchie zum realen Handlungsverbot und seiner Legitimation durch die Literatur des Biedermeier, so verursacht die politische Windstille des heutigen Österreich jene bohèmehafte, apolitische, artifizielle Literatur, die von Graz bis Wien Kennzeichen vieler österreichischer Autoren ist.[7]

Das Ausweichlerische den aktuellen Gegebenheiten und der Politik gegenüber, das Bemühen um den Ausgleich, um den Kompromiss, im Sinne der harmonisierenden Glättung von Gegensätzen, sowie Geschichtsferne durch Entzug in zeitlose Überhöhung beobachtet auch Menasse in seiner Abhandlung zur sozialpartnerschaftlichen Ästhetik als typische Merkmale österreichischer Gegenwartsliteratur. In einer weit ausgreifenden sozialtheoretischen Begründung, die mit Begrifflichkeiten Hegelscher und Marxscher Provenienz operiert, weist er sie als Folgen einer sich generell in Österreich breitmachenden Konsenskultur aus, die mit ihrer „Aufhebung der gesellschaftlichen Antagonismen in einer harmoniestiftenden Konstruktion, die aber die Konflikursache Privateigentum an Kapital nicht aufhebt", als solche aber „die konkrete bürgerliche Gegenutopie zur ‚klassenlosen Gesellschaft'" darstelle.[8] Die Konsenskultur gründe im Prinzip der sogenannten Sozialpartnerschaft, die in der österreichischen Politik wie in der österreichischen Gesellschaft alle Gegensätze bereits ausbügle, bevor sie auch nur andiskutiert seien. Über seine Handhabung im Literaturbetrieb sei das Prinzip der Sozialpartnerschaft auch in die Literatur selber eingedrungen und habe dort zu einer ästhetischen Überhöhung der Wirklichkeit geführt,[9] die Politik schlechthin ausspare oder sich konservativ geriere, den als Konservativismus zelebrierten Konservatismus durch formalen Avantgardismus aber geschickt vertusche:

Es mag erstaunen, daß Dichter, die die avancierteste Form zur Beschreibung und Kritik von Herrschaftsverhältnissen entwickelt haben, gleichzeitig völlig entpolitisiert scheinen, oder, so sie sich explizit politisch äußern, einen deutlichen Hang zu politisch konservativen Positionen haben. Zweifellos ist es aber so, daß der politische Konservativismus im Expliziten durch den formal

---

7   Greiner 1979: 14f.
8   Menasse 1997b: 19.
9   Ebenda: 90.

weit fortgeschrittenen ästhetischen Avantgardismus der Form listig-vernünftig aufgehoben wird, entsprechend der österreichischen Situation, die, wie bereits gesagt, charakterisiert ist durch relative ökonomische Zurückgebliebenheit bei gleichzeitig weit fortgeschrittenem organisatorischen Avantgardismus.[10]

Die Aussparung von Politischem und der sich explizit artikulierende Konservatismus bzw. die heimliche Demokratiefeindlichkeit führten in der Literatur zu einer übergebührlichen Zentralsetzung des Ich, die ihrerseits wiederum zur Zersplitterung der Umwelt, das heißt zum Zerfall der Wirklichkeit führe:

> Wir haben schon darauf hingewiesen, daß der sozialpartnerschaftliche Geist Harmoniekonzeptionen mit im wesentlichen nichtöffentlichem, nichtdemokratischem Charakter im gesellschaftlichen Überbau durchsetzt. Diese antidemokratische, antiöffentliche Struktur im österreichischen Überbau (die vor allem aus der wachsenden Funktionslosigkeit des Parlaments unter sozialpartnerschaftlichen Voraussetzungen entsteht) legt der österreichischen Literatur nicht nur Entpolitisierung bzw. explizten Konservatismus nahe, sondern drückt sich auch in einer *Apotheose des Ich* aus, die ein ästhetisches Strukturmerkmal der österreichischen Literatur und unter dem Begriff ,Innerlichkeit' zum literarischen Markenzeichen wurde. [...] Dieses Ich also, so trotzig wie wehleidig, gewiß auch eine Restauration des bürgerlichen literarischen Individuums, zugleich aber auch eine utopische Wiederherstellung des von der fortgeschrittenen bürgerlichen Gesellschaft de facto desavouierten Ich, blickt nicht nur in sein Inneres, sondern sieht sich auch um in einer Umwelt, die radikal in Splitter zu zerfallen scheint und doch wieder so harmonistisch verkleistert wirkt – wie es der sozialpartnerschaftliche Oberbau dem Betrachter suggeriert.[11]

Objektive Zusammenhänge werden durch eigene Geschichten ersetzt und *die* Geschichte, historisches Bewusstsein als sinn-voller Zusammenhang, kommt abhanden:

> Deshalb müssen die Individuen die Phänomene auslöschen oder sich selbst, [...] oder sie müssen in einen Schwebezustand eintreten, [...] der das Problem hinter einer jähen Tat verschwinden läßt, und Zusammenhang durch ,eine eigene Geschichte' ersetzt.
> Eine ,eigene Geschichte' hat allerdings nur einen Sinn, wenn es eine allgemeine gibt; aber diese scheint mit der Sozialpartnerschaft nicht nur an ihrem Ziel, an ihrem Ende angekommen zu sein, sondern ist überhaupt, auch als Wissen von Geschichte und als historisches Bewußtsein, verschwunden.[12]

Geschichte wird in der totalen Subjektivierung als Sinnzusammen-

---

10   Ebenda: 91f.
11   Ebenda: 92-95.
12   Ebenda: 96.

hang zurückgenommen und das „hypertrophierte Ich"[13] wird zur Panazee, die die Widersprüche überspielt, allerdings auf Kosten der Wirklichkeit und der Geschichte, deren Sinnzusammenhang in Zufälligkeiten auseinander bricht:

> In der Meinung, im Ich, im Namen, den ein Ich sich machen kann, sind also Widersprüche nie ausgetragen, sondern nur subsumiert. Das bürgerliche Individuum, eine schöne selbstbewußte Konstruktion gegenüber der Welt, wenn es von sich weiß, wird zur häßlichen bewußtlosen Demutsgeste gegenüber der Welt, wenn es sich meint. Es will die Welt nicht mehr in seinem Namen gestalten, sondern von der Welt nur noch mit seinem zufälligen Namen gerufen werden.
>
> Die Namen, die die Ichs sich zurufen, sollen eine Geschichte ergeben, deren Kern die Retrospektive auf eine Zeit ist, in der Namen noch etwas bedeutet haben. Diese Geschichte kommt aber nie zustande, da jedes Ich, das – etwas meinend, hoffend, empfindend – sich preisgibt, im Niemandsland zwischen Exklusivität und allgemeiner Geltung bleibt. Denn was es so exklusiv meint, ist allgemein, und das Allgemeine bleibt gegenüber dem Ich exklusiv. Und je mehr das öffentliche Austragen von Widersprüchen aus dem allgemeinen Bewußtsein verschwindet, um so mehr ist das Ich auf die fruchtlosen, privaten Anstrengungen zurückgeworfen, die im Preisgeben des Ich immer wieder hoffnungsvoll das Ich erblicken und nicht dessen Preisgabe.[14]

Wirklichkeit, und somit auch Geschichte als vermeintliche sinnerfüllte historische Wirklichkeit, zerfällt so in eine Vielzahl von unverbindlichen Möglichkeiten, die, derart entschärft, harmonisiert scheinen mögen, die sich aber jeglicher objektiven Sinngebung entziehen.

In der Beliebigkeit ihrer Subjektivierung wirkt Geschichte keineswegs noch als linearer Fortschritt, wie sie seit der Aufklärung optimistisch gedeutet wurde und wie sie Hegel und Marx festgeschrieben hatten, sondern vielmehr als Rückentwicklung oder als Stillstand, insofern sie an ihrem Ende angelangt ist. Angesichts einer solchen Perspektive passte auch einem abgehärteten „Durch-Denker" wie Menasse nur noch die Ironie:

> Wenn es stimmt, daß die Geschichte [...] ‚eine alles ausgleichende Ungerechtigkeit' ist, dann hat die österreichische Literatur als ihre fortgeschrittenste Geschichtsschreibung eine so große Zukunft wie der wirkliche Ausgleich. Es bleibt daher nur zu hoffen, daß die internationale Variante der Sozialpartnerschaft (die Entspannung zwischen Ost und West) nicht durch eine nukleare Katastrophe scheitert – wiewohl die österreichische Literatur auch dieser Möglichkeit gefaßt gegenübersteht: Die österreichischen

---

13   Ebenda: 105.
14   Ebenda: 106.

314

Verhältnisse werden als so kompakt und unzerstörbar empfunden, daß es denkbar ist, daß Österreich entlang seiner Grenzen aus der Erdkugel herausbrechen und sich alleine um die Sonne drehen könnte.[15]

Das Österreich der Sozialpartnerschaft, und somit auch seine Literatur, entziehe sich – so könnte man Menasses Essay nicht zuletzt auch mit Bezug auf die ironisierende Schlusspointe zusammenfassen – der Dialektik, die im Sinne von Hegel und Marx den Fortschritt und somit die Sinnfälligkeit von Geschichte bedeute. Statt dessen gebe das Land sich einer selbstverliebten Nabelschau hin, die es aus der Völkergemeinschaft herauslöse, die es aber als Vorreitertum zu kaschieren wisse.

Ironisch zunächst noch weitet Menasse, zehn Jahre nach der Abfassung seines Essays von der sozialpartnerschaftlichen Ästhetik, das, was er als typisch für die österreichische Literatur ansah, zu einer generellen Zeitdiagnose aus. Die Entschärfung von Konflikten durch Harmonisierung, die Hypertrophierung des Ich, wodurch Geschichte nicht mehr sinnträchtig wirkt und Wirklichkeit in ihrem Zukunftsbezug in eine Vielzahl von unverbindlichen Möglichkeiten zerfällt, sind ihm Anzeichen für eine *Verösterreicherung der Welt*, wie der Titel seines Essays aus dem Jahre 1991 lautet.[16] 1991, kurz nach der mit knapper Not in einem typisch österreichischen Balanceakt des Taktierens bewältigten Waldheim-Krise und unter dem unmittelbaren Eindruck des Zusammenbruchs der kommunis-tischen Systeme im Ostblock, die die marxistische Geschichtsdeutung als Garantie einer siegreichen Zukunft angesehen hatten, sah sich auch der marxistisch geschulte Menasse zum Umdenken genötigt. Allenthalben gewahrt er nach dem Zusammenbruch der großen Weltsysteme Sinnzerfall und Geschichtsverlust: Die Aussicht auf das absolute Wissen, das bei Hegel in der *Phänomenologie des Geistes* Ziel der Geschichte, Endziel des Gangs des Geistes durch die Welt darstellte, ist endgültig verbaut; Marx' Anspruch auf Wissenschaftlichkeit im Umgang mit der Geschichte und in der Deutung der Zukunft ist fadenscheinig geworden. An die Stelle der großen, in einem geschichtlich verbürgten Fortschrittsglauben verankerten Weltdeutungen, ist jetzt allenthalben das Entweder-und-Oder (nicht das Entweder – Oder, sondern beides) des sozialpartner-schaftlichen Österreich getreten, die Horrorvision

---

15   Ebenda: 110.
16   Menasse 1997b: 166-175. Der Essay *Die Verösterreicherung der Welt* erschien erstmals 1991 in der Zeitschrift *Falter* unter dem Titel *Österreich, Land der Zukunft*.

einer Zukunft, der nichts Objektives mehr anhaftet, sondern die sich in einer Vielzahl subjektiver Möglichkeiten erschöpft. Es ist die Verösterreicherung der Welt:

> Der Satz, daß Österreich sich aus seiner Geschichte davongestohlen hat, ist, wie jede Wahrheit, natürlich nicht ganz wahr. Man kann dessen ganze Wahrheit erst ermessen, wenn man mitreflektiert, wohin Österreich sich gestohlen hat, nämlich: in die Zukunft. Das ist keine patriotisch schönfärberische Pointe, sondern leider eine Erfahrungstatsache. Was ist denn ‚die Zukunft'? Sie ist zweifellos die perspektivische Verlängerung der Wirklichkeit in ein System von Möglichkeiten. Möglicherweise kann, unter Voraussetzung des faktisch Gegebenen, dies, möglicherweise kann aber auch das Gegenteil eintreten. Betrachtet man rückblickend nun historische Vorstellungen von der Zukunft, so kann man feststellen, daß immer beides, etwas Bestimmtes *und* sein Gegenteil eingetreten ist. Das heißt, die Zukunft ist ein System von Möglichkeiten auf der Basis eines Entweder-und-Oder. Das heißt aber auch, daß Zukunft nicht unbedingt etwas sein muß, das vor uns liegt. Man beginnt bereits in der Zukunft zu leben, wenn man die Bestimmungen der Zukunft erfüllt hat. [...] Wenn man rückblickend, also von Österreich aus, betrachtet, was in der Welt geschieht, dann wird jegliche dumpfe Zukunftsangst konkret: denn es droht ja die Verösterreicherung der ganzen Welt.
> Die Anzeichen mehren sich. Wien, die Hauptstadt der Sozialpartnerschaft, wurde zum Sitz des internationalen Institutes für Konfliktvermeidung erkoren, zur Zentrale einer Sozialpartnerschaft internationalen Zuschnitts, zur Planungsstelle eines Entweder-und-Oder-Systems ehemaliger Weltmächte. Österreich ist ja bereits eine ehemalige Weltmacht. Nicht der Untergang der wirklichen Welt, wie die Grünen raunen, sondern der Untergang der Welt der Wirklichkeiten ist die Zukunft der Welt.[17]

Mit dem Zerfall von Wirklichkeit und Zukunft in eine Vielzahl unverbindlicher Möglichkeiten scheint Menasse sich irgendwie abfinden oder arrangieren zu können; ist diese Weltsicht doch postmoderne Befindlichkeit und somit als Emanation eines neuen Zeitgeists unwiderruflich. Ihn scheint vielmehr zu bedrücken, dass die Musealität, die die nicht mehr sinnträchtige Geschichte nur noch ist, als Fortschritt deklariert wird, was hieße, dass ihr schon noch ein Sinn innewohnen würde:

> Nun sind Widersprüche im sozialpartnerschaftlichen Österreich dazu da, um miteinander identisch zu werden. Zweitens ist dies nicht unbedingt ein Widerspruch. Die Zweite Republik ist der erste Staat der Welt, der, indem er sich zum Museum erklärte, dezidiert als kulturpolitisches Experiment gegründet wurde. Dies war zweifellos ein avantgardistischer Akt. Tatsächlich hat die Identität von Avantgardismus und Musealität nichts Überraschendes.

---

17   Ebenda: 167f.

Ein unzeitgemäßer, also hier jederzeit aktueller Denker, nämlich Walter Benjamin, hat einmal lapidar geschrieben: ‚Die Avantgarde ist ihrem Wesen nach konservativ'.[18]

Gegen diese Verlogenheit, die noch einen Sinn unterlegt, wo nur Sinnzerfall herrscht, kämpft die ironische Schlusspointe an, die der antiquierten DDR unterstellt, dass ihre zukunftsträchtige Leistung darin gelegen habe, dass sie durch das von der Stasi aufgebaute System der totalen Überwachung aus dem ganzen Staat einen Schriftstellerverband gemacht habe und dass am Ende der Entwicklung der Wirklichkeitsauflösung Österreich als das Letzte in der Welt dastehen werde:

> Politisch und wirtschaftlich war die DDR – und ist es jetzt unter dem Titel Neue Bundesländer' erst recht – ein Museum ihrer selbst. Es entspricht nur der Logik der allgemeinen Entwicklung, daß ihre Industrieanlagen heute nicht modernisiert, sondern stillgelegt werden. Aber die im Weltmaßstab avantgardistische Leistung der DDR, nämlich der Versuch, aus einem ganzen Staat einen Schriftstellerverband zu machen, wirkt, wie man deutlich sieht, heute weiter. Daß es *das* ist, was bleibt, nämlich die Konsequenzen eines *kulturpolitischen* Experiments, auf der Basis einer weitgehenden Musealisierung des Landes, zeigt, daß die DDR zu Recht von hellsichtigen Menschen gerne als ‚Zweites Österreich' bezeichnet wurde.
> Wenn dereinst die völlige Auflösung aller politischen Wirklichkeiten, wie sie gegenwärtig in der Welt stattfindet, zum Abschluß gekommen sein wird, dann wird über dem UNO-Hauptquartier in New York eine große Fahne wehen, die einen Doppeladler zeigt, als Symbol für die Doppelköpfigkeit der Welt, die dann als ganze einerseits avantgardistisch, andererseits museal ist. Und dieser Doppeladler wird brüten auf einem Kuckucksei, auf dem geschrieben steht: A.E.I.O.U. (Austria Erit In Orbe Ultimo – Österreich wird in der Welt das Letzte sein).[19]

Der Pointe wohnt – sieht man einmal ab von der absichtlichen oder unbewussten Fehlübersetzung von ‚ultimo' – eine vertrackte Dialektik inne, denn sie ist, mit ihrem abschließenden Blick in die Zukunft, Sinngebung einer Geschichte, der eben dieser Sinn abgesprochen wurde. Diese vertrackte Dialektik greift Menasse auf und steigert sie ins Absurde, indem er, nach dem Ende der Geschichte, d.h. nach Ende von Geschichte als sinnfälligem Ganzem, die Gedanken, die er in den Essays von der sozialpartnerschaftlichen Ästhetik und von der Verösterreicherung der Welt angelegt hatte, zu einer großen Geschichtsphilosophie, der *Phänomenologie der Entgeisterung*,

---

18   Ebenda: 174.
19   Ebenda: 175.

ausbaut.[20] Sie soll Hegels *Phänomenologie des Geistes*, die die
Entwicklung des Bewusstseins von der Grundstufe der sinnlichen
Gewissheit bis zur höchsten Ausprägung, dem absoluten Wissen,
darstellt, gleichsam im Rückschritt neu schreiben, d.h. sie als
Geschichte des verschwindenden Wissens, wie es im Untertitel heißt,
zurücknehmen, da die linearoptimistische Geschichtsvorstellung nach
dem Fragwürdigwerden der Weltdeutungssysteme ausgedient hat.
Eine Geschichtsphilosophie nach dem Ende von Geschichte ist
an sich schon ein Ding der Unmöglichkeit, denn Geschichtsphilosophie setzt voraus, dass Geschichte als sinnfälliges Ganzes, als
Linearität, deutbar wäre. Aber auch der Gang von Hegels *Phänomenologie* kann nicht zurückgeschritten werden, denn am Ende eines
solchen regressiven Nachvollzugs hätte die sinnliche Gewissheit zu
stehen, die subjektivste und daher primitivste Form des Bewusstseins;
sich ihr anzunähern setzt aber einen Fixpunkt objektiven Wissens
voraus, der jedoch, wenn die Annäherung ernst genommen würde,
nicht gegeben ist, sie ginge denn mit der zunehmenden Verdummung
des schreibenden Subjekts einher. Hegel konnte sich mit dem
Vertrauen, das er in die Vernunft setzte, auf das absolute Wissen hin
bewegen, sein postmoderner Kontrahent müsste dagegen zunehmend
auf die Vernunft verzichten, und käme somit nie an:

Diese Fortsetzung [Hegels], die den Weg vom *absoluten Wissen* zum
modernen disparaten ‚anything goes' (= ein formaldemokratischer
Euphemismus für dessen Wahrheit: ‚nothing comes') nachgehen würde, wäre
eine Geschichte des verschwindenden Wissens, eine *Phänomenologie der
Entgeisterung*.
Daher kann sie aber in dieser Form *nicht* geschrieben werden, denn sie
müßte, ließe sie sich auf die Entwicklung vom *absoluten Wissen* hin zu den
modernen Bewußtseinsformen wirklich ein, die dabei stattgefundene
Destruktion des Bewußtseins zur eigenen Sache machen und im
Zugrundegehen der Idee der Totalität selbst zu Grunde gehen, ohne diesen,
den Grund, mehr erkennen zu können. Dem Autor einer solchen Geschichte
der Zerstörung der Vernunft würde dann zu Recht der Vorwurf gemacht
werden können, daß sie viel mehr von der Zerstörung seiner eigenen Vernunft
künde, auch wenn solch ein Vorwurf von niemandem mehr, der
zeitgenössisch denkt, gemacht werden könnte, oder, falls doch, dann würde
dieser Vorwurf nur darauf verweisen, daß diese Zerstörung ein tautologischer,
beziehungsweise, was heute dasselbe ist, ein exemplarischer Akt wäre,
wodurch einer solchen Arbeit eine vermittelte Wahrheit doch noch zukäme.
Hier wäre aber eine Identität gesetzt, die im Eins-Sein mit den zerfallenen
Identitäten des modernen Bewußtseins ohnehin das Letzte ist, was heute an

---

20   Menasse 1995b.

philosophischer Wahrheit produziert wird, nämlich daß, wo es keine Identitäten mehr gibt, alles eins ist. Wenn also Hegel eine Bewußtseinsgeschichte deshalb tatsächlich schreiben konnte, weil für ihr Ende, die entfaltete Totalität des Wissens, er selbst als deren Vollendung stehen konnte, so ist das Problem der inversen Form der Fortsetzung, daß, angelangt an ihrem Ende, der Gegenwart, wenn die entfaltete Dummheit total ist, ich dieselbe nicht repräsentieren möchte, abgesehen davon, daß ich bezweifle, daß unter der Voraussetzung gesellschaftlich umfassend *verwirklichter* Dummheit ein Autor mit solch einer *idealen* Dummheit noch möglich sein kann. Diese Arbeit trägt also ihr Scheitern schon in sich.[21]

Eine *Phänomenologie der Entgeisterung* kann, wenn sie als inverser Nachvollzug von Hegels *Phänomenologie* ernst genommen würde, nur implodieren, ehe sie am Ziel wäre, noch abgesehen davon, ob die Dialektik, die bei Hegel den Fortschritt konstituiert, sich überhaupt zum Rückschritt eignet. Unter solchen Voraussetzungen kann eine *Phänomenologie der Entgeisterung*, wenn sie überhaupt versucht wird, soll sie nicht an sich zugrunde gehen, nur eine Ironisierung Hegels, eine Parodie seiner *Phänomenologie*, sein, ein postmodernes Spiel, wobei der Verfasser auch sich selbst und sein Bemühen ironisiert: dass er, um sein Unterfangen überhaupt angehen zu können, seinen objektiven Fixpunkt bei Hegel selber sucht, ist eine solche Selbstironisierung; desgleichen, dass der Fragmentcharakter mit der Unendlichkeitssucht verbrämt wird, der von Hegels geschlossenem Ganzheitssystem wegführe. Der Gipfel der Selbstironisierung ist aber das Motto, das der *Phänomenologie der Entgeisterung* voranzugehen hätte: die Frage nach dem Zielpublikum, nach dem intendierten Leser, denn wer sollte sich auf der Stufe der sinnlichen Gewissheit überhaupt noch mit solchen abstrakten Gedankengängen befassen:

> Die methodische Lösung, ein intellektuelles Kompromißvergnügen, kann nur sein, bei Hegel stehenzubleiben und die These vom verschwindenden Wissen wörtlich zu nehmen, d.h. dem Bewußtsein, wie es von Hegel in die Gegenwart fortgeht, nachzublicken.
> Identisch mit dieser Entwicklung, die vom Ganzen wegführt, wird diese Arbeit allerdings insofern, als sie das Ganze des Fragments, zu dem das Bewußtsein sich entwickelte, nicht mehr nachzeichnen kann. Denn wo die Sucht nach schlechter Unendlichkeit zum Wesen gesellschaftlichen Fortschritts geworden, hat selbst der absolute Geist sein Recht verloren. Ziel dieser Arbeit ist es, solch ein Fragment zu werden, das alles in dieser Arbeit Fehlende als austauschbar für das Bewußtsein und als ebenso beliebig erahnen läßt, wie die Erscheinungsform des hier Beschriebenen, ein solcher Torso, den

---

21   Ebenda: 8f.

das Prinzip und die Konsequenzen des Abhandenkommens seiner vorausgesetzten Ganzheit mehr interessiert als das je (dieser Arbeit) konkret Abhandengekommene. Daher auch das Motto, das dieser Arbeit vorangestellt sein soll: *Wer soll das lesen.*[22]

Die Anlage als Hegel-Parodie und die Selbstironisierung von Anfang an können am Schluss nur in die restlose Selbstrücknahme, in den totalen Sinnverzicht, in den Stillstand, der an die Stelle des Fortschrittsdenkens tritt, münden. Das Zitat ersetzt das Original, und am Ende, das einst Anfang war, ist die Schöpfung abgeschlossen, aber als Kopie:

> In dieser ununterbrochenen Auflösung von Ich im Allgemeinen, das sich immer wieder in Ichs auflöst, die wieder völlig im Hier und Jetzt aufgelöst sind, sind Bewegung, Entwicklung und Geschichte zum Stillstand gekommen. Noch mehr unmittelbar allgemein kann das Ich, noch mehr unmittelbar Ausdruck des Ich kann das Allgemeine nicht mehr werden, reicher als im bloßen Blick auf das Sein, wahrer als in der prinzipiellen Hinnahme des So-Seins kann das Wissen nicht mehr scheinen.
>
> Dieser Stillstand ist ein Endpunkt, der Geist ist zum Anfang seiner langen Wanderung zurückgekehrt, zum Ausgangspunkt seiner Entwicklung, und sieht sich in diesem Anfang vollendet. Daraus erheben kann er sich nicht mehr, da er alle Widersprüche in sich zurückgenommen hat, bzw. sie dort, wo sie sich scheinbar doch zeigen, glücklich als *Vermittlung* erlebt. Das Bewußtsein weiß nichts mehr, hat aber alles, was es vergaß, als ein Ensemble von Zitaten und Paraphrasen in sich aufgehoben. Diese im wiedererreichten Anfang vollendete Schöpfungsgeschichte des menschlichen Geistes, wie er jetzt erscheint, kulminiert im definitiven Satz: ‚Im Anfang ist die Kopie.' So sehe ich das.[23]

Hier liegt ein postmodernes Credo vor, und zwar eines voller scheinbarer Widersprüche, die den Sinnverzicht aufscheinen lassen: im Anfang war nicht das Wort, der Logos, als sinngebendes Weltprinzip im Sinne der christlichen Teleologie, im Anfang war genauso wenig die Tat, als Faustisches Prinzip menschlicher Sinngebung und menschlichen Schöpfertums. Wo die Präteritalform ‚war' noch eine Entwicklung implizierte, steht jetzt eine Gegenwartsform, die auf künftige Entwicklung verzichtet: „Im Anfang ist die Kopie". Der Anfang ist aber zugleich Ende, war er doch Endpunkt des nachvollzogenen Rückschritts des Geistes, und der Anfang ist die Kopie. Da es aber vor dem Anfang nichts gibt, muss die Kopie zugleich Original sein, und da der Anfang ‚ist' und nicht ‚war', zudem der Satz „Im

---

22   Ebenda: 9f.
23   Ebenda: 86f.

Anfang ist die Kopie" als „definitiv" hingestellt wird, ist alle weitere Entwicklung Trug – so, wie die Original-Kopie Täuschung ist. Im Anfang ist somit am Ende Stillstand und Nichts, wobei Anfang und Ende zudem zusammenfallen. Einen radikaleren Sinnverzicht gibt es nicht, wenn nicht der kleine Nachtrag wäre: „So sehe ich das". Er subjektiviert das Ganze, durchbricht den Systemzwang und schafft eine Öffnung zur Unendlichkeit hin, denn indem er andeuten könnte, dass die Stufe der sinnlichen Gewissheit erreicht wäre, wird dies gleichzeitig wieder relativiert, denn was könnte das Ich an Gesichertem auf dieser Stufe aussagen.

Die *Phänomenologie der Entgeisterung*, diese intellektuelle Gratwanderung, die gegen die ihr inhärente Unmöglichkeit sowie gegen die Implosion anschreibt und sich am Ende nur in der Ironisierung und der Selbstrücknahme rettet, war ursprünglich nicht als selbständiger Essay Robert Menasses gedacht. Sie erschien erstmals 1991 in der Zeitschrift *manuskripte*, und zwar unter dem vielsagenden Pseudonym Leopold Joachim Singer.[24] Damit ordnet sich die *Phänomenologie* Menasses sogenannter *Trilogie der Entgeisterung* zu, zu der sie sich auch schon vom Titel her bekannte. Denn Leo Singer, auch „der Professor" genannt, ein Lukács-Verschnitt, ist eine der Hauptpersonen der *Trilogie*.[25] Er verspricht immer wieder, eine *Phänomenologie der Entgeisterung* zu schreiben, die Hegels *Phänomenologie* zurücknehmen soll, schafft es aber nicht. Als sich dann herausstellt, dass seine ehemalige Geliebte Judith Katz – die immer wieder in der Selbstentgrenzung des Kokainrausches, der Beschränkung der sinnlichen Gewissheit zu entkommen versucht, um sich in einer rauschhaften synthetischen Wesensschau einem vermeintlichen absoluten Wissen anzunähern – das Buch aufgrund seiner Ausführungen verfasst hat, erschießt er sie und tarnt den Mord als Selbstmord. Indem Menasse die *Phänomenologie der Entgeisterung* im zweiten Anlauf unter seinem eigenen Namen veröffentlicht, stellt er sie gleichsam in dialektische Opposition zur *Trilogie*, dadurch aber, dass er sie Judith Katz widmet, nimmt er diese Opposition wieder zurück und ironisiert er seine Ausführungen zusätzlich.

Es kann für einen Autor durchaus reizvoll sein, seine Gedankenexperimente neben der eigenständigen theoretischen Begründung auch im literarischen Kunstwerk, etwa im Roman, gleich-

---

24   Singer 1991.
25   Vgl. u.a. Gerk 1997: 44.

sam am lebenden Modell durchzuexerzieren. Im literarischen Kontext wird ein offenes Ende, anders als womöglich im Essay, nicht als intellektuelles Versagen gedeutet, und Ironisierung nicht als billige Flucht vor letzten Denkkonsequenzen. Obendrein ersetzt in der Postmoderne das Erzählen ohnehin die großen philosophischen Gedankengebäude, die angesichts des Wirklichkeitszerfalls und Sinnverlusts von Geschichte nunmehr fragwürdig geworden sind. Erzählen dient letztendlich, wie es in der *Trilogie* heißt, dem Überleben, d.h. dem Selbsterhalt der Identität in der subjektiven Sinngebung.[26] Bei Menasse entsteht so zwischen *Phänomenologie* und *Trilogie* ein spannendes Wechselspiel der gegenseitigen Erhellung, dem hier aber nicht im einzelnen nachgegangen werden kann.

Die *Trilogie* ist ein großes Denkmal des Sinnverzichts sowie des Sinnverlusts und des regressiven Fortschritts, d.h. des Rückschritts des Bewusstseinsgrades im Fortschreiten der Zeit. Sie ist im Grunde ein einziger „Rückentwicklungsroman",[27] indem sie das optimistische Modell des Entwicklungsromans, das Geschichte als sinnfälliges Ganzes voraussetzt, kurzerhand verlässt.

Schon in den Eröffnungssätzen des ersten Bandes der *Trilogie*, *Sinnliche Gewißheit*, der 1988 erstmals und dann 1996 in überarbeiteter Fassung erschien, ist die Absage an jegliche Sinnstiftung, etwa durch die Kunst, durch Rückzug in die Innerlichkeit oder durch Schwelgen in der Erinnerung abzulesen, indem hier die Eröffnungssätze von Thomas Manns *Tristan*, Stifters *Nachsommer* und Prousts *À la recherche du temps perdu* verneint werden:

HIER IST nicht Einfried, das Sanatorium.
Mein Vater war kein Kaufmann.
Lange Zeit schon bin ich nicht mehr früh schlafen gegangen.[28]

Da sinnliche Gewissheit als erste Stufe des Bewusstseins bei Hegel das unreflektierte Verhältnis des Ich zum Hier und Jetzt zentral setzt, wird der Roman als einziger der *Trilogie* aus der Ich-Perspektive erzählt; in den beiden anderen liegt die personale vor. Als Ich-Erzähler tritt hier der junge Österreicher Roman Gilanian in Erscheinung, der als Germanistik-Lektor in São Paulo tätig ist, und dort, namentlich in der Bar Esperança, die von den Gästen postmodern doppeldeutig „Bar jeder Hoffnung" genannt wird, mit Österreichern

---

26 Vgl. z.B. Menasse 1996: 13: „Der Junge redet um sein Leben, so als hinge sein Leben davon ab, daß es erzählt werden kann".
27 Ebenda: 231.
28 Ebenda: 7.

322

und Deutschen zusammentrifft, besonders mit Professor Singer und Judith Katz, wobei Hegel und die Zurücknahme der *Phänomenologie des Geistes* in einer Phänomenologie der Entgeisterung ständiges Gesprächsthema sind, während Gilanian die eigene Subjektivität im Alkoholrausch und in wechselnden Beziehungen zu Frauen auszuleben und zu übersteigen versucht. Wiederkehrende Motive sind die Marionette, die im Sinne Kleists als Inbegriff der unreflektierten Natürlichkeit gedeutet, den Menschen auf der Stufe der sinnlichen Gewissheit symbolisiert, und der Spiegel, der ihn immer wieder mit seiner Subjektivität konfrontiert, der aber auch als bemalte Spiegelvitrine in der „Bar jeder Hoffnung" eine erste Ordnung stiftet, zugleich aber Wirklichkeit als Möglichkeit in der Verdoppelung aufhebt.

Zentrales Motiv des Romans und im Grunde der ganzen *Trilogie* ist der „Engel der Geschichte".[29] Judith Katz lässt Paul Klees „Angelus novus", gemessen an der Art und Weise, wie Walter Benjamin ihn als „Engel der Geschichte" verstand, eine Kehrtwendung vollziehen, so dass er fortan das „Gesetz des progressiven Rückschritts" versinnbildlicht. Während er bei Benjamin durch den Fortschritt von der Vergangenheit, der er zugewandt war, weg in eine Zukunft getrieben wurde, die er nicht kannte, muss er in der *Trilogie* ohne Fortschritt auskommen, ist er zwar der Zukunft zugewandt, entfernt er sich aber mit jedem Flügelschlag weiter von ihr, in eine Vergangenheit, der er keinen Sinn mehr unterlegen kann. So symbolisiert er fortan das verschwindende Wissen, den wachsenden Sinnverlust:

> Der Engel der Geschichte: während ihn früher der Sturm des Fortschritts in eine Zukunft trieb, die er nicht kannte, weil sein Antlitz der Vergangenheit zugewandt war, treibt ihn nun, nachdem er sich umgedreht und das Geschichtsziel erkannt hat, jeder Flügelschlag, den er im Hinblick auf die Zukunft macht, in die Vergangenheit zurück. Jetzt kann er nicht mehr ankommen, allerdings wissend wo, und schreitet zurück, allerdings vergessend wohin.[30]

In der Verkehrung des Engels der Geschichte wird die *Trilogie* zum „Rückentwicklungsroman".[31]

Der zweite Band der *Trilogie*, der unter dem Titel *Selige Zeiten*,

29   Vgl. Müller-Tamm 1997: 50-67.
30   Menasse 1996: 230f.
31   Ebenda: 231.

brüchige Welt 1991 erschien,[32] schildert die Vorgeschichte von *Sinnliche Gewißheit*, insofern sie Leo Singer und sein Verhältnis zu Judith Katz betrifft, die in Wien seine Muse war, in São Paulo seine Produktivität eher hemmt, seine Betrachtungen in der „Bar jeder Hoffnung" aber heimlich protokolliert. Als Singer die Aufzeichnungen nach ihrem Tod als eigenes Werk veröffentlicht, finden sie aber keinen Widerhall: Systeme, auch wenn sie die alten umdenken, haben als solche ausgedient. Wesensgemäß werden in *Selige Zeiten, brüchige Welt* weitgehend dieselben Gedanken angesprochen und dieselben Motive zugrundegelegt wie in *Sinnliche Gewißheit*. Es mag sich, wie es in einer Rezension hieß, bei *Selige Zeiten, brüchige Welt* um eine Parabel vom Größenwahn der Intellektuellen handeln.[33] Soviel steht fest: Singers Experiment der rückwärtsgewandten Um-Schreibung von Hegels *Phänomenologie* läuft ins Leere. Am Ende wird der Engel der Geschichte versteigert worden sein:

Um sich zu zerstreuen, machte Leo eine Europareise. Vielleicht, dachte er, konnte er bei dieser Gelegenheit sogar Kontakte zu europäischen Universitäten knüpfen, mit den philosophischen Instituten der Sorbonne in Paris, der Freien Universität Berlin, der Universität Wien. Natürlich konnte er das nicht. Nach seiner Ankunft in Wien fuhr er sofort in den siebenten Bezirk, zu seiner ehemaligen Wohnung. Als er in den Hof zur zweiten Stiege kam, blieb er erstaunt stehen. Die Engel waren nicht mehr da.

Von der Hausmeisterin erfuhr Leo, daß Zahradnik gestorben sei. Er soll so hohe Schulden gehabt haben, daß die Engel zwangsversteigert worden seien. Leo hatte den Eindruck, daß die Hausmeisterin, als sie das erzählte, sich wehmütig im Hof umblickte. Wenigstens einen von den Engeln, sagte sie, hätten sie uns dalassen können. Der eine habe ihr besonders gut gefallen, der mit den ausgebreiteten Flügeln. Einen Blick habe der gehabt, als hätte er geradewegs in die Zukunft schauen können. Jetzt stehe er wahrscheinlich auch bei einem Grab, sagte sie, und bewache einen Toten.[34]

Im dritten Roman der *Trilogie, Schubumkehr* aus dem Jahre 1995,[35] ist Roman Gilanian, der Ich-Erzähler aus *Sinnliche Gewißheit*, wieder die Hauptperson. Er kehrt nach einem langjährigen Aufenthalt in Brasilien Ende der achtziger Jahre nach Österreich zurück. Hier findet er große Veränderungen vor: Seine verwitwete Mutter hat einen viel jüngeren Mann geheiratet und sich mit ihm auf einen Ökohof im Dorf Komprechts, nahe der tschechischen Grenze, zurückgezogen. Die

---

32 Menasse 1994.
33 Hieber 1992.
34 Menasse 1994: 373f.
35 Menasse 1997a.

ökologische Landwirtschaft, die, als Fortschritt im Rückschritt, Versuch einer Sinngebung zu sein scheint, scheitert jedoch: Der umweltfreundliche Dünger steckt voller Präservative und Damenbinden, während die Saatkartoffeln bespritzt sind. Auch die Ehe der Mutter, als private Sinngebung, scheitert. In Komprechts findet zudem eine Strukturreform statt, die nach den besten Gepflogenheiten österreichischer Sozialpartnerschaftlichkeit durchgeführt wird und auf modischen „sanften Tourismus" setzt. Dabei werden gewachsene Sozialstrukturen zerstört und jahrhundertealte Einnahmequellen wie der Steinbruch und die Glasindustrie leichtfertig geopfert, um der neuen Sinngebung willen. Die Schubumkehr als Rückschritt in der Fortbewegung führt zum Stillstand, mündet somit ins Nichts. Am Ende stehen Mord und Totschlag, am Ende steht aber auch die Wende, indem die Grenze zur Tschechoslowakei sich öffnet. Die Videokamera, die der Hauptperson hier, statt des Spiegels in *Sinnliche Gewißheit*, zur Schaffung von Sinn, zur Festlegung von vermeintlicher Wirklichkeit im Chaos der Möglichkeiten, beigegeben ist, verzeichnet für den Tag der Grenzöffnung, als Geschichte geschrieben wird, nur Rauschen und Flimmern, und Roman hat sich aus der Geschichte davongestohlen, nach Brasilien:

> Ich glaube, Sie können abschalten. Ich versteh das nicht. Auf der Kassette steht *Okt. 89 ENDE*. Aber da ist nichts drauf. Das muß er wieder gelöscht haben. Was hat er da gelöscht? Und warum? Glauben Sie, kann man das rekonstruieren?
> Wer sagt denn, daß er gelöscht hat? Vielleicht hat er gar nichts mehr aufgenommen. Vielleicht wollte er nicht mehr dauernd mit der Kamera herumrennen. Vielleicht ist er, wie soll ich sagen, aufgewacht. Alptraum aus und zu Ende. Und er hat deshalb auf seine letzte leere Kassette einfach draufgeschrieben: *ENDE*.[36]

Die *Trilogie der Entgeisterung* weist eine syllogistische Struktur auf. In *Sinnliche Gewißheit* wird eine Phänomenologie der Entgeisterung als Möglichkeit hingestellt, in *Selige Zeiten, brüchige Welt* wird sie zurückgenommen, in *Schubumkehr* verlaufen alle Bemühungen um Sinngebung ins Nichts. Damit scheint ironischerweise das Endziel einer Phänomenologie der Entgeisterung erreicht: die Dialektik ergibt Rückschritt und am Ende steht das Nichts als radikaler Sinnverzicht. So leistet die *Trilogie*, was Singers *Phänomenologie* nicht sein konnte: sie ist als wahrer „Rückentwicklungsroman" die Geschichte eines

---

36   Ebenda: 180.

restlosen Wissensschwunds, die sich selbst zurücknimmt, statt dass sie, wie Singers *Phänomenologie*, im Widerspruch zum eigenen Bestreben stünde.

III

Österreich als solches tritt in Menasses *Trilogie der Entgeisterung* nicht wirklich prominent in Erscheinung. Dennoch wäre die *Trilogie* ohne das ‚Prinzip Österreich', wie Menasse es in seinen Essays zur sozialpartnerschaftlichen Ästhetik und zur Verösterreicherung der Welt umrissen hat, nicht zu verstehen. Österreich ist bei Menasse, als Geburtsstätte der Verösterreicherung und als gelebte Sozialpartnerschaft, schlechthin Chiffre für postmoderne Unverbindlichkeit. Die Gegensätze, die im dialektischen Prozess Geschichte vorantreiben, wurden hier schon, lange bevor Geschichte als Sinnzusammenhang fragwürdig wurde und die Wendezeit die weltweiten Antagonismen, die das absolute Wissen oder die klassenlose Gesellschaft in die Wege leiten sollten, hinfällig machte, entschärft und in eine zweifelhafte Harmonie überführt. Österreich konterkarierte die großen Sinngebungssysteme, so wie es durch den Staatsvertrag zwischen den Weltanschauungen stand. Es war die Verkörperung des Ausgleichs, der Mitte, der Neutralität, und somit wesenhaft museal.

Österreich war museal, bevor Geschichte als Steinbruch von Möglichkeiten statt als Garantin von Zukunft und von Wirklichkeit gedeutet wurde, aber gerierte sich, wie die Postmoderne auch, als avantgardistisch. Menasse zeigt mit dem Gegensatz von Musealität und Postmodernität avant la lettre, die nicht kaschiert wurde als Avantgarde, an Österreich – ohne es vielleicht selber zu sehen – eine innere Dialektik auf, die hier in einen Fortschritt mündete, die Postmoderne eben, der letztendlich Rückschritt war.

Vielleicht wäre es, bei einem solchen schillernden Wesen Österreichs, berechtigt, Menasses Österreich-Leitspruch, der sich hinter dem Kürzel A.E.I.O.U. verbirgt, in seinem Geiste richtig zu übersetzen: „Austria Erit In Orbe Ultimo" hieße dann ‚Österreich wird letztendlich in der Welt sein', d.h. ‚Österreich ist überall' oder, wohl besser noch: ‚Österreich wird in der letzten Welt sein', was im Geiste der *Phänomenologie der Entgeisterung* gelesen, bedeuten könnte: ‚Österreich wird sich am Ende als das Nichts erweisen'.[37]

---

37 Vgl. auch: Menasse 1995b: 142f. Hier wird auf dasselbe Kürzel zurückge-

326

Literaturverzeichnis

Herbert Eisenreich, Herbert. 1964. *Das schöpferische Mißtrauen oder Ist Österreichs Literatur eine österreichische Literatur.* Gütersloh: Mohn.

Gerk, Andrea. 1997. *Eine Geschichte des erinnerten Vergessens – Robert Menasses ,Trilogie der Entgeisterung'.* In: Stolz 1997: 27-49.

Greiner, Ulrich. 1979. 'Der Tod des Nachsommers. Über das "Österreichische" in der österreichischen Literatur.' In: Ders.: *Der Tod des Nachsommers. Aufsätze, Porträts, Kritiken zur österreichischen Gegenwartsliteratur.* München: Hanser: 9-57.

Hermand, Jost. 1994. *Geschichte der Germanistik.* Reinbek bei Hamburg: Rowohlt (= rowohlts enzyklopädie 534).

Hieber, Jochen. 1992. 'Der Zauberspiegel. Robert Menasses Roman über den Größenwahn der Intellektuellen.' In: *Frankfurter Allgemeine Zeitung*, 11. 1. 1992.

Magris, Claudio. 1966. *Der habsburgische Mythos in der österreichischen Literatur.* Salzburg: O. Müller. (Originalausgabe: *Il mito absburgico nella letteratura austriaca moderna*, Turin 1963).

Menasse, Robert. 1994. *Selige Zeiten, brüchige Welt. Roman.* Frankfurt/M.: Suhrkamp (= st 2312).

Menasse, Robert. 1995a. *Das Land ohne Eigenschaften. Essays zur österreichischen Identität.* Frankfurt/M.: Suhrkamp(= st 2487).

Menasse, Robert. 1995b. *Phänomenologie der Entgeisterung. Geschichte des verschwindenden Wissens.* Frankfurt/M.: Suhrkamp (= st 2389).

Menasse, Robert. 1996. *Sinnliche Gewißheit.* Frankfurt/M.: Suhrkamp (= st 2688).

Menasse, Robert. 1997a. *Schubumkehr. Roman.* Frankfurt/M.: Suhrkamp (= st 2694).

---

griffen und ausdrücklich eine Beziehung zu Christoph Ransmayrs Roman *Die letzte Welt* hergestellt, der als Österreich-Roman gelesen werden könnte: „Ovid hatte die Entwicklung vom Anfang der Welt bis zu deren Vollendung durch Augustus besungen. Daß Ransmayr den Spieß umdrehte und vom Höhepunkt der Zivilisation aus zum Weltende hinerzählt – entspricht dies in keiner Weise dem von entsprechenden historischen Erfahrungen gesättigten und auf Endzeiten fixierten österreichischen Selbstverständnis?" (143). – Zum Kürzel A.E.I.O.U. vgl. den Anfang von Peter Delvaux' Beitrag im vorliegenden Band.

Menasse, Robert. 1997b. *Überbau und Underground. Die sozialpartnerschaftliche Ästhetik. Essays zum österreichischen Geist.* Frankfurt/M.: Suhrkamp 1997 (= st 2648).

Müller-Tamm, Jutta. 1997. *Die Engel der Geschichten. Zu einem Motiv in Robert Menasses Romantrilogie.* In: Stolz 1997: 50-67.

Schmidt-Dengler, Wendelin. 1993. 'Österreichische Literatur.' In: Killy, Walter (Hrsg.): *Literaturlexikon.* Bd. 14: *Begriffe, Realien, Methoden.* Hrsg. v. Volker Meid. Gütersloh, München: Bertelsmann: 179-186.

Singer, Leopold Joachim [= Robert Menasse].1991. 'Phänomenologie der Entgeisterung. Geschichte des verschwindenden Wissens.' In: *manuskripte 111*: 91-110.

Stolz, Dieter (Hrsg.). 1997. *Die Welt scheint unverbesserlich. Zu Robert Menasses ‚Trilogie der Entgeisterung'.* Frankfurt/M.: Suhrkamp (= st 2776).

Strehlow, Wolfgang. 1978ff.. 'Robert Menasse.' In: Arnold, Heinz Ludwig (Hrsg.): *Kritisches Lexikon zur deutschsprachigen Gegenwartsliteratur.* München: text + kritik.

Alois Hotschnig
Foto: Rupert Larl

Leopold Decloedt

EIN GESPRÄCH MIT ALOIS HOTSCHNIG

Alois Hotschnig, geboren 1959 in Kärnten, lebt als freier Autor in Innsbruck. 1989 erschien die Erzählung *Aus*, für die Hotschnig den Förderpreis des Landes Kärnten erhielt, 1990 die Erzählung *Eine Art Glück*. 1992 wurde Hotschnig beim Ingeborg Bachmann-Wettbewerb in Klagenfurt mit dem Preis des Landes Kärnten ausgezeichnet. Im selben Jahr erhielt er das New York-Stipendium des Kranichsteiner Literaturpreises. Ebenfalls 1992 erschien sein Roman *Leonardos Hände*, der mit dem Anna Seghers-Preis ausgezeichnet wurde. 1994 erschien das Theaterstück *Absolution*, das 1995 am Schauspielhaus in Wien uraufgeführt wurde. 2000 wurde das Theaterstück *Aus* in Wien am Schauspielhaus uraufgeführt. Im selben Jahr erschien der Roman *Ludwigs Zimmer* bei Kiepenheuer & Witsch. Hotschnig erhielt 1999 das Robert Musil Stipendium und 2002 den Italo Svevo-Preis. Leopold Decloedt hat mit ihm gesprochen.

Bis jetzt wurde kein einziges Werk von Ihnen ins Niederländische übersetzt. Auch in der niederländischen und flämischen Presse sind Sie und Ihr Werk kaum präsent. Vielleicht können Sie unseren Lesern einige Daten zu Ihrer Biographie mitteilen?

Ich wurde 1959 in einem Dorf im südlichsten Bundesland Österreichs, in Kärnten, an der Grenze zu Italien und Slowenien geboren, in der sogenannten österreichischen Provinz, die über die Jahre meiner Kindheit und Jugend das Zentrum meiner Beobachtung und Wahrnehmung und meines Lebens überhaupt war, und die nach so langer Zeit immer noch eine der Ursachen für mein Schreiben ausmacht.

Von Kind an mit Einschränkungen und Ausgrenzungen konfrontiert und vertraut, wie etwa der Diskriminierung der sprachlichen Minderheit der Slowenen, aber auch von Außenseitern und Behinderten im nahen persönlichen Umfeld, habe ich mich in meinen Texten mit der familiären Enge befasst, mit der kärntnerischen, der tirolischen, der österreichischen Enge, und habe gemerkt, dass diese Enge keine örtlich begrenzte ist, sondern eine Enge des menschlichen Kopfes schlechthin, und ich es also mit einem grenzüberschreitenden Phänomen zu tun habe. Dagegen schreibe ich an. Mit den Schulen habe ich die Orte gewechselt. Die Orte, an denen ich lebte, sind größer geworden, sind Städte geworden. Seit 25 Jahren lebe ich hauptsächlich in Innsbruck. Ich habe ein Medizinstudium begonnen, das ich nach einigen Jahren durch das Schreiben ersetzt habe. 1989 erschien mein erstes Buch (*Aus*). Seither horche ich als sogenannter freier Schriftsteller den „Gesellschaftskörper" auf alle möglichen und unmöglichen Krankheitssymptome hin ab.

In Österreich ist es inzwischen eine Tradition geworden, dass sich Künstler immer wieder zu politischen Themen äußern. Wie sehen Sie das Verhältnis zwischen Kunst und Politik? Noch anders formuliert: Was bedeutet Schreiben für Sie?

Angesichts der weltweiten realpolitischen Gegebenheiten, die in ihrer Grauenhaftigkeit auch vor Österreich nicht Halt gemacht haben, wie der sich seuchenartig ausbreitenden sozialen Erkaltung und des allgegenwärtigen Sozialdarwinismus in Verbindung mit dem Wiedererstarken rechtspopulistischer Ressentiments fällt es schwer, *nicht* das Wort zu ergreifen und Position zu beziehen oder zumindest auf die Gefahren dieser Tendenzen aufmerksam zu machen.

In den Wahlkampfauseinandersetzungen des vorigen Jahres kamen in Österreich die Begriffe *Kunst* und *Kultur* nicht vor, was etwas darüber aussagt, für wie wichtig dieser Bereich von den derzeit regierenden und regieren wollenden Politikern und Parteien genommen wird. Österreich geriert sich gern als Kunst- und Kulturnation, aber in der alltäglichen politischen Debatte spielt die Kunst keine Rolle.

Aber doch, meine Auseinandersetzung mit Verhinderungen welcher Art auch immer, mit Abhängigkeiten im kleinen familiären wie im politisch großen Zusammenhang, ist ja nicht Selbstzweck, sondern soll einen Weg hinausweisen aus der empfundenen und beschriebenen Enge, oder diesen Weg denkbar erscheinen lassen immerhin. Und der Weg aus dem Fliegenglas, in dem wir uns alle befinden, und das aus Abhängigkeit, Konvention und Gängelung aufgebaut ist, führt nur über das sich Bewusst-Werden der Lage, in der wir nun einmal sind.

Ich weiß um die Ohnmacht der Literatur und der Kunst. Und doch, ich habe am eigenen Leib erlebt, was Kunst und Literatur für den einzelnen zu leisten imstande sind, denn aufgewacht und zum Leben gekommen bin ich erst durch die Bücher, und das heißt, durch die Welt der anderen, einer Welt, die ich in all ihrer Andersartigkeit als meine eigene Welt wahrzunehmen und begreifen gelernt habe. Ich habe zuvor nicht gelebt. Und je mehr ich mich einließ darauf, auf die Bücher der anderen und also auf mich, desto mehr habe ich mich aufgerichtet in den eigenen Stand, in das eigene Gehen und Denken und in die Möglichkeit, die ich mir bin. Darin liegt die Kraft und die Chance der Literatur und der Kunst überhaupt, und darin steht die Kunst der Politik in nichts nach.

Schreiben heißt Eingreifen ins eigene Leben und in das Leben anderer, in das Leben des Lesers, wenn er sich einlässt darauf. Es ist ein unaufhörliches Aufwachen, ein Abtasten dessen, was ich vorfinde um mich herum und in mir, an den anderen, es ist Abbildung und Korrektiv, und es ist alles an Instrumentarien und an Möglichkeiten der Wahrnehmung zugleich, ein Organ, das es mir ermöglicht, mit dem umzugehen, was bis dahin mit mir umgegangen ist.

Jedem längeren Text geht eine beinahe vollkommene Isolierung voraus, eine Abtrennung vom Vertrauten, eine Abnabelung, die mich aufatmen und mich die Augen aufmachen lässt in einer neuen Umgebung. Meine Art Schreiben ist ein ständiger Wechsel aus Annäherung und Entfernung, aus Begierde, Obsession und Entzug. Und doch führt mich gerade eben das Schreiben umso lebhafter wieder ins Menschengebiet zurück, indem es mir über den Umweg des Textes Begegnungen mit Menschen und Orten ermöglicht, die es ohne diesen langen Rückzug für mich nicht gegeben hätte und gibt.

Sie sind, wie Sie selber sagen, erst aufgewacht und zum Leben gekommen durch die Bücher. Welche Autoren bzw. Bücher schätzen Sie am meisten und auf welche Weise haben sie Ihre Art des Schreibens und Ihre Themen beeinflusst?

Aufgewacht bin ich durch Celan und Brecht, Ingeborg Bachmann, Max Frisch und durch Beckett, bei Kafka, da war ich daheim, die Trümmerliteratur der Nachkriegszeit, Joyce, die Autoren der sogenannten klassischen Moderne und zahllose Gegenwartsautoren, deren Namen hier anzuführen zu weit ginge.

Das Anrennen gegen ungesunde bzw. krankmachende Strukturen ist ihnen allen gemein, der analytische Anteil ihrer Literatur ist mir seit jeher lebenswichtig gewesen. Wie auch immer, sie waren Bestätigung und Antrieb und Begleiter über die ersten Jahre des Schreibens hinweg. Und, was mindestens gleich wichtig war und ist, jeder dieser Autoren hat seine eigene und unverwechselbare

Stimme gefunden, und auf diesem Weg zu meiner eigenen Stimme befinde ich mich von Anfang an und von meinem ersten geschriebenen Satz weg bis zum letzten.

Wenn ich z.B. *Aus* oder *Leonardos Hände* lese, fällt mir die prominente Anwesenheit des Körperlichen auf. Schon der Titel *Leonardos Hände* spricht da Bände. Mir fällt dabei sofort Franz Kafka ein. Wie sehen Sie Franz Kafka? Wie stehen Sie zu ihm?

Über Kafka zu reden heißt, fragmentarisch bleiben zu müssen, zu gigantisch und unerschöpflich sind Autor und Werk. Und gerade das Fragmentarische ist es auch, das mich seit jeher an Kafka fasziniert, das Fragmentarische, das der von ihm beschriebenen komplexen Welt um so viel eher entspricht und gerecht wird als jeder erratische Deutungs- und Beschreibungsversuch es je könnte.

Die Präzision ist es, die ich schätze, mit der er einen zunächst unmöglich scheinenden Vorgang oder Zustand darzustellen versteht, und der dadurch erst sichtbar und erkennbar wird als tatsächlich gelebte Bedingung eines alltäglichen Lebens oder als die existentielle menschliche Bedingung schlechthin.

Die ungeheure Fülle im Fragmentarischen ist es, die mich an seinen Texten beeindruckt. In den Tagebüchern tritt es am stärksten und rücksichtslosesten weil literarisch absichtslosesten auf, in der reinsten Form sozusagen, diese Tagebücher sind ein Wald, und seit Jahren gehe ich in diese Sätze hinein und zeichne sie an. Von den Markierungen aus gehe ich weiter und streiche mir Sätze heraus und zeichne sie an. Um mich zurechtzufinden in diesem Wald. Um wieder herauszufinden aus mir.

Dieses Buch ist das bunteste Buch, das es gibt, für mich gibt, ganz sicher ist es der bunteste Wald nicht nur für mich, und nicht durch die Farben der Stifte. Nirgendwo sonst, in keinem der von mir jemals gelesenen Bücher, an keinem mir zugänglich gewesenen Ort hat sich mir ein Leben derart entgegengeschrieben wie in den Tagebüchern Franz Kafkas.

Neben den Händen ist auch der Spiegel ein wichtiges Motiv in ihren Werken. Woher diese Faszination für den Spiegel?

Wir spiegeln uns in den anderen, damit fängt es an, Selbstversicherung, Bestätigung, Korrektur, Anpassung oder Behauptung, Vergleich ist das Leben in jedem Fall. In meinen Texten ist das nicht anders. In der Erzählung *Eine Art Glück* setzt eine Mutter ihren Sohn, der ohne Beine geboren ist und mit dessen Behinderung sie nicht fertig zu werden versteht, eines Tages vor einen Spiegel, und sagt ihm, was der längst weiß, der Paul in dem Spiegel bist du, sagt sie ihm, so sehen wir dich, du musst dich an deinen Anblick gewöhnen, so sehen wir dich, sagt sie ihm. Und doch, *sie* gewöhnte sich nicht. Damit beschreibe ich seine sogenannte Behinderung, sein Anderssein, über die Spiegelung der Unfähigkeit, damit umzugehen.

Meiner ersten Erzählung *Aus* ist ein für mein Schreiben zentraler Satz vorangestellt: „Ein Kopf hat noch nie einen Acker gepflügt", heißt es da. „Aber Hände. Was wollte man da mit dem Kopf." In einem Umfeld, in dem das, was einer darstellt oder darzustellen und einzubringen vermeint, nicht zählt oder vielleicht gar als Bedrohung angesehen wird, führt dieses Anderssein zur Infragestellung seiner Person und seiner Beziehung zu dieser Gemeinschaft, zur Entfremdung in jedem Fall, was habe ich, was habe ich nicht, im Vergleich mit den anderen, und im Letzten, wer bin ich denn selbst überhaupt, für die anderen und für mich selbst. In allen meinen Texten geht es um diese Fragen und um Formen der Rückversicherung der eigenen Identität.

Ransmayr hat Hunderte von Zettelchen, auf die er seine Beobachtungen schreibt, die dann später in seine Werke einfließen. Wie entstehen Ihre Bücher? Wo finden Sie Ihre Ideen? Wie sieht Ihr Arbeitsalltag aus?

Wann immer ich einen Roman oder eine Erzählung abgeschlossen habe, genieße ich es, eine Zeitlang alles Mögliche und Unmögliche zu notieren, zweckfrei und ohne den Gedanken an eine eventuelle Verwertbarkeit des Notierten, und alles zuzulassen in mir, jede Form, uneingeschränkt von den Gesetzmäßigkeiten eventuell sich daraus ergebender literarischer Formen. Dieser spielerischen Beobachtungsphase gebe ich nach, über Monate, über Jahre, eigentlich immer, und sammle das so entstandene Material in Schachteln und Ordnern und übertrage es in den Computer und setze mich täglich damit auseinander, indem ich es verändere und korrigiere, ununterbrochen, jeden Tag, immer, und mit der Zeit kristallisieren sich Themen-bereiche heraus, die zunehmend kenntlicher werden, Figuren wachsen aus diesen Sätzen heraus und erhalten Kontur, indem sich weitere Sätze finden für sie, und immer so fort, und mit der Zeit finde ich mich in diesem ständig wachsenden und pulsierenden Textgewebe immer besser zurecht, und bestimmte Inhalte werden endlich so manifest und zwingend, als wäre von Anfang an nichts anderes möglich gewesen als eben die eine bestimmte Geschichte, die anscheinend schon die ganze Zeit über in diesen Sätzen gewartet hätte auf mich, und in die ich mich nun begebe und in der ich für lange verschwinde. Von nun an hat der auf diese Weise entstehende Text das Konvolut, dem er entstammt, nicht mehr nötig und entwickelt sich nach seinen eigenen Gesetzen und Notwendigkeiten.

In dieser Phase des Schreibens bestehe ich nur noch aus Text und aus der sich entwickelnden Geschichte, aus nichts anderem sonst, es ist unmöglich, abzuschalten oder zu entkommen, und das ist schwierig und herrlich zugleich. Aber es ist auch das Glück.

Preise
1990 Förderpreis des Landes Kärnten
1992 New York Stipendium beim Kranichsteiner Literaturpreis
1992 Preis des Landes Kärnten beim Ingeborg Bachmann-Wettbewerb
1993 Anna Seghers-Preis
1999 Robert Musil-Stipendium
2002 Italo Svevo Preis
2002 Preis der Stadt Innsbruck für künstlerisches Schaffen

Veröffentlichungen
Bücher:
Aus. Erzählung. Luchterhand Literaturverlag, 1989.
Eine Art Glück. Erzählung. Luchterhand, 1990. Sammlung Luchterhand, 1992.
Leonardos Hände. Roman. Luchterhand, 1992, dtv 1995.
Absolution. Theaterstück. Kiepenheuer & Witsch, 1994. UA *Schauspielhaus*. Wien, 1995.
Ludwigs Zimmer. Roman. Kiepenheuer & Witsch, 2000, btb 2002.
Aus. Theaterstück. UA Schauspielhaus Wien, 2000.

Theaterstücke:
Absolution. UA 1995 am Schauspielhaus, Wien.
Aus. Theaterstück. UA Schauspielhaus Wien, 2000.

Hörspiele:
Augenschnitt (ORF, 1991)
Aus (ORF, 1997)

Übersetzungen der oben angeführten Bücher:
Konec, Hermagoras Verlag, Klagenfurt, Laibach, 1990.
Leonardove Roke, Hermagoras Verlag, 1995.
Les Mains de Léonard, Editions Jean-Claude Lattès, Paris, 1992.
Leonardos händer, Albert Bonniers Förlag, Stockholm, 1997.
Leonardo's Hands, University of Nebraska Press, Lincoln, 1999.
Ludvikova Izba, Hermagoras Verlag, Klagenfurt, Laibach, 2003.

Unselbständige Veröffentlichungen (Auswahl):
'Der Fortgang der Handlung' in: *Rot Weiß Buch*, gangan Verlag, Graz, 1988.
'Der Fortgang der Handlung' in: *Kopf oder Adler*, Haymon Verlag, Innsbruck, 1991.
'Anatomie' in: *Paralyse*, Literaturverlag Droschl, Graz, 1996.

'Ich habe einen Menschen gestohlen.' In: *Die Presse*, Spectrum, 27.3.1993.
'Zugfahren. Deutschland im Mai.' In: *Die Presse*, Spectrum, 5.6.1993.
'Zugfahren. Deutschland im Mai.' In: *Argonautenschiff*, Nr. 3-1994, Berlin.
'Lienz, Maximilianstraße.' In: *Bundesgymnasium Lienz*, Jahresbericht 1993/94.

'Ich sage Zug ab.' In: *Die Weltwoche*, Zürich. 1994.
'Mit Haut ungenießbar, Ausschnitt aus Absolution.' In: *Die Presse*, Spectrum, 2.8.1994.
'Unter Tag. Schwaz.' In: *Die Presse*, Spectrum, 19.8.1995.
'Unter Tag. Schwaz.' In: *Wenn der Kater kommt*, Kiepenheuer & Witsch, 1996.

Jetzt (Litanei für gemischten Chor, Komponist Bert Breit), UA Vogelweider Chor, UA Innsbruck 14.6.1996.

'Was ich lese.' In: *Die Presse*, Spectrum, 28.2.1998.
'Was es war. Was es ist.' In: *Die Presse*, Spectrum, 25.4.1998.
'Wir suchen Heimat in einem Menschen.' In: *Literatur Hauskalender*,

Innsbruck, 1999.

'Anfang eines aufgegebenen Textes.' In: *Salz*, Heft 104.

'Es war aus dem Boden gekrochen.' In: *kolik*, Nr. 16.

'Was ich lese.' In: *Die Presse*, spectrum, 9. 3.2002 (Über: *Aufzeichnungen aus einem Irrenhaus* von Christine Lavant)

'Der Anfang von etwas. Begegnung.' In: *Die Brücke*, Nr. 30, Klagenfurt, August 2002

'Svevos Käfig oder Das Schreiben als hygienische Maßnahme.' In: *Crazzola*, Nr 2, edition die horen, Leipzig, 2002.

'Der Platz, an dem ich lese.' In: *Die Presse*, spectrum, 2.Nov. 2002

ABSTRACTS

Peter Delvaux

A.E.I.O.U.

In a very concise review the author outlines the obvious difficulties for Austrians and foreigners to look back on the political and cultural history of Austria in an attempt to understand it as to be continuous.

Jattie Enklaar

Felix Austria, finis Austriae, vivat Austria

In *Der Tod des Nachsommers* (1979) Ulrich Greiner wonders what can be considered "Austrian Literature". Conversely, one could ask what "German Literature" would be, if names like Schnitzler, Werfel, Zweig, Hofmannsthal, Kraus, Rilke, Musil, Broch, Kafka, Roth, Trakl, Horváth, Doderer and those of so many other authors were not included. In many respects one is confronted with difficulties when dealing with a subject such as "Twentieth Century Austrian Literature and German Literature of the Austro-Hungarian Empire". From the time of the great narrator Adalbert Stifter, literature in the Habsburg Empire and later on in the Austrian Republic has been subjected to a variety of influences. The Habsburg myth has cast its shadow well into the 20th century. By means of several succinct examples, this article demonstrates the extent to which the literature of the Austro-Hungarian Empire and later on that of the Austrian Republic have – through varying circumstances – remained intertwined.

Clemens Ruthner

"Bacchanalien, Symposien, Orgien..."
Alfred Kubins Roman *Die andere Seite* als literarische
Versuchsstation des k.u.k. Weltuntergangs

This article introduces one of the most influential "hidden narratives"
of Austrian literature in the 20th century: the novel *Die andere Seite*
(*The other side*), published in 1909 by the graphical artist Alfred
Kubin (1877-1959). This literary text, situated in the Central Asian
"Kingdom of Dreams" ("Traumreich"), works like an eclectic focus
of fin de siècle-thinking, containing contemporary exotism, philoso-
phy, occultism, and poetics (the grotesque). It can also be regarded as
a "parallel action" to the theories of Freud's psychoanalysis. The
article gives a short survey of previous readings of Kubin's novel and
introduces a new (postcolonial) one, claiming that the text can also be
understood as a allegory of the late Habsburg Monarchy.

Hans Ester

**Franz Werfel und das Verlangen nach dem verlorenen
Österreich**

After 1918 in Austrian literature the yearning for the lost empire
gains momentum on a large scale. In the novels and especially in the
essays and speeches of Franz Werfel (1890-1945) the central point of
his feelings and thoughts is the loss of his proper home country, the
double monarchy, the empire of Franz Joseph. According to Werfel
Austria supplied the possibility for various nations and ethnic groups
to live together peacefully. Werfel confronts the cohabitation within
the old empire with the actual threats of totalitarian ideologies like
National Socialism. He regards these ideologies as substitutes for an
authentic religious belief, based on Jewish and Christian roots. In his
opinion the old Austria gave concrete form to this religious basis in
combination with a stable and promising social order.

Anastasia Hacopian

Kafkas Bett: Von der Metonymie zum Diskurs.
Ein Einblick in die Bedeutung der Räumlichkeit

The literary works of Franz Kafka often portray individuals in absurd situations, suggesting social estrangement and alienation through metaphorical representations of the environment in which they live and work. Using the bed metonomy as point of departure, this article explores the significance of spatiality in the works *The Castle* and *The Trial*. A closer look at the bed in both texts – the most private object within the private sphere – reveals spatial operations which deny or distort traditional notions of 'private'and 'public'. A comparison of both discloses how subtle situations such as the reserval of spheres or the disappearance of boundaries ultimately contributes to the discontent and derangement of the main characters.

Henk J. Koning

Ödön von Horváth – ein Stückeschreiber Nestroyscher Provenienz?

Horváth was familiar with the work of the Austrian actor and playwright Nestroy and even adapted one of his plays for the screen. Besides being influenced by the Viennese popular theatre Horváth's dramatic oeuvre was also inspired by the social circumstances of the thirties. Neither aimed at superficial plays which would merely entertain the audience, nor in their works they battled against stupidity and untruthfulness. At the same time Horváth was well aware that the German popular theatre of the thirties should stage characters who were true to everyday life. In an unsophisticated tone they display problems and situations which are familiar. Not elevated thoughts mesmerize the spectator, but a reality that confronts him with his own weaknesses and shortcomings. Both Horváth and Nestroy are equilibrists between pessimism and optimism; sceptics who do not take definite stands in their plays, but who continually appeal to the general human ingenuity. Consequently they were discomforting for their contemporaries.

Daniela Strigl

Theodor Kramer (1897-1958) – Heimatdichter, Jude, Sozialist

The Austrian lyricist Theodor Kramer (1897-1958), who in the twenties and thirties was quite successful in all German-language countries, had to emigrate in 1939. When he returned from England after nearly twenty years, Kramer's name was obscure. Only recently there has been more interest for his work comprising about 10.000 poems. Kramer wrote anarchic vagabond-songs as well as realistic descriptions of nature and country life; he also dealt with the workaday routine of World War I and of Austria after the "Anschluss". Exile was very hard for Kramer, in a manner of speaking he had to write his oeuvre twice. He was homesick and got ill, physically as well as mentally.

In this essay certain contradictory opinions of contemporaries and interpreters are examined on the basis of the concrete poetic material. It is also an analysis of what leaving home meant to his poetry, which kept the former themes, but on the other hand became more personal, nostalgic and desperate. Kramer's realism is a sociocritical, but not an outwardly political one; he was Jewish and he seemed rooted to the soil. One can draw some parallels to anarchism, also to Bert Brecht, Erich Kästner and the current of the "Neue Sachlichkeit" (new functionalism), but Kramer's poetic character remains complex. He embodies some typical inconsistencies of the Austrian First Republic. The Austrian literary history would be incomplete without the name of Theodor Kramer and his special kind of leftist regional poetry.

Arno Rußegger

Christine Lavant – ein Porträt

Christine Lavant (1915-1973) – a pseudonym for Christine Thonhauser – was born as the ninth child of a poor miner in a small and remote Karinthian village. Her growing up was affected by misery and diseases from the very beginning. All she would achieve later as one of the most important German-speaking authors of the post-war period she had achieved autodidactically. From a present point of view it is her personal complexity (if not to say paradox) that makes her interesting – a woman between both traditional and unconventional ways of living and writing. This paper, on the one hand, tries to follow some of Lavant's biographical and literary traces and, on the other hand, to honour her significant contribution to Austrian poetry and narratives. Finally a short outline is given of a current research project that aims at a new critical edition of Christine Lavant's complete works.

Martin A. Hainz

"Hinter den Bäumen ist eine andere Welt".
Bernhards lyrische Verstöße wider die lyrische Form

The essay – entitled *Behind The Trees There Is A Different World*, a verse by Thomas Bernhard – is dealing with the poetry of this Austrian writer, which has earned less attention than his drama and his prose. As a result, Bernhard's poetry turns out not to contain the genuine *poetic* texts of this oeuvre. Wendelin Schmidt-Dengler has shown that the prosaic texts by Bernhard are essentially characterized by their anti-narrative polemics; this approach corresponds to the thesis that *these* texts are to be considered substantially *lyrical*. In its performative, not its mimetic aspects this oeuvre is adequate to Bernhard's seemingly irrational claim in truth: "Sensibility herself has forbidden to me to write or tell the truth."

Jerker Spits

"Der Hellsichtigste aller Narren": Stationen der Bernhard-Rezeption in Österreich und den Niederlanden

In his play *Heldenplatz*, the Austrian writer Thomas Bernhard (1931-1989) focuses on the life of a Viennese Jewish family in 1988. The main character, Professor Joseph Schuster, can no longer stand the anti-Semitism he finds in Austria fifty years after the *Anschluss* and commits suicide by jumping out of his apartment window. *Heldenplatz* generated a political uproar in Austria, leading to demonstrations and attacks, involving intellectuals, politicians, journalists and regular citizens. The outcry was initiated by passages of the play that had been leaked to the press and attacked the

Austrians, their government, their vulgarity and their mendacity. The scandal also changed the reception of Bernhard in the Netherlands. The interest in Bernhard's oeuvre was almost completely replaced by a focus on the provocative acts with which Bernhard succeeded in upsetting the Austrian collective conscience. This article investigates the reactions to *Heldenplatz* in both Austria and the Netherlands and describes the fascinating shift in the reception of Bernhard after the author's early death.

Dieter Hensing

Peter Handke. Auf der Suche nach der gültigen Form

There are some questions, which Handke has dealt with again and again since his beginnings as a writer: What is the answer to the problem of using and continuing to use traditional literary forms as well-known models? Is it possible to prevent new forms from becoming fixed models, devoid of flexibility and unable to surprise or to shock the reader? In the 1970s Handke becomes fascinated with different kinds of open writing, such as diary and notebook, which means a writing free from any intention to find or to form coherence and unity. But at the same time he is captivated by a kind of painting, which on the other hand aims to realise subjects as a whole (Cézanne and his *réalisation*). In the 1980s Handke is engaged in creating literary equivalents of this principle of unity and coherence, but in the 1990s different means of open writing prevail again. It is a very interesting paradox demonstra-ting a new manner of *Anschauung*.

Henk Harbers

Die Erfindung der Wirklichkeit. Eine Einführung in die Romanwelt von Christoph Ransmayr

All Christoph Ransmayr's literary works have some elements in common. On the one hand the main characters in his novels disappear from the world at the end of the text; in plain terms: they die. All the same, it is exactly in this disappearance that these characters seem to find their identities. On the other hand Ransmayr always plays with fiction and reality, so that the boundaries between the two seem to disappear. In this article these two phenomena will be analysed in their interrelationship, which will give some useful insights into the puzzling richness of meaning of Ransmayr's texts.

Yvonne Delhey

Lisa Liebich in exotischer Umgebung –
zum Heimatbegriff im Werk von Marlene Streeruwitz

During the last decade, Marlene Streeruwitz has become internationally known as a post-modern dramatist and prosaic writer. Her plays and prosaic works illustrate the exchangeability and flippancy of today's Western world. Her feministic approach seeks to criticise society. She clearly wants to provoke. Her voice is directed towards the woman, who, in her view, is still the victim in the process of civilization. She emanates from the individual, from her yearning for personal fulfilment and from her desire to feel at home somewhere in the world. Thereby Streeruwitz does not flinch from using clichés and even elements of kitsch in her writing. This emanates from the Austrian tradition to which she is clearly bound. Within that literary tradition, 'Heimat' is a dubious term. This article tries to lighten Streeruwitz's use of the term 'Heimat' on the basis of some of her prosaic works. In doing so, the Austrian tradition of 'Heimatromane' will also be considered.

Guillaume van Gemert

Die Kehrtwendung des Engels der Geschichte – zu Robert Menasses Österreich-Bild

The Austrian author Robert Menasse regards the avoiding of conflicts as typical of the Austrian mentality, and sees this, as appears from his essay *Die sozialpartnerschafliche Ästhetik* (1982/1990), reflected in Austrian literature. The Austrian model of conflict avoidance has by now been globally accepted as part of postmodernism, as he proclaims in *Die Verösterreicherung der Welt* (1991). However, conflict avoidance obstructs the dialectics that is the driving force behind all progress. As a result history loses its significance as a meaningful whole. Hegel's *Phänomenologie des Geistes*, which presents history as a linear and ever upward development, would therefore have to be re-written in reverse, from the phase of absolute spirit ("absoluter Geist") towards that of the "sinnliche Gewißheit", as a "Phänomenologie der Entgeisterung". But such an attempt is doomed to fail, as Menasse's essay under that title (1995) reveals. The novels of his "Trilogie der Entgeisterung", entitled *Sinnliche Gewißheit* (1988), *Selige Zeiten, brüchige Welt* (1991) and *Schubumkehr* (1995) illustrate this process and show that Austria was only seemingly avant-garde, but that it in fact embodied nothingness.

Leopold Decloedt

Ein Gespräch mit Alois Hotschnig

Interview with the Austrian writer Alois Hotschnig about the sense of writing and about the writer who influenced him.

Praktisches

Kurzporträts von österreichischen Literatur- und Kulturinstitutionen

1. Österreich

1.1 Archive, Institute, Bibliotheken

Österreichisches Literaturarchiv

Das Österreichische Literaturarchiv erwirbt literarische Nachlässe und Autographen österreichischer AutorInnen sowie Verlags- und Redaktionsarchive ab dem 20. Jahrhundert. Besonders reich ist der Bestand an AutorInnen, deren literarisches Werk nach 1945 entstand. Inhaltlich hat sich zudem ein Schwerpunkt zum Bereich Exilliteratur herausgebildet. Kontakte zu zeitgenössischen SchriftstellerInnen ermöglichen den kontinuierlichen Erwerb von Beständen bereits zu Lebzeiten der AutorInnen. Die Bestände werden der Öffentlichkeit laufend durch Ausstellungen, Lesungen und Tagungen sowie durch Publikationen (s.u.) zugänglich gemacht. Das ÖLA ist dankbar für Hinweise auf Bestände österreichischer Literatur des 20. Jahrhunderts in Privatbesitz. An einem Erwerb sind wir jederzeit interessiert, auch beraten wir Sie gerne unverbindlich.

Bestände:
- Nach- bzw. Vorlässe, Teil- und Splitternachlässe sowie Sammlungen von und zu (Auswahl) K. Bayer, F. Th. Csokor, F. J. Czernin, H. v. Doderer, A. Drach, E. Fried, P. Handke, H. Hesse, Ö. v. Horváth, E. Jandl, G. F. Jonke, Th. Kramer, A. Kubin, G. Lampersberg, F. Mayröcker, A. Okobpenko, R. Priessnitz, Ch. Ransmayr, J. Schutting, M. Sperber, H. Spiel, W. Szabo, F. Torberg, J. Wassermann, D. Zeemann u.v.a. – http://www.onb.ac.at/sammlungen/litarchiv/
- Fachliteratur in Freihandaufstellung; sie besteht aus Werkausgaben und Sekundärliteratur zu den AutorInnen, von denen sich Nachlässe im Archiv befinden, sowie aus bio-bibliographischen Nachschlagewerken.

- einzelne Nachlassbibliotheken, die geschlossen aufgestellt sind.

Publikationen:

- *Sichtungen*, eine Jahresschrift, die gemeinsam mit der Handschriftensammlung der Wiener Stadt- und Landesbibliothek herausgegeben wird; sie widmet sich interdisziplinär dem Themenkomplex Archiv, Bibliothek und Literaturwissenschaft; ein besonderer Schwerpunkt wird auf Fragen zu Theorie und Praxis der Erschließung von Nachlässen und Autographen gelegt; die Zeitschrift ist auch in einer Online-Version zugänglich: http://purl.org/sichtungen/
- *Profile*, ein Magazin, das jeweils einen thematischen Schwerpunkt besitzt; mit Beiträgen ausgewiesener Fachleute und mit Originalmaterialien, die in bester Qualität reproduziert werden, schafft *Profile* einen lebendigen Zugang zu AutorInnen und Phänomenen des literarischen Lebens. Bislang sind Nummern u.a. zu Hilde Spiel, Manès Sperber und Ödön von Horváth sowie zu den Themen „Handschrift", „Der literarische Einfall" und „Wien-Berlin" erschienen.

Öffnungszeiten: 1. Okt.-30. Juni: Mo., Mi., Fr. 9.00-13.00 Uhr; Di. 13.00-19.00 Uhr; Do. 13.00-17.00 Uhr. – 1. Juli-31. Aug., 22.-30. Sept.: Mo.-Fr. 9.00-13.00 Uhr; 1.-21. Sept. geschlossen.
Zugang: unter der Michaelerkuppel der Hofburg, Gottfried von Einem Stiege, 2. Stock.
Direktor: Univ.-Prof. Dr. Wendelin Schmidt-Dengler (wendelin.schmidt-dengler@onb.ac.at)
Ansprechpersonen:
Dr. Bernhard Fetz (bernhard.fetz@onb.ac.at)
Dr. Wilhelm Hemecker (wilhelm.hemecker@onb.ac.at)
Dr. Klaus Kastberger (klaus.kastberger@onb.ac.at)
Dr. Volker Kaukoreit (volker.kaukoreit@onb.ac.at)
Weitere Informationen unter:
Österreichisches Literaturarchiv, Josefsplatz 1, A-1015 Wien, Postfach 308, Tel.: 0043-1-534190-327, Fax: 0043-1-53410-340, Mail: lit@onb.ac.at , http://www.onb.ac.at/sammlungen/litarchiv/
Wilhelm Hemecker

Österreichische Nationalbibliothek. Handschriften-, Autographen- und Nachlass-Sammlung

Die Sammlung an der ÖNB hat folgende Arbeitsschwerpunkte:

- Seit 1998 Bearbeitung der Autographen im System Hans-Allegro.
- Mitarbeit am Nachlass- und Autographenkatalog der Österreichischen Nationalbibliothek (mit dem Österreichischen Literaturarchiv und der Musiksammlung)
- Bestandsmäßige Erfassung der bearbeiteten Nachlässe (abgeschlossen)
- Katalogmigration mit dem Zweck des digitalen Nachweises aller Sammlungsobjekte (Projekt bis 2005)
- Erforschung der illuminierten Handschriften der Österreichischen Nationalbibliothek in Zusammenarbeit mit der Österreichischen Akademie der Wissenschaften
- Teilnahme am EU-Projekt *Rinascimento Virtuale* zur Erfassung der unteren Schrift in Palimpsestcodices mit Hilfe moderner Techniken

Öffnungszeiten des Lesesaales: Jänner-Juni und Oktober bis Dezember: Mo.-Mi. 9-16 Uhr, Do. 12-19 Uhr, Fr. 9-13 Uhr. Juli, August und September: Mo.-Fr. 9-13 Uhr. Schließzeit: 1.-7. September.

Direktor: Univ.Prof. Dr. Ernst Gamillscheg (Ernst.Gamillscheg@onb.ac.at)

Weitere Informationen unter:

Österreichische Nationalbibliothek, Josefsplatz 1, A – 1010 Wien, Tel.: 0043-1-53410.288 (Sekretariat), Fax: 0043-1-53410.296

http://www.onb.ac.at (unter „Sammlungen")

Ernst Gamillscheg

Wiener Stadt- und Landesbibliothek – Handschriftensammlung

Die Handschriftensammlung verwaltet umfangreiche und bedeutende Bestände der österreichischen Kulturgeschichte ab dem späten 18. Jahrhundert. Den Schwerpunkt stellt die Sammlung von Nachlässen und Einzelautographen der österreichischen Literatur des 19. und 20. Jahrhunderts dar. Neben dem Nachlass Franz Grillparzers sind hier vor allem die Bestände von Ferdinand Raimund, Johann Nestroy, Anastasius Grün, Marie Ebner von Eschenbach, Ferdinand von Saar, Ludwig Anzengruber, Karl Kraus, Hans Weigel, Friedrich Torberg, Friederike Mayröcker, Helmut Eisendle und Wolfgang Bauer zu erwähnen. Zudem verfügt die Sammlung über wichtige Theatralia (Max Reinhardt, Hans Moser, Helmut Qualtinger) sowie zahlreiche Autographen von Musikern (Franz Schubert, Johann Strauß, Ernst Krenek), bildenden Künstlern (Rudolf von Alt, Egon Schiele), Publizisten, Wissenschaftlern und Politikern.

Die Handschriftensammlung beteiligt sich ebenfalls an einer Reihe von Projekten, verwaltet das Audioarchiv, bietet diverse Veranstaltungen und Ausstellungen. Die Benützung von Handschriften kann nur im Lesesaal der Handschriftensammlung der Wiener Stadt- und Landesbibliothek erfolgen. Provisorischer Leseraum ab 27. Mai 2002: Rathaus, Eingang Felderstraße, Stiege 8 (im Arkadenhof rechts), Hochparterre (Behindertenlift), Tür 107 c (Zugang durch Tür 105). Eine Entlehnung ist in keinem Fall möglich. Öffnungszeiten: Mo.-Mi., Fr. 9-15 Uhr, Do. 9-18.30 Uhr (Karfreitag, 2. November, 24. Dezember und 31. Dezember: 9-11 Uhr).

Weitere Informationen unter:
Wiener Stadt- und Landesbibliothek, Handschriftensammlung, Rathaus, A – 1082 Wien, Tel.: 0043-1-4000.84940, 0043-1-4000.84920,
Fax: 0043-1-4000.7219, Mail: post@m09.magwien.gv.at
http://www.stadtbibliothek.wien.at/handschriften/

Forschungsinstitut Brenner-Archiv, Universität Innsbruck

Das Brenner-Archiv – der Name geht auf die Kulturzeitschrift *Der Brenner* zurück – ist ein Forschungsinstitut der Universität Innsbruck und zugleich das Tiroler Literaturarchiv.

Das Brenner-Archiv verwahrt rund um den Nachlass des *Brenner*-Herausgebers Ludwig von Ficker etwa 150 weitere Nachlässe, Teilnachlässe und Sammlungen, vor allem von Schriftstellerinnen und Schriftstellern, aber auch von Philosophen, Musikern und Künstlern.

Das Brenner-Archiv hat seit seinem Bestehen einen besonderen Schwerpunkt auf die Forschung gelegt. Es macht Materialien für die Forschung zugänglich, indem es

- Manuskripte und zuverlässige Transkriptionen zur Verfügung stellt,
- Editionen mit kulturwissenschaftlichen Kommentaren herausgibt (Ludwig von Ficker, Georg Trakl, Ludwig Wittgenstein, Ferdinand Ebner, Christine Lavant u.a.),
- Forschungsprojekte durchführt,
- Publikationen in Buchform und in elektronischer Form erstellt,
- ein Digitales Archiv errichtet, das Originalmanuskripte, -briefe und -fotos im Netz zugänglich macht,
- einmal im Jahr die *Mitteilungen aus dem Brenner-Archiv* veröffentlicht und
- wissenschaftliche Kontakte mit zahlreichen Institutionen im In- und im Ausland pflegt.

Das Brenner-Archiv ist darüber hinaus ein Forum für Vorträge, Lesungen, Kontroversen, Symposien und andere Veranstaltungen. Diese werden vor allem vom Literaturhaus am Inn, das ins Forschungsinstitut eingebunden ist, und von einem Verein, der das Institut unterstützt, vom Brenner-Forum, organisiert.
Weitere Informationen unter:
http://brennerarchiv.uibk.ac.at/archiv.htm
Johann Holzner

Robert Musil-Institut der Universität Klagenfurt für Literaturforschung – Kärntner Literaturarchiv

Das Musil-Institut wurde 1994 auf Initiative von Mitgliedern des Instituts für Germanistik der Universität Klagenfurt gegründet und übersiedelte 1997 in das renovierte und umgebaute Geburtshaus des österreichischen Schriftstellers Robert Musil (1880-1942) in die Klagenfurter Innenstadt (Bahnhofstraße 50). Es erfüllt eine dreifache Funktion:

- *als universitäres Forschungsinstitut*; Arbeitsschwerpunkte und Projekte des österreichischen Forschungsfonds FWF sind: editorische Grundlagenarbeit und elektronische Edition in Weiterentwicklung der Methoden und Prinzipien der CD-Rom-Edition des literarischen Nachlasses Robert Musils, 1992; Kritische Gesamtedition der Werke Christine Lavants

- *als Literaturarchiv*; Arbeitsschwerpunkte sind: Sammlung, Erschließung, wissenschaftliche Dokumentation und Auswertung literarischer Quellen und Zeugnisse im Dreiländereck Kärnten, Slowenien und Friaul. Bestände von Christine Lavant, Michael Guttenbrunner, Gerhard Lampersberg, Gert Jonke, Peter Handke, Florjan Lipuš, Gustav Januš, Maja Haderlap, Josef Winkler, Werner Kofler, Engelbert Obernosterer, Alexander Widner, Hermann Lienhard, Josef Friedrich Perkonig, Egyd Gstättner, Hans Widrich, Boris Pahor, Wilhelm Rudnigger u.a.
- *als Klagenfurter Literaturhaus*; Arbeitsschwerpunkte sind: Organisation und Durchführung von jährlich ca. 50 literarischen Veranstaltungen: Lesungen, Vorträgen, Symposien, Ausstellungen etc.

Ausgehend von den Fach- und Forschungstraditionen der Germanistik stellt es damit eine neuartige Institution dar, die an den Schnittstellen zwischen universitärer Arbeit und kultureller Vermittlungstätigkeit, zwischen internationalen Kooperationen und regionaler Dienstleistung ihr Profil gewinnt. So gibt das Musil-Institut dem literarischen Leben im Dreiländereck Kärnten, Slowenien und Friaul einen Ort historischer und aktueller Repräsentation und trägt zu einem lebendigen und beziehungsvollen Umgang mit dem literarischen Teil der kulturellen Tradition bei.

Leiter: Univ.Prof. Dr. Klaus Amann (klaus.amann@uni-klu.ac.at)
Ansprechpersonen: Dr. Arno Rußegger (arno.russegger@uni-klu.ac.at)
Mag. Fabjan Hafner (fabjan.hafner@uni-klu.ac.at)
Weitere Informationen unter:
Bahnhofstraße 50, A – 9020 Klagenfurt, Tel.: 0043-463-2700.2902, Fax: 0043-463-2700.2999.
http://musilinstitut.uni-klu.ac.at
Arno Rußegger

Adalbert-Stifter-Institut Linz
Weitere Informationen unter: http://www.stifter-haus.at/

1.2   **Spezialforschungsbereiche**

Spezialforschungsbereich Moderne. Wien und Zentraleuropa um 1900
Am SFB Moderne sind 7 Fachrichtungen beteiligt: Philosophie, Zeitgeschichte, Österreichische Geschichte, Germanistik, Kunstgeschichte, Musikwissenschaft und Soziologie. Der SFB Moderne umfasst 16 Einzelprojekte und 5 interdisziplinäre Arbeitsgruppen.
Folgende Forschungsprojekte laufen in der Fachrichtung Germanistik :

- Judentum und Moderne
- Schtetl – Stadt – Staat: Literarische Raumkonzepte im jüdischen Kontext (1870-1925): Dr. Petra Ernst
- Norm und Devianz: Dr. Bettina Rabelhofer
- Richard Schaukal und die Antinomien der Moderne: Dr. Christian Neuhuber
- Österreichische Moderne unter Berücksichtigung der Vielfalt ästhetischer Entwicklungstendenzen und Stilrichtungen (Ästhetik der Moderne – Moderne Ästhetik)
- Literarästhetische Transformationen veränderter Wahrnehmung. Exemplarische Untersuchungen zur ästhetischen Phänomenologie der Wiener und zentraleuropäischen Moderne (ca. 1900-1930): Dr. Hildegard Kernmayer
- Kulturvermittlung in der österreichischen Moderne: Dr. Helga Mitterbauer
- Österreichische Schriftstellerinnen in der literarischen Moderne: Dr. Bettina Fraisl, ao. Univ. Prof. Dr. Brigitte Spreitzer

Monatliche *Jours fixes* dienen der Ausrichtung der Einzelprojekte auf das gemeinsame Forschungsziel, der Erarbeitung gemeinsamer Begrifflichkeiten und der Einarbeitung fehlender Bereiche. An halbjährlichen *Workshops* werden die gemeinsamen Ergebnisse und Leitlinien des SFB diskutiert und akkordiert. Einmal jährlich wird im Rahmen des SFB ein *Kolloquium* veranstaltet.
Die *Publikationen* des SFB sind:
- Die Buchreihe *Studien zur Moderne*. Hrsg. von Karl Acham, Moritz Czáky, Rudolf Flotzinger (Band 1-16), Dietmar Goltschnigg, Rudolf Haller, Helmut Konrad, Götz Pochat und

Michael Walter (ab Band 17). Bd. 1-2 erschienen im Böhlau-Verlag: Wien, Köln, Weimar 1996-1998; ab Band 3 erscheint die Reihe im Passagen-Verlag: Wien 1999ff.

- Der *newsletter Moderne. Zeitschrift des Spezialforschungsbereichs „Moderne – Wien und Zentraleuropa um 1900 ".* Hrsg: SFB Moderne – Wien und Zentraleuropa um 1900. Sprecher: Moritz Czáky, Redaktion: Petra Ernst, Helga Mitterbauer, Werner Suppanz. Ab Jg. 5: Helga Mitterbauer und Werner Suppanz, Mitarbeit von Petra Ernst. Der *newsletter Moderne* erscheint zweimal jährlich.

Weitere Informationen unter:
Karl-Franzens-Universität Graz, Glacissstraße 23/ Rittergasse, A – 8010 Graz, Österreich.
Tel.: 0043-316-380.5740, Fax: 0043-316-380.9798, Mail: sfb.moderne@uni-graz.at
http://www-gewi.uni-graz.at/moderne/index.html
Bettina Rabelhofer

1.3 Netzwerke, Buchreihen, Zeitschriften

Kakanien revisited

Kakanien revisited ist ein interdisziplinäres Vernetzungsprojekt und wird vom österreichischen Bundesministerium für Bildung, Wissenschaft und Kultur sowie der Universität Wien unterstützt. Der Mittelosteuropa-Forschung wird hier eine unabhängige Plattform zur Zusam-menarbeit und zum wissenschaftlichen Austausch auf internationaler Ebene zur Verfügung gestellt. Dem dienen optimale Möglichkeiten zur Publikation von Aufsätzen und Essays einerseits und zur Präsentation institutioneller Arbeit andererseits.

- *Beiträge & Materialien & Rezensionen* sind Theorieaufsätze, Fallstudien, Programme, Berichte etc. Mehrsprachige Abstracts informieren über den Inhalt, die Dokumente stehen im pdf und mit fixer URL zur Verfügung. Zusammengehörige Aufsätze sind durch Links zu einem Diskussionsraum gebündelt.
- *Institutionen & Projekte* stellen sich mit Logo, Link, Kontaktadressen und Beschreibungstext vor. Das Projekt-Team

arbeitet bei der Organisation von Konferenzen und Workshops sowie beim Informationsaustausch eng mit seinen Kooperations-partnern zusammen.

- *Service & Terminkalender* informieren über Veranstaltungsart, -ort und -zeit mit Kontaktadresse und Link zur Veranstalter-Website – über Projekte und Aktivitäten im Mittelosteuropa (MOE)-Bereich mit der kommentierten Linkliste. Die Literatur-liste erleichtert die Recherche zur Kultur- und MOE-Wissenschaft.

Redaktion:	Angela Eder, Annette Höslinger-Fink und Usha Reber; die Redaktion übernimmt die wissenschaftliche Betreuung der eingesandten Beiträge (redaktion@kakanien.ac.at).
Programmierung, technische Betreuung:	Firma Meta-Ware (webmaster@kakanien.ac.at).
Design und Layout:	Gábor Békési (gabor.bekesi@kakanien.ac.at)
Projektleitung:	Peter Plener (editor@kakanien.ac.at; newsletter@kakanien.ac.at).
Weitere Informationen unter:	http://www.kakanien.ac.at *Usha Reber*

Literaturhaus in Wien

Im Literaturhaus in Wien ist der Sitz dreier überregionaler Vereine:

- Dokumentationsstelle für neuere österreichische Literatur
- Interessengemeinschaft Autorinnen Autoren
- Übersetzergemeinschaft

Sie bilden nicht nur eine Bürogemeinschaft, sondern eine Interessensplattform für Produzenten und Rezipienten von Literatur. Alle drei Institutionen existieren schon länger als das Literaturhaus, das, mit Bundesmitteln errichtet, im Herbst 1991 eröffnet wurde, und zwar die Dokumentationsstelle seit 1965, die IG Autorinnen Autoren seit 1971, die Übersetzergemeinschaft seit 1981. Die *Dokumentationsstelle* arbeitet auf drei Ebenen:

Sammlungen

- Schwerpunkt: österreichische Gegenwartsliteratur (seit 1890)
- Bibliothek mit über 40.000 Bänden, die vollständigste einschlägige Fachbibliothek der Welt (vor Ort zu benützen, Katalog im Internet)
- Zeitungsausschnitte (über 800.000 Dokumente, bis 1996 in Papier, seit 1997 elektronisch archiviert)
- Nachlässe und Autografen, Ton- und Videodokumente, Fotografien, Plakate (aktiv bis 2000)
- Exilbibliothek, 1993 gegründet, umfasst sie die umfangreichste systematische Sammlung von Werken und Dokumenten über Autorinnen und Autoren, die Österreich zur Heimat hatten, aber von den Nationalsozialisten vertrieben wurden.

Veranstaltungen, Aktivitäten

- Lesungen, Buchpräsentationen, Themenschwerpunkte, Veranstaltungsreihen (z. B. der Exilbibliothek), Diskussionen, Preisverleihungen und Symposien;
- ca. 150 Veranstaltungen pro Jahr
- Ständige Kooperationen: Buchdiskussionen für Kinder und Jugendliche, Jury der Jungen Leser, Internationale Erich Fried Gesellschaft, Schriftstellervereinigungen, 1. Wiener Lesetheater, Kultur- und Universitätsinstitute
- Ausstellungen: monatlich bis zweimonatlich wechselnde Ausstellungen über SchriftstellerInnen und zu den Themen Buch / Kunst / Text, sowie von SchriftstellerInnen, die sich auch in bildender Kunst bzw. in Gemeinschaftsprojekten mit bildenden KünstlerInnen betätigen.
- Ausstellungen, die in internationaler Kooperation stattfinden (zu Ernst Jandl, zu Friederike Mayröcker, zahlreiche Foto-Wanderausstellungen)

Homepage mit folgenden Rubriken

- Literaturhaus: Informationen zu den drei Vereinen im Haus
- Headlines: Nachrichten zu Literatur, Theater, Veranstaltungen, Preisen und Kulturpolitik – tagesaktuell

- Buchmagazin: Rezensionen von Primär- und Sekundärliteratur wie Hörbüchern – jährlich mehr als 200 Besprechungen mit Leseproben, Autorenbiografien und Werklisten, weiters links zu Verlagen, Zeitschriften, usw.
- Veranstaltungskalender mit links zu den österreichischen Literaturhäusern und anderen Literaturveranstaltern
- *Zirkular online* mit Hinweisen auf Forschungsprojekte, verwandte Institutionen, Symposien, Ausstellungen.
- Datenbanken (kommentierter Katalog zum Buch- und Zeitschriftenbestand der Dokumentationsstelle, Titelaufnahmen der Zeitungsausschnitte seit 1997)
- Informationen zu Autoren (Basisinformationen, links)

Die Sammlungen der Dokumentationsstelle sind frei zugänglich bzw. gegen Unkostenrefundierungen (z. B. für Kopien) zu benützen.
Öffnungszeiten: Mo, Mi: 9-17 Uhr, Di: 9-19 Uhr, Fr: 9-15 Uhr
Geschäftsführer: Dr. Heinz Lunzer (hl@literaturhaus.at)
Weitere Informationen unter:
Literaturhaus in Wien, Seidengasse 13, A – 1070 Wien, Tel.: 0043-1-5262044, Fax: 0043-1-5262044.30, Mail: info@literaturhaus.at - http://www.literaturhaus.at : *Heinz Lunzer*

Buchreihe: Wechselwirkungen. Österreichische Literatur im internationalen Kontext
Das Ziel dieser Buchreihe, die von Leopold Decloedt (Germanistik – Nederlandistik, Universität Wien) und Stefan Simonek (Slawistik, Universität Wien) beim Peter Lang Verlag in Bern herausgegeben wird, besteht im Aufzeigen der Kontakte der österreichischen Literatur zu anderen (vorzugsweise europäischen) Literaturen unter komparatis-tischer Perspektive im weitesten Sinne. Zu den inhaltlichen Schwer-punkten gehört u.a. die Aufnahme österreichischer Literatur in anderen Literaturen und vice versa; Fragen der Imagologie: Literatur als vermittelnde Instanz von Fremdbildern bzw. als Korrektiv dagegen; die Rolle von literarischen Vermittlungsinstanzen wie Verlagen und Massenmedien bei der Verbreitung und Popularisierung ausländischer Literaturen in Österreich und umgekehrt; Fragen übergeordneter literarischer Systeme, an denen die österreichische Literatur gemeinsam mit anderen Anteil hat;

Beziehungen zwischen den verschiedenen Literaturen eines kultur-
geschichtlichen Raumes, an dem die österreichische Literatur Anteil
hat (Galizien, Donauraum), oder auch zwischen den Literaturen einer
bestimmten geschichtlichen Epoche (z.b. Josephinismus); Fragen
übergeordneter Motivkomplexe, an denen die österreichische Literatur
gemeinsam mit anderen Anteil hat wie z.b. die Darstellung Maria
Theresia oder Franz Josephs, in der Literatur.
Bereits erschienene Bände sind:

- *Band 1*: Johann Holzner, Stefan Simonek und Wolfgang
  Wiesmüller (Hrsg.): Russland-Österreich. Literarische und
  kul-turelle Wechselwirkungen. Bern 2000. 321 S.
- *Band 2*: Szabolcs Boronkai: Bedeutungsverlust und Identitäts-
  krise. Ödenburgs deutschsprachige Literatur und Kultur im
  19. Jahrhundert. Bern 2001. 335 S.
- *Band 3*: Carmen Sippl: Slavica der Hermann-Bahr-Sammlung
  an der Universitätsbibliothek Salzburg. Bern 2001. 232 S.
- *Band 4*: Ian Foster und Florian Krobb (Hrsg.): Arthur
  Schnitzler. Zeitgenossenschaften Contemporaneities. Bern
  2002. 411 S.
- *Band 5*: Stefan Simonek: Distanzierte Nähe. Die slawische
  Moderne der Donaumonarchie und die Wiener Moderne.

Weitere Informationen unter:
http://www.ned.univie.ac.at/nederlandistik/ld/wechselwirk.htm
Leopold Decloedt, Stefan Simonek

**Buchreihe: Übergänge · Grenzfälle. Österreichische Literatur in
Kontexten**
Hrsg. von Thomas Eicher, Fritz Hackert und Bernd Hamacher im
Athena Verlag, Oberhausen
Die Schriftenreihe will Publikationsort für wissenschaftliche
Monographien und Sammelbände sowie für (literarische) Quellentexte
sein. Dieser ,grenzüberschreitende' Anspruch manifestiert sich auch
in der thematischen Ausrichtung der Reihe. Sie fokussiert zwar einer-
seits die österreichische Literatur und Kultur, dies aber im
Bewusstsein der (terminologischen) Probleme, die die Definition des
,typisch' Öster-reichischen hervorruft. Die österreichische Literatur ist
seit Jahrhunderten international – sei es innerhalb der Grenzen des

ehemaligen Vielvölkerstaates oder sei es im Austausch mit anderen Kulturen. Zu unfreiwilligen ‚Grenzfällen' der österreichischen Literatur werden – vor allem in der ersten Hälfte des 20. Jahrhunderts – die zahlreichen Emigranten, die nicht zuletzt deshalb in Existenznöte geraten, weil ihnen ihr Lesepublikum im ‚Dritten Reich' abhanden kommt. Österreichische Literatur ist entgegen einer unterstellbaren nationalistischen Konnotation des Begriffs auf Kontexte angewiesen, freilich auch eine kulturwissenschaftlich orientierte Literaturwissenschaft, die sich mit ihr beschäftigt. Darum zielt die Schriftenreihe „Übergänge · Grenzfälle" auf Verbindungslinien zwischen den Künsten, zwischen Literatur und Gesellschaft, zwischen den Kulturen.

Die 1999 begründete Reihe umfasst derzeit 8 Bände über Joseph Roth, Alexander Lernet-Holenia, Stefan Zweig und Gustav von Festenberg sowie zur Jahrhundertwende 1900. *Weitere Informationen auf der Verlagsseite:* http://www.athena-verlag.de : *Thomas Eicher*

praesent. das österreichische literaturjahrbuch
Dieses Jahrbuch dokumentiert das literarische Leben in Österreich. Es erschließt einen bislang nicht abgedeckten Bereich: Auf journalistisch-essayistische Weise wird das literarische Leben in Österreich in jeweils einem Jahr (und zwar vom 1. Juli des Vorjahres bis zum 30. Juni des laufenden Jahres) zusammengefasst, im Überblick dargestellt in einer Chronik und von dieser ausgehend vertiefend in Berichten, Analysen, Reportagen, Vorstellungen, Essays, Artikeln, Interviews usw. zu einzelnen Themen. Damit werden Einblicke in die Literaturszene von heute gewährt, aber auch Literatur in ihren Bezügen zu anderen Künsten (Bildende Kunst, Musik, Theater), zu verschiedenen Lebensbereichen (z.B. Literatur und Kulinarisches, literatur- und kulturpolitische Statements in Form von Gastkommentaren), in historischen Bezügen und anderem mehr umrissen.

Sowohl von den Textsorten her (Interviews, Hintergrundberichte, Kurzmeldungen, ausführliche Artikel, Kommentare usw.) als auch von den Themen her (Literatur und Neue Medien; Institutionen wie Bibliotheken, Archive, Verlage; Kinderliteratur usf.) wird eine große Vielschichtigkeit angestrebt. Geschrieben werden die Artikel von

Fachleuten (zumeist Literaturwissenschaftler), aber eben nicht in trockener wissenschaftlicher Diktion, sondern in einer Weise, die für eine speziell literarisch und allgemeiner kulturell interessierte Leserschaft interessant und zugänglich ist. Jeder Artikel wird durch entsprechende Illustration aufbereitet.

Auf diese Weise berichtet *praesent* zwar schwerpunktmäßig über österreichische Literatur der Gegenwart, aber auch Literatur von gestern – d.h. fundierte Beiträge zu Schriftstellern, literarischen Themen, Motiven, Gruppierungen, Institutionen usw. vom Mittelalter bis zum 19. Jahrhundert – fehlen nicht, sofern sie auf Grund eines Anlasses (Jubiläum, Ausstellung, Veranstaltung etc.) einen aktuellen Bezug zum jeweiligen Jahr haben. Die Besonderheit dieses Jahrbuches ist neben seinem inhaltlichen Konzept die Layoutgestaltung: Es ist – ähnlich wie eine Zeitschrift – durchgehend illustriert und mit ansprechender Bebilderung versehen. Auch durch sein Format hebt sich das Jahrbuch von anderen Publikationen ab und lädt zum Schmökern ebenso wie zur intensiveren Lektüre ein.

Weitere Informationen auf der Verlagsseite:
http://www.praesens.at/PRAESENT/
Michael Ritter

1.3 Gesellschaften

Gesellschaft für österreichische Literatur und Kultur e.V.

Die Gesellschaft wurde im Jahr 2000, wie in der Satzung formuliert, mit dem Ziel ins Leben gerufen, „die österreichische Literatur und Kultur zu fördern und zu verbreiten, sie wissenschaftlich zu erforschen, Ergebnisse dieser Arbeit in Wort, Schrift und Bild der Allgemeinheit zu vermitteln."

Der Verein nimmt Vermittlungsaufgaben wahr; er versteht sich nicht primär als wissenschaftliche Institution, sondern als Zusammenschluss kulturell Interessierter. Er sucht die Zusammenarbeit mit bereits bestehenden Institutionen ähnlicher Zielsetzung, aber auch mit österreichischen Verlagen, Autorenvereinigungen etc. sowie mit den diversen bestehenden Gesellschaften zu einzelnen Autoren/Künstlern aus Österreich. Damit können Einzelaktivitäten gebündelt und unterstützt, aber auch von Fall zu Fall zu größeren Einheiten zusammengeschlossen werden. Der Vereinszweck ist deshalb nicht nur auf einen schmalen Ausschnitt der Kultur gerichtet, sondern, ausgehend von der Literatur, auf ihre Gesamtheit, dies auch um anzuzeigen, dass man sich hier um Interdisziplinarität und eine „wechselseitige Erhellung der Künste" bemühen wird.

Vorstand:	Dr. Fritz Hackert (Tübingen), Dr. Thomas Eicher (Dortmund), Ellen Stramplat (Gelsenkirchen), Peter Sowa (Dortmund), Dr. Bernd Hamacher (Köln), Rolf Duscha (Oberhausen)
Wissenschaftlicher Beirat:	Univ.-Doz. Dr. Matjaz Birk (Maribor), Prof. Dr. Donald G. Daviau (Riverside/Wien), Prof. Dr. Mark H. Gelber (Bersheva), Prof. Dr. Rüdiger Görner (London/Birmingham), Prof. Dr. Paul Michael Lützeler (St. Louis), Prof. Dr. Michel Reffet (Dijon)

Interessenten richten Ihre Anfrage bitte an die *Gesellschaft für österreichische Literatur und Kultur e.V.,* c/o Auslandsinstitut, z.H. Herrn Dr. Thomas Eicher, Steinstr. 48, 44147 Dortmund.

Thomas Eicher

2. Benelux-Länder

Österreichisches Kulturforum Brüssel – Wir in Europa

Das Österreichische Kulturforum Brüssel ist situiert an der Österreichischen Botschaft in Brüssel und hat sich zum Ziel gesetzt, die besonderen Gegebenheiten der „Hauptstadt Europas" zu nutzen. Alle Kandidatenländer zur EU sind hier vertreten und bereiten sich intensiv auf den EU- beitritt vor. Das ÖKF Bru trägt diesem Umstand Rechnung und bemüht sich, die Kooperation mit den künftigen Partnern in der EU zu stärken. Gleichzeitig soll die regionale Partnerschaft Österreichs mit den mitteleuropäischen Staaten Tschechien, Slowakei, Polen, Ungarn und Slowenien durch gemeinsame kulturelle Projekte sichtbar machen.

Anfang 2003 ist das Österreichische Kulturforum Brüssel der Verbindung europäischer Kulturinstitute in Belgien CICEB

360

(Consociatio institutorum culturalium europaeorum inter belgas) beigetreten. Die Kulturinstitute Frankreichs, Deutschlands, Großbritanniens, Italiens, Spaniens, Finnlands und Dänemarks haben CICEB im Jahr 1999 gegründet. Die Vereinigung führt gemeinsame Projekte durch, die die bilaterale Arbeit der Kulturinstitute ergänzen. In der „Europäischen Hauptstadt" wird so konstruktives Kulturnetworking verwirklicht. Das ÖKF Bru sieht die Herausforderungen des Standorts Brüssel als Chance, österreichische Kultur auf bilateraler und europäischer Ebene zu vermitteln. Gemeinsam mit belgischen Partnern realisiert das Österreichische Kulturforum eine Reihe von Projekten, die dem belgischen Publikum neue Aspekte österreichischer Kultur nahe bringen sollen.

Die Aktivitäten des Forums sind: Wanderausstellungen, Ausstellungen, Vorträge, Workshops, Konferenzen, Lesungen, Konzerte, Tanzperformances, Theateraufführungen, Filmfestivals. Für österreichische StaatsbürgerInnen besteht die Möglichkeit, am Kulturforum als VolontärIn tätig zu sein.

Weitere Informationen unter:
Österreichisches Kulturforum Brüssel
MMag. Erika Bernhard (Leitung), Marsveldplein 5 Place du Champ de Mars, B – 1050 Brüssel ; Tel.: 0032-2-289.07.00, Fax : 0032-2513.66.41, Mail: bruessel-ob@bmaa.gv.at : *Erika Bernhard*

OCTANT – Österreich-Zentrum der Universität Antwerpen
Das Octant ist seit 1993 aktiv in Belgien und Nordwesteuropa. Seine Tätigkeitsfelder sind:

- Kulturwissenschaftliche Österreich- und Zentraleuropa-Studien (Planung und Durchführung eigener Forschungsprojekte z.B. über die späte Habsburger Monarchie sowie logistische Unterstützung von anderen Projekten, Magisterarbeiten, Dissertationen etc.).
- Informationen über Österreich für Journalisten, Wissenschaftler und Interessierte.
- fachliche und didaktische Unterstützung von Schülern, Studierenden und Deutsch-Lehrkräften.
- Organisation von ca. acht Österreich-bezogenen Kulturveranstaltungen pro Jahr (Symposien, Ausstellungen, Auto-

renlesungen, Gastvorträgen, Konzerten etc.).
- logistische Unterstützung anderer Kulturveranstaltungen mit Österreich-Bezug.
- Aufbau einer Österreich-Bibliothek an der Universität Antwerpen (UA).
- Setzung von Österreich-Akzenten innerhalb des Antwerpener Studiencurriculums.
- Networking mit anderen Österreichstudien- und Kulturzentren.
- Information über eigene und fremde österreichische Kulturveranstaltungen im BeNeLux vor allem über den *OCTANT-Newsletter*, der erscheint 4 bis 6mal pro Studienjahr erscheint kostenlos per Post oder E-Mail zu beziehen ist.

Leitung: Dr. Clemens Ruthner (zuständig für den niederländischsprachigen Raum).
Wiss. Mitarbeiterin: Mag. Sonja Malzner (zuständig für die frankophonen Gebiete).
Sekretariat: Hilde Hermans.
Weitere Informationen unter:
OCTANT, UA Stadscampus, Prinsstraat 13, B – 2000 Antwerpen.
Tel.: 0032-3-220.42.48, 0032-3-220.45.68, Fax: 0032-3-220.42.59,
Mail: octant@ua.ac.be ; Materialien im Internet unter:
http://www.kakanien.ac.at : *Clemens Ruthner*

Österreichische Botschaft Den Haag

Bei ihren kulturellen Aktivitäten legt die Österreichische Botschaft Den Haag ihren Schwerpunkt auf die zeitgenössische österreichische Literatur. Die Botschaft hat in den letzten Jahren viele bekannte österreichische Autoren eingeladen, oftmals in Zusammenarbeit mit der Deutschen Bibliothek, den Goethe Instituten Amsterdam und Rotterdam und der Euriade. Unter den Autoren waren so bekannte Namen wie Robert Menasse, Margit Schreiner, Josef Winkler, Kathrin Röggla, Adelheid Dahimene, Gustav Ernst, Marlene Streeruwitz, Raoul Schrott, Erich Hackl, Dorn Rabinovici, Daniel Kehlmann, Michael Donhauser, Thomas Glavinic, Lilian Faschinger, u.a.

362

Daneben unterstützt die Botschaft auch regelmäßig Übersetzungen österreichischer Literatur ins Niederländische, wie z.b. Heimito von Doderers *Ein Mord, den jeder begeht*, Erich Hackls *Sara und Simon* und andere. In Den Haag waren außerdem die Ausstellung *Die dritte Generation* und die Kinderbuchausstellung *Flügel hat mein Schaukelpferd* zu sehen. Die Botschaft unterstützt auch nach Möglichkeit die Germanistik-Institute der Universitäten – die VGNU, die Vereinigung von Germanisten an Niederländischen Universitäten, hat in diesem Jahr für Studenten und andere Interessierte eine Vortragsreihe zur österreichischen Literatur des 20. Jahrhunderts organisiert. Die Botschaft freut sich über Anregungen zu Lesungen, Symposien und Arbeitsaufenthalten. Anfragen zur Finanzierung von Arbeitsaufenthalten u.a. werden individuell beurteilt.

Weitere Informationen unter:
Österreichische Botschaft Den Haag, Abteilung Kultur, Van Alkemadelaan 342, NL – 2597 AS Den Haag
Kontaktperson: Frau Daria Bouwman
Tel.: 0031-70.324.54.70, Fax: 0031-70-328.20.66. Mail: daria.bouwman@bmaa.gv.at: *Daria Bowman*

3. **GermanistInnen-Vereinigungen in Österreich und Benelux**
   - BGDV = Belgischer Germanisten- und Deutschlehrerverband: http://www.bgdv.be/
   - LUG = Lëtzebuerger Germaniste Verband : http://www.restena.lu/lgv/
   - ÖGG = Österreichische Gesellschaft für Germanistik: http://www.sbg.ac.at/ger/oegg/
   - VGNU = Vereniging van Germanisten aan Nederlandse Universiteiten: http://cf.hum.uva.nl/vgnu/

4. **Wichtige weiterführende Adressen**
Portal der österreichischen Literaturarchive:
http://www.onb.ac.at/koop-litera/
Kulturinformationssystem: http://www.aeiou.at/
InfoNet Austria: http://infonet.onb.ac.at/cgi-db/infonet.pl

Die Autoren und Herausgeber

Anke Bosse (1961) studierte Germanistik, Romanistik und Komparatistik in Göttingen und München. Seit 1997 Universitätsdozentin für Germanistik und Komparatistik an der Universität Namur (Belgien) und Direktorin des dortigen Instituts für Germanistik. Publikationen (Auswahl): „*Meine Schatzkammer füllt sich täglich ...*" – *Die Nachlaßstücke zu Goethes ‚West-östlichem Divan'. Dokumentation. Kommentar. Entstehungsgeschichte.* 2 Bde. (1999); „*Eine geheime Schrift aus diesem Splitterwerk enträtseln ...*" *Marlen Haushofers Werk im Kontext.* (Mithg., 2000); *Spuren, Signaturen, Spiegelungen. Zur Goethe-Rezeption in Europa.* (Mithg., 2000). Forschungsschwerpunkte: Theorie und Praxis der Edition, Textge-nese und Schreibprozesse, deutschsprachige Literatur des 18. und 19. Jahrhunderts (speziell Goethe), deutschsprachige Gegenwartsliteratur, literarische Moderne um 1900, Geschichte der deutschsprachigen Literatur, Orientalismus und Interkulturalität, Apokalypse in der Literatur, Literaturdidaktik. *Anschrift: Universität Namur, Direktorin des Instituts für Germanistik, Rue de Bruxelles 61, B-5000 Namur. E-Mail: anke.bosse@fundp.ac.be*

Leopold R.G. Decloedt (1964) studierte Germanistik und Niederlandistik an der Universität Gent. 1992 Promotion zum Dr. phil. Mitherausgeber der Reihe "Wechselwirkungen. Österreichische Litera-tur im internationalen Kontext" (Bern: Peter Lang). 1994-1999: Leiter der Abteilung Niederländisch an der Masaryková Univerzita in Brno. Zur Zeit Lehrbeauftragter am Institut für Germanistik der Universität Wien und am Institut für Vergleichende Literatur-wissenschaft. For-schungsschwerpunkte: Österreichische Literatur des 20. Jahrhunderts, Rezeption der deutschsprachigen Literatur in den Niederlanden und in Flandern. *Anschrift: Institut für Germanistik der Universität Wien – Abteilung Nederlandistik, Dr. Karl-Lueger-Ring 1, A-1010 Wien.* *E-Mail: leopold.decloedt@univie.ac.at*

Yvonne Delhey (1967) studierte Germanistik, Politologie und Neuere Geschichte in Aachen und Amsterdam. 1997-2001 Forschungsarbeit am Duitsland Instituut Amsterdam. 2002 Promotion an der Universität von Amsterdam zum Thema: Reformsozialismus und Literatur in DDR (Publikation bei Königshausen & Neumann in Vorbereitung.) Ab August 2003 als Dozentin für Deutsche Sprache und Kultur an der Katholieke Universiteit Nijmegen tätig. Forschungsschwerpunkte: Neuere Deutsche bzw. deutschsprachige Literatur, DDR-Literatur. *Anschrift: Katholieke Universiteit Nijmegen, Duitse Taal & Cultuur, Postbus 9103, NL-6500 HD Nijmegen. E-mail: yvonne.delhey@let.kun.nl*

Peter Delvaux (1931) studierte Germanistik, Indogermanistik und Zeitgeschichte in Utrecht, Berlin (FU) und Tübingen. Lehramt in Utrecht. Promotion in Amsterdam (VU) über Gerhart Hauptmanns Atridon-Tetralogie, in deren Folge zwei Bücher zu diesem Thema. Aufsätze über Goethe, Tragödie, Zeit- und Kulturgeschichte. *Anschrift: Trekvogelweg 68 G, NL-3815 LS Amersfoort*

Jattie Enklaar (1942) Dozentin für deutsche Literatur an der Universität Utrecht. Publikationen u.a. über: Adalbert Stifter, Franz Kafka, Hermann Broch, Georg Trakl, Christine Lavant. Übersetzungen aus dem Deutschen, Französischen und dem Russischen. *Anschrift: Muurhuizen 11, NL-3811 EC Amersfoort. E-Mail: jattie.enklaar@let.uu.nl*

Hans Ester (1946) lehrt Literaturwissenschaft an der Katholieke Universiteit Nijmegen. Er studierte Germanistik und Theologie in Amsterdam und Tübingen. Schwerpunkte seiner Forschung: Hermeneutik, Theodor Fontane im Urteil des 19. und 20. Jahrhunderts, deutschsprachige schweizerische Literatur, südafrikanische Literatur. Letzte Veröffentlichungen: *Die blou berg wil ek oor* (Amsterdam 2003, Anthologie südafrikanischer Lyrik, zus. mit Lina Spies), *In de ban van Nietzsche* (Budel 2003, zus. mit Meindert Evers). *Anschrift: Wisentstraat 1, NL-6532 AN Nijmegen. E-Mail: J.Ester@let.kun.nl*

Guillaume van Gemert (1948) studierte Germanistik in Nijmegen sowie Jura in Utrecht. 1979 Promotion zum Dr. phil. Seit 1976 am Germanistischen Institut der Katholieke Universiteit Nijmegen tätig, seit 1984 als Associate Professor für deutsche Gegenwartsliteratur,

365

seit 1995 als Ordinarius für deutsche Literaturwissenschaft. Gastprofessuren in Wien (1987, 1996), Graz (1997) und Duisburg (2000, 2002). Forschungsschwerpunkte: Literatur der Frühen Neuzeit, deutsche Gegenwartsliteratur, deutsche Literatur im europäischen Kontext, deutsch-niederländische Kultur- und Literaturbeziehungen. *Anschrift: Katholieke Universiteit Nijmegen, Afdeling Duitse Taal en Cultuur, Postbus 9103, NL-6500 HD Nijmegen. E-mail: g.v.gemert@let.kun.nl*

Anastasia Hacopian (1976) wurde in Kalifornien, U.S.A. geboren. Im Mai 1998 beendete sie das Studium der Germanistik an der Germanistischen Fakultät der University of California in Berkeley mit dem Abschluss des „Bachelor of Arts". Drei Jahre später erwarb sie den Abschluss „Master of Arts" im Fach Germanistik an der San Francisco State University. Seit dem Herbst 2001 promoviert sie unter der Leitung von Prof. Dr. Lutz Danneberg an der Philosophischen Fakultät der Humboldt-Universität zu Berlin mit dem Thema „Kafka's Bett: Von Metonymie zum Diskurs. Fragen nach dem Zusammenhang zwischen Literatur und Räumlichkeit". *Anschrift: Malplaquetstr. 37, S.F., D-13347 Berlin. E-Mail: stasia_h@hotmail.com*

Martin A. Hainz (1974) studierte Deutsche Philologie sowie P.P.P. Dissertation: „Entgöttertes Leid" (zu Rose Ausländer). Nach zwei Jahren Österreich-Lektorat in Rumänien und Mitarbeit an dem Forschungsprojekt „Literatur im Kontext" derzeit Univ.-Assistent am Institut für Germanistik der Universität Wien. Zuletzt erschien: *Masken der Mehrdeutigkeit. Celan-Lektüren mit Adorno, Szondi und Derrida* (Braumüller 2001, ²2003). *Anschrift: Institut für Germanistik der Universität Wien, Dr. Karl-Lueger-Ring 1, A-1010 Wien. E-Mail: martin.hainz@univie.ac.at*

Henk Harbers (1948) studierte Germanistik und Philosophie in Groningen, Berlin und Zürich. Seit 1975 Dozent an der Abteilung für deutsche Sprache und Kultur an der Universität Groningen. 1986/87 Gastdozent an der Universität Wisconsin, Madison. Veröffentlichungen über u.a. Heinrich Mann, Cees Nooteboom, Milan Kundera,

Christa Wolf, Botho Strauß, Christoph Ransmayr, Monika Maron, Brigitte Bur-meister und Josef Haslinger. In den letzten Jahren insbesondere zu Er-scheinungsformen der Postmoderne in der deutschsprachigen Literatur. *Anschrift: Rijksuniversiteit Groningen, Afdeling Duitse Taal en Cultuur, Postbus 716, NL-9700 AS Groningen. E-Mail: h.harbers@let.rug.nl*

Dieter Hensing (1937) studierte Germanistik und evangelische Theologie. Promotion 1969. Von 1963 bis 1998 als Dozent für neuere deutsche Literaturwissenschaft an der Universität Amsterdam tätig. Forschungsschwerpunkte: Literatur des 20. Jahrhunderts; in den letzten Jahren insbesondere die Zeit nach 1945. Neuere Buchpublikation: *"Die Hoffnung lag im Weg wie eine Falle." Schriftsteller der DDR unter-wegs zwischen Konsens und Widerspruch.* Amsterdam 2000. Neuere Aufsätze zu u.a. Grass, Dorst, Handke, Hein und Müller. *Anschrift: Wielewaal 7, NL-1902 KE Castricum. E-Mail: d.hensing@hum.uva.nl*

Henk J. Koning (1952) studierte der Germanistik in Groningen.1987 Promotion in Utrecht mit „Carl Wilhelm Salice Contessa. Ein Schriftsteller aus dem Kreis um E.T.A. Hoffmann". Derzeit Deutschlehrer an einem Gymnasium in Kampen. Zahlreiche Veröffentlichungen zur nie-derländischen und deutschen Literatur des 19. und 20. Jahrhunderts: Multatuli, Potgieter, E.T.A. Hoffmann, Nestroy, Hauptmann, Holtei und Horváth. Neuere Publikationen: *Die Welt als Labyrinth bei Dürrenmatt und Nestroy* (2001); *Holteis Epik. Überlegungen zur Spätphase seines künstlerischen Schaffens* (2003); *Ödön von Horváths* Revolte auf Côte 3018 und *Gerhart Hauptmanns* Die Weber (2003). *Anschrift: Bosrand 27, NL-3881 GS Putten. E-mail: HJ.Koning@12move.nl*

Arno Rußegger (1959) studierte Germanistik und Anglistik. Dissertation über Robert Musil. Derzeit Ass.-Prof. am Robert Musil-Institut der Universität Klagenfurt. Verheiratet, ein Sohn. Lehr- und Publikationstätigkeit mit folgenden Schwerpunkten: Österreichische Literatur seit 1900, Film und Literatur, Filmanalyse, Kinder- und Jugendliteratur, Editionsphilologie. *Adresse: Robert Musil-Institut,*

Bahnhofstraße 50, A-9020 Klagenfurt. E-Mail: arno.russegger@uni-klu.ac.at

Clemens Ruthner (1964) studierte Germanistik, Philosophie und Publizistik in Wien. 1993-2003 Lektor an der Universiteit Antwerpen und Geschäftsführer des dortigen Österreich-Zentrums OCTANT. Seit September 2003 Gastprofessor an der University of Alberta in Edmonton (Kanada). Literaturkritiker bei der Wiener Tageszeitung *Der Standard*. Aktuelle Buchpublikationen: *Alfred Kubin und die deutsch-sprachige Phantastik* (Mithg., 1999); *Was bleibt? Deutschsprachige Erzählprosa nach 1945* (Mithg., 2000); *Kakanien revisited. Das Eigene und das Fremde (in) der österreichisch-ungarischen Monarchie* (Mithg., 2002); *Am Rande. Kanon, Peripherie und die Intertextualität des Marginalen am Beispiel der (österreichischen) Phantastik im 20. Jh.* (Autor, 2003). Forschungsschwerpunkte: Österreichische Literatur des 19. und 20. Jahrhunderts, Phantastik, Kulturwissenschaft/Central European Studies. *E-Mail: clemens.ruthner@ua.ac.be*

Jerker Spits (1977) studierte Germanistik in Leiden und Wien. Seit 2001 Doktorand an der Fachgruppe Deutsch der Universität Leiden. Dissertationsprojekt: Dichtung und Lüge. Die postmoderne Autobiographie im Spannungsfeld zwischen Theorie und Rezeption. Forschungsschwerpunkte: Autobiographie und Autobiographie-Theorie, Thomas Bernhard, Ernst Jünger. *Anschrift: Universiteit Leiden, Opleiding Duitse taal en cultuur, P.N. Van Eyckhof 2, NL-2300 RA Leiden. E-Mail: J.B.Spits@let.leidenuniv.nl.*

Daniela Strigl (1964) studierte Germanistik, Geschichte, Philosophie und Theaterwissenschaft. Diplomarbeit über Christian Morgenstern. Dissertation über Theodor Kramer (Böhlau, Wien 1993). Literaturwissenschaftlerin und –kritikerin. 1996-2001 Mitgestaltung des Festivals *Literatur im März* in Wien. 2001 Österreichischer Staatspreis für Literaturkritik. 2003 Mitglied der Jury des Ingeborg-Bachmann-Preises. Publikationen (Auswahl): *Marlen Haushofer. Die Biographie* (2000) und *Frauen verstehen keinen Spaß* (Hg., 2002). Schwerpunkte: Lyrik, neuere österreichische Literatur. *Adresse: Neubaugasse 6/1/14, A-1070 Wien. E-Mail: danielastrigl@hotmail.com*